厦门大学南强丛书

【第六辑】

法治建设与法学理论研究部级科研项目成果

中国企业海外知识产权保护法律体系研究

韩秀丽 衣淑玲◎著

厦门大学出版社
XIAMEN UNIVERSITY PRESS

国家一级出版社
全国百佳图书出版单位

图书在版编目(CIP)数据

中国企业海外知识产权保护法律体系研究/韩秀丽,衣淑玲著. —厦门:厦门大学出
版社,2016.3
(厦门大学南强丛书. 第 6 辑)
ISBN 978-7-5615-5960-4

Ⅰ. ①中⋯　Ⅱ. ①韩⋯　②衣⋯　Ⅲ. ①海外企业-知识产权保护-法律体系-研
究-中国　Ⅳ. ①D923.404

中国版本图书馆 CIP 数据核字(2016)第 048509 号

出 版 人	蒋东明
责任编辑	甘世恒
装帧设计	李夏凌
责任文编	杨木梅
责任印制	许克华

出版发行 厦门大学出版社

社　　址	厦门市软件园二期望海路 39 号
邮政编码	361008
总 编 办	0592-2182177　0592-2181253(传真)
营销中心	0592-2184458　0592-2181365
网　　址	http://www.xmupress.com
邮　　箱	xmupress@126.com
印　　刷	厦门集大印刷厂印刷

开本	720mm×1000mm　1/16
印张	20.25
插页	4
字数	332 千字
版次	2016 年 3 月第 1 版
印次	2016 年 3 月第 1 次印刷
定价	70.00 元

本书如有印装质量问题请直接寄承印厂调换

厦门大学出版社
微信二维码

厦门大学出版社
微博二维码

作者简介

　　韩秀丽，厦门大学法学院教授，博士生导师。负责全书统稿，撰写第一章。

　　衣淑玲，烟台大学法学院副教授，硕士生导师。撰写第二章、第三章、第四章、第五章。

总　序

厦 门 大 学 校 长
"厦门大学南强丛书"编委会主任　　朱崇实

　　厦门大学是由著名爱国华侨领袖陈嘉庚先生于 1921 年创办的,有着厚重的文化底蕴和光荣的传统,是中国近代教育史上第一所由华侨出资创办的高等学府。陈嘉庚先生所处的年代,是中国社会最贫穷、最落后、饱受外侮和欺凌的年代。陈嘉庚先生非常想改变这种状况,他明确提出:中国要变化,关键要提高国人素质,要提高国人素质,关键是要办好教育。基于教育救国的理念,陈嘉庚先生毅然个人倾资创办厦门大学,并明确提出要把厦大建成"南方之强"。陈嘉庚先生以此作为厦大的奋斗目标,蕴涵着他对厦门大学的殷切期望,代表着一代又一代厦门大学师生的志向。

　　1991 年,在厦门大学建校 70 周年之际,厦门大学出版社出版了首辑"厦门大学南强丛书",共 15 部优秀的学术专著,影响极佳,广受赞誉,为 70 周年校庆献上了一份厚礼。此后,逢五逢十校庆,"厦门大学南强丛书"又相继出版数辑,使得"厦门大学南强丛书"成为厦大的一个学术品牌。值此建校 95 周年之际,我们再次遴选一批优秀著作出版,这正是全校师生的愿望。入选这批"厦门大学南强丛书"的著作多为本校优势学科、特色学科的前沿研究成果。作者中有院士、资深教授,有全国重点学科的学术带头人,有新近在学界崭露头角的新秀,他们都在各自的学术领域中受到瞩目。这批学术著作的出版,为厦门大学 95 周年校庆增添了浓郁的学术风采。

　　至此,"厦门大学南强丛书"已出版了六辑。可以说,每一辑都从一个侧面反映了厦大学人奋斗的足迹和努力的成果,丛书的每一部著作都是厦大发展与进步的一个见证,都是厦大人探索未知、追求真理、为民谋利、为国争光精神的一种体现。我想这样的一种精神一定会一辑又一辑地传承下去。

大学出版社对大学的教学科研可以起到很重要的推动作用,可以促进它所在大学的整体学术水平的提升。在 95 年前,厦门大学就把"研究高深学术,养成专门人才,阐扬世界文化"作为自己的三大任务。厦门大学出版社作为厦门大学的有机组成部分,它的目标与大学的发展目标是相一致的。学校一直把出版社作为教学科研的一个重要的支撑条件,在努力提高它的学术出版水平和影响力的过程中,真正使出版社成为厦门大学的一个窗口。"厦门大学南强丛书"的出版汇聚了著作者及厦门大学出版社全体同仁的心血与汗水,为实现厦门大学"两个百年"的奋斗目标做出了一份特有的贡献,我要借此机会表示我由衷的感谢。我不仅期望"厦门大学南强丛书"在国内学术界产生反响,而且更希望其影响被及海外,在世界各地都能看到它的身影。这是我,也是全校师生的共同心愿。

2016 年 3 月

序　言

　　2003 年党的十六大报告中提出了"走出去"战略,强调"在更大范围、更广领域和更高层次上参与国际经济技术合作和竞争,充分利用国际国内两个市场"。这一战略符合经济全球化趋势,是作为后进的大国迅速崛起的正确路径。作为这一战略的基础和重要组成部分,中国知识产权战略与法律的进化与完善是一个必然要求和过程。

　　由于知识产权的地域性特点,在中国取得的知识产权,如申请得到的专利和商标,不能在海外自动得到保护。为了使自己的知识产权在海外也得到保护,权利人必须在海外取得知识产权。随着中国对外贸易与投资迅速发展,中国企业海外知识产权的保护问题亦成为重要的理论和实践问题。中国企业海外知识产权保护形势日益严峻,企业缺乏境外知识产权保护意识,境外申请专利和注册商标数量仍较低,外国企业抢注我国著名商标事件频频发生,中国企业的知识产权还经常在海外遭到恶意诉讼。中国企业海外知识产权保护法律体系不尽完善,这不利于中国企业对外贸易与投资的迅速发展。

　　从美国、欧盟和新兴工业化国家韩国来看,美国特别 301 条款和 337 条款以国内法的形式处理国际贸易中涉及的知识产权问题和争端;欧盟对知识产权的保护在某些方面甚至比美国更为严格,某种程度上已经构成了贸易壁垒;而韩国像许多发达国家一样,制定了自己的知识产权战略,尤其重视韩国企业的知识产权在国外获得法律保护,甚至将重要企业的技术上升为国家机密加以保护。

　　在美国、欧盟和韩国等国家,以及国际和区域组织的压力下,中国立法、司法和行政机构不断加大对外国知识产权的保护,但是,中国企业海外知识产权保护体系却不尽完善。与此同时,学者对于知识产权的研究也主要停留在如何加强对外国知识产权的保护上,而国内对于中国企业海外知识产权保护的关注,主要体现在政府和实务者的活动中,学术研究较少。马来西亚 Pintas 知识产权集团董事骆俊宏早就提醒,中国企业应注重自身品牌在海外的知识产权保护。新加坡律政部部长何炳基也曾呼吁,中国企业应加强海外市场的知识产权保护,加快在海外主要市场的专利权申请,以进一步增强企业的国际竞争力。可见,这一问题早已引起外国专业人士的注意,但国外已有学术研究只是关注外国知识产权在中国如何受侵害及中国如何保护不利。总之,本书的研究在国内外还很欠缺。

近几年来,中国政府部门和企业开始重视海外知识产权的法律保护。中国政府在认真考虑为自己的企业"走出去"(无论是对外贸易还是对外投资)进行"保驾护航",从国家的角度和层面对中国企业海外知识产权提供了一些保障。中国政府积极采取了多种措施来保护企业海外知识产权,并取得了一些成绩。首先,商务部积极召开研讨会、论坛和培训,探讨相关产业的海外维权,并设立了维权中心;商务部积极举办境外展会知识产权展前研讨会、论坛和培训;商务部和国家知识产权局积极开展知识产权海外交流活动。① 其次,很多企业出口或计划出口货物或服务,或者在国外有投资或计划在国外投资,它们也在努力将商标、专利或著作权的保护扩展到那些进行贸易或投资的国家。

同时,加强有关国际知识产权保护的法律问题研究,提出中国知识产权法律保护战略,维护国家在国际竞争中的利益成为国际经济法领域重点研究的法律问题。商务部条约法律司认为,中国企业海外知识产权保护的主要法律问题,是需要学者们深入研究的一个重要理论和实践问题。司法部也将"知识产权国际保护与我国应对研究"这一课题列在 2014 年的课题指南目录中,在《深入实施国家知识产权战略行动计划(2014—2020 年)》中也将拓展知识产权国际合作作为其重要内容。总之,加强中国企业海外知识产权的保护,对促进中国经济全球化发展具有重要的理论意义和实践意义。

本书从中国企业海外知识产权法律保护的角度出发,考察主要国家或区域经济组织保护其企业海外知识产权的做法,借鉴其经验。这对中国更

---

① 商务部条约法律司网站,available at http://tfs.mofcom.gov.cn/article/cj/,last visited on Jun. 27,2014.

具有现实意义。总体上，本书是从中国角度考察外国的做法，而不是从外国角度来指责中国，从中国角度介绍中国企业知识产权在海外受侵害的情况。走出中国总是"被动挨打"的局面，中国政府同样要谴责外国对中国知识产权保护的不利，甚至以保护知识产权为名来保护其产业的不公正做法。然而，最为关键的是，要为中国企业的海外知识产权保护提出法律对策，全面考虑中国企业海外知识产权的法律保护机制和体系，这样才能保证中国企业在海外进行公平竞争和开拓市场。所以，除国内法外，从双边、区域及多边条约的角度来全面考虑中国企业海外知识产权的保护也是本书的创新点。本书最为核心的观点是，从法律的角度，中国应当借鉴主要国家的做法，完善海外知识产权保护的法律保护，包括国内立法与国际立法。

目　　录

第一章　主要国家企业海外知识产权的国内法保护

中国企业海外知识产权受侵害的案件时有发生,立足中国企业海外知识产权保护的实际情况,本章将对美国、欧盟及韩国对企业海外知识产权进行法律保护的主要做法加以介绍和阐释。[①] 尤其是美国"特别301条款"(针对那些对知识产权没有提供充分有效保护的国家)和"337条款"(主要规定外国货物进口到美国时"不公平竞争方法和措施"的违法性),欧盟海关边境措施中的知识产权保护,以及韩国最新的保护企业海外知识产权的法律实践。本章的主旨在于在了解主要国家的知识产权保护法律体系,并希望我国能加以借鉴。

第一节　美国企业海外知识产权的国内法保护

早在20世纪80年代中期,美国官方就曾经强调指出,知识产权保护正"迅速成为一个最近十年和未来的国际贸易和国际投资中最重要的问题"[②]。自此,美国就一贯强调知识产权保护是一个贸易问题和投资问题,而且将外国的知识产权保护不力视为贸易壁垒和投资壁垒。美国运用自身强大的经济实力和政治影响,采取调查方法,不断对知识产权保护"不

---

① 欧盟虽然由28个成员国组成,但本章将其作为一个整体看待,不考虑欧盟内部的知识产权执行问题。而且,为介绍方便,本书将欧盟层面保护企业海外知识产权的法律也称为国内法,但实际上是欧盟法。

② Intellectual Property and Trade:Hearings before the Subcomm. on Courts,Civil Liberties,and the Administration of Justice of the House Comm. on the Judiciary,99th Cong. ,2d Sess,at 51(statement of Harvey E. Bale,Jr. ,Assistant United States Trade Representative)(1986).

力"的国家施加压力,甚至不惜动用经济制裁和报复的手段。

美国自《1988 年综合贸易法》通过后的第一年,即 1989 年就开始对中国实施用于保护知识产权的"特别 301 条款",使"特别 301 条款"调查成为开展中美知识产权谈判和迫使中国对美国知识产权加强保护的强有力手段。在世界贸易组织(WTO)的 301 条款案中,专家组裁决的分析过程,明确地阐明了单边措施的违法性,但是根据美国《行政行为声明》(Statement of Administrative Action,SAA)的规定和美国对该案专家组做出的承诺,没有裁决 301 条款本身违法。① 因此,这一裁决为 WTO 其他成员方所诟病,但无论如何,中国加入世界贸易组织及 301 条款案并没有阻止美国对中国采取"301 条款"及"特别 301 条款"调查措施。

美国贸易代表办公室(Office of the United States Trade Representative,USTR)每年对所谓拒绝给予美国知识产权适当和有效保护的国家,或者拒绝对依靠知识产权保护的个人提供公正和平等市场准入的国家进行调查。② 其中包括几乎历年都被列入"重点观察国家"名单的中国。中美在 1991 年、1994 年和 1996 年有过三次知识产权谈判,均发生在"特别 301 调查"之后,在美国以贸易报复相威胁的情况下,以中国最终签订协议而告终。③ 2005 年,美国公布的"特别 301 调查报告"再次将中国列为"重点观察国家",2006 年"特别 301 调查报告"则发展到威胁将中国起诉到 WTO。2007 年度和 2008 年度的"特别 301 调查报告"继续将中国列入"重点观察国家"名单,认为中国仍没有提供一定水平的知识产权保护

---

① United States-Sections 301-310 of the Trade Act of 1974,Report of the Panel,DS152/R (1999).

② [澳]沃尔特·古德:《贸易政策术语辞典》,王晓东等译,法律出版社 2003 年版,第300 页。

③ Robert C. Bird, Defending Intellectual Property Rights in the BRIC Economies, American Business Law Journal, 2006, 43(summer), p.325;李明德:《"特别 301 条款"与中美知识产权争端》,社会科学文献出版社 2000 年版,第 211 页。

和执法,是下一年度通过双边讨论加强合作的对象。[①] 2010 年 4 月 30 日,美国贸易代表办公室颁布 2010 年"特别 301 调查报告",公布美国 77 个贸易伙伴国家知识产权的保护情况,该报告将中国等 11 个国家列入重点观察的"黑名单"。[②] 2011 年和 2012 年的"特别 301 调查报告"继续将中国列为"重点观察国家",并主要强调中国的自主创新政策会不当地导致美国的知识产权持有人处于不利地位。[③] 2013 年的"特别 301 调查报告"仍将中国列为"重点观察国家",尤其指出中国的商业秘密侵权问题日益严重,并再次强调中国的自主创新政策会不当地导致美国的知识产权持有人处于不利地位。[④] 2014 年的"特别 301 调查报告"将中国列为"重点观察国家"之首,并指出自从该制度全面启动以来,中国一直被列在这个名单中。该报告尤其认为中国对商业秘密的保护不足,中国的网络盗版是持续存在的挑战,并再次重申中国的自主创新政策会不当地导致美国的知识产权持有

[①]　WTO/FTA 咨询网,美国贸易代表办公室公布 2007 年度"特别 301 报告",2007 年 5 月 8 日,available at http://chinawto. mofcom. gov. cn/aarticle/g/x/200705/20070504642281. html, last visited on Jun. 2, 2010;美国贸易代表办公室公布 2008 年度"特别 301 报告",2008 年 4 月 29 日,available at http://chinawto. mofcom. gov. cn/aarticle/e/r/200804/20080405504159. html, last visited on Jun. 2, 2010.

[②]　《美将中国列入知识产权黑名单,批其盗版严重》,环球时报—环球网(北京),2010 年 5 月 1 日;*USTR Releases* 2010 *Special* 301 *Report on Intellectual Property Rights*, available at http://www. ustr. gov/about-us/press-office/press-releases/2010/april/ustr-releases-2010-special-301-report-intellectual-p, last visited on Jun. 7, 2010.

[③]　*Ambassador Ronald Kirk Office of the United States Trade Representative*, 2011 *Special* 301 *Report*, available at http://www. ustr. gov/webfm_send/2841, last visited on Jun. 7, 2014;Ambassador Ronald Kirk Office of the United States Trade Representative, 2012 Special 301 Report, available at http://www. ustr. gov/sites/default/files/2012%20Special%20301%20Report_0. pdf,last visited on Jun. 7, 2014.

[④]　*Acting United States Trade Representative Demetrios Marantis Office of the United States Trade Representative* 2013 *Special* 301 *Report*, available at http://www. ustr. gov/sites/default/files/05012013%202013%20Special%20301%20Report. pdf, last visited on Jun. 7, 2014.

人处于不利地位。①

对于那些所谓通过侵犯美国知识产权对美国经济造成特别伤害的"臭名昭著的市场",美国还进行不定期的"特别301调查"。2013年此种调查报告就列出了亚洲、东欧等地23个在线市场和一些有形市场存在大范围的盗版。对此,美国所采取的执行行动就是使这些在线市场关闭,以及使有形市场的货物得以销毁。

美 国 国 际 贸 易 委 员 会 (United States International Trade Commission,USITC)是美国联邦政府下设的一个独立进行事实调查的联邦政府机构,主要负责报告其他国家关税及非关税措施对美国出口的影响,其不制定贸易政策,但其调查结果是美国贸易政策的基本决定因素。②除了负责判断进口对美国工业的损害,该委员会还是打击涉及专利、商标和版权侵权的不公平贸易实践的重要联邦机构。因此,该委员会所进行的对外国知识产权保护情况的调查也是保护美国企业海外知识产权的重要手段。例如,应美国参议院财政委员会的要求,2010年美国国际贸易委员会向其发出两个调查报告。第一个调查报告是《中国:知识产权侵权,自主创新政策及衡量对美国经济影响的框架》(China:Intellectual Property Infringement,Indigenous Innovation Policies,and Frameworks for Measuring the Effects on the U. S. Economy),于2010年5月5日发起。第二个调查报告于2010年5月25日发起,题为《中国:知识产权侵权和自主创新政策对美国经济的影响》(China:Effects of Intellectual Property Infringement and Indigenous Innovation Policies on the U. S. Economy)。第二个调查报告介绍中国知识产权侵权的规模和范围;对中国知识产权侵权对美国经济和就业的影响提供定量分析;讨论中国自主创新政策对美国经济和就业的实际和可能影响,并在可行的情况下量化这些影响。第二个调查报告以第一个调查报告的定性调查结果为基础。为了进行调查,美国

---

① *Ambassador Michael B. G. Froman Office of the United States Trade Representative*,2014 *Special* 301 *Report*,available at http://www. ustr. gov/sites/default/files/USTR％ 202014％ 20Special％ 20301％ 20Report％ 20to％ 20Congress％ 20FINAL. pdf,last visited on Jun. 7,2014.

② [澳]沃尔特·古德:《贸易政策术语辞典》,王晓东等译,法律出版社2003年版,第179页。

国际贸易委员会举行了公开听证会（public hearing），并对书面陈述书备案，两个调查报告分别于 2010 年 11 月和 2011 年 5 月完成。[①]

如果说"特别 301 调查"和美国国际贸易委员会应参议院财政委员会要求的调查是在国家层面上的全面调查，对被调查国家起威慑作用，那么"337 调查"则是直接针对外国企业和行业的"利器"，是对向美国出口与过境贸易中，侵犯美国知识产权的厂商及其产品，甚至行业实施制裁。[②]

所谓"337 调查"，是美国《关税法》第 337 条规定的独立于联邦法院系统的行政救济制度或者说准司法救济制度，又称为"不公平贸易做法"条款，因其雏形最早显现于 1930 年美国《关税法》第 337 条而得名，后经数次重大修订。受该条管辖的不公平贸易做法，包括一般不公平贸易做法和与知识产权有关的不公平贸易做法。根据该条款，美国国际贸易委员会不仅有权调查有关侵犯在美注册专利和注册商标的申诉，而且有权开展涉及盗用商业机密、商品包装侵权、仿制和虚假广告等内容的调查。

"337 调查"不仅管控美国国内的州际贸易，也监督国际贸易，执法对象不仅包括美国本土企业，也包括外国企业。具体来说，该制度规定：进口行为若存在不正当竞争（包括侵犯知识产权），且对美国国内相关产业造成实质性损害，美国国际贸易委员会可根据美国国内企业的申请进行调查，[③]对违反"337 条款"输入美国的产品，美国国际贸易委员会可以发布排除或禁止进口命令，进行扣押和没收。例如，2006 年 3 月 21 日，美国国际贸易委员会行政法官判决珠海炬力侵犯了两项 SigmaTel 专利，并推荐该

---

① 这两个调查报告的调查号分别是：Inv. No. 332-514，Inv. No. 332-519，available at http://www.usitc.gov/research_and_analysis/china_ipr.htm，last visited on Jun. 25, 2014.

② United States-337 of the Tariff Act of 1930 and Amendments thereto，DS186.

③ 例如，2005 年 2 月，美国企业连续对中国企业提起"337 调查"申请。2 月 23 日，美国 Flmsp 公司向美国国际贸易委员会（简称 ITC）提交申请，指控 5 家对美出口和在美销售的橡胶抗降解剂（rubber antidegradants）及其制品侵犯了该公司 3 项专利，要求对上述公司发起 337 调查。2 月 24 日，法国 Thomson licensing 公司和美国 Thomson licensing 公司向 ITC 提交申请，指控 4 家公司对美出口和在美销售的彩色电视接收器和彩色显示器（color television receivers and color display monitor）及其零部件侵犯了其专利，要求对上述公司发起"337 调查"。

委员会发布排除令（exclusion order）。

由于"337条款"判决的对象不仅限于涉诉企业的侵权产品，而且可以"模糊裁决"的方式，发布普遍排除令，将某国生产的整类产品完全排斥出美国市场。可见"337调查"对于间接保护美国企业海外知识产权具有重大效用。

"337调查"使美国国际贸易委员会具有处罚海外知识产权侵权者的权力，这种处罚有较大的杀伤力。总体上，除个别产业免遭制裁外，几乎所有受调查的产品都被施以贸易制裁。而且，有时候，美国知识产权持有人在请求"337调查"时，也会在国内法院同时起诉外国侵权者。2012年，美国国际贸易委员会对中国企业发起了47起"337调查"，占总发起量的86.2%。2013年共发起"337调查"42起，其中涉及中国企业的有17起，占比也高达40%。[①] 截至2014年6月23日，美国国际贸易委员会已经发起了919个"337调查"，调查呈上升趋势，而在被调查的企业中，我国已经连续多年位居涉案国家（地区）之首。[②] 需要指出的是，由于"337调查"启动门槛低、作出裁决时间短、应诉难度大、应诉成本高、处罚力度强（可能导致涉案产品彻底丧失进入美国市场的资格），这也使得美国企业频频利用"337调查"打击中国的竞争对手。[③]

总体上，无论是美国贸易代表办公室的"特别301调查"，还是美国国际贸易委员会的"337调查"，都发挥着使美国知识产权在外国得到有效保护的作用。中国政府的贸易和投资壁垒调查应该学习美国的做法，在宏观

---

① 郭涛：《中国企业海外知识产权保护》，available at http://www.ccpit.org/Contents/Channel_3304/2014/0519/388057/content_388057.htm，last visited on Jun. 23，2014.

② USITC Section 337 Investigations-Facts and Trends Regarding Caseload and Parties，Prepared by the U. S. International Trade Commission，available at http://www.usitc.gov/press_room/documents/featured_news/sec337factsupdate2014.pdf，last visited on Jun. 23，2014；United States International Trade Commission，China，337，awailable at http://www.usitc.gov/search-ui/search/C.view=default/results? q=China+337&s=&sa=0&hf=20，last visited on Jun. 23，2014.

③ 《对外开放30年系列专题报道：贸易壁垒篇》，available at http://news.ec.com.cn/topic/kaifang30mybl/index.shtml，last visited on Jun. 3，2009.

和微观两方面对中国企业海外知识产权进行保护。① 而且,根据以往的判例,外国投资者在中国设立的企业以及在美国的中国投资企业也都可以在美国利用"337 条款"保护自身的知识产权,所以,这些中国企业应该充分利用"337 条款"保护自己的知识产权。

最后需要提及的是,美国法院对涉外知识产权案件的审理也起到了保护其企业海外知识产权的作用。美国根据"有效控制原则"确定管辖权,在对人诉讼中,只要作为被告的自然人在送达传票时处于美国境内,有关传票就能够有效送达,而作为被告的法人在美国注册或有商业活动,则美国法院即对该自然人或法人有管辖权。这种管辖权导致美国法院审理的涉外知识产权案件非常多。而且,美国法院裁决赔偿额高,这也使其吸引了大量涉外知识产权案件。2014 年,"美国的专利诉讼案件的赔偿已达平均500 万美元一件,排名前十的知识产权诉讼案件平均赔偿更达到 9.9 亿美元一件"②。

美国出口产品中 60%是知识产权密集产品,所以,其非常重视在出口市场保护美国企业的知识产权。无论是行政执法还是法院司法,美国对企业海外知识产权的保护都是非常有力的。美国专利和商标办公室(the United States Patent and Trademark Office,USPTO)的战略规划(2014—2018 年)提出的目标之一是就改进知识产权政策、保护及执行在全球处于领导地位。③ 美国知识产权政策的一个主要关注点,就是国内及国外市场知识产权执行机制的协调性和有效性,为此,除了国内法,美国还在双边、区域和多边场所提高知识产权的保护水平。

---

① 其他美国对外贸易中的知识产权保护请参见韩立余等:《美国对外贸易中的知识产权保护》(国际知识产权制度纵览丛书),知识产权出版社 2006 年版。

② 郭涛:《中国企业海外知识产权保护》,available at http://www.ccpit.org/Contents/Channel_3304/2014/0519/388057/content_388057.htm,last visited on Jun. 23,2014.

③ USPTO Strategic Plan 2014—2018,available at http://www.uspto.gov/about/stratplan/,last visited on Oct. 11,2015.

第二节　欧盟企业海外知识产权的法律保护

为了保护企业海外知识产权，早在 2004 年欧盟委员会就通过了《在第三国执行知识产权的战略》；[①]为了加强对企业海外知识产权的保护，2014年 7 月 1 日，欧盟委员会又通过了《关于在第三国保护和执行知识产权的贸易、增长及知识产权战略的通知》。[②] 据此，欧盟委员会可以定期调查那些对欧盟具有重要利益的第三国的知识产权侵权情况及影响。

为了应对假冒和盗版行为，欧盟委员会计划改进现有的保护和执行知识产权的国际框架，继续在双边协定、区域协定、多边协定及诸边协定中包含有效的知识产权章节。具体来说，就是在欧盟缔结的新一代 FTA（自由贸易协定）中包含详细的知识产权条款，尤其是关于知识产权的执行和边境措施。例如，在 2014 年欧盟与新加坡缔结的 FTA 中，[③]以及欧盟与加拿大完成磋商的《综合经济与贸易协定》中，[④]都规定了高于《与贸易有关的知识产权协定》（简称《TRIPS 协定》）规定的最低标准的知识产权保护条款。

同时，欧盟委员会强调加强与重要的第三国进行知识产权对话，而且努力实现知识产权与其他政策的协调。因此，如果第三国一再违反其有关知识产权的国际承诺或怠于国际合作，则欧盟可能会限制这类国家参与欧

[①]　Strategy for the Enforcement of IPRs in Third Countries，available at http://eurlex. europa. eu/LexUriServ/LexUriServ. do？uri＝OJ：C：2005：129：0003：0016：EN：PDF，last visited on Oct. 11，2015.

[②]　Communication on Trade，Growth and IP － Strategy for the Protection and Enforcement of IPRs in Third Countries，available at http://trade. ec. europa. eu/doclib/docs/2014/july/tradoc_152643. pdf，last visited on Oct. 11，2015.

[③]　Chapter 11，Sections C and D，Free Trade Agreement between the European Union and the Republic of Singapore，available at http://trade. ec. europa. eu/doclib/docs/2013/september/tradoc_151761. pdf，last visited on Oct. 11，2015.

[④]　Chapter 22，Sections 3 and 4，Comprehensive Economic and Trade Agreement，available at http://trade. ec. europa. eu/doclib/docs/2014/september/tradoc_152806. pdf，last visited on Oct. 11，2015.

盟资助的项目,以此来进行惩罚。[①] 例如,对于欧盟有重要利益的巴西、中国、印度尼西亚、俄罗斯和土耳其,欧盟经常通过与这些国家进行结构性知识产权对话(structured IP dialogues)或通过知识产权工作组来处理欧盟权利持有人提出的知识产权问题。在《海关合作框架》(2014—2017年)的基础上,[②]欧盟还于2014年5月16日与中国签订了为期三年的《知识产权海关合作行动计划》(2014—2017),旨在通过交换资料及特定案件的信息,以及提高海关当局与私人部门的合作来促进正当贸易。[③] 此外,欧盟还通过加强与第三国的知识产权办公室合作以及对第三国进行技术援助,来加强第三国对欧盟知识产权的执行和保护。[④]

在欧盟,知识产权的商业方面属于共同商业政策的范围。[⑤] 也就是说,只有经欧盟授权,成员国才可以进行知识产权单独立法,否则,属于欧盟的专有权。

具体来说,除了采取单边调查措施外,欧盟还采取单边的边境执行措施保护企业海外知识产权。中国商品一直居欧盟海关扣押侵权商品首位,给中国企业造成了巨大损失。举例来说,2012年4000万件欧盟扣押商品中,被扣中国商品占64.5%,总值近10亿欧元;2011年1.15亿件欧盟扣押商品中,被扣中国商品占72.95%,总值达8.5亿欧元;2010年1.03亿件欧盟扣押商品中,被扣中国商品占84.92%,总值达8.09亿欧元。在所有被扣押商品中,近80%被销毁,12%~15%进入诉讼程序,只有不到

---

① Trade Policy Review, Report by the Secretariat, the European Union, WT/TPR/S/317, May 18, 2015, para. 3.316.

② Strategic Framework for Customs Cooperation 2014—2017, http://ec. europa. eu/taxation_customs/resources/documents/customs/policy_issues/international_customs_agreements/china/strategic_framework. pdf, last visited on Oct. 11, 2015.

③ Action Plan Concerning Customs Cooperation on IPR, available at http://ec. europa. eu/taxation _ customs/resources/documents/customs/policy _ issues/international _ customs_agreements/china/action_plan_eu_china_ipr_2014_2017. pdf, last visited on Oct. 11, 2015.

④ Trade Policy Review, Report by the Secretariat, the European Union, WT/TPR/S/317, May 18, 2015, para. 3.317.

⑤ Article 207 (1), the Treaty on the Functioning of the European Union(TFEU).

10％的商品在漫长的行政调查后解除扣押。[①]

欧盟作为经济一体化组织的一个重要特点是具有统一的关境,因此,对于在境外侵犯其各成员方知识产权的货物,可以通过边境措施加以处理,从而通过欧盟层面的法律来保护欧盟各成员的权利人的知识产权不受侵害,这也是欧盟保护企业海外知识产权的一大特色。

自 20 世纪 80 年代至今,欧盟(及其前身欧共体)共进行了 4 次区域层面的知识产权边境保护立法,分别是 1986 年欧洲经济共同体颁布的《禁止假冒货物放行进入自由流通的措施的第 3842/86 号理事会条例》,[②]1994年欧共体颁布的《有关禁止侵犯知识产权货物申报进口进入共同体以及从共同体出口与复出口措施(EC)第 3295/94 号部长理事会条例》,[③]2003 年欧共体理事会通过的《关于针对涉嫌侵犯特定知识产权的海关行为及针对侵权货物处理措施的(EC)第 1383/2003 号部长理事会条例》(以下简称"2003 年条例"),[④]以及欧盟 2013 年通过的《关于知识产权海关执法并废止(EC)第 1383/2003 号理事会条例的(EU)第 608/2013 号欧洲议会和理事会条例》(以下简称"2013 年条例")。[⑤] 目前有效的是最后一个条例,该条例通过各个方面的规定,加强了知识产权的边境保护措施。具体来说,主要体现在以下 8 个方面:

[①] 郭涛:《中国企业海外知识产权保护》,available at http://www.ccpit.org/Contents/Channel_3304/2014/0519/388057/content_388057.htm,last visited on Jun. 23, 2014.

[②] Council Regulation (EEC) No 3842/86 of 1 December 1986 laying down measures to prohibit the release for free circulation of counterfeit goods,OJ L 375, 18/12/1986, pp. 1-4.

[③] Council Regulation (EC) No 3295/94 of 22 December 1994 laying down measures concerning the entry into the Community and the export and re-export from the Community of goods infringing certain intellectual property rights, OJ L 341, 30/12/1994, pp. 8-10.

[④] Council Regulation(EC) No 1383/2003 of 22 July 2003 concerning customs action against goods suspected of infringing certain intellectual property rights and the measures to be taken against goods found to have infringed such rights, OJ L 196, 02/08/2003, pp. 7-14.

[⑤] Regulation (EU) No 608/2013 of the European Parliament and of the Council of 12 June 2013 concerning customs enforcement of intellectual property rights and repealing Council Regulation (EC) No 1383/2003, OJ L 181, 29/06/2013, pp. 15-34.

一、启动边境保护程序的主体和条件方面

2013 年条例扩展了边境保护申请的主体范围,包括权利持有人,不仅指商标权、版权或邻接权,设计权,专利权,补充保护证书、植物多样性权,受保护的原产地设计权、受保护的地理标志设计权和更广义的知识产权的持有人以及权利持有人的代表人,还指经知识产权权利人合法授权的使用人以及上述使用人的代表人。此外,还包括其他有关人员,使用者,生产者的机构或团体,如果对知识产权侵权具有启动法律诉讼的地位,也被赋予有权提出(边境保护)申请的资格。[①]

在依职权启动程序时,海关不再以 2003 年条例第 4 条第 1 款规定的"充分依据"(sufficient grounds),而是以 2013 年条例第 18 条第 1 款规定的"确认"(identify)为依职权启动调查程序的条件,即只要海关"确认"货物涉嫌侵犯受保护的知识产权,即可中止放行,这似乎大大降低了启动程序的门槛,使海关依职权启动调查程序更加容易。

大多数情况下,海关当局依权利持有人的申请采取行动,只有 3% 的边境措施是由海关依职权发起的。而权利持有人提出申请的情况逐年增加,2004 年的数量是 2888 起,2013 年增加到 26865 起。[②] 对于涉嫌侵犯或已经侵犯知识产权的货物,海关当局可以中止放行或扣留货物。在海关依职权采取行动的情况下,海关会把扣留/中止的情况在一个工作日内通知进口商,且在同一个工作日内或之后迅速通知权利持有人。权利持有人必须在收到通知的四个工作日内提出申请,否则,货物将被放行。[③]

二、边境保护的简化程序方面

在 2003 年条例创设的选择性边境保护简化程序的基础上,2013 年条例进行了更有利于权利人而加重货方负担的规定。例如, 2003 年条例中

[①] 2013 年条例第 3 条。

[②] Trade Policy Review, Report by the Secretariat, the European Union, WT/TPR/S/317, May 18, 2015, para. 3.309.

[③] Trade Policy Review, Report by the Secretariat, the European Union, WT/TPR/S/317, May 18, 2015, para. 3.308.

规定,向海关提交货方同意放弃货物并予以销毁的书面同意是权利人的义务,而2013年条例则规定由申报人或货物持有人(货方)以书面形式向海关确认其同意销毁货物,从而将义务转移给货方。再如,海关在一定条件下,可以推定货方同意销毁货物。此外,海关可以多种方式"销毁"货物,以保护权利人不受损害。[1]

三、针对少量货运的特别程序方面

针对旅客通过随身携带或分运的行李、邮件、快递等方式化整为零地使侵权产品进出境的做法,2013年条例新增了针对少量货运的特别程序。根据该规定,权利人在其边境保护申请中可以提出总体请求,许可在每个具体案件中,即使没有权利人的明确同意,海关仍可销毁涉嫌货物,而由权利人承担实施该特别程序所产生的费用。而且,在此特别程序的具体实施上,也体现了保护权利人利益的倾向。[2]

四、条例适用的客体范围方面

自1994年修订条例以来,条例适用的客体范围不断拓宽。2013年条例所适用的客体范围扩大到11类,包括某些在共同体或成员国注册或使用的商标、设计、专利或地理标志,以及成员国国内法或欧盟法中所规定的受保护的实用新型、半导体产品的拓扑图、作为知识产权得到保护的商号以及植物多样性权利,此外,还包括某些医药产品补充保护证书和受保护植物产品的补充保护证书。[3]

五、条例适用的通关程序范围方面

经过历次修订,条例适用的通关程序的范围也不断扩张,除不适用于为了自行使用,且没有迹象表明与商业性交易有关的货物外,2013年条例适用的通关程序尤其针对处于以下状态的货物:申报放行进入自由流通(即一般进口程序)、出口或复出口时;进入或离开欧盟关境时;以及处于一

---

① 2013年条例第23条。
② 2013年条例第26条。
③ 2013年条例第4条。

项暂停征收关税程序下、自由区或自由仓库时。①

六、海关的风险管理方面

2013 年条例增加规定了成员国海关在知识产权执法中的风险管理义务,即成员国海关对其监管或控制下的货物,应按风险分析标准、实施充分的、成比例的控制和认定措施。增加规定了成员国海关之间的信息交换与数据共享义务。为了进行风险分析,还规定了"成员国海关之间的信息与数据共享"的义务。为了对侵犯知识产权的货物进行快捷有效执法,应进行数据与信息的交换与共享。风险数据和信息主要包括:货物性质与数量,涉嫌侵犯的知识产权,货物的原产地、来源地和目的地,运输工具移动的信息四类。②

七、权利持有人信息权的范围方面

在附加一定限制的前提下,2013 年条例赋予权利持有人更广泛的信息权。首先,在依申请保护的情况下,在中止放行货物之后,海关应将已中止放行货物的实际或估计数量,实际或可能的性质,包括可获得的货物图像,通知权利持有人以及货方。海关也应当应请求,将收发货人和货物申报人或持有人的名称、地址,以及已中止放行货物所处的海关程序、原产地、来源地和目的地告知权利持有人。其次,在依职权保护的情况下,如果海关准予权利持有人申请,则应请求应当将前述信息告知权利持有人。再次,海关还应给予权利持有人以检查中止放行货物的机会。最后,应权利持有人请求,海关可提供或发送该货物样品。③

八、边境保护所针对的侵权行为及处置方面

2013 年条例不仅扩大了假冒行为的范围,将其由商标方面扩大到包括地理标志方面,而且新增了一些侵权行为,使其成为边境保护所规制的对象。这些侵权行为包括侵犯商号权、集成电路布图设计权的行为,破坏、

---

① 2013 年条例第 1 条。
② 2013 年条例第 22 条。
③ 2013 年条例第 17 条、第 18 条和第 19 条。

规避保护著作权技术措施的行为,以及制造侵犯知识产权货物的任何模具或模板的行为。[①]

在94%的扣留行动中,依货物持有人与权利持有人达成的协议,或依权利持有人向法院提起的诉讼确定了存在侵犯知识产权的情况,货物被销毁。[②]

总体上,作为一个以保护权利人利益为本位的立法,2013年条例从各个方面加强了在边境环节对欧盟及其成员国知识产权的保护。

第三节　韩国企业海外知识产权的国内法保护

韩国经济是以知识为基础的经济,为此,韩国建立了统一的知识产权立法体系、高效的知识产权执法机构,以及严格司法的专门法院系统。韩国加入了世界知识产权组织(WIPO)管理的大多数条约以及其他国际组织管理的一些条约。韩国与欧盟、美国的FTA中包含高水平的知识产权保护承诺。一方面,为了遵守这些国际承诺,韩国不断加强自己国内的知识产权保护,另一方面,也使韩国企业的海外知识产权在其他缔约方得到保护。此外,韩国政府机构,如韩国知识产权办公室(Korean Intellectual Property Office,KIPO)还积极参与WIPO、亚太经济合作组织(APEC)的知识产权活动,韩国积极参与WIPO的各常设委员会,与WIPO有密切的合作。在双边层面,韩国与知识产权保护比较发达的伙伴,如欧盟、美国和日本的知识产权保护合作项目。[③]韩国的知识产权机构与中国国家知识产权局也有定期的双边会议,来讨论知识产权的保护问题。

在具体措施上,为了保护韩国企业海外知识产权,韩国采取了商业秘密鉴定服务的办法,以减轻商业秘密所有人在侵权法律诉讼中鉴定商业秘

---

① 2013年条例第2条第5款、第2条第7款。

② Trade Policy Review,Report by the Secretariat,the European Union,WT/TPR/S/317,May 18,2015,para. 3. 309.

③ Trade Policy Review,Report by the Secretariat,Republic of Korea,Revision,Nov. 8,2012,WT/TPR/S/268/Rev. 1,para. 208.

密的困难。韩国还在中国、德国、泰国、越南、美国等一些国家设立了知识产权法律信息服务机构(IP desks),以为准备进入或已经进入这些国家市场的韩国企业提供有关注册和保护知识产权,以及处理知识产权争端的咨询服务。而且,韩国还通过举办国际研讨会、国际会议(例如,2014年7月举办的"APEC-KIPO为可持续发展的适当技术、战略性IP利用的国际会议")、发行简报等方式分享和散发有关预防知识产权侵权的信息。[1]

韩国与以下国家有有效的FTA,分别是智利(2004年)、新加坡(2006年)、欧洲自由贸易联盟(2006年)、东盟(2007年)、印度(2010年)、欧盟(2011年)、美国(2012年)、土耳其(2013年)、澳大利亚(2014年)、加拿大(2015年)。韩国与哥伦比亚、中国、新西兰、越南签订的FTA也将生效。另外,《区域综合经济伙伴关系协议》(RCEP)及中日韩FTA也在谈判中。[2]

除了加强国际合作外,韩国还注重采取边境执行措施加强对其知识产权的保护。对于进出口的知识产权侵权,韩国海关可以依职权进行调查,包括可以对涉及刑事犯罪的活动发起调查行动。并且,海关将依《海关法》《外贸法》《假冒货物清关条例》等,终止放行明显侵犯版权或商标权的假冒货物。[3] 权利持有人可以通过提供相当于货物完税价格120%的抵押物,要求海关中止放行涉嫌侵犯知识产权的假冒货物。中止的期限是10天,其间,申请人必须提起法律诉讼。[4] 韩国海关(Korea Customs Service, KCS)也不时采取特别执行行动,打击假冒货物,包括与中国和日本海关进行联合执法行动。[5]

---

[1] Overseas IP Protection, available at http://www. kipo. go. kr/upload/en/download/annualreport_2014_08. pdf, last visited on Oct. 13, 2015.

[2] Annual Report 2014, available at http://www. kipo. go. kr/upload/en/download/annualreport_2014. pdf, last visited on Oct. 13, 2015.

[3] Trade Policy Review, Report by the Secretariat, Republic of Korea, Revision, WT/TPR/S/268/Rev. 18 November 2012, para 210.

[4] Trade Policy Review, Report by the Secretariat, Republic of Korea, Revision, WT/TPR/S/268/Rev. 18 November 2012, para 210.

[5] Trade Policy Review, Report by the Secretariat, Republic of Korea, Revision, WT/TPR/S/268/Rev. 18 November 2012, para 211, 212.

韩国知识产权保护工作的重点,是韩国企业海外知识产权的保护,从而为其开拓海外市场提供政策支持。韩国保护企业海外知识产权的做法是全方位的。在宏观知识产权保护国家战略的指导下,韩国保护企业海外知识产权的措施不但包括国际保护合作,还包括实施知识产权诉讼保险制度等知识产权法律保护体系。① 有学者将韩国企业海外知识产权保护政策分为以下几个方面:将海外知识产权保护提升至国家战略层面;强化官民结合的工作机制;加强海外知识产权保护机构,重点服务韩国中小企业;完善海外知识产权预警机制,加强知识产权侵权调查;加大外交努力,构建国际保护合作体系。②

韩国对企业海外知识产权的保护高度重视,已经形成了全方位的严密的保护网络。甚至通过具体的知识产权协议来保护其企业海外知识产权。例如,2014 年 4 月 24 日,韩国知识产权保护协会与阿里巴巴集团签订了有关知识产权合作的谅解备忘录。根据该协议,双方将在保护知识产权方面加强合作,共同开展呼吁保护知识产权的宣传活动。协议尤其规定,韩国知识产权保护协会向阿里巴巴集团提供侵犯韩国企业知识产权的相关信息,阿里巴巴将积极配合,立即中断该商品的销售。③ 从而,为韩国企业知识产权在中国网购市场提供强有力保护,加强打击网购市场的假冒韩国商品。

2011 年 4 月 29 日,韩国国会全体会议通过《韩国知识产权基本法》。④ 该法加强了韩国企业海外知识产权的法律保护,主要体现在以下几个方面:(1)促进国内外知识财产的协调,支援发展中国家加强知识产权保护的

---

① 中国保护知识产权网,available at http://www.ipr.gov.cn/channel/searchcateinfo.shtml? searchfor=％E9％9F％A9％E5％9B％BD,last visited on Jun. 30,2014。

② 郝兴辉:《韩国海外知识产权保护政策及其启示》,载《中国发明与专利》2012 年第 10 期。

③ 《阿里巴巴与韩国知识产权保护协会达成合作》,available at http://tech.ifeng.com/bat3m/detail_2014_04/24/36006013_0.shtml,last visited on Jun. 30,2014.

④ 国家知识产权局:《韩国知识产权基本法》(译文),available at http://www.sipo.gov.cn/ztzl/ywzt/qgzlsyfzzltjgz/newsps/201209/t20120920_754443.html,last visited on Jun. 30,2014。

力量;(2)政府制定的国家知识财产基本计划的内容之一是,国外关于韩国国民(包括依照韩国国内法成立的法人和团体)的知识财产保护事项;(3)为促进知识财产的产权化与保护,政府应以制定包括与国内外知识财产保护相关机关、团体之间的合作方案在内的计划,使政府推进、保证知识财产迅速、准确地享受应有的权利并得到有效保护;(4)韩国政府应努力确保韩国国民拥有的知识财产在国外适当得到保护。如果韩国国民拥有的知识财产在国外没有得到适当保护,则韩国政府应发挥职权或者按照当事人的要求,对该情况进行调查。同时,在要求相关外国政府采取措施之外,采取与国际机构以及相关团体合作等必要措施。

韩国企业自身也积极采取事前的预防保护措施。据报道,2013年韩国国际专利(PCT)申请量达12439件,较2012年增长了4.8%。韩国国际专利申请激增,仅三星电子去年就提交了1328件PCT申请,高居榜首。紧随其后的是LG电子,其PCT申请量为1225件。另外,2013年韩国通过马德里国际商标体系提交了616件国际商标申请,同比增长11.8%。其中,现代汽车高居榜首,提交了44件国际商标申请。[①]

韩国非常注意知识产权保护和执行的国际合作。例如,为了应对假冒和盗版行为,韩国参加了《反假冒贸易协议》(*Anti-Counterfeiting Trade Agreement*,ACTA)的谈判,并于2011年签署了该协议。[②] 再如,韩国与中国、日本的三边投资协定——《中华人民共和国政府、日本国政府及大韩民国政府关于促进、便利及保护投资的协定》,于2014年5月17日生效。作为一个三边经济合作的法律框架,其除了各种投资条款外,还包括知识产权保护条款。而且,2015年6月1日签订的《中韩自由贸易协定》第15章,对知识产权的保护进行全面细致、高标准严要求的规定。韩国相信在知识产权方面追求超WTO义务(WTO-plus)能够为未来WTO谈判贸易

---

① 国家知识产权局:《去年中国PCT国际专利申请量跃居世界第三》,available at http://www.sipo.gov.cn/yw/2014/201403/t20140319_919284.html,last visited on Oct. 14,2015.

② Trade Policy Review,Report by the Republic of Korea,WT/TPR/G/268,Aug. 15,2012,para.51.

自由化提供示范。[①]

第四节　中国企业海外知识产权的国内法保护

在知识产权的竞争上,发达国家处于主导地位。无论在知识产权的数量上还是质量上,发达国家都远远高于中国,但这并不意味着中国不存在海外知识产权的保护问题。自"走出去"战略实施以来,中国企业在海外面对的知识产权问题,除了逐步升级的专利战,还有商标在海外屡被抢注的长期困扰。

中国企业仍缺乏海外知识产权保护意识,海外申请专利和注册商标数量较低。据统计,前些年,中国企业申请国际专利件数不足22%,这其中,国有企业占主导地位,民营及其他经济类型的企业申请国外专利的比例更小。[②] 相比之下,一些国家的企业对专利的海外注册却予以高度重视。以中药专利为例,薄荷作为地道的中药材,已有8项专利落在美国人手里,而日本一家公司也已经为当归芍药汤、芍药甘草汤等在美国申请专利,并明确提出芍药为活性成分。这意味着,如果中国相关中成药出口到美国,很可能会被以侵犯知识产权的名义扣押或征收高额专利费。中国知识产权局的数据表明,目前中草药国际市场上,日本和韩国已经成了绝对的赢家,品种占80%至90%,而中国的制剂在国际市场仅占3%至5%。

近年来,在国际形势的逼近下,我国申请人向国外及港澳台地区的申请量及授权量都在逐年大幅提高。近三年向国外及港澳台地区申请专利(包括发明、实用新型和外观设计)及被授权的情况是:2010年的申请量为8440件,授权量为2587件;2011年的申请量为10097件,授权量为3447件;2012年的申请量为18451件,授权量为4887件。[③] 这里的申请包括向

---

① Trade Policy Review, Report by the Republic of Korea, WT/TPR/G/268, Aug. 15, 2012, para. 5.

② 尚明:《中国企业需重视海外知识产权保护》,available at http://www.mofcom.gov.cn/aarticle/cx/200504/20050400059975.html,last visited on Jun. 30, 2014.

③ 《2013年专利统计年报》,available at http://www.sipo.gov.cn/tjxx/jianbao/year2013/indexy.html.

外国及国际组织的申请,也包括向《专利合作条约》(PCT)申请。

中国企业在境外注册商标的比率也相当低,在此情况下,外国企业抢注中国企业驰名商标事件频频发生。中国驰名商标在海外被抢注的问题由来已久,近年来出现了愈演愈烈的趋势,不仅使这些中国企业遭受了现实损失,而且使他们的财产和商誉,以及未来的市场发展都面临困难。

自20世纪90年代至21世纪初,中国驰名商标在海外被抢注的区域迅速扩大,据统计,截至2005年,中国就有超过80个商标在印度尼西亚被抢注,有近100个商标在日本被抢注,有近200个商标在澳大利亚被抢注,使中国企业在国外的发展大大受阻。[①] 仅仅在2005年11月3日这天就有人向非洲知识产权组织申请了17件中国商标,而这些商标多数为中国大型骨干企业的驰名商标,其中包括中国石油天然气集团公司(CNPC)、中兴通讯股份公司(ZTE)等耳熟能详的商标。非洲知识产权组织由16个官方语言为法语的国家组成,统一管理各国的商标事务,各国不再建立自己的商标注册和管理机构。商标若在该体系中遭到一次抢注,其地域范围即相当广阔,所造成的危害也相当严重。欧共体商标注册体系同非洲商标注册体系有相同的效果。现如今,我国驰名商标在海外被抢注的情况遍及全球,除了以往发生的代理商或个人抢注商标外,还出现了个别国外大企业抢注我国驰名商标的情况,如西门子公司抢注海信商标。更为严重的是,在有些国家或地区,出现了专门抢注中国驰名商标的企业或个人。

我国许多老字号企业和大型国有企业已经或正在走向国际,虽拥有较高知名度的商标,却缺乏保护自己商标权利的意识。对于我国被抢注的驰名商标,这里仅列举一二:"五粮液"在韩国被抢注;"六必居""桂发祥"在加拿大被抢注;"英雄""同仁堂""杜康""一得阁"在日本被抢注;"王致和""老干妈""洽洽""今麦郎""白家""海信"等在德国被抢注;"竹叶青""五粮液""镇江香醋"在韩国被抢注;"飞鸽""凤凰"在印尼被抢注;"红塔山""阿诗玛"在菲律宾被抢注;"红星二锅头"在英国和欧盟被抢注;"少林功夫"被多国抢注;"康佳"在美国被抢注;"科龙"在新加坡被抢注;"百度"在韩国、日本及欧盟被抢注;"大宝"在美国、英国、荷兰和比利时被抢注;"安踏""六

---

① 尚明:《中国企业的海外知识产权保护》,载《中国对外贸易》2005年第6期。

神""雕牌""小护士"等在香港被抢注;"FOTON"在越南被抢注。此外,"联想""腾讯""大白兔""全聚德""女儿红""杏花村""冠生园""步步高""青岛啤酒""狗不理""佛跳墙"①等,被抢注的商标不胜枚举。

如前所述,中国企业的产品在美国频频遭到知识产权侵权的"337调查"。而且,中国企业的知识产权还在海外遭到恶意诉讼,这也是"走出去"战略下中国企业知识产权在海外面临的重大挑战。主要案件如海尔案、朗科案、通领科技案、燕加隆公司案、炬力公司案、江淮动力公司案等。虽然个别案件中,中国企业在政府的帮助下,最终胜诉,但大多数情况下,由于巨额的诉讼费用以及企业自身的财力和能力所限,中国企业或者不应诉或者败诉。

当然,一些中国企业在海外保护其知识产权的意识逐渐增强,在发现商标在国外被抢注或专利被诉侵权时,也勇于保护和应诉,出现了一些成功的案例。以下举几例予以说明。中国继电器行业的龙头老大厦门宏发准备进入韩国市场,在发现其商标已在韩国被抢注后,积极搜集各种证据,证明韩国的宏发商标在2004年注册后至2007年的3年时间里从来没有使用过,而自己在马德里、欧盟注册的国际商标,以及在境外各大媒体和著名展会发布的广告材料,足以证明厦门宏发在国内外的知名度与影响力,继而厦门宏发向韩国知识产权局提出韩国宏发应无效撤销的请求。最终,韩国知识产权局裁定对被申请商标予以无效撤销。厦门宏发成功在韩国注册了自己的商标。②"Baidu"商标在欧盟被抢注,百度公司在中国商标局的支持下,积极向欧盟内部市场协调局以及比荷卢法院提交证据材料,通过法律程序维护自己的正当商标权益,使该局对百度公司提起的撤销案予以支持,决定撤销欧洲百度公司在该局抢注的"Baidu"商标。但是,最终,荷兰法庭于2013年8月14日作出判决:驳回中国百度公司所提出的撤销

---

① 《"抢注"的商业利益,中国15％企业商标境外被抢注》,available at http://bbs.tianya.cn/post－news－238245－1.shtml,last visited on Jun.30,2014.

② 《商标在韩国被抢注 厦企在半年内夺回》,载《厦门商报》2010年10月19日。

"欧洲百度"公司"BAIDU"商标的要求。[①] 2013年7月,江苏恒顺醋业股份有限公司的"恒顺"商标被秘鲁一公司恶意抢注,恒顺公司在中国商标局的协助下,分析研究相关国际条约和秘鲁商标法律法规,认真准备异议材料,按期向秘鲁知识产权局提交了商标异议申请。[②] 经过积极的努力,秘鲁知识产权局于2014年4月作出商标异议裁定,恒顺醋业公司异议成功,对方败诉且未在法定期限内提起复审。[③] 通过自身的不懈努力,提高自主创新能力和核心技术水平,天津海鸥手表集团的"海鸥牌"手表拥有了众多专利,在国际市场上也占有了一席之地,包括在瑞士的日内瓦、巴塞尔、苏黎世、卢塞恩等地都建立了销售专柜。然而,自2008年至2012年,"海鸥牌"手表就遭到瑞士制表厂商发起的四次海外知识产权诉讼,但天津海鸥手表集团积极应诉,最终都取得了胜利。[④]

在保护企业知识产权方面,中国最基本的法律是《中华人民共和国专利法》(以下简称《专利法》)《中华人民共和国商标法》(以下简称《商标法》)《中华人民共和国著作权法》(以下简称《著作权法》)三部基本法,以及《反不正当竞争法》,此外,还有它们的具体实施法,包括行政法规和规章。然而,由于知识产权的地域性特点,这些法律对于中国企业海外知识产权的保护却只能起到基础作用。此外,中国保护企业海外知识产权的法律体系主要包括对外贸易法、海关法、国际私法,以及与海外投资有关的知识产权保护法。

一、对外贸易法的保护

由于企业海外知识产权的保护问题必然与企业的贸易和投资不可分

[①] 《中国百度公司欧盟商标案败诉,百度国际化再受挫》,载《知识产权南湖快讯》2013年第3期,available at http://www.iprcn.com/UploadFiles/2013914649543637.pdf, last visited on Oct. 13, 2015.

[②] 中华人民共和国国家工商行政管理总局商标局、商标评审委员会:《中国商标战略年度发展报告》(2013年),中国工商出版社2014年版,第71页。

[③] 国家工商行政管理总局商标局:《国际注册与海外维权》,available at http://sbj.saic.gov.cn/ztbd/xsbfsxyzn/gzgl/201504/t20150422_155378.html, last visited on Oct. 13, 2015.

[④] 《海外维权:"海鸥"四年四连胜 为何底气十足?》,载《天津日报》,2012年3月23日。

离,所以在有关贸易法或投资法中有对知识产权保护的条款。《中华人民共和国对外贸易法》(以下简称《对外贸易法》)①总则的第2条即规定:本法适用于对外贸易以及与对外贸易有关的知识产权保护。该法在第五章专章对"与对外贸易有关的知识产权保护"进行了规定,主要内容可以分为以下几点:

(一)依知识产权法禁止进口货物侵犯中国企业知识产权

在对外贸易方面保护中国企业的知识产权,依据是我国有关知识产权的法律和行政法规。进口货物侵犯中国企业依照中国知识产权法取得的知识产权,危害中国对外贸易秩序的,国务院对外贸易主管部门可以采取在一定期限内禁止侵权人生产、销售的有关货物进口等措施。②由于知识产权的地域性特点,这些货物如果不进入中国,则不会侵犯中国企业在中国注册的知识产权,但是这些货物也可能在国外市场损害中国企业在当地取得的知识产权及声誉。所以,这种方法只是间接地起到保护中国企业海外知识产权的作用,而且这种作用是有限的。这一方法在其他各国也得到了充分运用,表现之一是中国企业境外参展商品如侵犯外国的知识产权,则可能被外国海关或在展会上被有关执法机关没收。

(二)依国民待遇原则和对等原则保护企业海外知识产权

其他国家或者地区在知识产权保护方面未给予中华人民共和国的法人、其他组织或者个人国民待遇,或者不能对来源于中华人民共和国的货物、技术或者服务提供充分有效的知识产权保护的,国务院对外贸易主管部门可以依照《对外贸易法》和其他有关法律、行政法规的规定,并根据中华人民共和国缔结或者参加的国际条约、协定,对与该国家或者该地区的贸易采取必要的措施。③

国民待遇原则和对等原则的采用,表明了中国对外国保护中国企业海外知识产权的要求并不高。相比之下,根据美国政府通过的《1988年贸易

---

① 《中华人民共和国对外贸易法》,1994年5月12日第八届全国人民代表大会常务委员会第七次会议通过,2004年4月6日第十届全国人民代表大会常务委员会第八次会议修订。

② 《对外贸易法》第29条。

③ 《对外贸易法》第30条。

和竞争综合法》的规定,美国要求其他国家按照美国的标准保护美国在其他国家的知识产权,不能有不公平、不合理的贸易措施,否则将以美国市场为条件,采取贸易报复措施。[①]

(三)通过调查对企业海外知识产权进行保护

《对外贸易法》(2004 年修订)第七章"对外贸易调查"的规定适用于根据第 29 条第 2 款、第 30 条、第 31 条的规定需要调查的事项,也适用于其他影响对外贸易秩序,需要调查的事项。这里的第 29 条第 2 款、第 30 条、第 31 条的规定就是在进口贸易中保护知识产权、在许可合同行为中保护知识产权,以及在知识产权保护方面的国民待遇和对等原则。国务院对外贸易主管部门根据调查结果,提出调查报告或者作出处理裁定,并发布公告。为此,商务部于 2005 年 1 月 21 日通过《对外贸易壁垒调查规则》,该规则自 2005 年 3 月 1 日起施行。根据《对外贸易壁垒调查规则》,如果被调查的措施构成贸易壁垒,则商务部应当视情况进行双边磋商,启动多边争端解决机制,或采取其他适当的措施。

虽然中国对外贸易法中规定了对外贸易主管部门可以通过调查保护中国企业海外知识产权,但是,至今为止,中国并没有充分利用这一规定来启动对外国知识产权保护情况的调查。因此,有必要向当今世界对这一方法利用得最充分的美国学习。我国在海外受侵犯的知识产权主要是商标,但专利有时也受到侵犯,我国政府可以学习前述美国所采取的调查方法。实际上,我国的对外贸易法还应该考虑以下内容:增加规定知识产权的壁垒预警与应急机制,增加政府部门的协调和协助机制,增加建立知识产权壁垒的法律法规及技术标准动态数据库,以为产品出口企业提供可靠的经营决策信息来源。[②]

需要指出的是,对于已经出现的知识产权调查纠纷,应当加强政府层面的双边交涉,才能使我国企业在海外有一个良好的维权空间(宏观),因为作为企业,其自身力量毕竟是有限的,如果得不到政府的帮助,有时只能放弃自身的权利。过去,我国要求或参与国际合作对话的次数不多。从美

---

① 冯晓青:《美日企业专利战略及其对我国企业的启示与借鉴》,载《当代经济管理》2008 年第 30 卷第 1 期。

② 杨柳:《略论我国知识产权的海外保护策略》,载《商场现代化》2007 年第 506 期。

国对海外知识产权保护采取的调查手段可以看出,政府在其中发挥着至关重要的作用。因此,中国政府应当积极研究对外贸易和投资中知识产权保护的整体战略。

值得欣慰的是,在知识产权局等单位制订的《深入实施国家知识产权战略行动计划(2014—2020年)》中,①提出其主要目标之一是,形成一批拥有国外专利布局和全球知名品牌的知识产权优势企业。为此,提出通过《专利合作条约》途径提交的专利申请量在2015年的预期指标是3万件,2020年的预期指标要达到7.5万件。要"完善与对外贸易有关的知识产权规则",以及"落实对外贸易法中知识产权保护相关规定,研究针对进口贸易建立知识产权境内保护制度,对进口产品侵犯中国知识产权的行为和进口贸易中其他不公平竞争行为开展调查"。

二、海关法的边境保护

中国海关依据《中华人民共和国海关法》(以下简称《海关法》)、《中华人民共和国知识产权海关保护条例》(以下简称《知识产权海关保护条例》)与《中华人民共和国海关关于〈中华人民共和国知识产权海关保护条例〉的实施办法》对于中国企业海外知识产权,尤其是自主品牌的保护起到了重要的作用。②

根据以上法律,中国的边境保护制度大致如下:

边境保护程序的启动需要权利持有人的申请,即使是海关发现进出口货物有侵犯知识产权嫌疑,依职权保护也需要权利人随后提出申请。③ 但

---

① 《深入实施国家知识产权战略行动计划(2014—2020年)的通知》,国办发〔2014〕64号,available at http://www.gov.cn/zhengce/content/2015 − 01/04/content _ 9375.htm,last visited on Oct. 10,2015.

② 《海关法》,2000年7月8日中华人民共和国主席令第35号公布《全国人民代表大会常务委员会关于修改〈中华人民共和国海关法〉的决定》,自2001年1月1日起施行,第44条、第91条;《知识产权海关保护条例》,2003年11月26日国务院第30次常务会议通过,2004年3月1日起施行;《中华人民共和国海关关于〈中华人民共和国知识产权海关保护条例〉的实施办法》,2009年2月17日海关总署署务会议审议通过,2009年7月1日起施行。

③ 《知识产权海关保护条例》第4条。

是，"海关接受知识产权保护备案和采取知识产权保护措施的申请后，因知识产权权利人未提供确切情况而未能发现侵权货物、未能及时采取保护措施或者采取保护措施不力的，由知识产权权利人自行承担责任"[①]。

在时间和空间上，我国边境保护申请为逐案申请，即一批货物一次申请。我国边境保护申请是向涉嫌侵权货物进出境地海关提交，并仅对在该进出境地的该批货物有效。[②]

海关保护备案是海关主动保护的前提，中国海关保护备案可有 10 年有效期，尚可续展。[③] 在有效期内，不需要权利人针对具体案件再次进行备案，但需要权利人针对具体批次的货物逐案提出申请。所以，虽然中国海关保护备案将在我国整个关境范围内生效，但我国的边境保护申请获批后仅能对进出境地海关产生效力。即使是依职权保护程序在权利人备案后，具体案件的启动仍然还需要权利人再次针对具体批次货物提出个案申请。

海关依照法律、行政法规的规定，对与进出境货物有关的知识产权实施保护。需要向海关申报知识产权状况的，进出口货物收发货人及其代理人应当按照国家规定向海关如实申报有关知识产权状况，并提交合法使用有关知识产权的证明文件。[④] 如违反《海关法》规定进出口侵犯中华人民共和国法律、行政法规保护的知识产权的货物，则海关将依法没收侵权货物，并处以罚款；构成犯罪的，依法追究刑事责任。[⑤]

2010 年修改和实施的《知识产权海关保护条例》新增第 31 条规定："个人携带或者邮寄进出境的物品，超出自用、合理数量，并侵犯本条例第 2 条规定的知识产权的，按照侵权货物处理。"海关总署《海关办理邮递渠道知识产权案件的暂行规定》对该规定的执行予以了细化。

为了规范海关对进出境寄递物品的监管，促进进出境寄递业务的健康发展，海关总署起草了《中华人民共和国海关寄递进出境货物物品监管办

---

① 《知识产权海关保护条例》第 28 条。
② 《知识产权海关保护条例》第 12 条、第 16 条。
③ 《知识产权海关保护条例》第 7 条至第 11 条。
④ 《海关法》第 44 条，《知识产权海关保护条例》第 5 条。
⑤ 《海关法》第 91 条，《知识产权海关保护条例》第 27 条、第 29 条。

法(征求意见稿)》向社会公开征求意见,①根据该征求意见稿的第 32 条,"侵犯受法律、行政法规保护的知识产权的",寄递企业应当将寄递货物、物品交由海关依法进行处置,从而对快递企业和邮政企业寄递渠道的进出境货物和物品的知识产权侵权进行监管,间接起到保护中国企业海外知识产权的作用。随着我国产业转型升级的不断深入,涌现出不少优质的中国品牌,而国内竞争者在未取得其权利人许可的情况下仿冒这些品牌出口也成为常见现象。举例来说,2014 年 1 月至 4 月宁波关区查获了 141 起侵权案件,其中涉及自主品牌的案件就有 23 起。② 类似的案件,在全国各海关普遍存在。可见,海关知识产权保护遏制了仿冒产品出口,以免对自主品牌出口产品的声誉造成严重损害,保护了自主品牌的海外市场,为自主品牌进一步开拓海外市场保驾护航。因此,国内自主品牌的权利人不仅要在商标管理部门注册登记,而且要在海关为自己的知识产权备案,以便海关查扣侵权货物。而且,国内自主品牌的权利人还要积极向海关举报侵犯其知识产权的出口货物。为了便于知识产权权利人向海关总署办理知识产权海关保护备案,提高备案信息的可靠性和准确性,海关总署在原"知识产权海关保护备案系统"的基础上,开发了"知识产权海关保护系统",新系统于2014 年 3 月 1 日正式启用。③

三、国际私法的保护

知识产权是一种无形财产权,具有专有性、地域性和时间性的特点,不同于其他民事权利。由于地域性的特点,作为垄断权的知识产权在传统上只具有域内效力,因此,虽然各国的知识产权法律的规定大相径庭,但是并

---

① 《海关总署关于〈中华人民共和国海关寄递进出境货物物品监管办法(征求意见稿)〉公开征求意见的通知》,available at http://www. mofcom. gov. cn/article/b/g/201508/20150801094480. shtml,last visited on Oct. 10,2015.

② 吴娴、张文琦、楼千里:《宁波海关力行知识产权保护为自主品牌护航》,available at http://www. customs. gov. cn/publish/portal121/tab62075/info708069. htm,last visited on Jun. 30,2014.

③ 海关总署:《海关总署公告 2014 年第 9 号(关于启用知识产权海关保护系统有关事项的公告)》,available at http://www. customs. gov. cn/publish/portal0/tab49661/info692205. htm,last visited on Jun. 30,2014.

不具备成为国际私法问题的前提条件,因为其不具有域外效力。从19世纪末开始,为了满足资本主义国家实现知识产权国际保护的愿望,产生了一系列保护知识产权的国际条约,这些条约一般都规定,缔约国之间要相互承认对方国家法律所赋予的知识产权,从而间接承认了对方国家知识产权法律的域外效力。这些公约使各国的知识产权法在一定程度上产生了趋同,如各国的知识产权法原则上都赋予外国人以国民待遇,但是,这些条约在统一各国知识产权法的道路上只是迈出了一小步,各国的知识产权法仍然存在很大差异。在中国企业海外知识产权保护问题上,同样存在着知识产权的法律冲突问题,具体又分为以下几个方面的问题:产生知识产权纠纷后,如何确定管辖权问题、如何适用法律问题及裁决的承认和执行问题。

以前,我国不存在专门涉外知识产权法律冲突规则,因此,在发生有关知识产权侵权案件时,不得不考虑适用《民法通则》第146条所规定的侵权行为损害赔偿的冲突规范。根据该条,侵权行为的损害赔偿,适用侵权行为地法律。当事人双方国籍相同或者在同一国家有住所地,也可以适用当事人本国法律或者住所地法律;中华人民共和国法律不认为在中华人民共和国领域外发生的行为是侵权行为的,不作为侵权行为处理。

对于侵权行为地的确定,《最高人民法院关于审理专利纠纷案件适用法律问题的若干规定》第5条给予了提示,虽然该条的"人民法院"四字表明,其只是确定了侵权行为地或被告住所地在中国时的管辖权问题,但其也表明了确定"侵权行为地"的方法。"因侵犯专利权行为提起的诉讼,由侵权行为地或者被告住所地人民法院管辖。侵权行为地包括:被控侵犯发明、实用新型专利权的产品的制造、使用、许诺销售、销售、进口等行为的实施地;专利方法使用行为的实施地,依照该专利方法直接获得的产品的使用、许诺销售、销售、进口等行为的实施地;外观设计专利产品的制造、销售、进口等行为的实施地;假冒他人专利的行为实施地。上述侵权行为的侵权结果发生地。"这些规定虽旨在规定没有涉外因素的侵权问题,但对涉外知识产权纠纷有指导意义。

在发生涉外知识产权合同纠纷时,也不得不考虑适用《中华人民共和国合同法》(以下简称《合同法》)第126条的规定,即合同当事人可以选择适用于合同的法律,当事人没有选择法律的,适用与合同有最密切联系的国家的法律。但适用这一冲突规范时,要考虑到《专利法》第 10 条第 2 款关于专利申请权和专利权转让的规定。中国单位或者个人向外国人转让专利申请权或者专利权的,必须经国务院有关主管部门批准。转让专利申请权或者专利权的,当事人必须订立书面合同,经专利局登记和公告后生效。据此,当事人协议选择法律的权利必然受到限制。

关于涉外商标权纠纷,我国《商标法》并没有专门的规定。

对于网络著作权纠纷案件,一般由侵权行为地或被告住所地人民法院管辖。这里的侵权行为地包括实施侵权行为的网络服务器、计算机终端等设备所在地,对难以确定侵权行为地和被告住所地的,原告可将发现侵权内容的计算机终端设备所在地视为侵权行为地。[①] 同样,这一规定也通过对管辖权的界定给出了确定侵权行为地的方法。根据《伯尔尼公约》和《TRIPS 协定》,在这两个条约的缔约国,版权保护是自动的,不需要任何手续。一国的著作权人在外国享有国民待遇。因此,中国国民在外国诉讼时,享有外国著作权法同样的保护。

然而,传统的侵权行为地规则已经在改变。20 世纪中期以来,侵权行为的法律适用出现了侵权行为自体法(对侵权行为地法、法院地法及当事人属人法加以综合考虑,而不是机械地适用侵权行为地法)、当事人意思自治和对受害人有利的法律等新发展。[②] 相应的,在管辖权方面,各国也在努力扩大本国的司法管辖权。表现在知识产权案件方面,其实早在 1993年初,荷兰地方法院就认为,对待跨国知识产权的侵权活动,一国法院不仅有权管辖在其地域内的侵权人,而且有权管辖在其地域之外的侵权活动。这一观点也得到了荷兰上诉法院的肯定。[③]

根据《涉外民事关系法律适用法》,[④]对涉外知识产权案件的法律适用规定如下:根据第 48 条,知识产权的归属和内容,适用被请求保护地法律。

---

① 《最高人民法院关于审理涉外计算机网络著作权纠纷案件适用法律若干问题的解释》第 1 条,载《中华人民共和国最高人民法院公报》2000 年第 3 期。

② 韩德培主编:《国际私法》,高等教育出版社、北京大学出版社 2007 年版,第 214页。

③ 郑成思:《知识产权法》,法律出版社 2003 年第 2 版,第 78 页。

④ 2010 年 10 月 28 日,第十一届全国人民代表大会常务委员会第十七次会议通过《中华人民共和国涉外民事关系法律适用法》,该法于 2011 年 4 月 1 日起施行。

根据第 49 条,当事人可以协议选择知识产权转让和许可使用适用的法律。当事人没有选择的,适用本法对合同的有关规定。根据第 50 条,知识产权的侵权责任,适用被请求保护地法律,当事人也可以在侵权行为发生后协议选择适用法院地法律。这三条规定是对涉外知识产权的法律冲突法的首次规定,涉及权属、合同和侵权三个方面,填补了我国立法的空白。[①] 我国法院在行使管辖权审理涉外知识产权纠纷时,援引这些冲突规范的结果必然是有时可能适用中国法,有时可能适用外国法,因此,不仅了解中国的知识产权法非常重要,查明相关的外国知识产权法也非常重要。

根据《TRIPS 协定》的要求,对于恶意假冒商标和盗窃版权,WTO 的成员方要予以刑事惩罚,但是,并不是所有的成员方都做了这样的规定。再例如,各国在专利权的客体[②]、授予专利的条件[③]、授予专利的程序[④],以及专利的保护期限[⑤]、商标权的确立和商标权的期限[⑥]、著作权的保护对象、保护内容和保护期限[⑦]等都有不同。因此,了解相应国家的知识产权法制非常必要。[⑧]

从理论上讲,在国外发生的知识产权纠纷也可以在中国法院提起诉讼,但是,实际操作中一般大多是外国知识产权在中国遭到侵害,则外国知识产权人会在中国法院提起诉讼,而如果中国知识产权人的知识产权在国

---

① 郭玉军、樊婧:《我国有关涉外知识产权案件法律适用的司法实践及其反思》,载《中国国际私法学会 2013 年年会论文集》(上卷),2013 年 9 月,第 59 页。

② 有的国家,如我国,专利、实用新型和外观设计都属于专利法的保护范围,但是,有的国家,实用新型不能成为专利法的保护对象。

③ 各国对于新颖性、创造性和实用性的判定标准不同。

④ 指专利的申请和审查程序上的不同。

⑤ 表现在期限的长短和起算时间不同。

⑥ 各国立法关于商标权授予的原则有注册在先原则、使用在先原则、折中原则等。各国对商标权的期限规定从 5 至 20 年不等。

⑦ 各国立法关于著作权的主体主要有自然人、法人、其他组织、国家、无国籍人等;著作权的客体的主要区别在于对口头作品(即席演讲)、电话号码簿等是否受著作权法保护;著作权的保护内容主要在于精神权利与经济权利内容上的差别;著作权保护期限的立法歧异则表现在作者生前加死后 25 年、50 年、60 年、70 年或 80 年不等。

⑧ WIPO, Country Profiles, available at http://www.wipo.int/directory/en/, last visited on Jun. 28, 2014.

外遭到侵害,则中国知识产权人会在外国法院通过民事诉讼要求侵权赔偿。[1] 发生侵权的时候权利人要前往发生侵权的国家或者地区的法院主张权利,要求法律救济。这样,判决的承认与执行的问题便容易解决。到目前为止,由中国企业在外国主动发起知识产权诉讼的案例还比较少,其中,2011 年华为诉摩托罗拉案是中国企业在海外保护自身知识产权,主动起诉并最终获得实质性胜诉的第一案。[2] 2013 年,我国共审结涉外知识产权民事一审案件 1697 件,同比上升了 18.75%。[3]

在国际私法方面,对中国企业的海外知识产权保护必然涉及海外知识产权诉讼。而中国企业,尤其是中小企业面对的问题是无力诉讼。例如,江苏昆山一家生产童车、玩具的企业,在进入欧美市场的同时,就申请了专利和商标等知识产权的保护,但东道国市场的其他竞争者仿冒其技术,侵犯了该企业的知识产权。由于缺少资金和法律援助,该企业一直无力提起诉讼。因此,为海外知识产权纠纷的应诉和起诉设立资助基金值得考虑。

对企业的海外知识产权诉讼进行支持也是一些国家的做法。2008年,韩国发布全面保护版权计划,为了建立必要的海外知识产权保护体系,完善海外侵权争端解决制度,不但呼吁在侵权问题突出地区的韩国贸易投资机构设立知识产权争端解决工作组,提供知识产权和法律方面的建议和支持,为解决侵权争端提供强大支持,而且,韩国知识产权局还为韩国企业的法律诉讼提供财政支持,并为在知识产权侵权纠纷中失利的企业提供免费的法律顾问和知识产权法律专家。2008 年,韩国诉讼援助费用从 2007年的 3 亿韩元增加到 5 亿韩元。[4] 随着海外对韩国企业技术实力与产品认知度的不断提升,侵害韩国企业知识产权的案件与日俱增,但因庞大的诉讼费用,使得中小企业难以积极应对。为此,韩国修改了《关于保护海外产业知识产权官司与诉讼费用支援的规定》,提高政府对中小企业海外诉讼

---

① 《中国企业海外知识产权纠纷典型案例启示录》精心收集 38 个中国企业海外知识产权纠纷典型案例,并逐一进行了细致的分析和解读。

② 杨宏芹、胡威:《从华为诉摩托罗拉案看中国企业知识产权保护的海外战略》,载《世界贸易组织动态与研究》2011 年第 6 期。

③ 最高人民法院:《2013 年中国法院知识产权司法保护状况》,2014 年 4 月。

④ 何艳霞:《韩国发布全面保护版权计划》,available at http://www.inttm.org/Article/gjzx/1087_3.html,last visited on Jun. 7, 2010.

费用的支援限额,以提高支援费用的有效性。

借鉴韩国的经验,中国政府应当研究适时建立中国企业海外知识产权拓展激励机制,为企业自主创新和保护知识产权建立良好的环境,建立企业海外知识产权保护机制,特别是政府应当建立诉讼基金和协助我国的中小企业在海外知识产权的合法保护。对于已出现的知识产权纠纷还应当继续加强政府层面的双边交涉,保护我国企业在海外有一个良好的发展空间。[①]

针对中国企业在对外贸易投资中遇到的知识产权保护问题,为了"尽快建立健全预警应急机制、海外维权和争端解决机制",拓展企业对外发展空间,加强对企业海外维权的指导和服务,减少知识产权海外纠纷与摩擦,商务部于 2011 年 11 月 17 日组建了"企业知识产权海外维权援助中心"。[②]海外维权援助中心的重点工作为:(1)海外维权专家库、重点联系企业库、法规资料库的建设与维护;(2)海外知识产权信息预警;(3)重点行业知识产权竞争与布局调查,重大案件对行业影响的调查与预警;(4)建立涉外知识产权重大纠纷协调处理机制,协调整个行业联合应对诉讼;(5)通过政府间知识产权交流机制推动知识产权重大案件的解决;(6)分析研究国外政府发布的知识产权方面的报告;(7)分析研究知识产权海外维权热点问题;(8)知识产权海外宣传;(9)举办知识产权海外维权论坛;(10)针对企业的知识产权能力建设,如培训、资料编纂等;(11)境外展会知识产权服务;(12)其他涉及企业知识产权海外维权方面的事务。[③]

该援助中心表达了我国政府对企业知识产权海外保护的重视,对我国企业的海外维权具有重大益处。当然,其运作的各个方面也需要进一步改进。[④] 另外,"中国保护知识产权网""国家知识产权战略网""中国商标网"

---

① 尚明:《中国企业的海外知识产权保护》,载《中国对外贸易》2005 年第 6 期。

② 早有学者建议我国要学习韩国,设立海外维权机构和维权基金,参见刘钻扩:《韩国知识产权海外维权措施及其启示》,载《国际经贸探索》2008 年第 4 期。

③ 企业知识产权海外维权援助中心,available at http://ipr. mofcom. gov. cn/?COLLCC=3877335899&,last visited on Jun. 30,2014.

④ 左延安:《关于企业知识产权海外维权的建议》,available at http://www.ipr. gov. cn/gndtarticle/updates/otherupdates/201203/1282060_1. html,last visited on Jun. 30,2014.

"中国专利网"以及"国家知识产权局网"等对于我国企业了解海外维权也发挥了重要作用。① 《深入实施国家知识产权战略行动计划(2014—2020年)》也强调"加大海外知识产权维权援助机制建设,鼓励企业建立知识产权海外维权联盟,帮助企业在当地及时获得知识产权保护",这必将促进中国企业海外知识产权的保护。

归根结底,由于知识产权的地域性,企业知识产权海外保护的主要途径无非是在目标市场国家通过申请或注册取得保护。因此,首先要进行检索,以确定自身的专利和商标是否与国外已经注册的专利和商标或者说在先权利相冲突。专利和商标检索主要分为两类:一类是中文检索,主要是在国家知识产权局网站的检索页面进行。另一类是外文检索,可以在每个国家或者地区的审批机构的网站上进行检索。欧洲专利局网站已经可以部分实现对多个国家专利申请文件的一次性检索。而检索方法可以分为字面检索和字义检索,前者是通过输入关键词,后者是通过某个意思表达进行检索。其次,如果不存在冲突,为了进入目标市场,一定要积极申请相应国家的注册保护,因为只有产品的专利证或者商标证等知识产权证明文件才是进入目标市场的通行证。最后,在遭到恶意诉讼的情况下,要积极应对,才能保护自身的海外市场。

为了帮助企业更好地防范海外投资的知识产权风险,及时妥善地解决知识产权纠纷,商务部印发了《境外企业知识产权指南(试行)》,② 从各个方面指引境外企业保护自己的知识产权,主要包括:设立专项资金,用于保护知识产权以及避免和处理知识产权纠纷;充分了解同类企业在国外的知识产权状况、所有国家或地区法律制度以及该国知识产权诉讼环境;建立知识产权海外策略与布局,在已经和即将进入的海外市场,积极寻求知识产权的保护;重点选择相关海外市场提出专利、商标申请以及作品登记申

---

① 中国保护知识产权网,available at http://www.ipr.gov.cn/channel/hwwqindex.shtml;国家知识产权战略网,available at http://www.nipso.cn/Overseas.asp;中国商标网,available at http://sbj.saic.gov.cn/;中国专利网,available at http://www.cnpatent.com/zljs.asp;国家知识产权局网,available at http://www.sipo.gov.cn/.

② 《商务部关于印发〈境外企业知识产权指南(试行)〉的通知》,商法函【2014】61号,2014年2月8日。

请；积极应对知识产权纠纷，根据所在国家或地区法律法规及相关国际条约，维护自身的知识产权；以及在对方侵权及被控侵权时积极搜集证据、申请临时措施及应诉。该指南虽然不具有强制性的法律约束力，但如果境外企业能够积极遵循该指引，则能够起到保护其海外知识产权的作用。

中国参加了众多知识产权公约。[①]在国际合作方面，中国提倡在多边、诸边框架，如 WIPO、WTO、APEC 框架下就知识产权执行问题进行磋商和讨论。中国还同美国、欧盟（包括其一些成员）、澳大利亚、日本、韩国、泰国、俄罗斯等就商标、版权、边境措施等进行双边合作。在知识产权执行方面，近年来，中国扩大国际组织的合作，加强了与美国、欧盟、俄罗斯的海关监管合作。[②]

总之，企业为了在海外市场保护自己的知识产权，要了解当地国家关于知识产权的立法、执法和司法的整个法律体制；要了解自己的商标、专利在海外市场是否被注册，还要积极对自己的商标、专利进行国际注册。随着中国成为世界贸易、投资大国，中国政府要积极采取措施重视中国企业海外知识产权的保护，包括采取单边、双边、区域和多边措施。但是，需要注意的是，在双边、区域和多边层面，中国承担的知识产权保护义务要与自身发展水平相适应，权利和义务要平衡，所以，要抵制过高的知识产权保护要求。

---

① WIPO online information，available at http://www. wipo. int/treaties/en/ShowResults. jsp? country_id＝38C，last visited on Oct. 14，2015.

② Trade Policy Review，Report by the Secretariat，China，RevisionWT/TPR/S/300/Rev. 1，7 October 2014，para. 3. 262.

第二章　双边经济协定与中国企业海外知识产权的法律保护

　　党的十六大报告指出,实施"走出去"战略是对外开放新阶段的重大举措。鼓励和支持有比较优势的各种所有制企业对外投资,带动商品和劳务出口,形成一批有实力的跨国企业和著名品牌。积极参与区域经济交流和合作。党的十七大报告也指出,创新对外投资和合作方式,支持企业在研发、生产、销售等方面开展国际化经营,加快培育我国的跨国公司和国际知名品牌。可以看出,我国企业海外知识产权的保护对于"走出去"战略的顺利实施具有重要意义。

　　中国企业海外知识产权保护法律体系的构建应当是"走出去"战略的必要内容。根据《2008 年中国保护知识产权行动计划》,推进企业知识产权保护计划的内容之一,就是研究中国企业在国外注册和保护商标的情况,加强中国企业在境外的商标保护工作,推动企业充分认识商标注册和维权在实施"走出去"战略和开展国际化经营中的作用。《2013 年中国保护知识产权行动计划》提出,加强对企业涉外知识产权案件的应诉指导,充分发挥企业知识产权海外维权援助中心作用;加强我国出口贸易主要产业和相关企业"走出去"的知识产权风险评估和预警。

　　如前所述,在法制建设方面,除了国内立法的完善之外,相关国际经济条约内容、体系的建立健全对企业对外投资中的知识产权海外保护具有重要意义。然而,无论是《2013 年中国保护知识产权行动计划》,还是《国家知识产权战略纲要》,它们都没有明确提出在实施"走出去"战略和开展国际化经营中中国企业知识产权海外保护的法制建设问题。但在《深入实施国家知识产权战略行动计划(2014—2020 年)》中提到了要"建立完善多双边执法合作机制,推进国际海关间知识产权执法合作",以及"追踪各类贸易区知识产权谈判进程,推动形成有利于公平贸易的知识产权规则"。自20 世纪 90 年代初开始,在国际经济、贸易和投资领域,双边条约的缔结重新活跃起来,并在全球范围内形成了潮流,这就是所谓的"第三次区域浪潮"。在这些新兴的双边经济协定中,除了双边知识产权协定(Bilateral Intellectual Property Agreement,BIP)之外,双边自由贸易协定(Free Trade Agreement,FTA)、双边投资协定(Bilateral Investment Agreement,BIT)中基本都涵括了知识产权(Intellectual Property Right,IPR)的保护问题。[①] 与传统的双边经济协定相比,这些新兴协定的适用范围有了较大的扩展。本章对这些双边经济协定中知识产权保护条款的内容、实施效果进行比较分析和实证研究,以期对我国通过缔结双边经济协定的途径,促进我国企业海外知识产权的保护提供建议。

第一节　双边知识产权协定与中国企业海外知识产权的法律保护

一、双边知识产权协定的缔结

20 世纪后半期,双边知识产权协定成为发达国家实施其知识产权全球保护战略的工具之一。除了关于知识产权保护的谅解备忘录(Memorandum of Understanding)、知识产权合作协定(Intellectual Property Rights Cooperation Agreement)之外,传统的双边"科学和技术合作协定"(Bilateral Science and Technology Cooperation Agreement,S&T)也可以算是双边知识产权协定的组成部分。笔者选择了几个具有代表性的国家、国际组织来介绍双边知识产权协定的产生和发展情况。

---

① 例如,根据联合国贸易与发展会议(United Nations Conference on Trade and Development,UNCTAD)2007 年对 158 个双边、区域特惠贸易、投资协定的统计,91%包括知识产权条款。Intellectual Property Provisions in International Investment Arrangements,2007,available at http://www. unctad. org/Templates/webflyer. asp?docid=10162&intItemID=2310&lang=1,last visited on Dec. 7,2008.

（一）双边知识产权协定的现状

1. 美国

由于双边科学和技术合作协定有助于跨国公司的市场开拓和知识资本积累，美国政府一贯重视此类协定的签订。美国曾与 60 多个国家签订了 800 多个科学和技术合作协定。这些协定规定了保护美国企业知识产权的严格义务和较高的保护标准。在美国晚近的缔约实践中，一个有关知识产权的议定书范本成为此类协定的附件。除了便利科学成果的传播、促进国内安全和地区稳定、解决经济发展相关问题、鼓励对科学基础设施的投资、推动国际贸易的同时响应全球安全问题（例如环境保护和自然资源管理）之外，加强对美国企业知识产权的海外保护是此类协定的既定目标之一。

根据美国国务院下属的海洋与国际环境和科学事务局（Bureau of Oceans and International Environmental and Scientific Affairs，OES）科学和技术合作办公室的统计，截至 2010 年 10 月，美国与 46 个国家或国际组织签订了这类总括协定（Umbrella Science and Technology Agreement）。[①] 20 世纪 70 年代初，美国与阿根廷签订了第一个科学和技术合作协定（1972 年）。1979 年，美国与中国签订了此类协定。[②] 这类协定的期限一般为 5 年，有一些协定例外：与墨西哥、新西兰、南非、挪威签订的协定是无期限的；与亚美尼亚、孟加拉、突尼斯、克罗地亚、阿尔及利亚、马基顿、波兰签订的是为期 10 年的协定。

---

① 与美国签订此类协定的国家或国际组织包括：墨西哥（1972 年）、希腊（1980 年）、意大利（1988 年）、日本（1988 年）、新西兰（1991 年）、蒙古（1991 年）、智利（1992 年）、俄罗斯联邦（1993 年，2006 年修订时延期 10 年）、西班牙（1994 年）、埃及（1995 年）、芬兰（1995 年）、南非（1995 年）、保加利亚（1996 年，2008 年修订）、欧盟（1997 年）、亚美尼亚（1997 年）、罗马尼亚（1998 年）、斯洛文尼亚（1999 年）、匈牙利（2000 年）、越南（2000 年）、斯里兰卡（2000 年）、孟加拉（2003 年）、巴基斯坦（2003 年）、菲律宾（2003 年）、克罗地亚（2004 年）、突尼斯（2004 年）、印度（2005 年）、挪威（2005 年）、阿尔及利亚（2006 年）、摩洛哥（2006 年）、澳大利亚（2005 年）、马基顿（2006 年）、波兰（2006 年）、瑞典（2006 年）等。Available at http://www. state. gov/e/oes/rls/fs/2009/140665. htm，last visited on Oct. 7，2015.

② List of Umbrella Science and Technology Agreements，available at http://www. state. gov/e/oes/rls/fs/2009/140665. htm，last visited on Feb. 7，2014.

20 世纪八九十年代,为了提高发展中国家的知识产权立法和执法水平,加强对美国企业知识产权的海外保护,美国先后与 16 个国家或地区签订了有关知识产权保护的双边协定。自 1985 至 1998 年,美国先后与韩国(1985 年)、斯里兰卡(1991 年)、中国(1992 年)、匈牙利(1993 年)、厄瓜多尔(1993 年)、菲律宾(1993 年)、我国台湾地区(1993 年)、牙买加(1994 年)、日本(1994 年)、拉脱维亚(1994 年)、特立尼达和多巴哥(1994 年)、柬埔寨(1996 年)、保加利亚(1996 年)、越南(1997 年)、秘鲁(1997 年)、尼加拉瓜(1998 年)签订了双边知识产权协定或有关知识产权保护的谅解备忘录。其中,有的是借 WTO 的准入谈判之机达成的,例如,1992 年中美《关于保护知识产权的谅解备忘录》就是美中关于中国复关(后为加入 WTO)双边谈判的组成部分。这些双边条约谈判是由美国贸易官员而非知识产权管理部门进行的,由于贸易问题的处理可以采取相应的报复措施,能够给对方造成更大的压力,美国在谈判中的要求基本上得到了满足。正是经过这些实践,美国政府及其国内相关利益集团都体会到:把知识产权与贸易联系起来是一种有效的知识产权保护手段。[①]《TRIPS 协定》的产生与自由贸易协定中知识产权保护条款的加入,都与这一谈判策略密切相关。

进入 21 世纪之后,美国依然利用双边知识产权协定,来推行其在全球范围内不断增强知识产权保护的对外策略。2000 年,美国与巴哈马群岛签署了关于版权保护的谅解备忘录;2004 年,美国与巴拉圭签署了关于知识产权保护的谅解备忘录;2006 年,美国与印度签署了关于知识产权保护双边合作的谅解备忘录;2008 年 7 月,美国与保加利亚签订了新的《科学和技术合作协定》。2010 年 2 月,美国与匈牙利签订了科学和技术合作框架协定。美国与德国等 7 国已经结束科学和技术合作框架协定的谈判,并正与东盟、毛里塔尼亚等国际组织和国家进行此类协定的谈判。[②] 根据美国贸易代表办公室(the Office of the United States Trade Representative, USTR)发布的 2008 年至 2013 年"特别 301 条款报告"(Special 301

---

① 陈宗波、陈祖权:《知识产权法全球化、区域一体化与本土化:问题、主义与方法》,载《广西师范大学学报(哲学社会科学版)》2007 年第 6 期。

② List of Umbrella Science and Technology Agreements, available at http://www.state.gov/e/oes/rls/fs/2009/140665.htm, last visited on Feb.7, 2014.

Report),美国贸易代表办公室关注和重视双边知识产权协定的履行情况。①

2.欧盟

作为美国最大的合作伙伴和竞争者,欧盟(European Union,EU)同样重视通过缔结双边科学和技术合作协定的形式,来为本国企业的海外投资和对外贸易消除知识产权保护的障碍。根据 2008 年欧洲委员会(The European Commission)科研总处(Directorate-General for Research)组织出版的《支持与世界更多地区的国际科学和技术合作》研究手册,②国际科学和技术合作正日益成为欧盟政策的中心事项。根据欧盟"第七次研发框架计划"(The 7th EU Research Framework Programme,FP7)中关于科学和技术国际合作的具体计划安排,与欧共体签订了或正在签订科学和技术合作协定的国家进行科学和技术政策的双边合作,是其中的重要内容,即所谓的 BILAT 项目(BILAT projects)。中国、印度、南非、巴西、智利、墨西哥、阿根廷等发展中国家以及美国、加拿大、俄罗斯、日本、韩国等发达国家都是"第七次研发框架计划"的目标国家(countries targeted)。③

截至 2015 年 10 月,欧盟与南非(1996 年)、美国(1997 年)、中国(1998年)、巴西(2004 年)、日本(2009 年)、约旦(2009 年)、阿尔及利亚(2012 年)等国家签订了科学和技术合作协定。④

2008 年 9 月,为了促进信息和通信技术产品、服务的出口,促进信息和通信技术产业的对外投资,欧盟委员会提出了一个科学和技术国际合作

---

① 2008 Special 301 Report－2013 Special 301 Report,available at http://www. ustr. gov/about－us/press－office/reports－and－publications,last visited on Feb. 7, 2014.

② Supporting International Science and Technology Cooperation with Major Regions of the World, available at http://ec. europa. eu/research/iscp/index. cfm? pg＝ allpublications,last visited on Sep. 23,2008.

③ The 7th EU Research Framework Programme,available at http://ec. europa. eu/ research/iscp/index. cfm? lg＝en&pg＝countries,last visited on Sep. 23,2008.

④ Table of agreements, available at http://ec. europa. eu/research/iscp/pdf/policy/ st_agreement_ec_euratom. pdf＃view＝fit&pagemode＝none, last visited on Oct. 13, 2015.

战略(Strategy for international cooperation in science and technology)。[①]
该战略强调了知识产权保护的重要意义。

除了美国、欧盟之外,其他发达国家也有这方面的条约实践。例如,在欧洲地区,法国、德国、英国、西班牙、意大利、俄罗斯联邦等国都与斯洛文尼亚签订了科学和技术合作协定。[②]

在亚洲地区,除了1988年与美国签订的协定之外,日本在2000年、2006年、2007年分别与俄罗斯联邦、越南、瑞典签订了科学和技术合作协定,2014年又延长了与美国的协定。[③] 韩国也与美国、欧盟、澳大利亚等签订了此类协定。

在大洋洲,澳大利亚与印度(1986年)、中国(1980年)、日本(1980年)、韩国(2000年)、新加坡(1993年,已废止)、印度尼西亚(1997年双方签订了关于核科学与技术合作的协定,但尚未生效;2005年双方签订的科学与技术合作协定也未生效)、斯洛文尼亚(1999年)、美国(2005年)、南非(2006年)等国家签订了科学与技术合作协定。

自20世纪90年代开始,欧洲各国也陆续签订了一些双边知识产权协定。例如,1999年,瑞士与越南签订了双边知识产权协定。

3. 印度

自20世纪90年代开始,印度大幅修订其知识产权法律。1994年,印度制定了《版权(修订)法》,这部法律被称为"世界上最严厉的版权法"之一。1999年12月30日,印度进一步对其版权法进行了修订。通过此次修订,印度版权法实现了与《TRIPS协定》的完全接轨。为使专利法与《TRIPS协定》相关规定保持一致,印度于1999年首次修订了《1970年专利法》。2002年,印度再次修订了《1970年专利法》。2004年12月26日,

---

① Putting Europe high on the global map of science and technology: Commission advocates new international strategy, Sep. 24, 2008, available at http://ec. europa. eu/research/index. cfm? pg＝newsalert&lg＝en&year＝2008&na＝na－240908, last visited on Dec. 7, 2015.

② International cooperation, available at http://www. arrs. gov. si/en/medn/dvostr/sporazumi. asp, last visited on Sep. 22, 2015.

③ Science and Technology, available at http://www. mofa. go. jp/policy/s_tech/index. html, last visited on Sep. 21, 2015.

印度颁布了《2004 年专利（修订）条例》。自此，印度专利法完全实现了与《TRIPS 协定》的接轨。此外，印度还制定了《1999 年商标法》等知识产权法律。[①] 随着知识产权保护的不断增强，尤其是在信息技术等新兴领域的知识产权保护，印度正在迅速成为亚洲重要的创新中心之一。随着本国知识产权的不断增长，加之发达国家知识产权全球保护战略的施行，印度缔结的双边知识产权协定也日益增多。

1996 年，印度与斯洛文尼亚签订了科学与技术合作协定。之后，印度与澳大利亚、欧盟、美国等签订了此类协定。

自 21 世纪初开始，作为知识产权不断增加的发展中大国，印度开始积极利用双边知识产权协定来加强其企业知识产权的海外保护。2005 年，印度与俄罗斯签订了军工知识产权（military intellectual property rights）协定；[②]2006 年，印度与法国、欧洲专利局（European Patent Office，EPO）、美国、英国签订了知识产权合作谅解备忘录；2007 年，印度与日本、瑞士、德国等国家签订了知识产权合作谅解备忘录；2008 年印度与澳大利亚签订了知识产权合作谅解备忘录。而且，印度与新加坡也将签订双边知识产权合作协定。[③] 在与发达国家签署的这些双边协定中，知识产权的保护水平至少要达到现行国际知识产权条约规定的标准，例如《TRIPS 协定》。此外，协定还针对一些问题作出了专门规定。

2009 年，印度又与美国签署了三个有关国防科技和核技术的合作协议。[④]

---

① 《印度的知识产权保护》，available at http://www.bjwto.org/tp/Article_Show.asp? ArticleID＝9266，last visited on Dec. 7，2008.

② India And Russia To Sign Four Treaties On Defence And Space，Dec. 5，2005，available at http://www.physorg.com/news8715.html，last visited on Sep. 21，2015..

③ India-Singapore IPR Cooperation Likely to Be Signed Soon Singapore Trade Minister Meets Kamal Nath，Jun. 23，2008，available at http://commerce.nic.in/pressrelease/pressrelease_detail.asp? id＝2276，last visited on Oct. 15，2015.

④ 《美国与印度签署三个有关国防科技和核技术合作协议》，available at http://news.xinhuanet.com/world/2009－07/20/content_11741279.htm，last visited on Aug. 27，2015.

4. 中国

在双边科学和技术合作协定方面,我国的缔约实践是非常丰富的。早在 1952 年 5 月 6 日,我国就与捷克斯洛伐克共和国签订了科学和技术合作协定。这是中国同外国签订的第一个政府间科学和技术合作协定。在我国与加拿大签订了科学和技术合作协定之后,我国缔结的此类协定至此已达 100 多个。

与双边科学和技术合作协定的缔结实践相比,我国政府签订的双边知识产权协定相对不多:20 世纪 90 年代(1992—1998),我国政府与瑞士联邦(1992 年)、瑞典(1993 年)、挪威王国(1995 年)、俄罗斯联邦(1996 年)、法国(1998 年)签署了关于保护知识产权的谅解备忘录或合作协定。进入 21 世纪后,我国政府又与白俄罗斯(2001 年)、乌克兰(2002 年)、意大利(2004 年)、秘鲁(2005 年)、蒙古(2005 年)、吉尔吉斯(2006 年)、德国(2006年)等国签订了知识产权合作协定或谅解备忘录。

综上可见,随着知识产权保护问题日益成为国际经济、政治中的重要事项,发达国家或国际组织日益重视双边知识产权协定对于对外贸易、投资的促进和保护作用,此类协定的签订方兴未艾。

(二)WTO 准入谈判中产生的双边知识产权协定

为了推动所谓的"重点国家"(或"优先国家",Priority Foreign Countries)提升知识产权保护水平,[①]美国不失时机地利用 WTO 准入进程中的双边谈判与中国、俄罗斯等国签订了双边知识产权协定。

---

① 根据美国 1974 年《美国贸易法》第 182 节的第 301 条款(即所谓的"特别 301 条款")的规定(这就是"特别 301 条款报告"名字的由来),美国贸易代表办公室从 1989 年开始,对各个国家是否对于知识产权提供充分有效的保护,以及是否对依赖知识产权保护的工业部门或商人提供公平平等的市场准入机会进行审查。每年年末,美国贸易代表办公室都会根据年度审议结果,发行一份关于各国保护知识产权的状况的年报。报告分三级将各个国家列为知识产权保护的"观察名单""优先观察名单"和"306 条款监管国家名单",以便让美国政府参照决定是否对不注重知识产权保护的国家进行贸易报复。1989 年,美国贸易代表办公室第一次将中国列入"重点观察名单"(或"优先观察名单",Priority Watch List)。李明德:《"特别 301 条款"与中美知识产权争端》,社会科学文献出版社 2000 年版,第 141~142 页。

1. 中国

1986 年 7 月 10 日,中国驻日内瓦代表团大使钱嘉东代表中国政府正式提出申请,要求恢复中国在"关税与贸易总协定"(General Agreement on Tariffs and Trade,GATT)中的原始缔约方地位。自此,中国踏上了艰难的"复关"和入世之路(1995 年 1 月 1 日,WTO 取代了一直以来被临时适用的 GATT)。在长达 15 年的谈判中,除了市场准入谈判之外,知识产权问题成为中国与美国之间谈判的焦点。

对于 1974 年《美国贸易法》(Trade Act of 1974)第 301 条款在实践中很少被使用的情况,美国国会深感不满,并决定对该法进行修改。《1988 年综合贸易与竞争法》(Omnibus Trade and Competitiveness Act of 1988)对"301 条款"进行了重大修订,并在第 1303 节对知识产权的保护作了专门规定,标题为"确定拒绝为知识产权提供充分保护或市场准入的国家"(Identification of countries that deny adequate protection, or market access, for intellectual property rights),其内容被纳入 1974 年《美国贸易法》第 182 节(美国法典统一编目为第 19 卷第 2242 条,即"特别 301 条款")。[①] "特别 301 条款"的核心在于,要求美国贸易代表根据年度贸易评估报告,确定那些没有对知识产权进行适当、有效的保护,或者否定美国依赖于知识产权保护的公司公平、平等的市场准入的国家,并经采取有效的贸易制裁措施,改变有关国家在知识产权保护及其市场准入方面的状况。

该条款生效不久,美国政府就积极与中国接触,要求中国保护其知识产权。1989 年,中美两国政府代表团曾草拟了一份有关知识产权保护的备忘录,但未正式签署。在 1991 年发布的"特别 301 条款"年度审查报告中,美国贸易代表将中国列为"重点国家",并发起了针对中国的"特别 301 条款"调查程序。自 1991 年 6 月开始,在美国的磋商要求下,中美两国进行了数轮磋商。在 WTO 乌拉圭回合谈判已经提出《TRIPS 协定》草案的背景下,同时为了避免美国的贸易制裁和由此而来的中美贸易战,中美双方最终于 1992 年 1 月 17 日签订了第一个有关知识产权保护的协议,即《关于保护知识产权的谅解备忘录》(Memorandum of Understanding

---

① 杨国华:《美国贸易法"301 条款研究"》,法律出版社 1998 年版,第 14 页。李明德:《"特别 301 条款"与中美知识产权争端》,社会科学文献出版社 2000 年版,第 6~7 页。

Between the Government of the People's Republic of China and the Government of the United States of America on the Protection of Intellectual Property)。①该备忘录主要涉及中国相关法制中知识产权保护标准的修订和完善。

1992 年 10 月 10 日,中美达成了《市场准入谅解备忘录》,美国承诺"坚定地支持中国取得关贸总协定缔约方地位"。

中美知识产权谅解备忘录签订之后,欧共体、日本、瑞士等 WTO 成员,先后提出要效仿中美备忘录所涉及的内容,与中国进行磋商相互关于知识产权保护的问题。中国政府根据对外缔结的知识产权公约所承担的义务,作了如下处理:凡中国已参加的知识产权公约,对公约其他成员国依据最惠国待遇原则,"谅解备忘录"中对美国知识产权的保护,原则上也适用于这些国家。当然,这些国家也提供对中国的知识产权对等保护。② 自 1992 年 6 月至 1995 年 6 月,中国与欧共体、瑞士、日本、瑞典、挪威分别签订了有关知识产权的双边协议。③

但是,美国并不满足于中国知识产权保护标准的改变,就美国知识产权的有效保护和市场准入而言,它更为关注中国知识产权法制的实施情况和执法问题。在 1994 年发布的"特别 301 条款"年度审查报告中,中国又被列为"重点国家"。在发起了针对中国的"特别 301 条款"调查程序之后,美国贸易代表提出了磋商要求。中美第二次知识产权谈判开始。在各种因素的促使下,1995 年 2 月 26 日,在美国实施贸易制裁的最后期限之前,经过务实和灵活的协商,中美双方终于达成了协议。3 月 11 日,美国贸易代表坎特与外经贸部部长吴仪签署了中美第 2 个知识产权协议(Intellectual Property Rights Memorandum of Understanding—1995

① 李明德:《"特别 301 条款"与中美知识产权争端》,社会科学文献出版社 2000 年版,第 175～182 页。

② 赵承璧、赵齐:《外经贸知识产权法律与条约(上)》,中国对外经济贸易出版社 1996 年版,第 90～91 页。

③ 杨国华:《中美知识产权问题概观》,法律出版社 2008 年版,第 74～76 页。

Action Plan)。① 协议采用了双方换文的方式,并以《有效保护及实施知识产权的行动计划》作为附件。② 此外,双方还就复关问题达成有关协议,同意在灵活务实的基础上进行中国"入世"的谈判。

然而,对于中国实施第二个知识产权协议的努力,美国并不满意。1996 年的"特别 301 条款"年度审查报告中,中国再次被列为"重点国家"。同样是在美国的贸易制裁措施生效之前。1996 年 6 月 17 日,中美双方达成了第三个知识产权协议(People's Republic of China Implementation of the 1995 Intellectual Property Rights Agreement—1996),③该协议的内容就是为了确保 1995 年协议的有效实施。

1999 年 11 月 5 日,美中贸易谈判代表签署了关于中国加入 WTO 的双边协定。协定强调了中国政府接受 WTO《与贸易有关的知识产权协定》(《TRIPS 协定》)的义务,以及为所受让的技术提供更好的知识产权保护。

2. 俄罗斯

在《2005 年贸易政策日程》和《2004 年年度报告》中,美国认为,对于包括俄罗斯在内的、正在进行加入 WTO 谈判的 29 个成员来说,它们必须改变自己的贸易体制。在谈判中,美国一贯坚持这些成员必须作出重大努力以使其法制符合 WTO 规则。在 2005 年 3 月发布的《贸易评估报告》(National Trade Estimate Report on Foreign Trade Barriers)中,美国贸易代表认为,为了加入 WTO,俄罗斯已经颁布了一些与《TRIPS 协定》保持一致的知识产权法律。例如,自 2002 年至 2004 年,俄罗斯修订了关于商标、专利、版权和邻接权、集成电路设计、计算机软件、数据库、植物品种等的法律。尽管如此,俄罗斯的知识产权保护体制仍然存在重大的缺陷,包括:缺乏对药品和农用化学产品的实验数据的明确保护,没有对地理标志的保护实行国民待遇,以及知识产权的实施问题。虽然俄罗斯已经开始关

① 赵承璧、赵齐:《外经贸知识产权法律与条约(上)》,中国对外经济贸易出版社1996 年版,第 95 页。张月姣:《中美知识产权磋商:背景和成果》,载《国际贸易》1995 年第4 期。

② 凌金铸:《中美知识产权冲突与合作的影响》,载《江海学刊》2005 年第 3 期。

③ Enforecement and Compliance, available at http://tcc. export. gov/Trade _ Agreements/All_Trade_Agreements/exp_005361. asp, last visited on Sep. 30, 2015.

注知识产权的实施问题,但是,这个问题还是知识产权保护中的薄弱环节。在 2006 年 3 月发布的《贸易评估报告》中,美国重申,自 1997 年以来,俄罗斯一直被列入"特别 301 条款"的"优先观察名单"(Priority Watch List)。知识产权是俄罗斯加入 WTO 谈判中的关键问题。同时,该报告又强调了俄罗斯知识产权保护体制的缺陷,例如,缺乏对药品和农用化学产品的实验数据的明确保护,没有对地理标志的保护实行国民待遇。在 2005 年后期,俄罗斯政府打算通过立法来解决上述问题。不过,俄罗斯国家杜马(俄罗斯联邦会议的下议院,Duma)尚未讨论这些问题。[①]

除了上述缺陷之外,在 2005 年 4 月发布的"特别 301 条款"年度审查报告中,美国贸易代表指出,俄罗斯还未加入世界知识产权组织(World Intellectual Property Organization,WIPO)的"因特网条约"[即《世界知识产权组织版权公约》(WCT)和《世界知识产权组织表演和录音制品公约》(WPPT)]。此外,美国贸易代表指出了知识产权实施中存在的具体问题,包括:缺乏有效和有威慑力的刑事执行制度(criminal enforcement system)、缺乏有效的工厂检验和执行机制(plant inspection and enforcement mechanisms)、缺乏民事单方调查程序(civil *ex parte* search procedures)、边境措施很不完善(extremely porous border)、刑事诉讼和裁判拖拉延期。而且,对于日益增多的网络盗版(Internet piracy)问题,俄罗斯并没有采取有效行动加以解决。鉴于此,美国贸易代表强烈要求俄罗斯采取迅速和有效的行动,解决其知识产权法制的缺陷。根据 2006 年 4 月发布的"特别 301 条款"年度审查报告,俄美双方还就驰名商标、确保完善现有知识产权制度的民法典第 4 部分的草案提议(draft of the proposed Part IV of Civil Code)与《TRIPS 协定》保持一致等问题进行了磋商。美国表示要通过俄罗斯的入世谈判,推动其知识产权法律体制与国际标准相一致。[②]

---

① National Trade Estimate Report on Foreign Trade Barriers, available at http://www.ustr.gov/Document_Library/Reports_Publications/Section_Index.html, last visited on Sep. 30, 2008.

② 2006 Special 301 Report, available at http://www.ustr.gov/Trade_Sectors/Intellectual_Property/Section_Index.html, last visited on Sep. 30, 2008.

2006 年 11 月 19 日,美国与俄罗斯签署了关于俄罗斯加入世界贸易组织协定的、与知识产权有关的附属协议(U. S.-Russia Bilateral Market Access Agreement-Side Letter on IPR)。该协议对上述报告中的一些问题作出了安排。根据 2009 年 4 月发布的《贸易评估报告》,美国承认俄罗斯的知识产权制度有了一定的发展,但同时强调,2006 年美俄双边协定的履行、俄罗斯的知识产权执法体制、与知识产权有关的司法救济措施仍然需要进一步落实和明确。

除了专门缔结的知识产权保护协议之外,美国还计划将其与他国签订的双边贸易和投资框架协定(Trade and Investment Framework Agreements,TIFA),作为这些国家入世谈判中知识产权保护谈判的范本,例如阿尔及利亚、伊拉克、也门等国。[①]美国还利用与其他国家的入世谈判,敦促这些国家完善其国内知识产权立法,例如乌克兰、塔吉克斯坦等。[②] 总之,与其他国家的入世谈判成为美国知识产权海外保护的贸易政策工具之一。

二、双边知识产权协定的内容

(一)双边知识产权协定的主要条款

以美国、欧盟、印度以及我国的双边知识产权协定为主,笔者比较分析此类协定知识产权保护的发展趋势,具体如下:

首先,从条约主体来看,此类协定缔约国的范围日益广泛,发达国家与发展中国家都很重视此类协定对于加强知识产权国际保护的作用,它们都力图在世界范围内保障本国知识产权,使之能够在其主要经济伙伴境内获得有效保护。而且,发达国家和发展中国家之间的双边知识产权协定,往往与双边投资协议的签署以及经济发展援助或技术援助相联系。

---

① The President's Trade Policy Agenda,2008,available at http://www.ustr.gov/Document_Library/Reports_Publications/2008/Section_Index. html,last visited on Oct. 5,2008.

② 2008 Special 301 Report,available at http://www.ustr.gov/Document_Library/Reports_Publications/2008/2008_Special_301_Report/Section_Index. html,last visited on Oct. 5,2008.

其次，从条约内容来看，主要涉及以下问题。

就科学和技术合作协定而言，其主要内容包括：

1. 两国政府之间科技合作与交流的宗旨、原则、范围、内容、组织形式以及相互权利与义务等。例如，1998 年《中华人民共和国政府与欧洲共同体科学技术合作协定》规定，合作活动的开展以下列原则为基础：(1)基于总体利益平衡基础上的互利；(2)相互进入由各方所进行的研究与技术开发活动；(3)适时交换有可能影响合作活动的信息；(4)适当保护知识产权。又如，欧盟-印度科学和技术合作协定的知识产权附件规定了具体的科技合作领域：农业和工业生物技术研究(包括微生物、动植物遗传材料)、卫生科学、海洋研究、天然产物化学(natural products chemistry)以及环境和能源研究等。该协定还规定，如果某缔约方国内法不保护某种知识产权，而另一缔约方国内法保护，那么该种知识产权可以在该缔约方(即国内法中未予保护的国家)获得保护(the IPR-protecting country will walk away with all the rights—worldwide)。[①]

2. 科学和技术合作协定或其知识产权附件往往规定了知识产权的定义、归属和分享问题。例如，1991 年中美科学技术合作协定的知识产权附件，具体规定了知识产权的定义以及有关发明专利、科学作品版权、计算机软件和商业秘密的处理规范。[②] 又如，中欧科学技术合作协定的知识产权附件，具体规定了知识产权的所有、分配、行使，以及版权作品、未披露信息等的保护问题。

3. 知识产权的保护标准。前述 1998 年中欧科学技术合作协定规定了知识产权的适当保护标准。2005 年美国-澳大利亚科学和技术合作协定的知识产权附件规定，双方应对知识产权给予充分和有效的保护(adequate and effective protection)。

4. 出版物、数字资料等的知识产权保护。例如，印度在双边科技合作

---

① Dr. Vijay S. Pandey. Impact assessment of the Scientific and Technological Cooperation Agreement, available at http://rp7. ffg. at/upload/medialibrary/impactassessmentindia_en. pdf, last visited on Nov. 17, 2008.

② 段瑞春：《合作与交锋——〈中美科技合作协定〉知识产权谈判回眸》，载《科技与法律》2003 年第 2 期。

协定的谈判中,注重研究成果的出版物和合作信息交流中数字资料的知识产权保护。①

5.知识产权争端的解决。例如,2004 年欧共体-巴西科学技术合作协定的知识产权附件规定,协定下的知识产权争端由相关的参与机构磋商解决。如果缔约方同意,争端可以提交仲裁解决。② 2008 年美国-保加利亚科学技术合作协定的知识产权附件也作了基本相同的规定。此外,仲裁依据的规则是可以适用的国际法规则。除非缔约方以书面形式采用了其他仲裁规则,联合国国际贸易法委员会(United National Commission on International Trade Law,UNCITRAL)的仲裁规则将适用。③

综上可见,在晚近缔结的科学和技术合作协定中,知识产权的保护条款日益完备,保护标准日益提高。

就其他双边知识产权协定而言,其主要内容包括:

1.两国政府之间加强知识产权保护的目的、知识产权合作的主要领域等。例如,2008 年 5 月印度-澳大利亚《双边知识产权合作谅解备忘录》主要规定了双方知识产权合作的领域,如能力建设、经验交流。

2.年度行动计划(Annual Action Plan)。例如,2006 年美国-印度《双边知识产权合作谅解备忘录》规定了具体的年度行动计划,包括专利、商标、外观设计、地理标志等的审查程序以及传统知识保护的经验交流等。

3.监督机制(Monitoring Mechanism)。根据 2006 年美印双边知识产权协定,美印建立了一个联合磋商机制(Joint Consultative Mechanism)监督年度行动计划的实施。

---

① 张义明:《印度在国际科技合作中的知识产权保护》,载《全球科技经济瞭望》2002 年第 12 期。

② Agreement for scientific and technological co-operation between the European Community and the Federative Republic of Brazil,available at http://www. debata. ukie. gov. pl/test/dp. nsf/88218963f4af85d6c1256ebe004a3026/2be44e6fcb4f1106c125706700351952/ $ FILE/ST14202. EN04. doc,last visited on Nov. 17,2008.

③ US and Bulgaria Sign Science and Technology Cooperation Agreement,2008,available at http://www. amcham. bg/business _ resources/bulgaria _ and _ us _ bilateral _ agreements/science_and_technology_cooperation_agreement. aspx,last visited on Dec. 7,2008.

4.各项知识产权的具体保护和知识产权执法问题。例如,1985年美国-韩国双边知识产权谅解,规定了版权、专利、商标的具体保护和知识产权执法问题。1992年我国与美国《关于保护知识产权的谅解备忘录》,规定了专利、版权、商业秘密的保护问题。1995年中美第二个知识产权协议则强调了知识产权执法问题。① 又如,2006年美国-俄罗斯双边知识产权协议要求,俄罗斯应当采取比《TRIPS协定》的规定更为严格的知识产权执法措施。②

5.通过国内立法以实施有关的国际知识产权条约。例如,上述美俄知识产权协议规定,俄罗斯应当通过国内立法来实施《世界知识产权组织表演和录音制品公约》(WPPT)和《世界知识产权组织版权公约》(WCT)。

6.传统知识等的保护问题。例如,2005年《中华人民共和国政府与秘鲁共和国政府知识产权合作协定》规定,缔约双方承认遗传资源、传统知识和民间文艺对科技、文化和经济的发展所作出的贡献,同意就建立和完善保护遗传资源、传统知识和民间文艺的法律制度加强合作,交流信息和经验。

通过对协定内容的历时性分析可以看出,协定中的知识产权保护标准日益提高,尤其是晚近产生了所谓的"TRIPS-plus"("TRIPS-附加")协定或条款。在1994年之后,大多数双边知识产权协定都具有"TRIPS-附加"性质,至少都包含"TRIPS-附加"条款。③ 通过对协定内容的共时性分析可

---

① 张月姣:《中美知识产权磋商:背景和成果》,载《国际贸易》1995年第4期。

② Results of Bilateral Negotiations on Russia's Accession to the World Trade Organization (WTO), Action on Critical IPR Issues,2006, available at http://www.ustr.gov/assets/Document_Library/Fact_Sheets/2006/asset_upload_file151_9980.pdf, last visited on Nov. 15,2008. 该协定要求俄罗斯采取具体措施来改善知识产权的执法情况。俄罗斯承诺打击光盘盗版和网络盗版,保护药品实验数据,通过刑事处罚遏制盗版和假冒产品,加强边境措施,使其国内立法与国际知识产权规则相一致。俄罗斯还承诺加强光盘企业的生产许可制度;对商业规模的盗版(commercial scale piracy)进行刑事处罚,消除盗版和假冒光盘的生产;通过修订立法建立边境主管机构(broader authority)来负责查封没收和销毁用于侵权活动的机器和材料。

③ David Vivas-Eugui. Regional and bilateral agreements and a TRIPS-plus world: the Free Trade Area of the Americas, 11, available at http://www.grain.org/rights_files/FTAA-vivas-07-2003.pdf, last visited on Nov. 17,2008.

以看出,美国、欧盟等发达国家或国际组织缔结的协定所规定的知识产权保护标准普遍更高。

"TRIPS-附加"是指在《TRIPS 协定》缔结和生效之后,一些双边安排、区域贸易安排或多边法律框架中提供了比《TRIPS 协定》标准更高、范围更广、效力更强的任何知识产权保护承诺,因此,也可以称为"超 TRIPS 承诺"。具言之,这一概念既包括旨在提高权利持有人保护水平和扩展专有权保护范围的、高于或者超出《TRIPS 协定》最低保护标准的任何要求和条件,也涵盖旨在缩减权利限制和例外的范围或者削弱《TRIPS 协定》变通性规定的一切措施。① 晚近缔结的知识产权协定确立的"TRIPS-附加"标准包括但不限于下列几个方面:

(1)扩大专利权的保护范围。例如,1998 年美国与厄瓜多尔签订的知识产权协议规定,厄瓜多尔必须参加《国际植物新品种保护公约》(International Convention for the Protection of New Varieties of Plants,UPOV 公约)、授予生命形式以专利,以及必须采用《商标注册用商品与服务国际分类尼斯协定》规定的商标分类体制。②

(2)将知识产权协议与加入、批准、实施 WIPO 的某些知识产权公约相挂钩,如 UPOV 公约、《世界知识产权组织表演和录音制品公约》(WPPT)和《世界知识产权组织版权公约》(WCT)等。

(3)遗传资源、传统知识和民间文艺的知识产权保护法律制度的研究合作。

(4)要求更加严格的执法承诺,等等。

总的来说,这些标准削减了《TRIPS 协定》法律框架留给 WTO 成员(尤其是发展中成员)国内立法的自由空间,弱化 WTO 体制内就知识产权保护达成的脆弱的利益平衡和对公共利益的有限关照,在《TRIPS 协定》

---

① Sisule F Musungu and Graham Dutfield. Multilateral Agreements and a TRIPS plus World:The World Intellectual Property Organisation-WIPO,3,available at http://www. quno. org/economicissues/intellectual-property/intellectualLinks. htm,last visited on Nov. 17,2008.

② David Vivas-Eugui. Regional and bilateral agreements and a TRIPS-plus world:the Free Trade Area of the Americas,11,available at http://www. grain. org/rights_files/FTAA-vivas-07-2003. pdf,last visited on Nov. 17,2008.

的基础上进一步强化权利持有人的专有权,本质上是要维护发达国家在技术创新中的垄断权力和在国际贸易、投资中的强势地位。[1]

（二）我国双边知识产权协定的缺陷

与美国、欧盟等发达国家或国际组织的缔约实践相比,我国缔结的双边知识产权协定还有待完善。

首先,我国缔结的多数科技和合作协定没有涉及知识产权保护问题。从协定内容来看,除了我国政府与欧盟(1998年)签订的科学和技术合作协定(该协定是按欧盟的协定范本缔结的,其中包括关于知识产权的附件)、与意大利(1998年)签订的协定(该协定包括关于知识产权保护条款的附件)、与俄罗斯联邦签订的关于双方1992年科技合作协定的附加知识产权保护和权利分配原则议定书(1999年)之外,无论是20世纪五六十年代我国与罗马尼亚等12个社会主义国家签订的此类协定,还是七八十年代我国与亚、非、西欧、大洋洲及南美洲国家签订的此类协定,它们基本上都没有涉及知识产权的保护问题,而且条款很少,内容主要涉及科学合作方式。例如相互派遣科技人员和专家对对方国家的科学技术知识、经验和成就进行考察实习;相互聘请科技人员和专家传授科学技术经验;共同研究科技课题,以便实际运用其研究成果;交换研究和实验成果,包括专利和专门技术的许可证。即使在1979年我国与美国签订的协定中,也仅仅提及了"知识产权的处理"这一事项。20世纪90年代之后所签订的此类协定中,有些概括提及了知识产权问题。例如,我国与斯洛伐克(1997年)缔结的协定第6条规定,协定合作活动所产生的知识产权问题可在联合会执行计划中作出规定。我国与阿尔巴尼亚(1996年)、荷兰(1999年)缔结的协定也包含了类似的规定。[2] 还有的协定虽明确提出知识产权的保护问题,但内容简单。例如,我国与土库曼斯坦(1998年)缔结的协定第6条规

---

[1] 张建邦:《"TRIPS-递增"协定的发展与后TRIPS时代的知识产权国际保护秩序》,载《西南政法大学学报》2008年第2期。

[2] 例如,《中-阿协定》第6条规定:本协定合作活动所产生的知识产权问题应在协定第三条款提到的执行协议中作出规定。《中-荷协定》第8条规定:有关共同研究成果的分享和在本协定下从合作研究活动中产生出的专利、版权、设计及其他在工业和知识产权的分配事宜,将同意单独安排解决。二、双方对未公开的机密技术情报、贸易秘密和其他机密情报承担保守秘密义务。

定,缔约双方根据各自国家的法律保护在本协议框架内可能合作产生的知识产权。

进入21世纪后,我国所缔结的双边科学和技术合作协定中大多包括有关知识产权的规定,但是,相关规定比较简单,不涉及具体问题,而且各个条约的相关内容依然缺乏统一性和一致性。例如,我国与新西兰(2003年)重新缔结的协定仅仅保留了1987年协定中关于知识产权处置的规定,即为执行本协定而开展的合作项目中产生的联合研究成果的共享以及知识产权的分配应由合作双方通过第七条第一款所规定的项目安排或协议予以确定。不过,我国与马耳他(2002年)缔结的协定中第2条和第6条都规定了知识产权保护问题。根据该协定第2条之规定,保护知识产权是两国开展科技合作的原则之一。该协定第6条专门规定了知识产权的保护问题。①

相较而言,美国、欧盟晚近签订的科学和技术合作协定都包括一个专门关于知识产权问题的附件。

其次,协定中关于知识产权的规定并不一致。如前所述,有些规定了知识产权分配或处置问题,有些规定了知识产权保护问题。

最后,协定中关于知识产权保护的规定不具体,内容简单,而且,有的只规定了保护知识产权的法律依据。例如,我国与南非缔结的协定第6条规定,本协定框架下共同研究开发获得的技术成果和经济利益,包括专利、专有技术、版权等知识产权由双方共享,有关具体条款由有关合作各方在单独协议或议定书中确定。任何一方从另一方获得的信息、数据或成果,未经另一方的同意,不得向任何第三方转让;并依据双方共同参加的国际

---

① 该协定第6条规定:一、遵照双方参加的国际公约的规定,双方应切实保护在实施本协定时产生的知识产权。二、在本协定下进行的联合研究和开发中产生的知识产权由相关的合作机构拥有,各方都有在本国使用的权利。合作机构之间应签署协议对研究成果的知识产权提供有效的保护。三、在本协定下的合作活动中产生的技术数据、资料、样品、图表等属于合作双方共同拥有,各方都有在本国使用的权利。在未经对方同意的前提下,不得对外公开或向第三国提供。四、双方应依据各自国家的法律法规对知识产权进行保护。双方应及时相互通告对方可能对本协定下产生的知识产权发生影响的立法上的变化,特别是有关发明、工业设计、新的植物物种及受著作权保护的作品。五、双方对本条第一款的国际公约的解释或实施上的分歧应通过双方协商来解决。

公约和各自的法律,对本协定框架下所涉及的另一方的知识产权予以保护。

为贯彻落实《中共中央、国务院关于实施科技规划纲要,增强自主创新能力的决定》(中发[2006]4 号)和《国家中长期科学和技术发展规划纲要(2006—2020 年)》的精神,进一步加强国际科学技术合作中的知识产权管理和保护,保障合作各方的知识产权权益,2006 年我国颁布了《关于国际科技合作项目知识产权管理的暂行规定》。该规定指出,在国际科技合作协定、协议的磋商谈判以及国际科技合作项目的申请立项、组织实施、评估验收、监督检查等各项工作中全面加强知识产权管理和保护。为了积极推动"走出去"战略的实施,我国应高度重视双边知识产权协议对于中国企业知识产权海外保护的意义。

三、双边知识产权协定的作用

作为欧洲委员会启动的促进欧盟与印度知识与研究政策项目的一部分,有学者对欧共体与印度签订的双边科技和合作协定的影响进行了评估研究。这一研究认为,该协定不仅推动了双方在科技活动方面的合作,而且产生了一定的政治和经济影响。例如,欧共体与印度之间的合作研究项目有了显著的增加,而且,双方在某些领域的科研能力都具有世界水平的竞争力;卫生、农业等部门的应用科学领域的研究项目成果产生了一定的经济和社会效果。[①] 虽然没有直接指出协定对于知识产权保护的影响,但是该学者提出了该协定的基本原则之一就是保护知识产权,协定对于知识产权保护的作用似乎是不证自明的。

2008 年 7 月,欧洲委员会科研总处组织出版了由"欧洲研究领域"(European Research Area,ERA)专家组发表的、题为《向世界开放:科学和技术的国际合作》(Opening to the world:international cooperation in S&T)的研究报告。这份报告是 2007 年欧洲委员会通过的绿皮书《欧洲

---

① Impact assessment of the Scientific and Technological Cooperation Agreement,23,available at http://rp7. ffg. at/upload/medialibrary/impactassessmentindia_ en. pdf, last visited on Nov. 17, 2008. EU-India:Deepening the Strategic Partnership Proceedings, available at http://www. encari. eu/docs/proceedings. pdf,last visited on Nov. 17, 2008.

研究领域：新视角》（*Green Paper The European Research Area：New Perspectives*）的后续研究成果。根据报告，专家们的研究任务之一就是评估双边科学和技术合作协定及其实施效果。① 报告认为，知识产权问题是协定的一个重要内容。就中国、俄罗斯、印度等新兴经济体（emerging economies）而言，双方科技合作的进一步加深和结果，取决于制定并实施适当的保护合作成果的知识产权制度。

除欧共体之外，印度在 21 世纪初与德国、澳大利亚、英国等发达国家签订了有关知识产权保护的备忘录，这反映出在成为知识产权发展迅速的国家之后，印度非常重视对本国企业知识产权的海外保护问题；而英国等国同样是为了加强对本国投资者知识产权的海外保护。② 印度的实践值得我国政府重视和借鉴。

与欧盟相比，美国更加注重利用双边知识产权协定来推动缔约对方的国内知识产权保护水平。事实上，在 1992 年中美知识产权谅解备忘录缔结之后，为了兑现谅解备忘录中的内容，我国于 1992 年修改的《专利法》中扩大了专利保护的范围，药品和用化学方法获得的物质被列入其中，并且延长了专利保护期限，强化了专利权的保护，完善了专利权审批程序。此外，我国还发布了《药品行政保护条例》和《农业化学物质产品行政保护条例》。同年，我国加入了《保护文学艺术作品的伯尔尼公约》和《世界版权公约》，并于当年 9 月 25 日发布了《实施国际著作权条约的规定》，在该规定第 19 条中规定我国所签署的国际条约具有直接优先适用的效力。然而，美国并不满足于中国知识产权立法的改进，而是要求中国加强知识产权的执法，提高知识产权制度的实施效果。1995 年达成中美知识产权的第二个协议之后，中国采取了一系列的积极措施：由国务院知识产权办公室和地方知识产权办公室对音像制品和计算机软件市场进行清理整顿；全国各

---

① Opening to the world：international cooperation in S&T，30，57，available at http://ec. europa. eu/research/era/progress－on－debate/expert－groups－analyses_en. html，last visited on Nov. 17，2008.

② Ashling O'Connor. UK signs anti－piracy deal with India，The Times，June 28，2006， available at http://business. timesonline. co. uk/tol/business/markets/india/article680215. ece，last visited on Sep. 21，2008.

地的知识产权执法小组和临时小组开展打击侵犯知识产权行为的行动等。[1]

在 2008 年的"特别 301 条款报告"中,美国认为,持续的双边对话和合作会促进中国知识产权保护制度的发展和执法情况的进一步改善。美国承认,在中国提出 2008 年保护知识产权行动计划之后,美国知识产权权利人将会在中国得到更加现实和透明的保护。同时,美国也表示将继续关注中国知识产权法制的发展,并与中国政府一起推动改善知识产权执法的改革。就俄罗斯而言,美国认为,不力的知识产权执法仍然是俄罗斯的严重问题。美国将采取行动帮助和鼓励俄罗斯履行其双边知识产权协议中的义务,增强其知识产权保护和执法。根据美俄双边知识产权协议,俄罗斯必须修订其知识产权法律以使其与《TRIPS 协定》相一致。美国还将通过美俄双边知识产权工作组,继续推动俄罗斯改善其知识产权执法和履行其双边知识产权协议的义务。对于其他列入"重点观察名单"的国家,例如印度,美国也将继续通过双边途径增强其知识产权保护标准。[2] 根据美国《2013 年贸易政策日程和 2012 年年度报告》,美国贸易谈判代表将继续根据《1974 年贸易法》第 306 条(Section 306 of the Trade Act of 1974)监督美国的贸易伙伴是否遵守了与美国缔结的双边知识产权协定。如果一个国家没有令美国满意地实施该协议,美国贸易谈判代表可以直接采取贸易制裁。[3]

---

[1] 凌金铸:《中美知识产权冲突与合作的影响》,载《江海学刊》2005 年第 3 期。

[2] 2008 Special 301 Report,19,available at http://www. ustr. gov/Document_Library/Reports_Publications/2008/2008_Special_301_Report/Section_Index. html,last visited on Nov. 18,2008.

[3] 2013 Trade Policy Agenda and 2012 Annual Report,183,available at http://www. ustr. gov/about—us/press—office/reports—and—publications,last visited on Feb. 8,2014. 美国《1974 年贸易法》第 306 条(美国法典统一编目为第 19 卷第 2416 条)的主要内容是:在各种"301 条款"的调查案中,当美国与有关外国达成了贸易协议,或者有关外国承诺采取某些措施后,贸易代表应当监督外国执行所达成的贸易协议,或实施所承诺的措施。如果贸易代表认为外国没有执行贸易协议,或者没有实施所承诺的措施,贸易代表可以依据"301 条款"采取进一步的措施,以确保该外国执行有关的贸易协议或实施有关的措施。李明德:《"特别 301 条款"与中美知识产权争端》,社会科学文献出版社 2000 年版,第 233 页。

《2013 年中国保护知识产权行动计划》也反映出美国知识产权海外保护政策的影响。该计划提出，继续利用中美战略与经济对话机制，就知识产权保护问题与美方进行充分的政策沟通协调，进一步促进双方的交流与合作。但是，该计划并没有提出类似于上述美国知识产权海外保护政策的内容。商务部发布的历年《中国对外投资合作发展报告》《中国对外直接投资统计公报》《中国对外贸易形势报告》也都没有关于海外投资和对外贸易中知识产权保护的策略。

综上所述，就双边知识产权协定下知识产权海外保护的效果而言，美国、欧盟等发达国家和国际组织利用双边知识产权协定、实质性地影响着缔约对方的国内知识产权立法，为其对外贸易、投资活动创造了有利的国际环境。从双边知识产权协定下知识产权海外保护的发展趋势来看，关于知识产权保护的"TRIPS-附加"标准将会日益增多，特别是在双边知识产权协定、双边自由贸易协定、双边投资协定的相互影响下，加之国际知识产权条约的不断制定，这一趋势似乎很难避免。就双边知识产权协定对知识产权多边保护的影响来说，它所规定的"TRIPS-附加"标准可能成为发达国家在知识产权多边谈判中提出的新议题，这将对发展中国家形成很大的挑战。总的来说，双边知识产权协定及其发展趋势是有利于增强知识产权海外保护的，我国应当重视此类协定的作用，并在今后的缔约实践中避免和纠正以往的条约缺陷。

四、缔结双边知识产权协定应注意的问题

(一)重视我国海外投资、贸易流向的主要国家

知识产权保护的地域性仍然存在，而且，知识产权保护程度与国家利益之间的这种正负相关性，决定了一国必须依照本国社会、经济、科技与文化发展水平选择适合于自己的知识产权保护水平。因此，我国必须重视与那些和我国海外投资、贸易关系密切的国家缔结条约。

为了有效地实施知识产权战略，切实地加强中国企业知识产权的海外保护，我国有必要借鉴美国的做法，即设立专门机构从事这一方面的事务。早在 2005 年 7 月 22 日，美国总统布什宣布在商务部下设"国际知识产权执行协调员办公室"（The Office the Coordinator for International Intellectual Property Enforcement，以下简称"协调员办公室"）。协调员办

公室的成立,显示了布什政府坚决打击知识产权侵权、加强知识产权执法的决心。"协调员办公室"的主要职责包括:(1)就打击国际知识产权侵权、加强保护海外知识产权的问题与联邦各有关部门和机构进行协调;(2)负责"全国知识产权执法协调委员会"(National Intellectual Property Law Enforce Coordination Council,NIPLECC)的国际事务;(3)制定打击国际知识产权侵权、加强保护海外知识产权的政策;(4)实施保护美国权利人海外知识产权的策略,为落实"打击有组织的盗版活动之战略"(Strategy Targeting Organized Piracy STOP)发挥重要作用。

(二)评估缔约对方的法制

《中国对外投资合作发展报告(2011—2012)》指出了中国企业在对外直接投资经营阶段面临的知识产权法律风险。各国知识产权保护的地域性、保护制度的差异和保护水平参差不齐是企业对外直接投资面临知识产权法律风险的直接原因。发达国家对知识产权的保护力度较强、保护水平较高,中国企业向发达国家直接投资时可能会因其达不到东道国对知识产权保护的要求而使其投资受到一定限制,甚至会存在侵犯他人知识产权的风险;而在企业向不发达国家或地区投资时,又可能因东道国的知识产权法律制度不完善而使企业的知识产权得不到应有的保护。[①]

为了保证双边知识产权协定能够有效地发挥对我国知识产权进行海外保护的作用,在此类协定的缔结过程中,应该对正与我国进行缔约谈判或将与我国缔结条约的国家或地区的知识产权法制进行评估,了解其法制现状,估量其法制进一步完善的可能空间。具体而言,与知识产权法制不太完善的发展中国家缔约,应当努力争取提高其知识产权保护标准,使其达致一个合理的保护水平,或者与我国的保护水平相当。当然,与发达国家缔约时,则要坚决抵制其过分的保护要求,坚持与我国社会、经济发展水平相适应的知识产权保护水平。

(三)考察我国知识产权在缔约对方受保护的情况

为了确保双边知识产权协定对于我国知识产权海外保护的有效作用,我们还应当考察正与我国进行缔约谈判或将与我国缔结条约的国家或地

---

① 《中国对外投资合作发展报告(2011—2012)》,122,available at http://fec. mofcom. gov. cn/index. shtml,last visited on Feb. 8,2014.

区中我国知识产权受保护的情况,并且针对实际情况进行谈判,做到有的放矢。这一工作需要组织专门机构和人员搜集数据信息,对中国企业知识产权海外受保护或受侵害的情况进行实证分析。

(四)制定协定范本

我国已经具有一个范围广泛的协定网络。为了保证条约内容的统一性、一致性,在现有缔约实践的经验基础上,应当借鉴积极利用双边知识产权协定促进本国知识产权海外保护的国家的做法,制定出我国的协定范本。

2005年3月,中国国际科学技术合作协会接受科技部国际合作司的委托,开展了"国际科技合作中知识产权问题"的课题第二阶段的研究。该研究的主要任务是,参与修改科技部国际合作司和政策法规与体制改革司拟订中的《国际科技合作项目知识产权管理的若干规定》,调查研究承担政府间国际科技合作项目的科研单位知识产权管理的现状、问题并提出政策建议,编写《国际科技合作协议或合同中知识产权条款范本》。此外,我国还应该就其他双边知识产权协定制定范本。

鉴于此,我国应当借鉴欧盟的做法,组织专家学者对已有协定的效果作出评估,在修订和完善现有协定的基础上制定协定范本。协定内容的不断完善将为中国企业知识产权的海外保护提供有效的保障。

(五)加强与缔约对方的合作

在协定的缔结过程中,我国应当注意加强与缔约对方的知识产权合作,推动双方的知识产权能力建设,缩小彼此在知识产权保护标准方面的认识差距,这样才能达成为双方所接受,并能顺利实施的双边协定。当然,还要充分考虑缔约对方的社会经济发展水平和要求,才能降低知识产权合作成本,减少协定的实施障碍,实现协定的既定目标。[①]

此外,在协定的实施中,我国还应加强与缔约对方的知识产权执法合作,这对于协定的有效实施和知识产权的海外保护是非常重要的。美国等发达国家非常重视双边的知识产权执法合作。例如,2006年,为了在国内以及国外有效地打击盗版和假冒行为,欧盟和美国联合发布了《欧美知识

---

① 陈宗波、陈祖权:《中国-东盟知识产权合作的现实基础与法律进路》,载《广西师范大学学报(哲学社会科学版)》2005第2期。

产权执法行动战略》。该战略的目标是，提高国内执法和边境执法的力度和效果；加强合作以减少全球盗版和假冒现象；鼓励政府与企业合作以保护知识产权。双方在知识产权的边境执法、鼓励第三国保护知识产权等方面达成一致。

五、双边知识产权协定应包括的内容

知识产权保护制度的建立取决于一国的经济、社会、技术发展水平，只有适应于本国经济、社会、技术发展水平的适度知识产权保护，才能够更好地为国家利益服务。然而，适度的知识产权保护如何与现有的多边性、区域性、双边性国际知识产权保护制度相适应，又是许多不均质技术后发的发展中国家知识产权保护政策选择和运行所面临的突出矛盾，我国也是如此。因此，在双边知识产权协定的缔结过程中，我国知识产权的有效的海外保护、知识产权的适度保护以及对现有条约规定的保护标准（尤其是"TRIPS-附加"标准）的接受程度，都是我国必须考虑的问题。以下问题特别需要加以注意：

（一）公共利益的维护

在《TRIPS 协定》的实施过程中，《TRIPS 协定》对公众利益保护不理想、引发发展中国家公共健康危机等社会问题，受到了国际社会的普遍关注。有学者认为，保证社会成员享有生命健康的权利与适当生活标准的权利，是知识产权制度必须考虑的人权问题之一。《TRIPS 协定》规定公共利益原则，即允许违约方在制定或修改其国内法时，可以采取必要措施保护公共健康和营养，促进对其社会经济和技术发展至关重要部门的公共利益。这一原则体现了基于公共利益所给予的人道主义关怀。但是，对于许多缺乏技术与生产能力的发展中国家和最不发达国家而言，不能适用强制许可、合理使用等措施获得急需的有专有权的产品时，《TRIPS 协定》并没有像制裁侵犯知识产权行为那样，为非权利人利用知识产品提供一个有效的措施。[①] 随着知识产权国际保护标准的不断提升，知识产权与公共利益的关系已成为知识产权制度发展中备受关注的问题。

---

① 陈宗波、陈祖权：《国际知识产权保护的发展态势与中国知识产权法律政策的回应》，载《苏州大学学报（哲学社会科学版）》2005 年第 6 期。

在缔结双边知识产权协定的过程中,我国应当注重公共利益原则的作用,一方面,公共利益的维护可以促进东道国为我国知识产权提供有效保护;另一方面,公共利益原则也可以遏制"TRIPS-附加"标准的过度要求和不断发展。这也是我国国家知识产权战略的专项任务所要求的正确处理专利保护和公共利益的关系,即在依法保护专利权的同时,完善强制许可制度,发挥例外制度作用,研究制定合理的相关政策,保证在发生公共危机时,公众能够及时、充分获得必需的产品和服务。

(二)传统知识资源的保护

一方面,发达国家企业利用其先进技术和运用知识产权制度技巧,无视发展中国家的主权、知情权与惠益分享权,擅自把发展中国家的传统医药知识进行提炼与利用,并取得来源于这些知识的知识产权,以谋取商业利益。例如六神丸案,日本在我国传统中药方"六神丸"的基础上开发出"救心丸",无偿使用了我国的中医药传统知识,每年的销售额达到上亿美元。西方发达国家把中医药这一我国传统知识视为公知领域,大力盗用与商业开发,危害了我国知识产权利益,损害了我国中医药可持续发展,也威胁到我国的国家经济安全。又如,近年来,西方发达国家的医药和生物技术公司,通过各种手段从我国掠取大量遗传资源,并通过这些遗传资源的研发获得了巨额利润。此外,我国野生大豆遗传资源流失、"北京鸭"遗传资源流失,以及我国大量的生物遗传资源被一些发达国家公司抢注为专利产品。再如,中国有丰富的有重要价值的民间文学艺术资源,但由于我国民间文艺形成年代久远,难以确定创作者,以现有的版权制度衡量,已超出保护期限。好莱坞把我国的花木兰故事拍成电影,《水浒传》《西游记》《三国演义》等中国故事被日韩数十家公司开发成电子游戏,现有的版权法律法规无法对我国民间文艺资源进行有效的保护。[①]

另一方面,双边知识产权协定的内容更多体现的是市场经济发达国家占据优势的专利、商标、版权等内容,而对广大发展中国家大量拥有的传统知识、民间文艺等并没有作出相应的规定。换言之,我国中医药等传统知识、遗传资源和民间文艺被跨国公司掠夺,制度性原因是缺乏中医药等传

---

① 王振宇:《我国知识产权及其制度面临的风险及防治》,载《求实》2011年第2期。

统知识、遗传资源和民间文艺这些我国等发展中国家强势的知识产权法律制度。[①] 为了切实维护具有本土特色的知识产权,我国等发展中国家应当寻求通过双边知识产权协定保护其占优势的客体,即传统知识(traditional knowledge)、民间文学艺术等传统知识资源,[②]推动协定规则的进一步发展与完善。传统知识和民间文艺等得到有效保护与合理利用也是我国知识产权战略的目标之一。

目前,传统知识的知识产权保护仍是国际社会争议较大的问题,如果发展中国家之间能够在国内立法的基础上,在双边知识产权协定中就此作出规定,将提升发展中国家的谈判能力。那么,无论是在与发达国家的双边谈判中,还是在知识产权国际保护的多边谈判中,发展中国家都可以利用自己的协定范本在传统知识的知识产权国际保护上积极推动国际立法。《2013 年中国保护知识产权行动计划》已经明确提出,推动我国加入外观

---

① 王振宇:《我国知识产权及其制度面临的风险及防治》,载《求实》2011 年第 2 期。

② 根据 WIPO"知识产权与传统知识事实调查团"的报告,传统知识是指基于传统产生的文学、艺术或科学作品、表演、发明、科学发现、外观设计、标志、名称及符号、未披露信息,以及其他一切基于传统在工业、科学、文学或艺术领域内的智力活动所产生的创新与创造。所谓"基于传统的"(tradition-based)是指,某种知识体系、创造、创新以及文化表达方式通常是世代相传的,为某个特定民族或其居住地域所固有的,并且随着环境改变而不断演进的。而那些并非产生于工业、科学、文学或艺术领域的智力活动的产物被排除在传统知识的范围之外,例如语言等其他文化遗产。WIPO. Traditional Knowledge-Operational Terms and Definitions,WIPO/GRTKF/IC/3/9,May 20,2002,para.25. 后来,WIPO 知识产权和遗传资源、传统知识及民间文学艺术政府间委员会在严格意义上使用这一概念,即传统知识是指传统的技术知识,包括传统的诀窍、技术、实践做法和知识。See Revised version of Traditional knowledge:policy and legal options,paras. 6,58,available at http://www. wipo. int/documents/en/meetings/2004/igc/index_6. html,last visited on Nov. 21,2008. 民间文学艺术,又称传统文化表现形式(traditional cultural expressions)、传统文化表达、民间文学艺术表达(expressions of folklore)等,是指由一国的国民或民族社区(ethnic communities)所创作的、代代相传并作为其传统文化遗产基本要素的所有文学、艺术、科学作品。世界知识产权组织:《知识产权与传统文化表现形式、民间文学艺术》,世界知识产权组织出版物号 No. 913(C)中译本,2,available at http://www. sipo. gov. cn/sipo/ztxx/yczyhctzsbh/,last visited on Nov. 21,2008.

设计海牙体系的相关工作,①参加外观设计、遗传资源和传统知识保护相关国际规则的制定。

需要注意的是,在传统知识等传统资源的知识产权保护问题上,有学者认为厘清其上存在的知识产权(或者说知识产权利益)类型,是设计传统知识知识产权保护制度的基础和前提。该学者提出,传统知识上存在四种知识产权:消极原生性知识产权、消极衍生性知识产权、积极衍生性知识产权和积极原生性知识产权,不同的权利可以采取不同的实现机制。② 由此可见,传统知识等传统资源保护的制度选择,决不能是一种封闭的体系,而应当随时准备吸纳新的因素,始终围绕"为原住民和传统社区争取传统资源权利"这一宗旨,构建开放的传统资源保护制度。③

(三)与其他国际知识产权条约的关系

随着知识产权逐步成为国际政治、经济关系中的重要议题,在不同国际组织的积极参与和推动下,国际知识产权制度发展迅速,并且正在形成一个复杂的体制复合体(regime complex)。在双边知识产权协定中,应当纳入缔结各方参加的国际知识产权条约,以及普遍被接受的国际条约,例如《TRIPS 协定》。

(四)知识产权的具体保护

在双边知识产权协定中,应该就商标,尤其是驰名商标以及专利、商业秘密等客体的保护作出规定,减少乃至避免对驰名商标的恶意抢注。

中国企业普遍缺乏境外知识产权保护意识,境外申请专利和注册商标数量较低,外国企业频频将中国企业比较有价值的商标抢先注册,作为对付中国企业和产品进入该国市场的利器。据调查,中国企业申请国际专利件数不足 22%。而且,我国 50 个最著名的品牌商标在调查的 5 个国家或

① 2014 年 3 月 31 日,韩国知识产权局(KIPO)加入《工业品外观设计国际注册海牙协定》(日内瓦文本)。《韩国加入海牙协议》,awailable at http://www.ipr.gov.cn/guojiiprarticle/guojiipr/guobiehj/gbhjnews/201404/1807460_1.html,下载日期:2014 年 6 月 23 日。

② 严永和:《我国传统知识保护立法的几个问题》,载吴汉东主编:《中国知识产权蓝皮书(2005—2006)》,北京大学出版社 2007 年版。

③ 杨明:《危机与对策:试析遗传资源保护的制度选择》,载吴汉东主编:《中国知识产权蓝皮书(2005—2006)》,北京大学出版社 2007 年版。

地区注册情况中,未注册的比率高达 53.2%,其中香港地区未注册比率为 44%,美国为 46%,澳大利亚为 50%,加拿大为 54%,欧盟为 76%。其中,约有 10% 的品牌是以非中国企业所有人的名义在这些国家或地区进行了注册。[1] 以广西为例,广西向境外申请的专利与商标数量非常少。据国家知识产权局的数据,广西从 1988—2003 年的 15 年间累计向境外申请专利只有 47 件,还没有发现广西企业或个人向东盟国家申请专利的记录。从专利申请人的国别所属来看,国外企业或个人是东盟国家专利申请的主体,而且,东盟国家的知识产权保护竞争对象主要来自发达国家与跨国公司。[2]

另据统计,在商标保护方面,我国产品在海外申请注册商标中,有 15% 遇到已被抢注的尴尬局面,仅在印度尼西亚就有超过 80 个商标被抢注,有近 100 个商标在日本被抢注,有近 200 个商标在澳大利亚被抢注。其中包括"英雄"金笔、"红星"二锅头、"红塔山"香烟和"康佳"彩电等著名品牌。特别是我国海信集团和厦门东林公司商标在德国被抢注,凸现了问题的严重性。[3] 德国西门子公司在德国注册了"Hisense"商标,当我国海信"Hisense"平板电视、变频空调准备打入德国市场时,被西门子起诉商标侵权。[4] 实际上,"同仁堂""狗不理""青岛啤酒"等这些国人耳熟能详的知名商标,都曾在海外被抢注过,虽然几经周折后终于收回,但为此付出的时间、金钱和遭受的市场损失足以令人痛心。[5]

在 2008 年企业海外发展与知识产权保护研讨会上,"中国知名商标在国外被抢注问题的分析"被列为议题之一。[6] 国家工商行政管理总局商标

① 于泽辉:《知识产权战略与实务》(第一辑),法律出版社 2007 年版,第 308 页。

② 黄日昆等:《广西对东盟经贸中的知识产权问题与对策研究》,载《东南亚纵横》2005 年第 9 期。

③ 尚明:《中国企业的海外知识产权保护》,载《中国对外贸易》2005 年第 6 期。

④ 宗永建:《中外企业知识产权纠纷:现状、原因及对策》,载《国际经济合作》2005 年第 7 期。

⑤ 《中国商标海外频遭"抢注"》,available at http://int.ipr.gov.cn/ipr/inter/info/Article.jsp?a_no=220741&col_no=1292&dir=200807,last visited on Nov. 21,2008.

⑥ 《企业海外发展与知识产权保护》,available at http://www.kangxin.com/haiwai/index.html,last visited on Nov. 21,2008.

评审委员会原副主任杨叶璇提出,我国知名商标在海外被抢注的情况遍及全球,除了以往发生的代理商或个人抢注商标外,还出现了个别国外大企业抢注我国知名商标的情况,如西门子公司抢注海信商标。更为严重的是,在有些国家或地区,出现了专门抢注中国知名商标的企业或个人。康信公司在为国内许多大企业做海外知识产权维护时发现,一个自称邓营的人,仅仅在 2005 年 11 月 3 日当天就向非洲知识产权组织申请了 17 个具有很高知名度的中国商标,而这些商标多数为中国大型骨干企业的驰名商标,包括这些公司的主商标,其中有中国石油(CNPC)、中兴商标(ZTE)等。杨叶璇还指出,随着欧共体商标和非洲商标等商标注册体系的出现,有些商标若在该体系中遭到一次抢注,其管辖地域范围相当广阔,所造成的危害也相当严重。非洲知识产权组织由 16 个官方语言为法语的国家组成,统一管理各国的商标事务,各国不再建立商标注册和管理机构。而邓营抢先申请的这 17 个商标(包括 41 个商品和服务)的地域范围,囊括这些中国企业高知名度商标使用的区域。① 双边知识产权协定应当在中国企业商标尤其是著名商标的海外保护中发挥作用。

在拓展海外市场时,企业要向各个国家提交专利申请、进行商标注册等。各国专利的重复审核问题,不仅增加了企业成本,而且影响了知识产权的保护。在双边知识产权协定中,我国应该努力实现专利审查的国际化。专利审查的国际化又称世界专利,是打破传统专利制度所规定的地域性限制,由若干国家负责专利的审查与授权,其他国家承认其审查结果的专利审批制度,这实际上是在推行专利权交易计划。为了推动专利审查的国际化,最终实现这个世界专利,美国、日本以及少数发达国家和地区已经采取了一些重要的举措,开通了专利审批的高速公路。②

---

① 刘慧:《知识产权战略:中国企业海外维权利器》,载《中国经济时报》,2008 年 7 月 3 日,available at http://www.jjxww.com/html/show.aspx? id=114402&cid=159,last visited on Nov. 21,2008.(笔者注:北京康信知识产权代理有限责任公司是一家经中华人民共和国国务院相关主管部门批准,具有国内外专利商标代理资格,能够提供全方位知识产权代理服务的法律服务机构)

② 张长兴:《专利战略是企业的核心竞争力》,企业海外发展与知识产权保护研讨会,2008,available at http://www.kangxin.com/haiwai/tw5.html,last visited on Dec 8,2008.

（五）争端解决机制

为了及时解决有关知识产权纠纷，保障协定的顺利履行，争端解决机制应该是协定的必需条款。

此外，协定中还应当包括知识产权的范围确定、知识产权执法等问题。

第二节　双边贸易协定与中国企业海外知识产权的法律保护

一、双边贸易协定的新发展

（一）双边贸易协定：发展态势

自 20 世纪 90 年代初以来，国际经贸关系中的双边、区域谈判活动非常活跃，产生了大量双边自由贸易协定和区域贸易协定（Regional Trade Agreement，RTA）。截至 2015 年 4 月 7 日，通报 WTO 的 RTA 有 612 个，已经生效的 RTA 有 406 个。[①] 这些新兴的双边自由贸易协定又被称为双边贸易协定（Bilateral Trade Agreement，BTA）或新型优惠贸易协定（New-type of Preferential Trade Agreement，PTA）[②]。与传统的双边贸易协定相比，新型双边贸易协定在缔结主体、调整范围方面发生了很大变化。本次区域贸易协定的发展热潮是继 20 世纪 50 年代后的第三次热潮，又被称为"新区域主义浪潮"。[③] 从缔约主体来看，美国、欧盟、日本等

---

① Regional trade agreements，available at http://www.wto.org/english/tratop_e/region_e/region_e.htm，last visited on Oct. 8，2015.

② 与传统 RTA 相比，这些新兴的协定不限于一定区域内，即不限于邻国间签订的协定，而是包括所有跨地区、跨大洋国家间签订的协定；同时，这类协定的内涵也与传统 RTA 有别。因此，有学者称为新型优惠贸易协定。沈木珠：《新型 PTAs 与 WTO 法律体制：动向、内涵及影响分析》，载《法学论坛》2008 年第 4 期。

③ "新区域主义"这一术语由诺曼·帕尔默最早提出，是指出现于 20 世纪 80 年代的作为一种"世界性现象"的区域合作的新浪潮，此前的区域合作相应被称为"旧区域主义"。此后，这一说法在国际范围内被广泛实用。郑先武：《区域研究的新路径："新区域主义方法述评"》，载《国际观察》2004 年第 4 期。

WTO 发达成员与发展中国家签订的南北间双边贸易协定,构成了全球双边贸易协定的主体。发达国家与发展中国家之间紧密合作的新型的区域主义模式(南北型),成为全球化背景下"新区域主义"发展的主要动力源泉。① 在这种区域浪潮的推动下,发展中国家之间也积极参与其中,双边自由贸易协定的缔结和双边自由贸易区的建立,成为各国对外经贸战略的重要内容。

除了传统的国家之间的双边贸易协定之外,区域性经济组织与国家、区域性经济组织之间也开始了双边贸易协定的谈判。例如,欧盟与墨西哥签署了经济一体化协定(Economic Integration Agreement,EIA),与东盟(Association of South East Asian Nations,ASEAN)、海湾合作委员会(Gulf Cooperation Council,GCC,简称海合会)、南方共同市场(Mercado Común del Sur,MERCOSUR)、安第斯共同体(Andean Community,CAN)还在进行自由贸易协定的谈判。②

笔者选取了几个"新区域主义浪潮"中的关键角色,介绍双边贸易协定的发展情况。

1. 缔约主体

(1)美国

在 WTO 多边贸易谈判进展缓慢的形势下,美国放弃了反对区域主义的立场,转向参与和主导区域自由贸易协定的谈判,以获取更多的经济和政治利益。双边贸易协定的缔结是美国多重市场开放行动的组成部分。美国非常重视双边贸易协定的作用,例如,为美国生产商、农民、服务提供者创造更多的出口机会,增强美国企业的竞争力,增加更多与出口相关的工作,加强美国与他国的经济伙伴关系,促进彼此间的国防安全。③ 根据美国贸易代表办公室的统计,美国向其自由贸易协定缔约对方的出口占美

---

① 郑先武:《"新区域主义"的核心特征》,载《国际观察》2007 年第 5 期。

② European Union free trade agreements,available at https://en. wikipedia. org/wiki/European_Union_free_trade_agreements,last visited on Oct. 12, 2015.

③ Trade Delivers Growth,Jobs,Prosperity and Security at Home;Trade Facts:Free Trade Agreement:U. S. —Malaysia,available at http://www. ustr. gov/Benefits_of_Trade/Section_Index. html,last visited on Oct. 2, 2008.

国世界出口的 52%,美国缔结的这些协定极大地刺激了贸易导向的经济增长(trade-led growth)。美国贸易代表办公室认为,除了增加出口、刺激经济增长和发展之外,贸易协定也有利于美国消费者的福利,以及提升美国在全球经济中的领导地位。①

自 20 世纪 80 年代以来,美国与以色列(1985 年)、加拿大(1988 年,已成为北美自由贸易协定的缔约国)、蒙古(1991 年)、老挝(1997 年)、越南(2000 年)、约旦(2000 年)、智利(2003 年)、新加坡(2004 年)、巴林(2004年)、摩洛哥(2004 年)、澳大利亚(2004 年)、秘鲁(2005 年)、哥伦比亚(2006 年)、巴拿马(2006 年)、阿曼(2006 年)、韩国(2007 年)缔结了 FTA。美国与哥伦比亚、韩国、巴拿马的 FTA 分别于 2012 年生效,这些协定不但为这些国家设立了新的知识产权保护标准,还设立了新的知识产权磋商机制。②

南部非洲关税同盟和美国建立自由贸易区的谈判始于 2003 年,因分歧过大而于 2006 年 4 月中止。原因是美国希望以其"非洲增长与机遇法案(AGOA)"作为筹码,换取南部非洲关税同盟成员国在市场准入、服务贸易和知识产权方面作出更多,甚至是"超乎世界贸易组织要求"的让步。2006 年 11 月,双方转而同意进行《贸易、投资与发展合作协定》的谈判,争取在短期内可以改善南部非洲关税同盟和美国的贸易和投资关系,在长期内有助于达成自贸协定。2008 年 7 月 16 日,南部非洲关税同盟与美国签署了《贸易、投资与发展合作协定》(TIDCA)。该协定为双方一系列贸易投资安排和发展合作项目提供了指导框架,为食品安全标准、贸易与投资技术性壁垒等重要问题提供了解决方案,并将作为双方自由贸易区谈判的一个重要起点。

诚如南部非洲关税同盟和美国的谈判一样,知识产权是美国双边贸易协定谈判的重要内容。2002 年通过的《双边贸易促进授权法》,授权行政机构以"快车道"(fast track)程序与其贸易伙伴缔结贸易协定,并明确规

① Trade Agreements Work for America, available at http://www. ustr. gov/Benefits_of_Trade/Section_Index. html, last visited on Oct. 2, 2008.

② Trade Policy Review, Report by the Secretariat, United States, Revision, WT/TPR/S/307/Rev. 1, March 13, 2015, para. 3. 199.

定:与贸易有关的知识产权的谈判目标是:①进一步促进知识产权的充分有效保护,包括通过确保加速和完全实施《TRIPS 协定》;确保美国缔结的任何规制知识产权的多边或双边贸易协定的条款,应反映与美国法的标准相类似的保护标准;强化知识产权执法。②确保依赖知识产权保护的美国人获得公平、公正和非歧视的市场准入机会。①

2007 年,美国政府与国会达成两党协议,一致同意利用与发展中国家缔结的自由贸易协定加强知识产权的海外保护,建立一个全面的、更高标准的知识产权保护框架,尤其是进一步加强贸易伙伴市场中对美国专利药品的保护。② 具体而言,包括:与美国缔结双边贸易协定的发展中国家,至少要履行其在《TRIPS 协定》下保护与药品有关的实验数据的义务;要求发展中国家必须建立专利权人能够有效制止侵犯其权利行为的程序,防止侵权产品的销售;要求发展中国家必须参加主要的国际知识产权条约,包括实体性和程序性条约;要求发展中国家尽最大努力及时办理专利和销售许可;通过商标立法有效打击假冒药品的生产和贸易;采取民事、刑事和边境措施打击假冒药品的贸易。

2013 年 2 月 13 日,美国总统贝拉克·奥巴马、欧洲理事会(European Council)主席赫尔曼·范龙佩(Herman Van Rompuy)、欧盟委员会主席若泽·曼努埃尔·巴罗佐(José Manuel Barroso)发表联合声明,宣布启动跨大西洋贸易和投资伙伴关系(Transatlantic Trade and Investment Partnership,TTIP)的谈判。③ TTIP 是一个综合性的 FTA,其内容包括贸

---

① Bipartisan Trade Promotion Authority Act § 2102 (b) (4)(A)(B), available at http://www. govtrack. us/congress/billtext. xpd? bill = h107 − 3005, last visited on Oct. 2, 2008.

② Bipartisan Agreement on Trade Policy:Intellectual Property,available at http://www. ustr. gov/Benefits_of_Trade/Section_Index. html,last visited on Oct. 5,2008.

③ Statement from United States President Barack Obama, European Council President Herman Van Rompuy and European Commission President José Manuel Barroso,available at http://europa. eu/rapid/press−release_MEMO−13−94_en. htm,last visited on Feb. 8,2014.

易、投资、知识产权等事项。[1]

(2)欧盟

由于一贯重视区域贸易体制对贸易自由化的推动作用,欧盟也积极利用双边贸易协定,来给本国跨国公司创造更多贸易和投资机会。

根据欧盟网站的统计资料,20世纪70年代,欧共体与瑞士(1972年)、叙利亚(1977年)签订了双边自由贸易协定。20世纪90年代,欧共体与安道尔(1990年)、圣马力诺(1992年)、土耳其(1995年)建立了只涉及工业产品的关税同盟,与丹麦(1997年)签订了双边贸易协定。20世纪90年代开始,欧盟与巴勒斯坦自治政府(1997年)、突尼斯(1998年)、南非(1999年)、墨西哥(2000年)、以色列(2000年)、摩洛哥(2000年)、智利(2002年)、约旦(2002年)、黎巴嫩(2002年)、埃及(2003年)、阿尔及利亚(2005年)、阿塞拜疆(2006年)等国签订了联系协定等双边贸易协定。为了根据欧盟的标准完善西巴尔干6国的法律制度,同时促进双方经贸关系发展以及建立自由贸易区等,欧盟与马其顿(2001年)、克罗地亚(2005年)、阿尔巴尼亚(2006年)、黑山(2007年)、波黑(2008年)、塞尔维亚(2008年)签署了《稳定与联系协定》(Stabilization and Association Agreement,SAA)。《稳定与联系协定》被看作是西巴尔干6国加入欧盟的第一步。[2]

另外,自2002年开始,欧盟与非洲、加勒比和太平洋国家集团(Group of African, Caribbean and Pacific Region Countries,简称为非加太集团,ACP Group)的成员国开始了缔结经济伙伴关系协定的谈判。截至2007年12月,35个ACP Group成员国开始启动与欧盟的"临时经济伙伴关系协定"(interim EPA, or EPA-lite)。目前,欧盟与非加太集团国家之间的全面经济伙伴关系协定仍在谈判之中。2007年12月,巴巴多斯等加勒比论坛国家(the CARIFORUM countries)率先完成了与欧盟的经济伙伴关

---

① European Union and United States to launch negotiations for a Transatlantic Trade and Investment Partnership,available at http://europa.eu/rapid/press-release_MEMO-13-95_en.htm,last visited on Feb. 8, 2014.

② EC Regional Trade Agreements,2008,6,30,available at http://ec.europa.eu/trade/issues/bilateral/regions/index_en.htm,last visited on Oct. 5, 2008.

系协定的谈判。① 截至目前,欧盟与东南非国家的 EPA 已于 2012 年 5 月 14 日生效,但与喀麦隆、科特迪瓦及加勒比共同体签订的 EPA 尚未生效。②

欧盟与韩国缔结的 FTA 于 2011 年 7 月 1 日生效。该 FTA 被视为欧盟缔结的第一个新型 FTA。它已经成为欧盟新一代 FTA 的范本。2012 年 5 月,欧盟与伊拉克缔结《伙伴关系与合作协定》。2012 年 6 月,欧盟与中美洲六国(Central American countries-Guatemala,El Salvador,Honduras,Nicaragua,Costa Rica and Panama)所组成的中美洲一体化体系(Central American Integration System,SICA)签署了联系协定。③ 该协定用单独一编(Title Ⅵ)4 个章节细致规定了知识产权的范围、知识产权的保护标准、知识产权执法等问题。2012 年 12 月,欧盟与新加坡缔结了 FTA。④ 该协定第 11 章也规定了上述有关知识产权保护的条款。

2012 年 7 月,欧盟与安第斯共同体中的哥伦比亚和秘鲁两国先行签署了 FTA。⑤ 该协定用单独一编(Title Ⅵ)6 个章节更为细致地规定了知识产权的范围、知识产权的保护标准、知识产权执法、知识产权合作等问题。可以预见,这种规定将会成为欧盟未来 FTA 的基本内容。2015 年 2 月,厄瓜多尔加入该 FTA。另外,从欧盟公开的有关 TTIP 知识产权章节的立场文件来看,其尤为关注地理标志和著作权的保护。⑥

---

① 《加共体论坛成员国同欧盟完成经济合作协议谈判》,available at http://roll. jrj. com. cn/news/2008—01—05/000003138528. html,last visited on Oct. 5,2008.

② EU(European Union),IIAs list,available at http://investmentpolicyhub. unctad. org/IIA/CountryGroupingTreaties/28 # iiaInnerMenu,last visited on Oct. 15,2015.

③ EU and Central America sign Association Agreement,available at http://ec. europa. eu/trade/issues/bilateral/regions/index_en. htm,last visited on Feb. 8,2014.

④ The EU—Singapore Free Trade Agreement,available athttp://europa. eu/rapid/press—release_MEMO—13—805_en. htm,last visited on Feb. 8,2014.

⑤ EU signs comprehensive trade agreement with Colombia and Peru,26 June 2012,available at http://trade. ec. europa. eu/doclib/press/index. cfm? id=810,last visited on Feb. 8,2014.

⑥ Intellectual property—EU position paper,available at http://trade. ec. europa. eu/doclib/press/index. cfm? id=1230,last visited on Oct. 17,2015.

（3）日本

日本是重视多边贸易体制的国家，然而，新区域主义浪潮的兴起使得对双边自由贸易协定有长期抵触情绪的日本，开始实行和发展多层次的对外经济政策，进行新的战略调整，以拓展发展空间，获取更大的利益。2002年5月，日本经济财政咨询会议制定了《日本经济活性化六大战略》，明确提出要以缔结自由贸易协定来适应全球化迅速发展的新形势。以此为基础，2002年10月12日，日本外务省制定了《日本自由贸易协定战略》，正式提出日本对自由贸易协定的基本立场、谈判和签署自由贸易协定的基本原则、选择主要谈判对象的原则及具体标准和自由贸易协定战略的重点，表明了日本对自由贸易协定的基本态度和谈判国的先后顺序。① 根据其战略，知识产权保护是日本缔结的自由贸易协定的主要内容之一，②尤其是服务贸易和投资领域的知识产权保护。③

日本已经与新加坡（2002年）、墨西哥（2004年）、马来西亚（2005年）、菲律宾（2006年）、泰国（2007年）、文莱（2007年）、印尼（2007年）、智利（2007年）签订了双边贸易协定。2008年6月26日，日本议会批准了日本与东盟的自由贸易协定。④ 2008年12月，日本与越南签订了经济伙伴关系协定。2009年2月，日本与瑞士达成了自由贸易和经济伙伴关系协定。2011年2月，日本与印度签订了经济伙伴关系协定。2011年5月，日本与秘鲁签订了经济伙伴关系协定。2014年7月8日，日本与澳大利亚签订了经济伙伴关系协定。2015年2月10日，日本又与蒙古签订了经济伙伴

---

① 宾建成：《新一代双边自由贸易协定的比较与借鉴》，载《经济社会体制比较》2003年第5期。Japan's FTA Strategy（Summary），available at http://www. mofa. go. jp/policy/economy/fta/strategy0210. html，last visited on Oct. 5，2008.

② 金永洙、徐芳：《日本的FTA战略动向及其对中国的影响》，载《日本学论坛》2006年第1期。

③ 任明、任熙男：《日本FTA政策的动向、特征及展望》，载《现代日本经济》2007年第5期。

④ 《FTA动态》，载《WTO经济导刊》2008年第7期。Japan's Current Status and Future Prospect of Economic Partnership Agreement，available at http://www. mofa. go. jp/policy/economy/fta/index. html，last visited on Oct. 5，2008.

关系协定。①

在日本的知识产权战略中,双边贸易协定成为加强日本知识产权海外保护的重要手段。2002 年 1 月签订的《日本-新加坡新时代经济伙伴关系协定》使新加坡的专利授权程序顺畅化。2003 年 10 月签订的《日本与东盟间综合经济合作框架》"知识产权"部分规定:"日本促进东盟各国发展、改善、加强、实施知识产权,对加入知识产权有关的国际协定方面进行援助,促进以信息交换为主的日本和东盟间的合作。"2005 年 12 月日本-马来西亚经济合作协定专章规定知识产权法律的内容。2005 年 6 月,日本和印度尼西亚发表《日本印度尼西亚关于经济合作协定谈判的共同声明》,包括知识产权的内容。日本和菲律宾、文莱两国签订的经济合作协定中也专门规定了知识产权保护的内容。日本为保护其在印度的知识产权利益,于2007 年 5 月 24 日与印度签订了《印度商业工业部和日本经济产业省关于合作的备忘录》,其内容全部为改善知识产权保护制度、人才培养、公众普及等进行合作。② 2009 年 2 月与瑞士达成的《自由贸易和经济伙伴关系协议》中知识产权专章的规定则更为细致,共 23 个条款,包括一般条款、国民待遇和最惠国待遇、知识产权的获得、透明度义务、各项知识产权的分别规定(包括专利、版权和邻接权、商标、工业设计、植物新品种、地理标志等)、知识产权执法(包括边境措施、民事救济、刑事救济)、知识产权合作、知识产权专门委员会,等等。日本-印度 FTA、日本-秘鲁 FTA 也都专章规定了知识产权的保护范围、保护标准、执法措施等事宜。

(4)印度

20 世纪 90 年代,印度在国内私有化和解除管制的背景下开始实施贸易自由化和资本自由流动政策,这些改革反映了印度从国家主导的进口替代战略向市场为导向发展经济战略的转变。在此基础上,印度实施了关税削减和关税结构合理化的政策措施。同时,印度积极推进与发展中国家的区域合作关系。③ 这主要表现为印度非常重视与发展中国家缔结双边贸

---

① IIAs by Economy, Japan, available at http://investmentpolicyhub. unctad. org/IIA/CountryOtherIias/105♯iiaInnerMenu, last visited on Oct. 12, 2015.

② 杨和义:《日本知识产权立国战略五年特征研究》,载《中共中央党校学报》2008 年第 3 期。

③ 朱颖:《印度与南方共同市场的区域合作》,载《国际经贸探索》2005 年第 1 期。

易协定。1972年,印度与不丹签订了贸易与商业协定(该协定已于2006年修订)。1980年,印度与孟加拉国签订了贸易协定(该协定已于2006年修订)。之后,印度与马尔代夫(1981年)、斯里兰卡(1998年)、泰国(2003年)、南方共同市场(2003年)、智利(2003年)、海合会(2004年)、南非关税同盟(2005年,SACU)、南非(2007年)、孟加拉(2008年)签订了有限的自由贸易协定(Limited Free Trade Agreements,即框架协议);与阿富汗(2003年)、南方共同市场(2004年)、智利(2006年)签订了涉及关税减让的特惠贸易协定(PTA)。2002年,印度与尼泊尔签订了贸易条约(Treaty of Trade),2007年又续展了其有效时限。2004年,印度与乍得等8个西非国家签订了经济、商业和技术合作的谅解备忘录。此外,印度还与东部和南部非洲共同市场(Common Market for Eastern and Southern Africa,COMESA,简称东南非共同市场)、安第斯共同体、加勒比共同体(Caribbean Community,CARICOM)、中美洲六国签订了经济合作框架协议。

2005年6月,印度与新加坡签订了全面经济合作协议(Comprehensive Economic Cooperation Agreement,CECA),被认为是印度的第一个综合性自由贸易协定。2008年8月,印度又与斯里兰卡签订了全面经济伙伴关系协议(Comprehensive Economic Partnership Agreement,CEPA)。2008年9月,印度与韩国达成自由贸易协定。[①]

经过共同努力,2008年10月,中印双方就中国-印度区域贸易安排(RTA)的货物贸易、服务贸易、投资、贸易便利化、经济合作以及结论和建议等全部章节达成共识,如期完成了联合可行性研究报告,但遗憾的是,直到2015年,中印还没有达成区域贸易安排。另外,印度也与日本、韩国分别缔结了双边贸易协定,其中除了将知识产权作为投资保护外,都包括专门的知识产权章节。[②]

① 《韩印达成自由贸易协定》,available at http://chinawto. mofcom. gov. cn/aarticle/e/r/200809/20080905807732. html,last visited on Oct. 7,2008.

② India,other Investment Agreements(other IIAs),available at http://investmentpolicyhub. unctad. org/IIA/CountryOtherIias/96#iiaInnerMenu,last visited on Oct. 15,2015.

（5）中国

晚近,在经济全球化深入发展的同时,区域经济一体化迅猛发展,以自由贸易区为主要形式的区域贸易安排不断涌现。世界主要国家和区域集团均加快发展自由贸易区,在全球范围内掀起了一股新的区域主义浪潮。顺应这一新的形势,2007 年 10 月,党的十七大报告第一次明确提出要"实施自由贸易区战略,加强双边多边经贸合作"。我国稳步推进自由贸易区建设,积极推进与他国或地区的经济合作关系,并取得了一定进展。自由贸易区建设已经成为我国加入 WTO 后以开放促改革、促发展的新平台和新方式。

迄今,我国自由贸易区的建设情况如下:我国与东盟（2004 年）、智利（2005 年）、巴基斯坦（2006 年）、新西兰（2008 年）、新加坡（2008 年）、秘鲁（2008 年）、哥斯达黎加（2010 年）、冰岛（2013 年）、瑞士（2013 年）、韩国（2015 年）、澳大利亚（2015 年）签订了双边贸易协定。[①]

2007 年,我国与韩国启动了关于自由贸易协定的政府、行业及学界的联合研究项目（Government-Industry-Academia Joint Study on FTA）,即官产学联合可行性研究。双方讨论的议题包括农业、林业、渔业、制造业、竞争政策、知识产权、政府采购、原产地规则、经济合作等问题。[②] 中韩自贸区谈判于 2012 年 5 月正式启动。2014 年 1 月 6 日至 10 日,中韩自贸区第九轮谈判在西安举行。本轮谈判中,双方继续进行货物贸易全面出要价谈判,并就服务贸易、投资、原产地规则、海关程序和贸易便利化、知识产

---

　　① 　从中国自由贸易区服务网的信息来看,《内地与香港关于建立更紧密经贸关系的安排》、《内地与澳门关于建立更紧密经贸关系的安排》也被视为我国缔结的自由贸易协定。相关资料参见 http://fta. mofcom. gov. cn/index. shtml,2015-10-14。至于大陆与台湾地区签署的《海峡两岸经济合作框架协议》,有学者认为,我国政府并未将其归入自由贸易协定的范畴。钟立国:《论区域贸易协定争端解决机制的模式及其选择》,载《法学评论》2012 年第 3 期。关于中国签订的 FTA,亦可参见 IIAs by Economy, China, http://investmentpolicyhub. unctad. org/IIA/CountryOtherIias/42 ♯ iiaInnerMenu, last visited on Oct. 12, 2015.

　　② 　Available at http://www. cn176. com/yingyu/2008/0227/article_1424. html, last visited on Oct. 7，2008.

权、竞争政策等十几个领域开展了协议文本的谈判。① 2015 年 6 月 1 日，中韩签订了 FTA。② 总体上，我国已签订的 FTA（包括中国-澳大利亚、中国-韩国、中国-瑞士、中国-冰岛、中国-哥斯达黎加、中国-秘鲁、中国-新加坡、中国-新西兰、中国-智利、中国-巴基斯坦、中国-东盟等 FTA）尤其是最近签订的 FTA，对知识产权都有高标准的保护；正在谈判的 FTA［包括中国-海合会，中国-挪威，中日韩，《区域全面经济合作伙伴关系协定》(RCEP)，中国-东盟自贸协定（"10＋1"）升级谈判、中国-斯里兰卡、中国-巴基斯坦自贸协定第二阶段谈判、中国-马尔代夫等 FTA］和正在研究的 FTA（包括中国-印度、中国-哥伦比亚、中国-格鲁吉亚、中国-摩尔多瓦等 FTA）必将包括高标准的知识产权保护。③ 可以看出，我国正在积极推动自由贸易协定战略的实施。我国所选择的缔约对象分布在亚洲、大洋洲、拉美、欧洲及非洲，通过这些自由贸易协定，必能促进我国企业海外知识产权的保护。

2. 双边贸易协定的"新区域主义"特征

在多边贸易谈判进展缓慢的情况下，以美国、欧盟为代表的 WTO 发达成员致力于在全球范围内建立自己的双边贸易协定网络。在这次区域浪潮中，发展中国家发挥了推波助澜的作用，积极建立和扩展自己的双边贸易协定网络。例如，泰国认为，双边贸易协定能够扩大泰国在主要国际市场——例如美国、日本、中国、印度——的出口机会和提升价格竞争力，从而可以保持和泰国出口商的经济竞争力。根据泰国商业部（Ministry of Commerce）下属的贸易谈判厅（Department of Trade Negotiations）发布的统计资料，泰国与印度、巴林、秘鲁、澳大利亚、新西兰、日本等国签署了双

---

① 《中韩自贸区第九轮谈判在西安举行》，available at http://fta. mofcom. gov. cn/article/fzdongtai/201401/14886_1. html，last visited on Feb. 9，2014.

② Free Trade Agreement between China and Republic of Korea，available at http://investmentpolicyhub. unctad. org/IIA/country/42/treaty/3569，last visited on Oct. 12，2015.

③ 关于这些 FTA 的具体情况，请参见中国自由贸易区服务网，协定专题，available at http://fta. mofcom. gov. cn/，last visited on Oct. 14，2015. 根据该网站，内地与港澳的更紧密经贸关系安排也被视为自由贸易协定。

边贸易协定。① 又如,在拉丁美洲,智利是积极推动与他国缔结双边贸易协定的国家。据统计,智利与美国、加拿大、欧盟、欧洲自由贸易联盟(European Free Trade Association,EFTA)、韩国、日本、墨西哥、哥斯达黎加、萨尔瓦多、巴拿马、中国签订了自由贸易协定,与玻利维亚、秘鲁、委内瑞拉、阿根廷、厄瓜多尔、哥伦比亚、南方共同市场签署了经济互补协定(economic complementation agreement),与古巴签订了一个局部贸易协定。目前,智利与中国、中国香港、澳大利亚、马来西亚、土耳其、哥伦比亚、秘鲁等至少 15 个国家或地区有有效的双边贸易协定。② 综上可见,一个纷繁交错,包含了近 400 个双边贸易协定的条约网络已经形成。亚太地区、美洲、欧洲、非洲、大洋洲都已涵括在这个网络之中。WTO 法专家贾格迪什·巴格瓦蒂(Jagdish Bhagwati)将之称为"意大利面条碗"(Spaghetti bowl)式的网络。而且,这个自由贸易协定的网络已经形成了复杂的"轴心—辐条"(Hub and Spokes)格局。

与"旧区域主义"基本上局限于一个既定的地理区域内不同,"新区域主义"开始出现一种超越传统地理范围的、以多层次区域间关系为特征的、跨大陆或大洋的"区域间主义"(interregionalism)。③ 就传统双边贸易协定而言,其缔约主体往往借助毗邻的地理关系来构建彼此间的自由贸易区,而新兴的双边贸易协定则呈现出跨地区的明显特征,自由贸易区已经不再是一个仅仅从地理位置上来理解的概念了。"自由贸易区"建设已成为新兴的各种"区域间主义"的核心支柱和发展先锋。

"新区域主义"明显表现出综合性的特征。一些原来功能单一的区域政府组织开始向涉及政治、经济、社会、环境、文化等多纬度多议题的方向发展,并日益成为解决区域综合性问题的一支最重要的力量。④ 就双边贸易协定而言,除了传统的货物贸易议题之外,服务贸易、投资、知识产权、环

---

① Tai, FTA, available at http://www. thaifta. com/english/index_eng. html, last visited on Oct. 2, 2015.

② Chile, other Investment Agreements (othe IIAs), available at http://investmentpolicyhub. unctad. org/IIA/CountryOtherIias/41 # iiaInnerMenu, last visited on Oct. 15, 2015.

③ 郑先武:《"新区域主义"的核心特征》,载《国际观察》2007 年第 5 期。

④ 郑先武:《"新区域主义"的核心特征》,载《国际观察》2007 年第 5 期。

境保护等议题都成了它的重要内容。

与"旧区域主义"的封闭性和与 WTO 多边贸易规则的矛盾性相比，"新区域主义"则显示出突出的"开放性"特征。[①] 就双边贸易协定而言，缔约方往往明确规定，双方尊重并依照 WTO 规则逐步实现贸易自由化，自由贸易区的建设进程开始与 WTO 多边贸易机制趋向一致。

与"旧区域主义"时期区域在国际舞台上被动的客体地位相比，"新区域主义"条件下，一些成熟的区域开始以一个"区域行为体"乃至"全球行为体"的角色，在国际事务中日益发挥强有力的主体作用。这就是区域作为一种经济或政治实体所具有的"角色性"。也意味着这些区域实体开始对共同的价值观和共同的规则负责、能够制定连续的政策并适时运用政策工具、具有国际谈判能力、拥有决策进程的合法性等。[②] 就双边贸易协定而言，区域性经济组织不仅是非常活跃的缔约主体，而且有的还发挥着主导影响。例如，欧盟。

(二)双边贸易协定涵括内容的扩展

除了迅速形成庞大复杂的双边贸易协定网络，新兴双边贸易协定引人注目的另一方面是其涵括内容的扩展。此类协定的内容从传统的货物贸易扩展到服务贸易、劳工标准、环境保护、投资保护、知识产权保护等，即所谓的"WTO-plus"协定。

就知识产权而言，美国国会在《2000 年双边贸易促进法案》所作的声明中提出，美国双边自由贸易协定的总体目标是，鼓励贸易伙伴同意按美国法律的标准保护知识产权。美国在谈判自由贸易协定中都要加上知识产权的章节，通过该章节美国把国内知识产权保护的法律搬入协定，迫使贸易伙伴接受并受到约束。这种发展既可以把美国的意愿较充分地体现出来，又可以通过协定提高对美国知识产权保护的水平。这种制度发展再加上美国已签署的双边知识产权协定或谅解备忘录，形成了美国在区域或双边层次的知识产权保护网。[③] 根据 2008 年美国贸易政策日程，美国将继

---

① 郑先武：《"新区域主义"的核心特征》，载《国际观察》2007 年第 5 期。

② 郑先武：《"新区域主义"的核心特征》，载《国际观察》2007 年第 5 期。

③ 朱颖：《美国知识产权保护制度的发展——以自由贸易协定为拓展知识产权保护的手段》，载《世界知识产权》2006 年第 5 期。

续重视双边贸易协定,促进知识产权全球保护和增强知识产权保护标准的作用。前述双边贸易协定的绝大多数都包含知识产权条款。

我国自由贸易协定战略的实施,无疑是我国加强与其他国家经济合作的重要举措,而且为知识产权区域一体化提供了一个非常重要的机会与载体。2008 年 7 月 29 日、30 日,《〈内地与香港关于建立更紧密经贸关系的安排〉补充协议五》《〈内地与澳门关于建立更紧密经贸关系的安排〉补充协议五》(Closer Economic Partnership Arrangement,CEPA,以下简称补充协议五)分别在香港、澳门签署。此次签署的这两个补充协议,在知识产权保护领域增加合作内容的同时,增加"品牌合作"作为贸易投资便利化方面新的合作领域。补充协议五明确,为进一步加强商标领域的交流与合作,国家工商行政管理总局商标局与香港知识产权署成立商标工作协调小组,作为双方固定的联系机制,加强两地在商标注册业务和商标保护工作等方面的交流与合作。补充协议五指出,双方认识到,品牌合作对于推动两地经济发展和促进两地经贸交流具有重要意义。双方同意加强在品牌领域的合作,并在联合指导委员会的指导和协调下,建立有关工作组。双方同意,将加强两地在品牌领域的交流与沟通;在品牌保护的法律法规制定和执行方面交换信息;加强在培训、考察、出版刊物等方面的合作;通过网站宣传、展会推介、举办研讨会等多种方式加强两地品牌的推广促进活动。尽管不是严格意义上的双边贸易协定,上述安排中的规定对于我国商标尤其是驰名商标的海外保护具有一定的示范效应。

二、双边贸易协定的知识产权条款

综上可见,随着双边贸易协定网络的不断扩展,双边贸易协定的知识产权条款已经成为知识产权国际保护制度的重要组成部分。以美国、欧盟、日本以及我国的双边贸易协定为主,本书比较分析了此类协定下知识产权保护的发展趋势。

(一)双边贸易协定知识产权条款的主要内容

1.实体性条款

美国-约旦自由贸易协定并不是美国签订的第一个自由贸易协定,但是,它在劳工、环境、知识产权等许多领域确立的新标准比《北美自由贸易协定》(North American Free Trade Agreement,NAFTA)或其他自由贸易协定中的标准更高,而且成为美国与新加坡、澳大利亚以及巴林、智利、摩洛哥、多米尼加等发展中国家签订的自由贸易协定的范本。[①] 而美国-新加坡自由贸易协定则成为美国与东盟其他成员自由贸易协定的范本。

美式自由贸易协定一般包含专门的条款或章节规定知识产权的保护、执法、争端解决和合作问题,对协定各成员的知识产权保护标准作出具体规定。例如,美国-约旦自由贸易协定第 4 条专门规定了知识产权问题,内容包括该协定条款与《世界知识产权组织版权公约》(WCT)、《世界知识产权组织表演和录音制品条约》(WPPT)等其他国际知识产权条约的关系、国民待遇原则、受保护知识产权的类别、与某些管制产品相关的措施、知识产权执法等事项。就知识产权本身而言,协定条款涵盖了专利、版权及邻接权、商标、地理标志等所有的知识产权。自美国-智利自由贸易协定开始,美式自由贸易协定中专章规定知识产权问题,大多安排在协定的第 15 章至第 18 章之间。美式自由贸易协定知识产权章节的规定日益完备。例如,2004 年美国-新加坡自由贸易协定增加了对域名的保护,其知识产权执法规定更加具体。另外,2005 年美国-秘鲁、2006 年美国-哥伦比亚自由贸易协定中还就传统知识的保护问题作出了规定。根据上述协定《关于生物多样性和传统知识谅解备忘录》的规定,缔约双方承认,可以通过由遗传资源或传统知识的使用者与提供者订立反映双方共同意愿的合同的方式,充分解决此类资源或知识的获取及其惠益分享问题。[②] 有学者认为,前述备忘录的规定完全体现了美国的有关传统知识保护的主张。这些规定具有强烈的示范效应和先例意义,它不但剥夺了相关发展中国家保护传统知识的宝贵权利,而且给其他正在或准备与美国签订包含知识产权保护内容的自由贸易协定的发展中国家带来了强大压力。[③]

[①] Hamed El-Said and Mohammed El—Said. TRIPS, Bilateralism, Multilateralism & Implications for Developing Countries: Jordan's Drug Sector, *Manchester Journal of International Economic Law*, 2005, 19.

[②] Understanding Regarding Biodiversity and Traditional Knowledge, available at http://www. ustr. gov/Trade_Agreements/Bilateral/Colombia_FTA/Final_Text/Section_Index. html, last visited on Nov. 23, 2008.

[③] 魏艳茹:《晚近美式自由贸易协定中的传统知识保护研究》,载《世界知识产权》2007 年第 2 期。

欧盟与一些发展中国家或发展中国家集团缔结的各种"联系协定"或"经济伙伴关系协定"也包含专门的知识产权条款,且通常安排在"与贸易相关的议题"(trade-related issues)或者"其他经济事务"(other economic matters)之中加以规定。在欧盟及其成员国与斯里兰卡(1995 年)、巴解组织(1997 年)、突尼斯(1998 年)、南非(1999 年)、墨西哥(2000 年)、智利(2002 年)、约旦(2002 年)、叙利亚(2004 年)等缔结的双边协定中,其知识产权条款首先规定,缔约各方应当根据"最高国际标准"(the highest international standards)确保对知识产权给予充分、有效的保护。[①] 此外,其知识产权条款还规定该协定与《TRIPS 协定》《世界知识产权组织版权公约》(WCT)等其他国际知识产权条约的关系、受保护知识产权的类别、知识产权合作等事项。

在晚近欧盟的 FTA 谈判中,对知识产权的保护尤为重视,突出表现在就知识产权问题作出了专章规定。例如,在欧盟-印度、欧盟-东盟 FTA 的谈判中,知识产权专章的草案文本是由欧盟提出的,其内容非常翔实,包括该章的目标、知识产权的范围、与《TRIPS 协定》等国际知识产权条约的关

[①] 上述协定中对"最高国际标准"的解释并不明确。例如,根据 2002 年欧盟-智利联系协定(Association Agreement)第 168 条至第 170 条的规定,"最高国际标准"似乎是指《TRIPS 协定》《保护工业产权巴黎公约》《保护文学和艺术作品伯尔尼公约》等国际条约规定的保护标准。有学者认为,就字面意义而言,"最高国际标准"明确排除了国家标准;从较为合理的角度来说,可以将其理解为多边条约所规定的保护标准。然而,这种理解还是存在一些不明确的地方。还有的学者认为,根据"TRIPS-附加"协定的"上下文"和通常的理解,"最高国际标准"可以指欧洲标准、WIPO 标准、根据贸易和投资协定产生的事实上的新标准,抑或 TRIPS 标准,例如《欧盟-叙利亚自由贸易协定》第 72 条和附件六规定:最高国际标准应包括《TRIPS 协定》的规则及执法措施。在知识产权国际保护实践中,"最高标准"既包括现行标准,也涵盖未来确立的任何新标准。See EU-Chile Association Agreement,articles 168－171,available at http://ec. europa. eu/trade/issues/bilateral/countries/chile/euchlagr_en. htm, last visited on Nov. 23,2008. EU-Syria Association Agreement,articles 72,100,available at http://www. bilaterals. org/article. php3? id_article＝2549,last visited on Nov. 23,2008. Carlos M. Correa. Bilateral investment agreements:Agents of new global standards for the protection of intellectual property rights?,available at http://www. grain. org/briefings/? id＝186,last visited on Nov. 23,2008. 张建邦:《"TRIPS-递增"协定:类型化与特征分析(下)》,载《世界贸易组织动态与研究》2008 年第 6 期。

系、技术转让、权利用尽、各项知识产权的保护标准、知识产权的各项执法措施、知识产权合作以及知识产权法制的区域一体化等。该草案的内容明显体现了"TRIPS-附加"的特征。在欧盟-新加坡 FTA 中，上述内容已经成为现实。

根据 2002 年《日本-新加坡新时代经济伙伴关系协定》第 1 条的规定，发展知识产权领域的合作是协定的目标之一。日式自由贸易协定的知识产权条款主要规定了该协定与《TRIPS 协定》等其他国际知识产权条约的关系、国民待遇原则、受保护知识产权的类别、知识产权合作的领域和形式以及知识产权执法等事项。从前述 2009 年与瑞士达成的《自由贸易和经济伙伴关系协议》中知识产权专章的规定来看，日式自由贸易协定知识产权条款的内容日益细致。

发展中国家之间缔结的自由贸易协定也就知识产权问题作出了规定。例如，2003 年印度与泰国《关于建立自由贸易区的框架协定》规定，根据 WTO、WIPO 管理的国际知识产权条约以及其他相关国际条约促进，对与贸易有关的知识产权的充分、有效保护，是双方货物贸易谈判的重要内容，知识产权合作是双方经济合作的重要部分。① 相较而言，发展中国家与发达国家之间缔结的自由贸易协定，对于知识产权问题的规定更为具体。除了前述美国、欧盟、日本缔结的有关协定外，2005 年印度-新加坡《全面经济合作协定》规定知识产权合作、科技合作中知识产权的保护和分配等问题。

第一个与我国进行自由贸易区谈判的是东盟这一国际组织。2004 年，我国与东盟缔结了《中华人民共和国与东南亚国家联盟全面经济合作框架协议》。该协议第二部分明确规定，知识产权合作是缔约各方重要的合作领域。2005 年《中国-智利自由贸易协定》第 11 条、第 111 条规定与边境措施有关的特别要求、知识产权合作的目标和途径。2006 年《中国-巴基斯坦自由贸易协定》第 10 条规定与边境措施有关的特别要求。2008 年《中国-新西兰自由贸易协定》第 2 条规定，本协定的目标之一就是根据《TRIPS 协定》的规定，在各方境内提供知识产权保护和执法，巩固并加强知识产权合作。该协定第 12 章专章规定了受知识产权的范围、利益平衡

---

① India-Thailand FTA（2003），available at http://www.bilaterals.org/article.php3? id_article=2161，last visited on Feb. 9，2014.

的知识产权原则、透明度义务、该协定与《TRIPS协定》等其他国际知识产权条约的关系、能力建设、传统知识等的保护以及争端解决等事项。2009年《中国-秘鲁自由贸易协定》第11章、2010年《中国-哥斯达黎加自由贸易协定》第10章、2013年《中国-瑞士自由贸易协定》第11章、2013年《中国-冰岛自由贸易协定》第6章也都专章规定了上述事项,前三个协定还规定地理标志的保护问题。[①]

在后WTO时期,发展中国家之间或者发展中国家与新兴经济体(如新加坡)之间签订的自由贸易协定,只是象征性地提及知识产权,协定更注重开放市场,而无意在贸易伙伴之间建立"TRIPS-附加"的法律框架,但发展中国家与美国和欧盟签订的自由贸易协定,使发展中国家被迫接受更加严苛的知识产权保护和执法体制。[②]

2. 知识产权条款内容的发展变化

通过对双边贸易协定的历时性分析可以看出,协定的知识产权条款日益完善,保护范围日益广泛,保护标准日益提高。

第一,协定条款下涵括的国际知识产权条约增加了。例如,除《世界知识产权组织版权条约》(WCT)、《世界知识产权组织表演和录音制品条约》(WPPT)等外,2007年《美国-韩国自由贸易协定》(第18.1条之规定)要求缔约双方必须参加1979年修订的《专利合作条约》(*Patent Cooperation Treaty*,PCT)、1974年《发送卫星传输信号布鲁塞尔公约》(*Convention Relating to the Distribution of Programme-Carrying Signals Transmitted by Satellite*)、1994年《商标法条约》(*Trademark Law Treaty*)等国际知识产权条约。又如,与1999年欧盟-南非贸易、发展及合作协定相比,2004年《欧盟-叙利亚联系协定》及其附件六所涵括的国际知识产权条约,增加了1979年修订的《专利合作条约》、1991年《UPOV公约》、2000年《专利法条约》(*Patent Law Treaty*)等。2013年《中国-瑞士自由贸易协定》(第11.3条)纳入了缔约双方参加的《TRIPS协定》、《保护工

① 协定文本,available at http://fta. mofcom. gov. cn/index. shtml, last visited on Feb. 9, 2014. 其中,《中国-冰岛自由贸易协定》于2014年7月1日正式生效。

② 张建邦:《"TRIPS-递增"协定:类型化与特征分析(上)》,载《世界贸易组织动态与研究》2008年第5期。

业产权巴黎公约》《保护文学和艺术作品伯尔尼公约》、经 2001 年《华盛顿法案》修订后的《专利合作条约》《国际承认用于专利程序的微生物保存布达佩斯条约》《关于供商标注册用的商品和服务国际分类的尼斯协定》及 1979 年《日内瓦法案》对其所做修订、《商标国际注册马德里协定》《世界知识产权组织版权条约》(WCT)、《世界知识产权组织表演和录音制品条约》(WPPT)、《UPOV 公约》等国际知识产权条约。该协定还要求缔约方应尽所有合理努力批准或加入《视听表演北京条约》。在欧盟有关 TTIP 知识产权章节的立场文件中,欧盟还提及 2006 年《商标法新加坡条约》、2013 年《关于为盲人、视力障碍者或其他印刷品阅读障碍者获得已出版作品提供便利的马拉喀什条约》等国际知识产权条约。

第二,规定了透明度义务。《美国-韩国自由贸易协定》(第 18.1 条之规定)要求缔约双方必须确保以书面形式公开与知识产权的保护或执法相关的法律、法规和程序,如果某些地方不能使公众方便地获得出版物,那么缔约方必须采取措施使得权利所有人能够了解上述法律法规。又如,2007年《日本–智利战略性经济伙伴关系协定》第 160 条、《中国-新西兰自由贸易协定》第 161 条也规定了缔约方的透明度义务。

第三,受保护的知识产权的范围扩大了。《美国-韩国自由贸易协定》要求保护域名(第 18.3 条之规定)、加密节目运载卫星信号或有线信号(encrypted program-carrying satellite or cable signal,第 18.7 条之规定)。

第四,知识产权的保护标准提高了。《美国-韩国自由贸易协定》对商标、专利等知识产权规定了更加完备的保护标准。

第五,规定了知识产权合作义务。例如,2004 年《欧盟-叙利亚联系协定》第 100 条,规定了双方在知识产权保护与执法的立法、防止权利滥用、能力建设等方面的合作事项。又如,《日本–新加坡新时代经济伙伴关系协定》第 96 条详细规定了知识产权合作的领域和形式。再如,《中国–智利自由贸易协定》第 111 条也规定了知识产权合作的目标和途径。

第六,知识产权执法的规定更加细致。《美国-韩国自由贸易协定》第 18.10 条对知识产权执法的一般义务,民事、行政、刑事程序及救济,替代性争端解决程序,临时措施,边境措施(有关的特殊要求)等事项做了细致的规定。又如,2007 年《日本-智利战略性经济伙伴关系协定》第 164 条也规定了边境措施、刑事程序及救济等事项。《日本-瑞士自由贸易和经济伙伴关系协定》第 110 条还尤其强调了缔约方应当提高与知识产权有关的行政程序的效率。

第七，在综合性双边贸易协定关于投资的专章规定中，"投资"或"投资财产"的范围中往往包括知识产权。例如，《中国–秘鲁自由贸易协定》第126 条(定义)规定，投资包括知识产权，特别是版权、专利、商标、商号、专有技术和工艺流程，以及商誉。这样，知识产权同时享受自由贸易协定对"投资"的保护。

3.知识产权条款的发展趋势

通过上述历时性分析以及对双边贸易协定的共时性分析可以看出，双边贸易协定知识产权条款的发展呈现出以下趋势：

首先，知识产权条款的内容更加完备。如前所述，有关知识产权的规定从单独的一项条款(例如《美国-约旦自由贸易协定》第 4 条)发展为单列的一章(例如《美国-新加坡自由贸易协定》第 16 章)、包含几章的一编(例如《欧盟–哥伦比亚和秘鲁自由贸易协定》第 7 编 6 个章节)，内容日益完善。例如，1985 年《美国-以色列自由贸易协定》第 14 条仅仅规定，缔约各方重申他们在双方已经参加的、与知识产权有关的双边和多边协议下的义务。缔约各方应当在专利权、版权等所有知识产权的获得、维持和执法方面(maintaining and enforcing)给予对方国民、企业以国民待遇和最惠国待遇。[1]而 2007 年《美国–韩国自由贸易协定》就知识产权的保护、执法、争端解决问题作出了具体规定。

其次，发达国家主导的贸易协定知识产权条款体现了"TRIPS-附加"标准，[2]而且"TRIPS-附加"的内容基本上是发达国家(尤为美国和欧盟)域

---

[1]　Agreement on the Establishment of a Free Trade Area between the Government of Israel and the Government of the United States of America，available at http://tcc. export. gov/Trade_Agreements/All_Trade_Agreements/exp_005439. asp，2008-11-23，last visited on Nov. 21, 2008.

[2]　广义上的"TRIPS-附加"标准实际包括两个方面，即狭义的"TRIPS-附加"标准和"TRIPS 之外"(TRIPS-extra)。前者是在《TRIPS 协定》最低标准之上所确立的更高标准，后者是在《TRIPS 协定》最低标准之外所确立的附加标准。张建邦：《"TRIPS-递增"协定：类型化与特征分析(下)》，载《世界贸易组织动态与研究》2008 年第 6 期。

内法的翻版和移植。[1]

晚近缔结的双边贸易协定确立的"TRIPS-附加"标准主要包括下列方面：

（1）延长《TRIPS 协定》规定的知识产权最低保护期。

（2）扩展知识产权保护的新领域，增加新的保护客体。例如，在美国签订的一系列双边自由贸易协定中，缔约国不能拒绝对动植物给予专利保护。这一要求在《美国-摩洛哥自由贸易协定》中成为明确的强制性规定。此外，对已知产品的新用途或使用已知产品的新方法也可以提供专利保护。[2]

（3）权利内容的继续拓展。这表现为新权利的创设和传统权利的扩张，尤以著作权为代表。例如，WIPO 管理的"因特网条约"，规定了向公众传播的权利（Right of Communication to the Public，又称网络信息传播权）、技术措施权；[3]又如，在美国签订的一系列双边自由贸易协定中，暂时复制获得了保护；作品的所有存储形式，无论是否能够从其获得新的复制

---

[1]　张建邦：《"TRIPS-递增"协定：类型化与特征分析（下）》，载《世界贸易组织动态与研究》2008 年第 6 期。

[2]　E. g., Agreement Between the United States of America and the Hashemite Kingdom of Jordan on the Establishment of a Free Trade Area，article 4（18）；U. S. - Australia Free Trade Agreement，Article 17. 9. 2，Article 17. 9. 1；U. S. -Morocco Free Trade Agreement，Article 15. 9. 2，available at http://www. ustr. gov/Trade _ Agreements/Bilateral/Section_Index. html，last visited on Dec. 9，2008. 对于后一项规定，有学者称其为"TRIPS 之外"（TRIPS-extra）条款，即《TRIPS 协定》未予规定的问题。Basso Maristela and Beas Edson，Exploring Options and Modalities to Move the IP Development Agenda Forward，p. 4，available at www. iprsonline. org/unctadictsd/bellagio/Bellagio2005/Mbasso_Paper. pdf，last visited on Oct. 9，2015.

[3]　《世界知识产权组织版权条约》第 8 条、第 11 条，《世界知识产权组织表演和录音制品条约》第 15 条、第 18 条；Musungu Sisule and Dutfield Graham，Multilateral agreements and a TRIPS-plus world：the World Intellectual Property Organization（WIPO），TRIPS Issues Papers 3，2003，p. 15，available at http://www. iprsonline. org/ictsd/docs/WIPO_Musungu_Dutfield. pdf，last visited on Oct. 9，2015. 有学者也称为"反规避权"，曹世华等著：《后 Trips 时代知识产权前沿问题研究》，中国科学技术大学出版社2006 年版，第 99 页。

品,都可以获得保护。无疑,这是美国在向外推行其法律保护水平。[①]

(4)施以新的执法承诺。一些双边自由贸易协定要求,资源的限制不能援用为不遵守条约具体实施义务的理由。它们所要求的一些具体执法义务也超出了《TRIPS 协定》的规定,例如,要求缔约国海关机构禁止假冒商标和盗版货物的出口交易等。[②]

(5)将自由贸易协定与加入、批准、实施 WIPO 现有的和未来的某些知识产权公约或者 WIPO 制定的某些软法规范相挂钩,如 1991 年《UPOV公约》、《世界知识产权组织版权公约》(WCT)、《世界知识产权组织表演和录音制品公约》(WPPT)、1974 年《发送卫星传输信号布鲁塞尔公约》、1994 年《商标法条约》(*Trademark Law Treaty*)等《TRIPS 协定》没有并入的国际知识产权条约。

(6)权利限制空间的继续缩小,对权利限制的限制不断强化。就强制许可而言,一些双边自由贸易协定限制了发放强制许可证的范围,如限于补救经司法或行政程序确定的反竞争行为、国内紧急状态或其他极端紧急的情况、非商业性公共使用。[③] 就平行进口而言,一些双边自由贸易协定规定了专利所有人禁止平行进口的权利;[④]《美国-摩洛哥自由贸易协定》规

---

① 胡玉章:《〈澳美自由贸易协定〉对复制权保护的强化》,载《电子知识产权》2004 年第 12 期。e. g. , U. S. —Australia Free Trade Agreement,Article 17. 4. 1;U. S. —Morocco Free Trade Agreement, Article 15. 5. 1;U. S. -Singapore Free Trade Agreement, Article 16. 4. 1, available athttp://www. ustr. gov/Trade_Agreements/Bilateral/Section_Index. html, last visited on Dec. 9, 2008. 关于暂时复制的含义,参见李学勇:《经济全球化背景下的中国知识产权保护》,人民法院出版社 2005 年版,第 61 页。

② e. g. , U. S. -Singapore Free Trade Agreement,Article16. 9. 4,Article 19;U. S. —Morocco Free Trade Agreement, Article 15. 11. 3, Article 23;U. S. —Chile Free Trade Agreement,Article 17. 11. 2, Article。

③ e. g. , U. S. -Australia Free Trade Agreement, Article 17. 9. 7;U. S. -Singapore Free Trade Agreement, Article 16. 7. 6;Agreement Between the United States of America and the Hashemite Kingdom of Jordan on the Establishment of a Free Trade Area, article 20. 对于该项规定,有学者称其为"TRIPS 限制"(TRIPS-restrictive)条款,即对《TRIPS 协定》给予的灵活性的限制。Peter K. , YU, The International Enclosure Movement, *Indiana Law Journal*, Fall 2007, p. 869.

④ e. g. , U. S. -Australia Free Trade Agreement, Article 17. 9. 4;U. S. -Morocco Free Trade Agreement, Article 15. 9. 4.

定了作者禁止平行进口的权利。① 此外,一些双边自由贸易协定规定,在专利保护期限终止之前禁止仿制药品的储备或销售。② 在版权方面,传统的合理使用的范围受到了限制,例如技术措施权对个人性质使用限制的增强。美国签订的一系列双边自由贸易协定都规定,任何人均不得规避有效控制访问受保护作品的技术措施(technological measures)。③ 此外,美国、欧盟在其缔结或谈判的贸易协定中提出,缔约方可以根据其国内法给予知识产权更高的保护和执法标准。④

综上可见,美国和欧盟的域内法影响着"TRIPS-附加"条款的制度安排。例如,美国与智利、新加坡自由贸易协定引入了美国《千年数字版权法》(DMCA)的相关条款(如技术保护措施、权利管理信息和网络服务提供者责任的限制等),与澳大利亚、新加坡自由贸易协定中延长版权保护期的内容源自《桑尼·波诺版权保护期延展法(1998年)》(Sonny Bono),美式自由贸易协定中有关延展或恢复专利权以补偿因专利授权而不合理延误专利保护期或因销售批准程序而不合理限制专利保护期的规定源自《哈奇-维克斯曼法案》(Hatch-Waxman Act)。欧盟双边安排中对生物技术发明和数据库的保护分别源自欧共体生物技术发明保护指令(Directive 98/

---

① U. S. -Morocco Free Trade Agreement,Article 15.5.2.

② See e. g. , U. S. -Australia Free Trade Agreement,Article 17. 9. 6;U. S. -Singapore Free Trade Agreement,Article 16.7.5;U. S. -Morocco Free Trade Agreement,Article 15.9.6. 这实际上使得强制许可制度在引入仿制药品生产者的竞争方面没有多大作用。See The World Bank Group, Trade Note, Tightening TRIPS:The Intellectual Property Provisions of Recent US Free Trade Agreements,2005,2,available athttp://www. cptech. org/ip/health/trade/worldbank02072005. pdf, last visited on Dec. 9,2008.

③ See e. g. , U. S. -Australia Free Trade Agreement,Article 17. 4. 7(a);U. S. -Morocco Free Trade Agreement, Article 15. 5. 8 (a);U. S. -Singapore Free Trade Agreement,Article16.4.7(a). 可以看出,上述条约中的规定实际上是美国《数字千年版权法案》(Digital Millennium Copyright Act,DMCA)相关规定的翻版。See Digital Millennium Copyright Act,article 1201(a),available athttp://thomas. loc. gov/cgi—bin/query/F? c105:1:. /temp/~c105zdWHdG:e11962, last visited on Dec. 9,2008. 另请参见刘波林:《美国法典第17篇第12章版权保护和管理系统》,载《著作权》2001年第4期。

④ 《美国-韩国协定》第18.1.5条;《美国-泰国的协定谈判文本》;《欧盟-南非协定》第46条。

44 /EC)和数据库法律保护指令(Directive 96 /9 /EC),等。^①

从 WTO 成立之后发达国家的对外贸易战略和知识产权国际保护的总体趋势来看,"TRIPS-附加"是发达国家主导的双边或多边安排中总的法律框架和政策导向。美国主导的双边协定具有累积性质,且根据各国比较优势的不同而对诸具体协定的知识产权标准进行重新调整,其"TRIPS-附加"的特性随着每一个新协定的缔结而日趋强化。^② 从欧盟为其晚近FTA 谈判提出的知识产权专章草案的内容来看,知识产权保护的目标完全忽略了欧盟与印度等发展中国家之间的发展差距。根据草案内容,该章的目标包括:促进创新性和创造性产品的产生和商品化(commercialization),为知识产权提供充分、有效的保护和执法措施。从其条款来看,知识产权本身成为目的,而不再是用来帮助国家解决发展困难和满足发展需要的工具。发展中国家必须警惕这种除了保护知识产权之外的目标的缺乏。

再次,此类协定与双边知识产权协定、双边投资协定、区域贸易协定、多边条约一起构成一个保护标准"只进不退"、逐步递增的保护网络,形成知识产权保护的棘轮机制(IP Ratchet)。这些条约在全球范围内的爆炸性增长产生的累积效应以及它们所规定的最低保护标准原则,使得它们所确立的标准构成了后 TRIPS 时代知识产权国际保护的新标准。^③ 棘轮效应的形成机制在于:一是条约的交叉援引;二是设定权利义务锁定法,如某些协定规定:任一缔约方一旦在该协定生效之前或之后为动植物提供了专利保护,则应维持这种保护,而不得使该保护政策发生倒退。^④

最后,与发达国家之间或发达国家与发展中国家之间缔结的贸易协定

---

① 张建邦:《"TRIPS-递增"协定:类型化与特征分析(下)》,载《世界贸易组织动态与研究》2008 年第 6 期。

② 张建邦:《"TRIPS-递增"协定:类型化与特征分析(上)》,载《世界贸易组织动态与研究》2008 年第 5 期。

③ Peter Drahos, Developing Countries and International Intellectual Property Standard-setting,*The Journal of World Intellectual Property*,2002,pp. 765~789。

④ 张建邦:《"TRIPS-递增"协定的发展与后 TRIPS 时代的知识产权国际保护秩序》,载《西南政法大学学报》2008 年第 2 期。US-Colombia Trade Promotion Agreement,Art • 16.9.2;US-Dominican Republic-Central America Free Trade Agreement,Arts. 15.1 and 15.9。

相比,发展中国家之间缔结的协定的知识产权条款虽然有所发展,但是远远不如前两者的规定完善。

(二)我国双边贸易协定知识产权条款的缺陷

通过对双边贸易协定的共时性分析可以看出,与发达国家或国际组织缔结的协定相比,发展中国家之间缔结的协定关于知识产权问题的规定不够完备。就我国双边贸易协定的知识产权条款而言,其缺陷主要体现为:

首先,缔约范本不够细致。为了降低谈判成本,发达国家往往预先制定了双边投资协定、自由贸易协定和双边知识产权协定等双边经济协定的范本。如前所述,美国-约旦、美国-新加坡自由贸易协定成为美国与其他国家签订的自由贸易协定的范本。从我国自由贸易协定的情况来看,我国的缔约范本显然不够细致。

其次,条约规定不统一。例如,中国-新西兰、中国-秘鲁自由贸易协定对知识产权问题作出了较为具体的规定,但是,同年我国与新加坡缔结的自由贸易协定却没有作出相应规定。而且,前述两个协定的相关内容并不统一。例如,中国-秘鲁自由贸易协定没有规定受保护知识产权的范围及争端解决等事项,却专门规定了地理标志;两者在透明度义务、合作和能力建设、传统知识等的保护以及属于投资的知识产权的范围等事项上的规定均不统一。

再次,条约规定不够具体、细致。

1.涵括的国际知识产权条约的范围不够具体、明确。例如,《中国-新西兰自由贸易协定》第161条第2款仅规定,各方重申对《TRIPS协定》及双方参加的与知识产权相关的其他多边协定的承诺。

2.保护标准不够明确。《中国-新西兰自由贸易协定》第161条第3款规定,为本章之目的,《TRIPS协定》经必要修改后并入本协定,构成本协定的一部分。但是,该协定并未明确对《TRIPS协定》做何种必要的修改。

3.执法措施。中国-智利、中国-巴基斯坦、中国-秘鲁、中国-哥斯达黎加自由贸易协定仅规定了与边境措施有关的特别要求,而中国-新西兰、中国-冰岛等自由贸易协定则未对知识产权执法措施作出规定。

4.传统知识的保护。《中国-新西兰自由贸易协定》第165条规定,各方可根据其国际义务,采取适当的措施保护遗传资源、传统知识和民间传说。中国-秘鲁自由贸易协定也规定,双方同意在各自法律法规框架内,开展与知识产权有关的交流与合作,采取适当措施保护遗传资源、传统知识和民间传统。作为传统知识等传统资源丰富的发展中国家,我国有必要在双边谈判中就其保护问题,尤其是知识产权保护问题进行更为具体的谈判,这有助于我国参与 WTO、WIPO 中传统知识保护的谈判,增强谈判能力。

不过,《中国-新西兰自由贸易协定》第 160 条规定的知识产权利益平衡原则是值得肯定的,即需要在权利人权利与被保护标的相关用户及群体的合法权益之间实现平衡。《中国-瑞士自由贸易协定》第 11.5 条有关知识产权与公共健康的规定,重申了《TRIPS 与公共健康多哈宣言》中确立的原则和《修改 TRIPS 协定议定书》作出国际努力的承诺,这有利于发展中国家人民健康权的实现。

三、双边贸易协定知识产权条款的作用

(一)双边贸易协定下知识产权海外保护的效果

双边贸易协定对知识产权问题作出规定无疑会为协定缔约方知识产权的海外保护提供有效的保障。首先,此类协定知识产权条款将会影响缔约方国内法的制定和修订,提高知识产权的保护标准。例如,2005 年澳大利亚新一轮知识产权法修订就是为履行 2005 年 1 月澳美自由贸易协定的双边义务而进行的。[①] 其次,此类协定知识产权条款并入的国际知识产权条约会促进缔约方知识产权的海外保护。例如,美国、欧盟双边贸易协定知识产权条款中都并入了《专利合作条约》,这将为其企业境外申请知识产权提供有力的保障。

(二)双边贸易协定下知识产权海外保护的发展趋势

首先,双边贸易协定网络中的轴心国家将主导知识产权条款的内容。双边贸易协定网络已经形成了复杂的"轴心-辐条"格局。随着这种格局的形成,此类协定与双边知识产权协定、双边投资协定、区域贸易协定、多边条约一起构成了一个保护标准"只进不退"、逐步递增的知识产权保护的棘轮机制。由"多米诺"效应引致的"轴心-辐条"结构将使得轴心国家和辐条

---

① 郑成思:《国际知识产权保护和我国面临的挑战》,载《法制与社会发展》2006 第 6 期。

国家在利益分配、谈判能力以及规则制定等方面的不对称性更为明显。"轴心-辐条"结构中国家之间地位的不同造成了国家间的不对称性(或歧视性)。[①] 在知识产权棘轮机制中,"轴心-辐条"格局中的轴心国家将对知识产权保护制度的发展产生支配性的影响。我国自进入 21 世纪就开始积极地参与双边自由贸易谈判,成为亚太区域内新一轮自由贸易协定签订浪潮的重要推动力量。我国在双边贸易协定网络"轴心-辐条"格局中的地位也会对中国企业知识产权的海外保护产生深远的影响。

鉴于亚太区域内自由贸易协定的"轴心-辐条"格局既对亚太经合组织(Asia-Pacific Economic Cooperation,APEC)的进程产生积极影响,也有诸多不可避免的消极影响。因此,APEC 也在积极地面对逐渐形成的"轴心—辐条"格局,对区域内自由贸易协定的规制(regulation)。2004 年 11 月,APEC 通过了 RTAs/FTAs 最佳范例(APEC Best Practices),[②] 2005 年至 2007 年,APEC 成员经济体已就货物贸易、贸易技术壁垒、政府采购、透明度、电子商务、争端解决等事项达成了"示范条款"(Model Measures)。后来,又讨论了知识产权、金融服务、环境和劳工标准等问题。"轴心—辐条"格局对知识产权海外保护以及对知识产权区域、多边保护的影响等重大问题的具体研究还有待深入。

其次,在发达国家的主导下,知识产权保护标准将日益呈现"TRIPS-附加"或"TRIPS-之外"(TRIPS-extra)的特征。美国等发达国家不断利用自由贸易协定推动缔约对方增强对知识产权的保护。例如,根据 2008 年"特别 301 条款报告",美国将通过自由贸易协定的谈判推动对知识产权的更高保护标准。美国谈判的自由贸易协定包含了世界最高水平的知识产权条款。在自由贸易协定义务的履行中,阿曼等缔约方已经极大地改善了其知识产权立法。美国将继续与智利、韩国等国密切合作,推动其切实履

---

① 宋玉华:《亚太区域内自由贸易协定的"轴心-辐条"格局解析》,载《世界经济与政治》2008 年第 2 期。

② APEC Best Practices for RTAs/FTAs,available at http://www.apec.org/apec/apec_groups/other_apec_groups/FTA_RTA.html,last visited on Nov. 24,2008.

行贸易协定下保护知识产权的义务。①

（三）双边贸易协定对知识产权多边保护的影响

WTO 总干事顾问委员会的专家曾经对特惠贸易协定（PTA）作出如下评价：这类协定的"非贸易"目标更为明显，除高水平保护单方面的知识产权条款外，给惠方还要求受惠方在劳工和环保方面作出更大承诺，甚至对资本控制权的使用加以限制，以此作为优惠待遇的代价。他们担心，这些要求不仅会变成未来特惠贸易协定的"样板"，还将为在 WTO 中提出新议题打开绿灯。随着越来越多的国家在特惠贸易协定层面接受此类"非贸易"条款，WTO 成员将不可能站出来反对将这些条款最终纳入多边规则中的要求。② 可以认为，美国等发达国家也将利用双边贸易协定的知识产权条款，为其在 WTO、WIPO 等多边场所的谈判中争取更多的利益。

四、缔结双边贸易协定知识产权条款应注意的问题

（一）评估缔约对方的法制

首先，同样的，与双边知识产权协定的签订一样，我国必须重视那些与我国企业海外投资关系密切的国家缔结双边贸易协定。

其次，为了保证双边贸易协定知识产权条款能够有效地发挥对我国知识产权进行海外保护的作用，我国应该对正与我国进行缔约谈判或将与我国缔结条约的国家或地区的知识产权法制进行考察，了解其法制现状，评估其法制对我国知识产权保护的效果。这也是要加强彼此合作所需要的。

例如，就东盟而言，由于不同的法制发展路径，特别是近代以来，中国和东盟诸国在社会政治制度和经济制度各有不同选择，受外来文化的影响各异，形成了不同的知识产权法律体系。首先，一些受英国、美国影响的国家，如菲律宾、新加坡等，继承了英美普通法传统，判例法在知识产权保护体制中具有重要的地位。其次，那些受法国、德国等国影响的国家，则形成了以成文法为主的知识产权保护体制，判例基本没有法律约束力。就具体

---

① 2008 Special 301 Report, 3, 4, 35, 49, available at http://www. ustr. gov/Document_Library/Reports_Publications/2008/2008_Special_301_Report/Section_Index. html, last visited on Nov. 24, 2008.

② 世界贸易组织总干事顾问委员会：《WTO 的未来（二）——应对新千年的体制性挑战》，载《WTO 经济导刊》2005 年第 7 期。

的立法体例而言,基于法律传统和现实的立法模式的选择,东盟诸国的知识产权法采取了多种不同的形式。分别有专利法、商标法和著作权法,如新加坡等;一些国家制定了知识产权法典,如菲律宾制定有《知识产权法典》,老挝制定有《专利、工业设计、实用新型及商标法》;还有一些国家则将知识产权规则纳入民法典中,如《越南民法典》等。可见各国知识产权立法体系各有特色。[①]

(二)考察我国知识产权在缔约对方受保护的情况

为了确保双边贸易协定对于我国知识产权海外保护的有效作用,我们还应当考察正与我国进行缔约谈判或将与我国缔结条约的国家或地区中中国企业的知识产权受保护的情况,并且针对实际情况进行谈判,做到有的放矢。

(三)选择适当的协调模式

知识产权制度对于保障商品流通、促进国际投资的重要作用已经得到普遍的认可。在中国与其他国家或国际组织之间自由贸易区的建立乃至经济一体化的过程中,协调乃至统一的知识产权制度是自由贸易区法制的重要组成部分。正如 Ivo. E. Schwartz 博士在评价欧盟商标协调机制时所说的那样:"一个旨在为其全体企业创造一个单一环境而创立的经济共同体,迟早应当为其各企业提供一个与其内部市场的领土范围相对应的商标制度。"换言之,在对外缔结自由贸易协定的过程中,中国与其他国家或国际组织有必要协调彼此的知识产权制度,重视对知识产权的保护,并因此促进中国对外经济贸易关系,进而提升中国的综合竞争力。

考察国际知识产权制度的协调过程,可见知识产权制度的协调具有阶段性的特点。由于参与协调运作的各国之间在法制冲突、实体规范、风俗习惯、经济水平、社会制度等方面差异较大,使得协调进程异常艰难,一步到位建立统一的知识产权制度几乎不可能。例如法语非洲国家从提出协调动议,到初步建立协调机制,再到成熟的统一商标制度的出炉,历时达16年之久。因此应当采取分阶段、分步骤的方法来实现中国与其他国家或国际组织的知识产权制度的协调。从具体模式的比较分析来看,其他国

---

① 柳福东、蒋慧:《中国和东盟诸国知识产权制度协调模式研究》,载《广西师范大学学报(哲学社会科学版)》2005 年第 2 期。

家或国际组织知识产权制度的协调实践和成功经验,值得我们借鉴和参考。例如,国际条约的最低标准协调模式是知识产权协调模式之一。这种协调模式主要依双边或多边条约的方式,提出在知识产权保护方面各成员国必须达到的最低标准。在地区性组织中,北美自由贸易区、南方共同市场以及拟议中的海湾六国自由贸易区等都是如此。①

知识产权政策选择是双边知识产权合作水平、实效和机制形成的决定性因素。中国与其他国家或国际组织知识产权合作的政策目标,就是要从我国知识产权的发展和保护状况出发,在综合考虑适应知识产权法全球化、推进区域知识产权保护一体化进程的基础上,发展对外知识产权的合作。在合作中,我国应当充分考虑彼此的国情、技术、经济和社会所处的发展阶段,重视知识产权的民族自利性要求。②

根据对发展中国家缔约方的强制约束程度不同,"TRIPS-附加"协定可以分为以下两种类型:

1.欧盟式(劝导式)"TRIPS-附加"协定。欧盟双边安排中的知识产权条款倾向于采用乌拉圭回合谈判期间既已运用的"说服方法"(persuasive approach),不要求其贸易伙伴的国内立法接近或达到欧盟法的标准,例如,科托努协定等双边安排中"合理地考虑"(favourably consider)、"与其发展水平相一致"、知识产权合作应"根据请求和相互商定的条件"(upon request and on mutually agreed terms and conditions)等劝导性措辞都能说明这一点。欧盟在缔结贸易协定时,并不强迫其贸易伙伴提高超过《TRIPS协定》的知识产权保护标准,其政策是确保其贸易伙伴的国内法符合最新的知识产权国际规范,如《TRIPS协定》《巴黎公约》《专利合作条约》等。但是,欧盟并非放弃提高知识产权保护标准和执法措施的努力,只是其采取一种更为温和、渐进的方式而已,如欧盟与南非等双边协定要求缔约方"承诺以适当方式提高《TRIPS协定》提供的保护"。日本、加拿大、奥地利、瑞士等发达国家采取与欧盟类似的方法和立场。

---

① 柳福东、蒋慧:《中国和东盟诸国知识产权制度协调模式研究》,载《广西师范大学学报(哲学社会科学版)》2005年第2期。

② 陈宗波、陈祖权:《中国-东盟知识产权合作的现实基础与法律进路》,载《广西师范大学学报(哲学社会科学版)》2005年第2期。

2.美国式(强制式)"TRIPS-附加"协定。美国的惯常做法是预先拟制好文本草案,然后采取分化策略逐个谈判,强制对方接受,这是其单边主义的发展延续和知识产权霸权主义的体现。美国单方面地向发展中国家强加 FTAs,恰似向普通消费者提供格式合同,这些 FTAs 在结构、布局、内容方面出奇地相似,即使有关知识产权章节在协定中的编码不完全一致,但知识产权要么被安排在第 14 章(巴林 FTA),要么被安排在第 15 章(摩洛哥 FTA)、第 16 章(新加坡 FTA),或者第 17 章(奥地利和智利 FTA)。显然,美式协定中的知识产权章节实际上是美国将其法典中的知识产权立法或明或暗地加以移植的结果,是美国单方面推行其知识产权标准的一种新形式,也是美国先入为主地预设或阻止重开 TRIPS"既定议程"多边谈判的一种手段。①

从中国-新西兰自由贸易协定第 2 条、第 161 条第 2 款的规定来看,②我国主张根据《TRIPS 协定》解决知识产权保护问题,同时,又似乎不完全排斥"TRIPS-附加"协定。

对于上述两种"TRIPS-附加"标准,我国的态度应当是,根据我国知识产权发展的最佳平衡点,确定知识产权的保护标准。

总之,与知识产权法制不太完善的发展中国家缔约,应当努力争取提高其知识产权保护标准,使其达致一个合理的保护水平,或者与我国的保护水平相当。当然,与发达国家缔约时,则要坚决抵制其过分的保护要求,坚持与我国社会、经济发展水平相适应的知识产权保护水平。由发达国家为代表的生产者的利益主导全球的知识产权制度,从而使"强者制定规则,弱者服从规则"成为经济全球化环境下的残酷现实。在我国经济实力尚无法与发达国家抗衡的今天,我们能够做的就是研究如何扩大知识产权的全球化正效应,限制其负效应。③ 另外,我国要加强与知识产权法制健全的

---

① 张建邦:《"TRIPS-递增"协定:类型化与特征分析(上)》,载《世界贸易组织动态与研究》2008 年第 5 期。

② 第 2 条规定:本协定的目标是,根据《TRIPS 协定》的规定,在各方境内提供知识产权保护和执法,巩固并加强知识产权合作。第 161 条第 2 款规定:各方重申对《TRIPS 协定》及双方参加的与知识产权相关的其他多边协定的承诺。

③ 陈宗波、陈祖权:《中国-东盟知识产权合作的现实基础与法律进路》,载《广西师范大学学报(哲学社会科学版)》2005 年第 2 期。

国家之间的知识产权执法合作。

(四)在中国的 FTA 战略中注重知识产权海外保护

在世界贸易组织和亚太经济合作组织多边自由化进展缓慢之际,缔结双边自由贸易协定将是促进中国整体经济发展的最佳选择。在 2005 年中国的前十位贸易伙伴中,除了欧盟之外全部是亚太经合组织成员。中国应该制定一个参与亚太区域内"轴心-辐条"格局的完整策略,更加积极地与亚太经合组织成员讨论和谈判,更多地建立双边自由贸易区,确立在"轴心-辐条"格局中的轴心国家地位,积极参与该组织内从"轴心-辐条"格局到亚太自由贸易区的整合过程,这对中国在亚太经合组织贸易投资自由化中掌握主动权、对中国整体经济的持续快速健康发展、对"茂物目标"的顺利实现,都具有重大的现实意义。首先,中国应制定明确的目标和相应的计划,努力确立自身的轴心国家地位。其次,跟踪和研究全球以及亚太区域内自由贸易协定的发展态势,把握区域经济发展的最新动态和特点。此外,密切跟踪和关注美日的双边自由贸易行动,并研究出有针对性的策略。[①]

在中国的自由贸易协定战略中,明确了国家定位之后,我国应当借鉴美国的做法确定自己的自由贸易协定范本,而知识产权问题应当是协定范本必须包括的内容。值得注意的是,在签订这种综合性双边贸易协定时,一方面要注意协定的投资专章关于"投资"范围中知识产权的范围与知识产权专章中所规定的范围保持一致;另一方面,还要注意贸易协定中知识产权的范围与我国缔结的双边投资协定所规定的范围相一致。例如,中国-新西兰自由贸易协定第 135 条规定,投资是指一方投资者在另一方境内直接或间接投入的各种资产,包括但不限于:知识产权,特别是版权、专利权和工业设计、商标、商名、工艺流程、贸易和商业秘密、专有技术及商誉。而协定第 159 条规定,知识产权是指《TRIPS 协定》定义的版权及相关权利,以及对商标、地理标识、工业设计、专利、集成电路布图设计及植物品种的权利。协定并未明确这两项条款所规定的知识产权之间的关系。此外,2007 年中国-韩国双边投资保护协定则规定,纳入投资的知识产权

---

① 宋玉华:《亚太区域内自由贸易协定的"轴心—辐条"格局解析》,载《世界经济与政治》2008 年第 2 期。

包括著作权、商标、专利、工业设计、工艺流程、专有技术、商业秘密、商名和商誉。从协定文本来看,贸易协定与投资协定所规定的知识产权的范围并不完全一致。

五、双边贸易协定知识产权条款应包括的内容

(一)并入的国际知识产权条约

首先,我国应当在双边贸易协定知识产权条款中明确所要并入的国际知识产权条约。例如,WTO 管理的《TRIPS 协定》、WIPO 管理的《专利合作条约》(PCT)、《世界知识产权组织版权公约》(WCT)、《世界知识产权组织表演和录音制品公约》(WPPT)。前述中国-瑞士 FTA 第 11.3 条的规定可以作为范本。

(二)知识产权的具体保护

就知识产权的具体保护而言,其目标应当是建立统一、协调的知识产权制度。以中国-东盟自由贸易区的建设为例,有学者提出,中国和东盟诸国知识产权协调保护体系的制度设计,以协调实体法和统一注册制度为最终目标。协调著作权法,可以通过修改国内法、采纳共同的规则等方式实现。协调工业产权法,主要通过统一注册制度实现,可以先建立复式的制度体系,即不仅有国际性的注册制度,由其授予跨国性的知识产权,也有国家的注册制度,由其授予国家工业产权,在时机成熟时再建立单一的注册制度,即只有跨国性的注册制度。具体而言,可以在借鉴其他国家或地区的成功实践经验的基础上,分阶段实现中国和东盟诸国间知识产权制度的协调运行。[①]

就知识产权的保护标准而言,2013 年欧盟与哥伦比亚、秘鲁缔结的FTA 第 7 编第 3 章的规定可以借鉴。该第 3 章用 8 节分别规定了商标、地理标志、版权和邻接权、外观设计、专利、管制产品数据(data of certain regulated products)、植物品种的保护标准以及不公平竞争的规制。而且,在每项知识产权的规定中,首先就规定了相关的国际知识产权条约。以商标为例,该协定第 3 章第 1 节第 202 条规定了《巴黎公约》《TRIPS 协定》

---

① 柳福东、蒋慧:《中国和东盟诸国知识产权制度协调模式研究》,载《广西师范大学学报(哲学社会科学版)》2005 年第 2 期。

《商标国际注册马德里议定书》等与商标有关的国际知识产权条约。第
203条至第206条规定了商标注册要求、注册程序、驰名商标、权利用尽等
事项。

（三）传统知识的保护

我国已经缔结的双边贸易协定知识产权条款包括关于传统知识等传
统资源的保护，然而，从有关的信息来看，[①]缔约方保护传统知识的法律依
据并不相同，而且，协定条款没有就保护方式作出明确规定。

美国在自由贸易协定及其知识产权附件中规定了传统知识的保护问
题。美式自由贸易协定附件中规定传统知识的合同保护等方式，这完全体
现了美国的主张。[②] 对此，我们要高度重视和引起警惕，防止美国以此对
抗WTO、WIPO中关于传统知识知识产权保护的谈判。为了更好地维护
和发展我国的利益，为平衡发展中国家知识产权领域的明显弱势，在与其
他传统资源丰富的发展中国家缔结贸易协定时，我国应当与之就传统知识
进行积极谈判。同时，这也是为多边条约谈判做准备，利用自己的条款范
本提升谈判能力。当然，这首先需要我国国内立法的完善。

2013年欧盟与哥伦比亚、秘鲁缔结的FTA第7编第2章关于传统知
识和生物多样性的规定可以借鉴。该协定第201条包含13个条款，重申
了缔约方的自然资源主权、缔约方在《生物多样性公约》(CBD)下与获取遗
传资源有关的权利和义务、遗传资源利用中公平公正的利益共享；重申了
缔约方在《生物多样性公约》下为实现遗传资源利用中公平公正的利益共
享而采取相关措施的义务，包括在遗传资源及其相关传统知识利用中与知
识产权有关的利益共享义务；等等。尽管该条款尚不明确，但是根据该条
款的规定，传统知识的创造者似乎可以享有与其传统知识有关的知识产
权。该协定有关传统知识的规定对其创造者的权益给予了应有的考虑。

---

① 《中国-新西兰自由贸易协定》第165条规定，各方可根据其国际义务，采取适当的
措施保护遗传资源、传统知识和民间传说。《中国-秘鲁自由贸易协定》也规定，双方同意在
各自法律法规框架内，开展与知识产权有关的交流与合作，采取适当措施保护遗传资源、
传统知识和民间传统。

② 魏艳茹：《晚近美式自由贸易协定中的传统知识保护研究》，载《世界知识产权》
2007年第2期。

南强丛书
中国企业海外知识产权的法律保护研究

（四）公共利益的维护

《TRIPS 协定》虽然是一项由发达国家主导、发展中国家被动接受的制度安排，但作为一种利益博弈的结果，它仍然包含着诸多可供成员方灵活解释和实施的弹性条款，其基本类型包括原则性条款、模糊性条款、授权性条款和待议性条款。依据这些弹性条款，发展中国家享有一定的自主立法空间和政策选择自由。但在"TRIPS-附加"协定中，这些弹性条款中的原则性条款被具体化，模糊性条款被精确化，授权性条款被义务化，待议性条款被规范化，从而压缩了发展中成员方依《TRIPS 协定》而享有的自主立法空间。[①] 在这种协定下，发展中国家维护公共利益的自主立法和政策选择的自由受到了限制。

《中国-新西兰自由贸易协定》第 165 条规定，需要在权利人权利与被保护标的相关用户及群体的合法权益之间实现平衡。这一利益平衡的知识产权原则体现了对公共利益的维护。《中国-瑞士自由贸易协定》第 11.5 条规定也是如此。该条款规定，缔约双方认同世贸组织部长会议通过的《TRIPS 与公共健康多哈宣言》中确立的原则，并确定本章条款不会影响上述宣言。缔约双方重申为落实世贸组织总理事会有关实施《TRIPS 与公众健康多哈宣言》第 6 段的决议，以及落实《修改 TRIPS 协定议定书》作出国际努力的承诺。上述规定应该作为我国缔结自由贸易协定的范本条款。总之，我国应该力争抵制超出我国科技经济发展水平的知识产权强保护要求，为我国知识产权战略的实施以及知识产权制度的变革争取足够充分的时间与空间。除此之外，我国在贸易协定知识产权条款中还应纳入禁止滥用知识产权的条款，限制损害公共利益和社会福利的市场行为，防止恶性竞争。

（五）执法措施

与发达国家缔结的贸易协定知识产权条款相比，我国自由贸易协定对于知识产权执法问题没有作出具体规定。公正、高效的知识产权执法是知识产权得到有效保护的保证，这一问题应当成为我国双边贸易协定知识产权条款的重要部分。

---

① 古祖雪、揭捷：《"TRIPS-plus"协定：特征、影响与我国的对策》，载《求索》2008 年第 8 期。

2013 年欧盟与哥伦比亚、秘鲁缔结的自由贸易协定第 7 编第 4 章关于知识产权执法措施的规定可以借鉴。该协定第 234 条至第 249 条细致规定了有关知识产权执法措施的一般问题、民事执法措施、行政执法措施和边境执法措施。

（六）争端解决机制

对于缔约方之间就知识产权制度问题产生的争端，我国自由贸易协定规定了磋商、仲裁以及 WTO 争端解决机制等争端解决途径。

对此，有学者提出，我国应寻求建立一个包含司法化的知识产权争端解决机制，具体可以考虑建立一个全面、终局的解决经济争端的体制与机制的同时，对知识产权、货物、服务争端分别适用不同的解决机制。因为，如果知识产权争端解决与货物、服务争端一起统一在一个程序中，虽可避免当争端在货物、服务、知识产权等方面有重叠时潜在的程序冲突，但各类争端有其特殊性，要设计一套争端解决机制很好地解决各类争端，其难度（包括执行难）很大。如果针对知识产权设计单独的争端解决机制，其针对性强，更有利于争端的解决。在争端解决机制的具体适用方面，当适用专门的知识产权争端解决机制尚不能解决争端时，当事国可提请最高争端解决机构复查。为了协调各国与知识产权有关的法律与政策，最大限度地减少争端，有必要在知识产权争端解决机制下面建立一个知识产权合作工作组，并规定其通过提交报告的方式研究和讨论问题的职能。如各国知识产权官署的程序、操作和管理的比较研究，各国与履行 TRIPS 有关以及其他被承认的知识产权公约相关的活动，建立知识产权地区培训机构的可能性及其途径，各国贸易与知识产权政策，竞争法的不同点对贸易潜在的扭曲作用，收集和分析中国与东盟各国之间可能发生或即将发生争端的各种信息。[①]这些建议值得我国在缔结条约时考虑。

---

① 陈宗波、陈祖权：《中国-东盟知识产权合作的现实基础与法律进路》，载《广西师范大学学报（哲学社会科学版）》2005 年第 2 期。

第三节 双边投资保护协定与中国企业
海外知识产权的法律保护

一、双边投资保护协定与知识产权保护

(一)加强知识产权保护的新型双边投资保护协定

20世纪90年代末期,包含知识产权保护条款的双边投资保护协定风行一时,成为发达国家推动知识产权保护全球化的有力工具。为了迫使缔约对方在双边投资协定中加强知识产权保护,美国往往利用其"特别301条款"向缔约对方施压。例如,为了推动与尼加拉瓜之间双边投资协定相关的知识产权协定的谈判,美国将尼加拉瓜列入了"特别301条款"的"其他观察名单"(Special 301 Other Observations)。美国这种强化知识产权与投资挂钩的做法非常具有进攻性。欧盟《贸易壁垒条例》项下的审议机制具有类似的功效。[①] 这一趋势已经受到了国际社会的关注。联合国贸易和发展会议(UNCTAD)、联合国亚太经济与社会委员会(United Nations Economic and Social Commission for Asia and the Pacific,UNESCAP)、南方中心(South Centre)都表示要深入研究双边投资协定知识产权条款的实施效果,尤其是对于发展中国家维护公共利益的政策空间的影响。[②]晚近的双边投资协定给了投资者哪些更多的知识产权保护?这

[①] Peter Drahos, Developing Countries and International Intellectual Property Standard-setting, *The Journal of World Intellectual Property*, Oct. 2002.

[②] Intellectual Property Provisions in International Investment Arrangements,2007, available at http://www. unctad. org/Templates/webflyer. asp? docid=10162&intItemID=2310&lang=1, last visited on Dec. 12, 2008. Xuan Zengpei. Regional and Bilateral Trade Agreements and Investment Treaties and IPR, available at http://www. unescap. org/tid/projects/iptrade_ s5xuan. pdf, last visited on Dec. 12, 2008. South Centre . Intellectual Property in Investment Agreements:The TRIPS-plus Implications for Developing Countries, available at http://www. southcentre. org/index. php? option=com _content&task=view&id=81, last visited on Dec. 12, 2008.

些要求是否限制了发展中国家依据《TRIPS 协定》可以利用的灵活性限制措施?[①] 这些问题成为学者探讨的热点。笔者选择了几个具有代表性的国家、国际组织来介绍通过双边投资保护协定加强知识产权海外保护的情况。

1. 美国、加拿大

为了更全面地获得"TRIPS-附加"标准,除了双边知识产权协定和贸易协定之外,美国还积极利用双边投资保护协定加强对知识产权的保护。[②] 截至 2014 年,美国已与卢旺达(2008 年)、乌拉圭(2005 年)等 40 多个国家签订了鼓励和相互保护投资条约(Treaty Concerning The Encouragement and Reciprocal Protection of Investment)。[③]

2004 年,美国更新了 1994 年的双边投资协定(《美国政府与某国政府关于鼓励和互惠保护投资的条约》,BIT)范本。与 1994 年范本相比,2004 年 BIT 范本增加了与知识产权相关的条款。[④] 2012 年,美国再次更新了其双边投资协定范本,但涉及知识产权的条款没有变化。[⑤]

加拿大认为,《加拿大与某国对外投资保护和促进协定》(Foreign Investment Protection and Promotion Agreement,FIPA)能够帮助本国投资者拓展国际市场、保障其安全,同时也可以吸引外资和技术以促进本国经济增长、提高本国竞争力。鉴于此,为了推动与他国缔结对外投资促进和保护协定,2004 年,加拿大提出了自己的 FIPA 范本,协定范本规定了

---

① Carlos M. Correa. Bilateral investment agreements: Agents of new global standards for the protection of intellectual property rights? 2004, available at http://www.grain.org/briefings/? id＝186, last visited on Dec. 12, 2008.

② Mohammed K. EL Ssid, The European TRIPS-plus Model and the Arab World: From Co－operation to Association－A New Era in the Global IPRS Regime? *Liverpool Law Review*, 2007, p. 163.

③ U. S. Bilateral Investment Treaties, available at http://www.state.gov/e/eb/ifd/bit/117402.htm, last visited on Feb. 11, 2014.

④ 2004 U. S. Model BIT, available at http://investmentpolicyhub.unctad.org/Download/TreatyFile/2872, last visited on Oct. 15, 2015.

⑤ 2012 U. S. Model Bilateral Investment Treaty, available at http://investmentpolicyhub.unctad.org/Download/TreatyFile/2870, last visited on Oct. 15, 2015.

知识产权的种类、待遇标准等问题。① 同美国一样，加拿大也于 2012 年更新了其 FIPA 范本。虽然得不到公开的文本，但是无疑其类似于美国的 2012 年 BIT 范本。截至 2015 年 10 月，加拿大已与坦桑尼亚（2013 年）、中国（2014 年）、几内亚（2015 年）等 30 多个国家签订了 FIPA。②

2. 日本

截至 2015 年 10 月 12 日，日本分别与 26 个国家或地区签订双边投资协定。总体上，日本的双边投资协定并不多，不过，其近两年愈加重视缔结双边投资协定，而且，其与乌克兰（2015 年）、乌拉圭（2015 年）、沙特阿拉伯（2015 年）、阿曼（2015 年）、哈萨克斯坦（2014 年）签订的双边投资协定既涉及投资促进和保护，又涉及投资自由化问题，而且，有关知识产权的规定日益增加。③

与日本相比，截至 2015 年，韩国缔结的双边投资协定已达 90 多个。④不过，除了对作为"投资"的知识产权的范围作了规定之外，其双边投资协定未对知识产权作出更多的专门规定。

3. 印度

作为 1991 年开始启动的经济改革计划的一部分，印度开始实施投资自由化政策。为了在互惠基础上促进和保护投资者的投资，印度与许多国家进行了双边促进和保护投资协定（Bilateral Investment Promotion & Protection Agreement，BIPA）的谈判。截至 2015 年，印度已经与 84 个国

① Agreement between Canada and—for the Promotion and Protection of Investments，available at http://investmentpolicyhub. unctad. org/Download/TreatyFile/2820，last visited on Oct. 15，2015.

② Foreign Investment Promotion and Protection Agreement，available at http://www. international. gc. ca/trade — agreements — accords — commerciaux/agr — acc/fipa — apie/index. aspx，last visited on Oct. 12，2015.

③ Japan，BITs，available at http://investmentpolicyhub. unctad. org/IIA/CountryBits/105♯iiaInnerMenu，last visited on Oct. 12，2015.

④ Bilateral Investment Treaties signed by Korea (Republic of)，available at http://unctad. org/Sections/dite_pcbb/docs/bits_korea_republic. pdf，last visited on Oct. 17，2015.

家签署了双边促进和保护投资协定。① 印度的双边促进和保护投资协定范本(Indian Model Text of BIPA)规定,知识产权由各缔约方的国内法确定。② 此外,印度签订的双边投资保护协定未就知识产权的保护作出专门的规定。

4. 中国

截至 2015 年,我国已经签订了 130 多个双边投资保护协定。③ 在双边投资保护协定中,我国政府很少针对知识产权的保护作出专门规定。无论是 20 世纪 80 年代与澳大利亚(1988 年)等大洋洲国家、新加坡(1985 年)等亚洲国家、波兰(1988 年)等欧洲国家,90 年代与阿根廷(1992 年)等南美洲国家、克罗地亚(1993 年)等欧洲国家、菲律宾(1994 年)等亚洲国家、埃及(1994 年)等非洲国家,还是 2000 年后与德国(2003 年)等欧洲国家、塞舌尔(2007 年)等非洲国家、墨西哥(2008 年)等南美洲国家、印度(2006 年)等亚洲国家等,这些双边投资保护协定均是如此。

但是,1988 年我国与日本《关于鼓励和相互保护投资协定》的附加议定书中规定,只要 1883 年 3 月 20 日在巴黎签署的关于保护工业产权公约的规定或其后修改的规定在缔约双方之间有效时,协定的任何规定不应解释为影响到缔约任何一方根据该公约的规定对缔约另一方所承担的义务。1992 年我国与韩《关于鼓励和相互保护投资协定》的附加议定书中规定,协议条款不能影响双方在 1883 年巴黎公约等国际知识产权公约下的义务。2007 年中韩重新签订的协议中,将其作为第 10 条第 3 款下的义务,即本协议的任何规定不应被解释为消减双方加入的关于保护知识产权的国际协定项下的权利和义务,上述国际协定包括世贸组织马拉喀什协定附件 1C 确立的与贸易相关的知识产权协议、世界知识产权组织制定的其

---

① Bilateral Investment Treaties signed by India, available at http://unctad.org/Sections/dite_pcbb/docs/bits_india.pdf, last visited on Oct. 17, 2015.

② 印度已经与英国(1995 年)、美国(1998 年)、澳大利亚(2000 年)、埃及(2000 年)、菲律宾(2001 年)、阿根廷(2002 年)、匈牙利(2006 年)等国家签署了双边促进和保护投资协定。See Indian Model Text of BIPA, available at http://www.italaw.com/sites/default/files/archive/ita1026.pdf, last visited on Feb. 11, 2014.

③ Bilateral Investment Treaties signed by China, available at http://unctad.org/Sections/dite_pcbb/docs/bits_china.pdf, last visited on Oct. 17, 2015.

他国际条约。另外,2012 年 9 月 10 日签订但尚未生效的中加双边投资协定中也包含知识产权条款,除了将知识产权界定为投资外,其第 8 条第 4款规定,就知识产权而言,一缔约方可按照符合缔约双方均为成员方的知识产权国际协定的方式,背离该协定第 3 条、第 5 条和第 6 条,即投资促进和准入、最惠国待遇及国民待遇条款。同时,该协定第 10 条也规定了其关于征收的规定不适用于有关知识产权强制许可的颁发,亦不适用于与知识产权相关的其他措施,只要该措施符合缔约双方均为成员方的与知识产权有关的国际协定。[①]

(二)双边贸易投资框架协议

除了双边贸易协定、双边投资协定之外,美国还签订了一些双边贸易投资框架协议。截至 2014 年,美国与东非共同体(East African Community,EAC,2008 年)、南部非洲关税同盟(SACU,2008 年)、乌拉圭(2007 年)、澳大利亚(1992 年)等 35 个国家和组织签订了贸易投资框架协议。晚近签订的此类协议体现了美国对知识产权海外保护的重视。例如,在与东非共同体、南部非洲关税同盟、利比里亚(2007 年)、乌拉圭(2007 年)、柬埔寨(2006 年)、东盟(2006 年)、中亚五国(2004 年)、马来西亚(2004 年)等签订的协议中,均提出要根据国际标准对知识产权给予充分与有效的保护和进行知识产权的执法活动,强调了加入国际知识产权公约的重要性。

二、双边投资协定的知识产权条款

(一)双边投资协定知识产权条款的主要内容

1.实体性条款

第一,在双边投资协定中,缔约方往往规定知识产权属于"投资"或"投资财产"(investment asset)的一项,而且,一般会明确知识产权的具体种类。1959 年第一个双边投资协定(BIT)即德国和巴基斯坦《促进和保护投

---

① Agreement between the Government of Canada and the Government of the People's Republic of China for the Promotion and Reciprocal Protection of Investments, available at http://www.international.gc.ca/trade-agreements-accords-commerciaux/agr-acc/fipa-apie/china-text-chine.aspx? lang=eng, last visited on Jun. 27, 2014.

资协定》,将财产的解释扩大到包括专利和技术知识。[①] 1997 年美国-约旦双边投资协定第 1 条规定,作为"投资"的知识产权包括:版权及邻接权、工业产权、专利权、植物品种权、实用新型、工业设计或模型、集成电路布图设计、原产地标志、商业秘密(包括技术诀窍、机密商业信息)、商标、服务标志及商号。不过,在美国 2004 年双边投资协定范本以及其后根据这一范本订立的 2005 年美国-乌拉圭双边投资协定、2008 年美国-卢旺达双边投资协定都没有规定知识产权的具体种类,美国 2012 年 BIT 范本的规定也是如此。加拿大 2004 年协定范本第 1 条规定,知识产权包括:版权及邻接权、商标权、地理标志、外观设计、专利权、集成电路布图设计、未披露信息、植物育种者权利。2007 年中国-韩国双边投资协定第 1 条规定,知识产权,包括著作权、商标、专利、工业设计、工艺流程、专有技术、商业秘密、商名和商誉。可以看出,各国协定关于知识产权的界定并不相同。知识产权的范围或种类的界定决定着投资者知识产权的保护范围。[②]

在投资定义方面,美国 2012 年 BIT 范本第 1 条承继了 2004 年范本关于投资属性的要求,即投资财产具有如下性质:资本或其他投资形式的承诺,收益或利润的预期,或者风险的承担。基于该项规定,有的学者认为,知识产权的申请属于投资中的无形财产。因为专利申请人或商标注册申请人可以通过将专利申请或商标注册申请转让给第三方从而获得相应的收益。而且,有些国家向专利申请人授予优先权以对抗将来的侵权者。[③]

不过,也有一些国家的双边投资协定约定,由各国的国内法决定知识产权的范围。例如,1995 年印度与德国,1997 年印度与埃及、印度与澳大

---

① South Centre Analytical Note, Intellectual Property in Investment Agreements: The TRIPS-plus Implications for Developing Countries, 2005, 5, available at http://www.southcentre.org/index.php? option=com_content&task=view&id=81&Itemid=67, last visited on Nov. 25, 2008.

② IIA Monitor No. 1 (2007), Intellectual Property Provisions in International Investment Arrangements, 2007, 4, available at http://www.unctad.org/Templates/StartPage.asp? intItemID=2310&lang=1, last visited on Nov. 25, 2008.

③ Bryan Mercurio, The Untapped Potential of Investor-State Dispute Settlement involving Intellectual Property Rights and Expropriation in Free Trade Agreements, available at http://papers.ssrn.com/sol3/papers.cfm? abstract_id=1806822, last visited on Feb. 11, 2014.

利亚之间的促进和保护投资协定等就是如此。① 例如,印度-澳大利亚双边投资协定第 1 条第 1 款规定,"投资"指的是,依照缔约另一方东道国的法律、法规和投资政策在其境内投资的缔约一方投资者所直接、间接拥有或控制的符合缔约另一方东道国法律、法规、投资政策规定的每一种资产。②

第二,一般而言,双边投资协定都规定了对"投资"的国民待遇、最惠国待遇、公正与公平待遇及完全的保护和安全。 例如,2007 年中国与韩国缔结的 BIT 第 3 条第 1 款规定,在扩张、运营、管理、维持、使用、享有、销售和其他对于投资的处理(以下称"投资和商业行为")方面,每一个缔约方应在其领土内提供给缔约另一方的投资者和他们的投资不低于在相似条件下其提供给其本国投资者和他们的投资的待遇(简称"国民待遇")。协定第 3 条第 3 款规定,在投资和商业行为方面,包括投资准入上,每个缔约方将在其领土上给予缔约另一方投资者、他们的投资及由缔约另一方投资者作出的投资相关的活动不低于类似条件下其给予任何第三国投资者、他们的投资及与投资相关活动的待遇(简称"最惠国待遇")。协定第 2 条第 2 款规定,缔约一方投资者的投资应在缔约另一方境内受到公平和公正对待,享受充分与及时的保护和保障。投资者在缔约另一方的领土内的投资应始终享受公正与公平的待遇。

就国民待遇和最惠国待遇而言,有的协定针对知识产权做了特殊规定。例如,加拿大 2004 年协定范本第 9 条第 4 款规定,对于知识产权,缔约方可以与 WTO 协定相一致的方式减损关于国民待遇和最惠国待遇的义务。而美国-乌拉圭协定第 14.4 条规定,第 3 条(国民待遇)和第 4 条(最惠国待遇)不适用于《TRIPS 协定》第 3 条(国民待遇)、第 4 条(最惠国待遇)、第 5 条(关于取得或维持保护的多边协定)下的例外措施或减损《TRIPS 协定》第 3 条和第 4 条义务的措施。

有学者指出,最惠国待遇条款并不会扩大外国投资者的实体性权利,因为该待遇标准的实施条件是"类似条件下"("like situations" or "like

① Available at http://www.unctadxi.org/templates/DocSearch.aspx? id = 779, last visited on Nov. 26, 2008.

② 魏艳茹:《双边投资协定中的知识产权条款研究》,载陈安主编:《国际经济法学刊》(第 14 卷第 2 期),北京大学出版社 2007 年版。

circumstances")。根据"同类原则"(eiusdem generis principle),BIT 与《TRIPS 协定》等国际知识产权条约的立法目的并不相同,因而,BIT 并不能通过最惠国待遇条款为投资者从国际知识产权条约中"借来"权利。[①]不过,也有学者认为,投资者可以通过 BIT 最惠国待遇条款"借来"其他 BIT 中所规定的权利。[②]

此外,公平和公正待遇标准包含正当的法律程序和拒绝司法的保护,这要求东道国为投资财产的保护提供可以利用的、可接受的程序。如果东道国不能提供正当的法律程序和对外国投资者知识产权的救济,东道国就违反了投资协定,因为知识产权属于投资财产。[③]

与 2004 年 BIT 范本一样,美国 2012 年 BIT 范本第 5 条仍然将公平和公正待遇标准以及充分的保护与安全标准作为国际习惯法上的最低待遇标准。

在知识产权的待遇标准上,2008 年日本-乌兹别克斯坦签署的双边投资协定第 20 条作出了更为明确的规定:本协定的任何内容都不能被解释为减损缔约方所参加的知识产权保护多边条约下的权利义务。本协定的任何内容也不能被解释为,使某个缔约方承担向其他缔约方的投资者及其投资给予一个非缔约方的投资者及其投资根据知识产权保护多边条约所享有的待遇,即使该缔约方也是知识产权保护多边条约的缔约方。缔约方应该适当地考虑给予知识产权充分和有效的保护,并且在任一缔约方的请求下为此进行及时的磋商。根据磋商的结果,缔约方应当根据自己的法律法规采取适当的措施消除被认为是对投资有不利影响的因素。

---

① Bertram Boie, The Protection of Intellectual Property Rights through Bilateral Investment Treaties: Is there a TRIPS-plus Dimension?, available at http://www.wti.org/research/publication/? tx _ nccr _ pi1% 5Bshow% 5D = 270&cHash = 47a95c8ca8ff49e9237db239ddcdcb49, last visited on Feb. 11, 2014.

② Brian A. White, Ryan J. Szczepanik, Remedies Available Under Bilateral Investment Treaties for Breach of Intellectual Property Rights, *Transnational Dispute Management* (TDM), Vol. 6, No. 2. 2009.

③ IP Quarterly Report: Implications of Investment Agreements on Regulations and Enforcement of Intellectual Property Rights, 2006, available at http://ictsd.net/i/ip/18068/, last visited on Nov. 28, 2008.

第三,除了在"涵盖投资"(covered investment)的定义中包含知识产权之外,晚近的双边投资协定还将投资保护与知识产权的强制许可、撤销等特定问题相挂钩。美国 2012 年 BIT 范本第 6.5 条规定,投资征收和补偿的规定不适用于《TRIPS 协定》项下知识产权强制许可的颁发,或者知识产权的撤销、限制或创设,只要这种颁发、撤销、限制或创设与《TRIPS协定》的规定相一致。加拿大 2004 年协定范本第 13 条第 5 款做了同样的规定。此类条款的征收认定与《WTO 协定》相联系,反映了包含投资规范的双边贸易协定和双边投资协定实践与 WTO 体制挂钩的新动向。这是晚近知识产权与投资挂钩、知识产权协定与投资协定挂钩的重大发展。[①]

第四,美国 2012 年 BIT 范本第 8.3(b)条规定:第 8.1(f)条(关于特定技术、生产工艺等转让的履行要求)不适用于缔约方根据《TRIPS 协定》第31 条授权使用知识产权,或者根据《TRIPS 协定》第 39 条要求提供未披露信息(proprietary information)。2008 年日本-乌兹别克斯坦签署的双边投资协定第 5 条第 1 款(h)项也对此作出了规定。不过,美国 2012 年 BIT 范本第 8.3(b)条增加了关于其第 8.1(h)条(关于购买、使用或给予缔约方或缔约方个人技术优惠的履行要求)不适用的情况。

第五,晚近的双边投资协定规定了执法问题,这些规定适用于知识产权。例如,2005 年美国-乌拉圭协定第 11(4)条规定,为了以统一、公正和合理的方式实施第 10(1)(a)条中提及的所有措施,各缔约方应当确保,在特定的情况下、在对另一缔约方的、特定的涵盖投资或投资者适用上述措施的行政程序中:(a)只要有可能,在一个程序开始之后,受某个程序直接影响的另一缔约方的人员能够根据国内程序得到合理的通知,包括程序性质的说明、启动这一程序的合法的政府部门的声明、争议问题的一般说明。(b)只要时间、程序的性质、公共利益允许,应当在采取任何最终行政措施之前给予上述人员合理的机会来提供事实和理由以支持其立场。(c)该程序符合国内法。

第六,双边投资协定规定的国家与国家、投资者与东道国之间适用的

[①] 张建邦:《议题挂钩谈判及其在知识产权领域的运用和发展》,载《政治与法律》2008 年第 2 期。曾华群:《WTO 与中国外资法的发展》,厦门大学出版社 2006 年版,第264 页。

争端解决机制也适用于因知识产权保护引起的争端。其中,投资者与东道国之间适用的国际投资仲裁机制是一种主要的国际投资争端解决机制。例如,2009 年我国与瑞士重新签订的 BIT 第 10 条规定,如果自书面请求磋商之日起 6 个月内上述磋商仍没有结果,投资者可以将争议提交给其投资所在的缔约方法院或者行政庭,或者将争议提交国际仲裁。在后一种情况下,投资者有权选择提交给:依据《解决国家和他国国民之间投资争端公约》设立的"解决投资争端国际中心"(International Center for Settlement of Investment Disputes,ICSID),或者根据《联合国国际贸易法委员会仲裁规则》设立的专设仲裁庭,除非争议双方另有约定。缔约方在此同意将投资争议提交给国际仲裁。

除上述条款外,有的 BIT 还从例外规定的角度加强了对知识产权的保护。2002 年日本-新加坡协定第 83 条(属于第 8 章"投资")规定,为了保护公共健康而对知识产权采取措施必须需要满足一些条件,包括:诚信、非歧视的实施、承诺不利用这些措施作为伪装的投资限制和规避协定下的义务。①

另外,双边投资协定的其余条款往往泛泛规定投资保护问题,但也有投资协定专门就知识产权作出规定。例如,2004 年中国-贝宁双边投资协定第 6 条规定了与知识产权和工业产权有关的提成费和费用的汇出事项。

2.知识产权条款内容的发展变化

综上可见,双边投资协定的知识产权条款有如下发展:

首先,"投资"定义中知识产权的范围扩大了。例如,1988 年中日协定第 1 条"投资财产",包括专利权、商标权、有关商名和服务标记的权利及其他工业产权和有关专有技术的权利。1992 年中韩协定第 1 条则规定,知识产权包括著作权、商标权、专利权、工业设计、工艺流程、专有技术、商业秘密及商名和商誉。

1997 年美国-约旦双边投资协定第 1 条具体规定了作为"投资"的知识产权的范围,不过,美国 2004 年协定范本及依据其所订立的协定均未明确知识产权的范围。美国 2012 年协定范本与 2004 年协定范本的规定相同。

---

① Japan-Singapore New Age Economic Partnership Agreement(2002),Article 83.

可以看出,这一概括式规定的意图就在于将以后新出现的知识产权都包括在其中。

其次,关于知识产权保护的规定更为具体,尤其是关于知识产权执法的问题。例如上述美国-乌拉圭双边投资协定第11(4)条之规定。

再次,与知识产权有关的国际公约被纳入了投资协定。例如前述日本-乌兹别克斯坦签署的双边投资协定第20条之规定。其中知识产权保护多边条约应该包括《TRIPS 协定》、WIPO 管理的国际公约等。

复次,晚近双边投资协定的争端解决机制有了重要的发展,主要体现在给予投资者更多的投资保护。例如,我国-墨西哥 BIT 第11条规定,本节应适用于缔约一方与缔约另一方的投资者之间由于声称违反本协定第二章规定之义务且造成损失或损害而产生的争端。协定第13条第1款规定,缔约一方投资者可将缔约另一方违反第二章规定之义务且该投资者由于或源于该违反行为而蒙受损失或损害的诉求提交仲裁。而1992年中韩协定第9条第3款规定,任何一国政府或根据其法律和法规承担补偿义务者与另一国投资者关于第5条第3款所述的补偿款额的争端,如果自当事任何一方要求友好解决之日起6个月未能解决,则根据该投资者的要求,可提交参考1965年《关于解决国家和他国国民之间投资争端公约》(以下称"华盛顿公约")而组成的调解委员会或仲裁委员会(以下称"仲裁委员会")。一国政府和另一国投资者之间关于其他事项的争端,可根据双方的同意,提交如上所述的仲裁委员会。可以看出,我国接受国际投资争端解决中心(ICSID)仲裁庭管辖权的方式发生了明显的转变,由采用"逐案同意""有限同意"转变为"全面同意"式。[①] 此外,根据美国、加拿大双边投资协定范本的规定,东道国在投资争端解决中的"当地救济优先权""逐案审批同意权"和"东道国法律适用权"等被完全剥夺或排除了。[②]

最后,透明度义务的扩大。1997年美国-约旦协定第2条第5款规定的透明度义务包括:确保及时出版或通过其他方式使公众获得与涵盖投资

[①] 陈安主编:《国际投资法的新发展与中国双边投资条约的新实践》,复旦大学出版社2007年版,第409页。

[②] 陈安主编:《国际投资法的新发展与中国双边投资条约的新实践》,复旦大学出版社2007年版,第366~367页。

有关或影响涵盖投资的缔约方的法律、法规、普遍适用的行政方式（administrative practices）和程序、司法裁定。而 2004 年美国双边投资协定范本第 11 条则规定了更多的透明度义务：为了便利建立联系点（contact point），法律法规、司法裁决、行政裁定等的公布，利害关系人和另一缔约方评价立法草案的机会，缔约方认为可能影响其利益的信息的通知和提供，行政程序、审查和上述程序的透明义务等。[①] 与之相比，2012 年美国 BIT 范本第 11 条增加了对缔约方的透明度义务要求，例如，缔约一方应该允许缔约另一方的投资者，参与其中央政府机构所制定的标准和技术规章的发展。

3. 知识产权条款的发展趋势

通过对双边投资协定知识产权条款的历时性和共时性分析，可以看出：

首先，一些国家日益认识到协定范本的重要性，制定并修订了范本。譬如，美国现行的 2012 年双边投资协定范本是在 1994 年范本基础上制定的；加拿大、瑞士、挪威、德国、澳大利亚、印度等国也都制定了自己的协定范本。

其次，与知识产权有关的条款更加具体，并与《TRIPS 协定》等国际知识产权条约挂钩。例如，美国 2012 年双边投资协定范本；2008 年日本-乌兹别克斯坦协定等。从 20 世纪 80 年代开始，美国就在其双边投资协定计划中纳入了知识产权条款。通常，发达国家主导的投资协定将知识产权的充分有效保护作为其基本目标之一。一般来说，投资协定对知识产权的保护是通过对投资者权利和投资的保护间接实现的，因为：其一，投资协定中宽泛的"投资"定义包含了知识产权（包括各种类别的知识产权本身和知识产权的申请、许可、转让及其他形式的使用）；其二，"投资收益"的回收和转移包括特许权使用费。[②] 晚近的一些双边投资协定则开始对知识产权作

---

① IP Quarterly Report：Implications of Investment Agreements on Regulations and Enforcement of Intellectual Property Rights，2006，5，available at http://ictsd.net/i/ip/18068/，last visited on Oct. 15，2015.

② 张建邦：《"TRIPS-递增"协定的发展与后 TRIPS 时代的知识产权国际保护秩序》，载《西南政法大学学报》2008 年第 2 期。

出专门规定。

再次,发达国家主导的协定包含"TRIPS-附加"标准。就"TRIPS-附加"的问题而言,投资协定的情形更复杂一些,因为投资协定调整国家之间有关国际直接投资的权利和义务关系,而不涉及知识产权的保护标准和执法措施。因此,其有关"TRIPS-附加"标准与保护投资者和投资的规则存在效果上的关联。在投资协定中,国民待遇原则、最惠国待遇原则、公平和公正待遇原则、透明度义务、防止间接征收、禁止履行要求、投资者－国家争端解决机制等原则和规则都会影响知识产权的保护和"TRIPS-附加"效果的产生。以投资保护中的公平和公正待遇原则为例,该原则可以采取通常含义解释方法和最低国际标准解释方法,最低国际标准解释方法可能影响知识产权保护。譬如,某项投资采取知识产权形式,若某双边投资协定或自由贸易协定包含"最低国际标准",则《TRIPS 协定》或 WIPO 所辖公约在解释"最低国际标准"的含义时可能是有意义的,这意味着将一个知识产权国际标准转换成为一个双边投资协定承诺。[①]

具体来看,双边投资协定的"TRIPS-附加"标准包括:

(1)从知识产权保护的客体来说,有的协定规定了商号(trade name)、商誉(good will)。有学者指出,晚近发达国家与发展中国家缔结的 BITs 中出现了宽泛的"基于资产"的投资定义,这种宽泛的投资定义,实际上并没有对受保护的知识产权的投资属性作出界定,很可能使作为东道国的发展中国家对本来不具有投资属性的知识产权承担了国际投资保护层面的义务。而且有些投资协定中甚至没有明确东道国国内法在决定投资资产有效性、范围和权利内容中的作用。即使在东道国国内法中已经规定了投资资产的有效性条件,但是东道国必须根据投资协定履行其条约义务,这就可能使得东道国承担给予某些投资高于国内法可获得的保护标准。这就形成了一个灰色区域:一项在国内法中不能获得保护的知识产权却能在投资协定中获得保护。由于《TRIPS 协定》确立了知识产权保护的最低标

① IP Rights under Investment Agreements: The TRIPS-Plus Implications for Enforcement and Protection of Public Interest, 2006, 1, 19, available at http://www. southcentre. org/index. php? option = com_content& task = view& id = 86, last visited on Nov. 29, 2008.

准,WTO 成员方的国内法给予知识产权保护第 3 条第 1 款注释 3 规定,在第 3 条和第 4 条中,"保护"一词应包括影响知识产权的效力、取得、范围、维持和实施的事项,以及本协定专门处理的影响知识产权的使用的事项。知识产权的保护范围一般也与《TRIPS 协定》的最低标准相符,这就意味着当一个东道国同时又是 WTO 成员方时,如果在投资协定中"受保护的知识产权"的界定没有强调东道国国内法的作用,就有可能形成超出《TRIPS 协定》的"TRIPS-附加"标准。[①]

(2)从国民待遇和最惠国待遇来说,与《TRIPS 协定》相比,BIT 的国民待遇条款和最惠国待遇条款扩大了对知识产权的保护。根据《TRIPS 协定》第 3 条第 1 款注释 3 规定,在第 3 条和第 4 条中,"保护"一词应包括影响知识产权的效力、取得、范围、维持和实施的事项,以及本协定专门处理的影响知识产权的使用的事项。而根据不少 BIT 的规定,其国民待遇条款和最惠国待遇条款适用于投资的设立、获得、扩张、管理、使用、经营、销售或其他处置等方面。显然,知识产权权利人的利益在 BIT 中所获得的保护范围要大一些。[②]《TRIPS 协定》第 3 条规定了一些国民待遇的例外情况,而双边投资协定并未提及这些例外;此外,晚近,美国和加拿大主导的双边投资协定将国民待遇原则适用到投资准入前阶段,投资者据此可能提出知识产权获得方面的国民待遇要求。[③]

(3)从公平公正待遇来说,一方面,这是《TRIPS 协定》根本没有提及的待遇标准;另一方面,以国际法作为公平公正待遇衡量标准的趋势已经确定,东道国额外承担了依照国际法而非国内法给予外国知识产权人以公平公正待遇的义务。该待遇内涵方面的不确定性也为受保护的知识产权

---

① 李凤琴:《双边投资协定中的 TRIPS-plus 标准研究》,载《世界贸易组织动态与研究》2009 年第 3 期。

② South Centre. Intellectual Property in Investment Agreements: The TRIPS-plus Implications for Developing Countries,2005,available at http://www. southcentre. org/ index. php? option=com_content&task=view&id=81, last visited on Feb. 11, 2014.

③ Carlos M. Correa. Bilateral investment agreements: Agents of new global standards for the protection of intellectual property rights? 2004,available at http://www. grain. org/briefings/? id=186, last visited on Dec. 12, 2008.

人创造了滥用国际层面的出诉权威胁东道国政府的机会。[1] 有学者认为，《TRIPS 协定》已经为发展中国家设置了灵活的制度空间，比如规定了知识产权的例外和限制条件，允许发展中国家为公共利益目的的强制许可实施，允许国内立法自由的某些变通规定，这为发展中国家实现本国的公共利益提供了制度上的保障。但是 BITs 中的公平与公正待遇正在缩减发展中国家利用《TRIPS 协定》变通性规定的自由选择空间，造成发展中国家在《TRIPS 协定》项下的特殊和差别待遇落空。因为知识产权等无形资产的投资，最易受东道国规制措施的影响，使投资者对知识产权的权益受到减损，这样投资者就可能以东道国违反公平与公正待遇提起国际投资仲裁。结果是，《TRIPS 协定》为发展中国家设置的弹性条款可能形同虚设，无形中提高了发展中国家的知识产权保护标准，从而形成了"TRIPS-附加"标准。[2]

（4）《TRIPS 协定》第 31 条（h）项规定，在未经权利持有人授权的其他使用的情况下，应当向权利持有人支付足够的报酬，同时考虑授权的经济价值。而在投资协定中，征收补偿的支付标准是被征收投资财产的公平市场价值，而且必须及时、有效地进行补偿。投资协定下因知识产权强制许可争端产生的支付要求可能会是一个"TRIPS-附加"标准。

（5）2012 年美国 BIT 范本第 11 条规定的更多的透明度义务也构成了"TRIPS-附加"标准。晚近出现的投资协定的透明度义务要比《TRIPS 协定》的规定要高，特别是当透明度义务成为公平与公正待遇的一部分时更是如此。在投资者与国家间的投资仲裁中，已经出现东道国必须给予投资者以"公平公正"待遇，以此体现透明度的案例。一旦透明度义务与公平公正待遇相联系，就会导致投资协定项下东道国承担的透明度义务标准高于《TRIPS 协定》的规定，"TRIPS-附加"透明度义务由此产生，这也势必给作为发展中国家的东道国带来更大的压力。在 WTO 有关国际投资规则谈判过程中，有些国家就已经认为，透明度义务不应该给发展中国家带来过

---

[1] 魏艳茹：《双边投资协定中的知识产权条款研究》，载陈安主编：《国际经济法学刊（第 14 卷第 2 期）》，北京大学出版社 2007 年版。

[2] 李凤琴：《双边投资协定中的 TRIPS-plus 标准研究》，载《世界贸易组织动态与研究》2009 年第 3 期。

第二章 双边经济协定与中国企业海外知识产权的法律保护

多的负担,因为发展中国家没有更多的技术资源来履行其国际义务。而投资协定中更高的透明度要求,以及将透明度义务作为公平公正待遇的一部分,更会加重发展中国家履行国际义务的负担。[①]

复次,协定中对知识产权保护与公共利益维护之间的问题做了初步规定。美国 2012 年双边投资协定范本第 6.5 条以及加拿大 2004 年协定范本第 13 条第 5 款规定:投资征收和补偿的规定不适用于《TRIPS 协定》项下知识产权强制许可的颁发,或者知识产权的撤销、限制或创设,只要这种颁发、撤销、限制或创设与《TRIPS 协定》的规定相一致。2003 年日本-越南双边投资协定第 15 条第 1 款则对整个协定的适用例外都进行了规定,包括安全例外、公共健康例外等。

最后,发达国家的 BIT 对发展中国家的缔约实践产生了影响。例如,2008 年中国-墨西哥协定第 5 条规定,最低待遇标准:(1)任一缔约方应根据国际法给予缔约另一方投资者的投资包括公正和公平待遇以及完全的保护和安全的待遇。(2)本条规定将给予外国人的国际法最低待遇标准作为给予缔约另一方投资者投资的最低待遇标准。"公正和公平待遇"和"完全的保护和安全"这两个概念并不要求给予由国家实践和法律确信所确立之国际法要求给予外国人的最低待遇标准之外或额外的待遇。违反本协定的其他条款或其他国际协定的条款,不构成对本条的违反。上述规定明显是受到了美国双边投资协定"最低待遇标准"(Minimum Standard of Treatment)条款的影响。不过,相较而言,美国 2012 年协定范本第 5 条对这一标准做了更为细致的规定。

(二)我国双边投资保护协定知识产权条款的缺陷

如前所述,与美国、日本等发达国家相比,就知识产权保护而言,我国等发展中国家所签订的 BITs 存在很多不足:

首先,我国的 BIT 中仅有极个别的条约专门提到了知识产权的保护问题。显然,我国还没有充分认识到 BIT 对于促进知识产权海外保护的重要作用。

其次,与发达国家主导的协定相比,我国协定中知识产权的范围不够

---

① 李凤琴:《双边投资协定中的 TRIPS-plus 标准研究》,载《世界贸易组织动态与研究》2009 年第 3 期。

全面。例如,我国缔结的协定中未对地理标志、未披露信息等客体作出规定。

再次,缺乏关于知识产权保护与公共利益维护之间关系的规定。例如,知识产权的强制许可、知识产权保护与公共健康等问题。这不仅涉及其他知识产权国际条约相关制度的实施,而且关系着我国及我国人民的国家利益、公共利益以及个人利益的实现。

复次,与美式 BIT 相比,中国-墨西哥 BIT 第 5 条(最低待遇标准)的规定不够细致、明确。这种含糊的规定既不利于缔约国履行其条约义务,又很容易因此而产生争端。

最后,将投资者与国家之间争端解决机制适用于知识产权保护,这极有可能使得一些基于公共福利采取的国家管理措施面临投资争端解决机制的挑战。例如,中国—墨西哥协定第 11 条规定,缔约一方与缔约另一方投资者之间的争端解决机制适用于缔约一方与缔约另一方的投资者之间由于声称违反本协定第二章规定之义务且造成损失或损害而产生的争端。这显然包括因知识产权保护引起的争端。

三、双边投资协定知识产权条款的作用

(一)双边投资协定下知识产权海外保护的效果

双边投资协定日益成为知识产权海外保护的重要手段。此类协定的知识产权条款及其并入的国际知识产权条约,无疑会为协定缔约方知识产权的海外保护提供有效的保障。另外,此类协定最惠国待遇条款的"多边自动传导效应"也会进一步增强知识产权的国际保护标准。

从争端解决实践来看,菲莫公司的瑞士子公司、香港子公司正是以1988 年瑞士-乌拉圭 BIT、1993 年澳大利亚-香港 BIT 有关"投资"定义的规定提出,乌拉圭的相关控烟立法、澳大利亚《2011 年香烟平装法案》对其商标权和商誉构成间接征收,并提起国际投资求偿仲裁。[①] 2012 年 8 月 15日,澳大利亚最高法院裁定吉拉德政府通过的《2011 年香烟平装法案》有

---

① also Philip Morris Asia Limited v. The Commonwealth of Australia, UNCITRAL, PCA Case No. 2012－12, Notice of Claim, Jun 22, 2011, available at http://italaw.com/cases/851, last visited on Feb. 11, 2014.

效,澳大利亚将成为全球首个实施此类法案的国家。据悉,英国和新西兰也在考虑制定这类烟草简装法案。[①] 法国、挪威、印度和加拿大也正考虑采取类似措施。[②]

菲莫公司子公司提起的国际投资争端仲裁案的解决结果,对国际投资立法和知识产权国际保护制度具有重要意义。[③] 国际社会、国际投资法学者、国际知识产权法学者都关注着上述争端的解决。

(二)双边投资协定知识产权海外保护的发展趋势

双边投资协定中的知识产权保护标准也呈现出了"TRIPS-附加"的特征。从美国2008年贸易政策日程来看,双边投资协定是美国政府采用的知识产权海外保护的政策工具之一。根据2008年"特别301条款报告",在中东和亚洲,美国已经签订了不少双边贸易投资框架协定,来提高知识产权的保护标准和改善知识产权执法。美国还将与阿尔及利亚、印度尼西亚、科威特、菲律宾、沙特阿拉伯、塔吉克斯坦、乌克兰等国通过双边贸易投资框架协定来加强知识产权的保护。

面对发达国家的强势主导和积极推进,在遏制知识产权国际保护标准的过分强化方面,发展中国家面临和承受着不少的困难和不小的压力。

(三)双边投资协定对知识产权多边保护的影响

与双边贸易协定一样,双边投资协定的知识产权条款也会成为发达国家在WTO、WIPO等多边场所的谈判中争取更多利益的筹码。

---

① 《高院胜诉,澳大利亚将实行全球首部简装香烟法案》,available at http://news.163.com/12/0815/14/88V5AMOG00014JB6.html,last visited on Feb.11,2014.

② 《话题:爱尔兰烟草平装法案》,available at http://www.ipr.gov.cn/guojiiprarticle/guojiipr/guobiehj/gbhjnews/201301/1722714_1.html,last visited on Feb.11,2014.

③ 实际上,澳大利亚《香烟平装法案》还引发了WTO内的贸易争端:2012年3月至7月,乌克兰、洪都拉斯、多米尼加以澳大利亚《2011年香烟平装法案》违反《与贸易有关的知识产权协定》为由,将澳大利亚起诉至WTO争端解决机构。See Australia-Certain Measures Concerning Trademarks and Other Plain Packaging Requirements Applicable to Tobacco Products and Packaging (Complainant:Ukraine),DS434,available at http://www.wto.org/english/tratop_e/dispu_e/dispu_agreements_index_e.htm?id=A26♯selected_agreement,last visited on Feb.21,2014.

四、缔结双边投资协定知识产权条款应注意的问题

(一)在中国的 BIT 战略中注重知识产权海外保护

鉴于双边投资协定在知识产权国际保护中的重要作用,在双边投资协定战略中,我国应当重视通过此类协定来加强知识产权的海外保护。与前述双边经济协定的签订一样,在缔结双边投资协定时,我国必须着重考虑那些与中国企业海外投资关系密切的国家,对其知识产权法制进行考察、评估,[①]并考察我国知识产权在其受保护的情况,针对实际情况进行谈判,做到有的放矢。基于这一要求,我国应当完善自己的双边投资协定范本,并且注意保证与其他双边经济协定知识产权条款的一致性。

在注重利用双边投资协定加强我国知识产权海外保护的同时,我们还要注意避免"TRIPS-附加"标准,要慎重对待双边投资协定中知识产权条款的制定。

(二)与其他知识产权国际保护制度的协调

长期以来,各国在分别规范投资法律关系和知识产权法律关系之时从未就其中的交叉内容进行非常有意识的协调,[②]这使得知识产权国际保护问题更加复杂。如果不能与其他双边经济协定进行很好的协调,那么我国将会因之承担更多的保护知识产权的义务。我国应该努力维持对外政策的一致性。

(三)发展导向的政策空间

晚近,基于《北美自由贸易协定》(*North American Free Trade Agreement*,NAFTA)、ICSID 仲裁中的教训,美国等国在其双边投资协定中将知识产权的强制许可等措施与征收(尤其是间接征收)区别开来,为本国政府基于公共福利的管理措施保留了政策空间。国际投资协定的谈判

---

① 例如,加拿大主要是根据经济因素选择 FIPA 的缔约对方,即加拿大的投资者能够在东道国获得较大的投资利益。在进行选择评估时,主要考虑的因素包括:商业和经济利益,例如加拿大海外直接投资(Canadian direct investment abroad,CDIA)的未来前景;对投资者的保护,例如法治建设、管制水平、签订和履行高质量协议的可能性;贸易政策或其他对外政策的利益。

② 魏艳茹:《双边投资协定中的知识产权条款研究》,载陈安主编:《国际经济法学刊》(第 14 卷第 2 期),北京大学出版社 2007 年版。

已经包括许多相互关联的政策难题,如果这些问题没有得到适当的考虑,东道国的发展将受到严重的影响。因此,在未来双边投资协定的谈判中,我国必须考虑如何将双边投资协定知识产权条款的制定与我国的经济发展政策更好地结合起来。如何找到一个以发展为导向的平衡点是我国缔结双边投资协定时面临的挑战。[①] 在谈判新的双边投资协定时,我国必须确保协定既要能加强知识产权的海外保护,又要确实促进我国的发展政策。为此,我国必须提高分析条约义务的能力。

五、双边投资协定知识产权条款应包括的内容

(一)知识产权的确定

目前,我国对外经济协定中知识产权的范围并不一致。今后,双边投资协定、双边贸易协定等规定的知识产权的范围应该保持一致。至于知识产权范围的确定,中国-新西兰双边贸易协定中由《TRIPS 协定》来确定其种类的规定是比较合理的。因为,一方面,考虑到一些发展中国家的知识产权立法现状,完全由各缔约方的国内法决定其种类并不有利于我国知识产权的海外保护;另一方面,鉴于 WTO 成员的广泛性,《TRIPS 协定》所规定的知识产权保护标准容易被接受。

此外,双边投资协定还应对属于"投资"的知识产权的投资属性作出界定。美国 2012 年双边投资协定范本及其订立的投资协定对此作出了明确规定。例如,2005 年美国-乌拉圭双边投资协定第 1 条第 1 款规定:"投资"是指投资者直接或间接拥有或控制的具有投资特性的任何资产,这种投资特性包括承担作为资产或其他财产的责任、包含获得收益或利润的期望、承担投资风险等。实际上,美国与新加坡、智利等国缔结的双边贸易协定的投资专章的脚注还进一步规定,不论某种资产以何种形式存在,只要不具备投资属性,那么它就不是该章所调整的投资。

我国缔结的一些双边投资协定没有对知识产权的投资属性作出规定。这使得可以享受相关投资协定保护的知识产权的范围模糊不清,而且,容易导致与东道国发生争端的投资者以此扩大投资仲裁的申请范围,以致东

---

① 詹晓宁:《国际投资规则的制定:晚近趋势及对发展的影响》,徐惠婷译,载陈安主编:《国际经济法学刊》(第 13 卷第 2 期),北京大学出版社 2006 年版。

道国承受不必要的仲裁压力。为了明确我国对投资者的知识产权承担保护义务的条件,避免与外国投资者发生不必要的争议,我国还需要加强研究,对我国可以为其提供国际投资法层面保护的知识产权的投资属性尽快作出准确、科学的框定,并在将来的双边投资协定的缔结实践中付诸实施。[①]

(二)投资待遇标准的明确

在前述国际投资争端中,菲莫公司子公司在其仲裁申请中分别提出,乌拉圭的控烟立法对其商标权和商誉违反了公平和公正待遇标准,澳大利亚的控烟立法对其商标权和商誉违反了公平和公正待遇标准和充分的保护与安全标准。[②]

进入21世纪,ICSID仲裁庭就公平公正待遇标准的受案量有所增加。在21世纪的最初5年的受理案件即突破了20世纪90年代的案件数目。[③]晚近,外国投资者对东道国提起的诉求几乎都涉及国际投资条约中的公平与公正待遇条款。[④] 由此可见,公平和公正待遇标准已经因为国际投资争端仲裁案而成为一个受到很多关注的争议问题。

上述情况对于我国BIT中公平公正待遇、充分的保护与安全等投资待遇标准含义的明确具有重要的启示意义。

(三)知识产权与公共利益

晚近,投资保护、间接征收(indirect expropriation)与东道国"警察权"(police power)的行使之间的矛盾成为国际投资仲裁中的争议热点。与其

---

① 魏艳茹:《双边投资协定中的知识产权条款研究》,载陈安主编:《国际经济法学刊》(第14卷第2期),北京大学出版社2007年版。

② Philip Morris Asia Limited v. The Commonwealth of Australia, UNCITRAL, PCA Case No. 2012−12, Notice of Claim, Jun 22, 2011, available at http://italaw.com/cases/851, last visited on Feb. 11, 2014. Philip Morris Brands Sàrl, Philip Morris Products S. A. and Abal Hermanos S. A. v. Oriental Republic of Uruguay, ICSID Case No. ARB/10/7, Request for Arbitration, available at http://www.italaw.com/cases/460, last visited on Feb. 11, 2014.

③ 张正怡:《论ICSID仲裁庭对公平公正待遇标准的发展》,载《仲裁研究》2011年第3期。

④ 徐崇利:《公平与公正待遇:真义之解读》,载《法商研究》2010年第3期。

他"投资"不同,知识产权与公共利益的关系非常密切,例如,知识产权与公共健康。前述菲莫公司子公司提起的国际投资争端就涉及投资者的商标权与东道国公共健康立法和民众公共健康之间的冲突。如前所述,与征收条款相关的还涉及知识产权强制许可的颁发,或者知识产权的撤销、限制。美国、加拿大等国的 BIT 已经将与《TRIPS 协定》一致的知识产权强制许可的颁发或者知识产权的撤销、限制排除在征收措施之外,但是有些国家的 BIT 并没有此类规定,例如印度,[①]我国绝大多数的 BIT 也没有此类规定。[②] 这一问题引起了学者和国际组织例如南方中心的关注。[③] 不过,这些讨论没有提及一个真正的投资者主张强制许可构成间接征收的国际投资争端仲裁案件。一些学者提出,上述分析的缺乏并不意味着不存在此类案件,因为除了向 ICSID 或在 NAFTA 框架下提起的国际投资争端仲裁案件之外,许多国际商事仲裁法庭的案件审理和裁决是不公开的,例如特设仲裁法庭或斯德哥尔摩国际商事仲裁院。而且,据报道,早在 2007 年,美国默克制药有限公司(Merck & Co Inc.)提出,巴西政府对其抗艾滋病药物颁发的强制许可构成了对其知识产权的征收。类似的争端也发生在

[①] See Prabhash Ranjan, Medical Patents and Expropriation in International Investment Law – with Special Reference to India Manchester, *Journal of International Economic Law*, Volume 5, Issue 3, 2008. Peter B. Rutledge, TRIPS and BITs: An Essay on Compulsory Licenses, Expropriation, and International Arbitration, *The North Carolina Journal of Law & Technology*, 2012.

[②] 不过,我国的 BIT 也有例外情况。例如,2012 年 9 月签署的《中华人民共和国政府与智利共和国政府自由贸易协定关于投资的补充协定》第 6 条第 5 款规定,本条不适用于强制许可的颁发或知识产权的撤销或限制,只要该撤销或限制和经适当修改的《与贸易有关的知识产权协定》相符,或与双方皆为缔约方的其他知识产权协定相符。

[③] IP Quarterly Report: Implications of Investment Agreements on Regulations and Enforcement of Intellectual Property Rights, 2006, available at http://ictsd.org/i/ip/3569/, last visited on Feb. 11, 2014.

厄瓜多尔和泰国。① 上述争端引发了一个涉及知识产权法和国际投资法的重要争议:东道国对药品专利颁发强制许可是否构成国际投资条约所规制的间接征收措施? 这一争议的解决对于发展中国家人民的健康权(获得可负担得起的药品的权利)的实现有着深刻影响。

基于维护公共利益的考量,我国应当借鉴美国、日本等国的双边投资协定,明确知识产权的定义、征收的确认、知识产权的强制许可与征收的关系等问题,为我国保留维护公共利益的政策空间。上述菲莫公司子公司提起的国际投资争端等情况对于我国 BIT"投资"定义、征收条款、公共利益例外条款的完善具有重要的启示意义。

(四)争端解决机制的排除适用

与《TRIPS 协定》等知识产权国际条约强调国内法上的救济相比,双边投资协定中的投资者诉东道国解决机制强调了国际仲裁。而且,与其他救济方式相比,投资者可能更愿意选择国际投资仲裁机制,投资者的选择主要在于:其一,投资者可以免于劝说投资母国通过国家间争端解决机制维护其利益;其二,可以降低或避免资本输出国与资本输入国之间的政治紧张;其三,投资者可以对求偿问题进行更好的控制;其四,投资者出于对求偿成功的可能性的考虑;其五,投资者出于权衡不同争端解决机制之下可以获得的救济的考虑;其六,投资者出于裁决的可执行性的考虑。② 为了降低仲裁法庭在与公共健康有关的知识产权强制许可是否构成征收的案件中作出不合理裁决的风险,有学者提出,应该由国家间争端解决机制

---

① Valentina S. Vadi, Trade Mark Protection, Public Health and International Investment Law: Strains and Paradoxes, *European Journal of International Law*, Vol. 20, No. 3, 2009. Peter B. Rutledge. TRIPS and BITs: An Essay on Compulsory Licenses, Expropriation, and International Arbitration, *The North Carolina Journal of Law & Technology*, 2012. 2007 年 5 月 4 日,巴西总统席尔瓦签署一份强制许可证,允许国内仿照生产美国默克公司的抗艾滋病药,或从其他国家进口低价仿制药,理由为无法承受默克公司高药价。这意味着巴西将取消对美国抗艾药物的专利保护,这是巴西首次下令取消外国药品专利保护权。参见《巴西取消对美国默克抗艾滋药物专利保护》,available at http://health.sohu.com/20070508/n249893339.shtml, last visited on Feb. 11, 2014.

② Christopher Gibson, A Look at the Compulsory License in Investment Arbitration: The Case of Indirect Expropriation, *American University International Law Review*, Vol. 25, No. 3, 2010, p. 406.

来解决相关的知识产权保护争端。① 由于菲莫公司子公司对乌拉圭、澳大利亚提起的国际投资争端仲裁案,国际投资仲裁机制再次受到国际社会的关注。实际上,在菲莫公司子公司对澳大利亚提起国际投资争端仲裁案之前,2011 年 4 月,澳大利亚政府发表声明宣布,吉拉德政府不再在其未来的 BITs 和 FTAs 中涵括国际投资仲裁机制。②

的确,关涉知识产权被征收的争端的国际投资仲裁会导致知识产权利益上的不平衡,并会对与知识产权有关的谈判、实施和争端解决的全球治理结构产生重要影响。有学者认为,国际仲裁法庭审查东道国措施与《TRIPS 协定》一致性的正当性和可接受性已经受到广泛的质疑。③ 不过,也有学者认为,与其取消国际投资仲裁机制,不如将与公共健康、环境保护有关的国家措施排除在国际投资仲裁机制之外。④ 南方中心的研究报告也认为,发展中国家应当将知识产权的获得、维持、执法和保护等都排除在BIT 的争端解决条款之外。⑤ 根据这一分析,与 BIT 一样,应当将知识产权的获得、维持、执法和保护等都排除在区域投资协定、FTA 投资章节的争端解决条款之外。在菲莫公司对澳大利亚提起国际投资争端仲裁之后,

---

① Tsai-Yu Lin, Compulsory License for Access to Medicines, Expropriation and Investor-State Arbitration under Bilateral Investment Agreements, *International Review of Intellectual property and Competition Law*, Vol. 40, No. 2, 2009.

② Gillard Government Trade Policy Statement, available at http://www. dfat. gov. au/publications/trade/trading－our－way－to－more－jobs－and－prosperity. html♯investor－state, last visited on Feb. 11, 2014. Kyle D. Dickson－Smith, Philip Morris Asia Ltd. v Australia and the benefits of the investor－state arbitration system, available at http://papers. ssrn. com/sol3/papers. cfm? abstract_id＝1966204, last visited on Feb. 11, 2014.

③ Henning Grosse Ruse－Khan, Protecting intellectual property rights under BITs, FTAs and TRIPS: Conflicting regimes or mutual coherence?, available at http://papers. ssrn. com/sol3/papers. cfm? abstract_id＝1757724, last visited on Feb. 11, 2014.

④ Kyle D. Dickson－Smith, Philip Morris Asia Ltd. v Australia and the benefits of the investor－state arbitration system, available at http://papers. ssrn. com/sol3/papers. cfm? abstract_id＝1966204, last visited on Feb. 11, 2014.

⑤ IP Quarterly Report: Implications of Investment Agreements on Regulations and Enforcement of Intellectual Property Rights, 2006, available at http://ictsd. net/i/ip/18068/, last visited on Feb. 11, 2014.

有学者则建议,应该将烟草公司排除在 BIT 的国际投资仲裁机制之外。[1]

上述讨论对于我国 BIT 国际投资争端仲裁机制的完善具有重要的启示意义。

从实践来看,WTO 争端解决机制将对海外知识产权保护起到重要作用。如中国在 WTO 的知识案。

总的来说,发达国家主导的 BIT 的发展是有利于增强知识产权海外保护的,我国的 BIT 实践显然受到其影响。可见,如何借鉴发达国家的 BIT,直言之,如何避免发达国家的 BIT 中对我国不利的条款是我国在今后的缔约实践中应当慎重考虑的。

---

[1]　Deborah Sy, Warning: Investment Agreements Are Dangerous To Your Health, *George Washington International Law Review*, 2011.

第三章 区域经济协定与中国企业海外知识产权的法律保护

自 20 世纪 50 年代开始,区域主义始终是国际经济贸易关系中不能忽视的政策取向。在 50 年代和 70、80 年代的前两次"区域浪潮"中,《建立欧洲经济共同体条约》(欧洲经济共同体,European Economic Community,EEC)、《建立欧洲自由贸易联盟公约》《西非国家经济共同体条约》(西非经济共同体,West African Economic Community,WAEC)、《卡塔赫纳协定》(安第斯集团,Andean Group)等区域贸易协定(RTA)和《东盟促进和保护投资协定》《关于外国资本待遇和商标、专利、许可证以及特许权费用的安第斯法典》等区域投资协定吸引了学者们的研究兴趣。在"第三次区域浪潮"中,尽管新兴的双边贸易、投资协定的发展非常引人注目,但区域经济协定仍然有所发展。这些区域贸易协定、区域投资协定体现出综合性的特点,除了传统的自由贸易问题之外,投资保护、知识产权保护、环境保护等也被纳入了协定的调整范围。本章对这些区域经济协定中知识产权保护条款的内容、效果进行实证分析和比较分析,以期对我国通过缔结区域经济协定的途径加强中国企业知识产权的海外保护提出建议。

第一节 区域贸易协定与中国企业海外知识产权的法律保护

一、区域贸易协定的新发展

20 世纪 90 年代以来,区域经济一体化显示出强劲的发展态势,区域经济组织在国际贸易和世界经济发展中发挥着越来越重要的作用。区域经济一体化的迅速发展伴生着知识产权保护的区域一体化,区域贸易协定也成为发达国家实施其知识产权保护全球战略的工具之一。在全球性知识产权保护制度裹足不前时,区域性知识产权制度对国际知识产权合作保护运动起到了有力的补充作用。[①] 本书选择了几个具有代表性的国家、国际组织来介绍区域贸易协定及其知识产权法制一体化的发展情况。

(一)区域贸易协定:发展状况

1. 美国

1992 年,美国、加拿大、墨西哥签订了《北美自由贸易协定》(简称 NAFTA),产生了令整个国际社会瞩目的、由发达国家与发展中国家缔结的区域贸易协定。NAFTA 第 17 章规定了知识产权的保护问题。[②]该章包括 21 个条款,4 个附件。

1994 年,在美国迈阿密召开的第一次美洲国家首脑会议(Summit of the Americas)上,与会的 34 个国家的政府首脑一致同意建立一个美洲自由贸易区(Free Trade Area of the Americas),并于 2005 年完成贸易协定的谈判。1998 年,在智利圣地亚哥召开的第二次美洲国家首脑会议上,关于美洲自由贸易协定(Free Trade Area of the Americas Agreement,FTAA)的谈判正式启动。2003 年,谈判各方拿出了美洲自由贸易协议的第 3 版协议草案。该草案第 20 章详细规定了知识产权的保护问题。2005 年谈判陷入困境,而且直到目前,拉美国家的复杂性使得美洲自由贸易区的前景难料。

2004 年,美国与中美洲五国哥斯达黎加、萨尔瓦多、危地马拉、洪都拉斯和尼加拉瓜及多米尼加签订了自由贸易协定(United States-Dominican Republic-Central America Free Trade Agreement,CAFTA-DR)。知识产权是各方谈判的重要内容。

2005 年 6 月,新加坡、智利和新西兰达成了环太平洋国家的首个 FTA,2006 年文莱加入该协定[即《泛太平洋战略经济伙伴关系协定》(*Trans-Pacific Strategic Economic Partnership Agreement*)TRANS-PACIFIC SEP or TPPA],组成了通常所说的"P4"国家,其目标是在 10 年

① 陈彬:《试析区域性知识产权保护制度对中国-东盟知识产权协作模式的借鉴意义》,载陈安主编:《国际经济法学刊》(第 14 卷第 2 期),北京大学出版社 2007 年版。

② North American Free Trade Agreement, U. S.-Canada-Mexico, December 8, 1992,32 I. L. M. 605.

内打破缔约国之间的贸易壁垒。协定涵括了知识产权保护事项。[①] 2008年2月,美国宣布加入"P4"国家间关于投资和金融服务的相关谈判,并决定在与国会和公众磋商之后确定是否加入整个协定。[②] 2008年9月,美国宣布启动加入 TPPA 的谈判。[③] 2010年3月,美国、澳大利亚、文莱、智利、新西兰、秘鲁、新加坡和越南开始了"跨太平洋伙伴关系协定"(Trans-Pacific Partnership Agreement,TPP)的第一轮谈判。[④],美国自始主导着 TPP 谈判。2010年7月,马来西亚加入谈判(第三轮)。2012年7月,墨西哥和加拿大加入 TPP 谈判。2013年3月15日,日本首相安倍晋三在东京首相官邸召开新闻发布会,正式宣布日本加入 TPP 谈判。[⑤] 详细分析参见本书第四章第二节。

2.欧盟

鉴于认识到,对于完善欧盟内部市场而言,欧共体及其成员国参加的知识产权国际条约还远远不够,欧共体委员会决定力争实现各国国内法在不同领域中的协调化,尤其是实现有效且更加有力的知识产权保护。针对各国法律的差异,委员会分别对各类知识产权保护规定作出了调整,包括商标、专利、著作权及邻接权、外观设计、实用新型、地理标志、数据库特权等各个方面。欧盟知识产权立法主要采取"协调"(harmonization)和"统一"(unification)两种方式,鉴于仿造与盗版早已成为影响经济与社会发展

---

① 美拟加入亚太四国自由贸易协定,available at http://chinawto. mofcom. gov. cn/aarticle/e/r/200809/20080905807732. html, last visited on Aug. 4,2012. Available at http://www. bilaterals. org/rubrique. php3? id_rubrique=130,last visited on Aug. 4,2012.

② The President's Trade Policy Agenda for 2008,available at http://www. ustr. gov/Document_Library/Reports_Publications/2008/Section_Index. html,last visited on Aug. 4,2012.

③ 2009 Trade Policy Agenda and 2008 Annual Report,available at http://www. ustr. gov/about-us/press-office/reports-and-publications/2009/2009-trade-policy-agenda-and-2008-annual-report,last visited on Aug. 4,2012.

④ See Trans Pacific Partnership Negotiations Began Today in Australia,available at http://www. ustr. gov/trade-agreements/free-trade-agreements/trans-pacific-partnership/round-1-melbourne,last visited on Aug. 4,2012.

⑤ 日本宣布加入 TPP 谈判,available at http://www. 21cbh. com/HTML/2013-3-16/2MNjUxXzY0MDc2Mw. html,last visited on Apr. 12,2013.

的负面因素,欧盟成员国间在知识产权执法方面(尤其在刑事制裁方面)的差异又严重地阻碍了打击仿造与盗版的行为,欧共体委员会于 1998 年 10 月签署了关于打击仿造与盗版的绿皮书。绿皮书中就各成员国知识产权国内法上仍然存在的诸多差异对欧盟内部市场的消极影响作了透彻的分析。在此基础上,委员会又于 2000 年 11 月发布了关于改善与加深打击仿造及盗版活动的行动计划建议方案。经过前期的充分准备,委员会终于在 2004 年 4 月颁布了一个关于知识产权执法程序与措施的法律准则。该法律准则被视为欧盟知识产权执法上真正的飞跃,它在很多方面强制性地要求各成员国于 2006 年 4 月 30 日前,完成有关国内法上的移植工作。从知识产权诉讼到审判中的证据规则,再到诉前临时措施的适用,成员国都要严格按照该准则进行法律修改。准则旨在建立一套适用于欧盟内部,完整且高度统一的知识产权执法规范,同时协调各国间相互冲突的法律法规,保障欧盟内部统一的知识产权保护标准得以实现。[1]

欧盟的知识产权法律主要分散于众多的判例与单行的条例和指令当中,[2]这些法律有效地协调了欧共体市场内部货物与服务的自由流动,极大地推进了欧盟各国的经济发展和社会进步。

如前所述,2007 年 12 月,巴巴多斯等加勒比论坛国家(the CARIFORUM countries)率先完成了与欧盟的经济伙伴关系协定的谈判。协议最终文本主要包括货物和服务贸易、与贸易有关的其他方面条款以及关于发展合作的相关规定。此外,协议还在其他许多方面作出相应的规定,如海关和贸易便利、贸易技术壁垒、卫生检疫、农渔业、资金支付和资本流动、竞争、知识产权、公共采购、环保和其他社会问题等内容。[3]

3.中国

在区域贸易协定方面,我国参加了亚太经合组织和《亚太贸易协定》

---

① 武卓敏:《欧盟知识产权法发展简况》,available at http://www.law-lib.com/hzsf/lw_view.asp? no=7118,last visited on Nov.30,2008.

② 陈建德:《欧共体知识产权法律制度研究》,武汉大学博士学位论文,2000 年,第 11 页。

③ European Commission,Countries and regions,available at http://ec.europa.eu/trade/issues/bilateral/regions/acp/index_en.htm,last visited on Oct.15,2015.

(*Asia-Pacific Trade Agreement*，APTA)。《亚太贸易协定》的前身是《曼谷协定》(*Bangkok Agreement*，2005年更名为《亚太贸易协定》)，该协定没有涉及知识产权保护问题。作为一个区域性经济组织，贸易投资自由化与便利化是亚太经合组织框架下区域经济一体化的两大支柱之一。在1995年通过的大阪行动纲领(Osaka Action Agenda)中，亚太经合组织各经济体同意，[①]为了实现亚太经合组织的贸易投资自由化目标，各方应该根据《TRIPS协定》及其他国际知识产权条约规定的最惠国待遇、国民待遇和透明度原则，在立法、行政、执法等方面确保对知识产权提供充分、有效的保护。[②] 1995年亚太经合组织大阪行动纲领提出了各方成员在知识产权方面的行动指南和具体的集体行动(Collective Actions)。[③]

为了推动各经济体实施大阪行动纲领提出的知识产权保护集体行动计划，亚太经合组织的贸易和投资委员会专门成立了"知识产权专家组"(Intellectual Property Rights Experts Group，IPEG)。该专家组的主要任务是研究知识产权保护和有效执法的具体措施，为各经济体提供建议和指南，促进各经济体之间的知识产权对话，监督各经济体保护知识产权的情况。

2005年6月，亚太经合组织各经济体的贸易部长们重申了有效的知识产权保护和执法对投资自由化、刺激创新、推动经济增长的重要促进作用。在贸易部长会议提供的主席声明中，部长们同意启动亚太经合组织反假冒侵权和盗版行动计划(APEC Anti-Counterfeiting and Piracy Initiative)，指示专家组制定指导实施该项行动计划的指南。部长们强调了这项行动计划的主要目标：强化各成员经济体在知识产权方面的能力建设以增强它们反假冒侵权和盗版产品的执法体制；减少假冒侵权和盗版货物的贸易，打击其生产和交易网络；减少在线盗版和在线假冒侵权货物的

---

① 亚太经济合作组织的成员方被称为APEC经济体(economies)，available at http://www.apec.org/apec/member_economies.html，last visited on Oct.11，2008.

② Osaka Action Agenda，available at http://www.mofa.go.jp/policy/economy/apec/1995/agenda.html，last visited on Oct.11，2008.

③ The Ministry of Foreign Affairs，Japan，The Osaka Action Agenda：Implementation of the Bogor Declaration，available at http://www.mofa.go.jp/policy/economy/apec/1995/agenda.html，last visited on Oct.11，2015.

交易;鼓励成员间相互交换经验以加强知识产权保护和执法合作。① 2007年,亚太经合组织还启动了专利取得程序合作计划(APEC Cooperation Initiative on Patent Acquisition Procedures)。知识产权专家组将研究简化能够有效授予和改善专利保护的专利授予程序、专利实施的方法。

在2008年8月召开的"知识产权专家组"第27次会议上,成员经济体同意专家组继续其在反假冒侵权和盗版行动计划中的工作,以及在有关简化专利取得程序合作计划中的工作。在这次会议之前,"知识产权专家组"组织了关于传统知识保护的专家研讨会。在2008年第16届亚太经合组织领导人非正式会议的声明中,各国领导人重申了在亚太地区加强知识产权保护和执法的义务,以及激励创新和保护创新的全面、平衡的知识产权制度的重要性,并承诺继续在各国的知识产权专家、执法部门之间促进更多的合作。②

根据《2008年中国保护知识产权行动计划》,我国正积极参与亚太经合组织框架下有关版权问题的磋商与谈判。

2012年,我国加快推进自由贸易区战略。11月20日,中日韩自由贸易协定谈判启动。同日,东盟10国与6个自由贸易区伙伴国(自贸伙伴国)中国、日本、韩国、印度、澳大利亚和新西兰正式启动了"区域全面经济伙伴关系"(Regional Comprehensive Economic Partnership,RCEP)的谈判。建成后的RCEP自贸区,将成为世界最大的自贸区。按照预计时间表,RCEP谈判将于2015年年底完成。这些协议的谈判议题都包括了知识产权。③ 根据2012年2月完成的《中日韩自由贸易区可行性联合研究报告》,未来的中日韩FTA应该成为便利三方投资、加强对三国投资者和投资资产保护的有效机制。除了投资待遇、禁止实施业绩要求、转移、征用和赔偿、损失赔偿、投资者-国家争端解决机制等基本要素外,为了确保实现更高水平的投资自由化和投资者保护,日本和韩国强调中日韩FTA的投

---

① Statement of the Chair, available at http://www.apec.org/apec/ministerial_statements/sectoral_ministerial/trade/2005_trade.html, last visited on Oct. 12, 2008.

② A New Commitment to Asia-Pacific Development, available at http://www.apec2008.org.pe/home.aspx, last visited on Oct. 12,2008.

③ Available at http://fta.mofcom.gov.cn/article/fzdongtai/201211/11243_1.html, last visited on Jul. 17,2013.

资章节还应纳入以下要素:准入前和准入后的国民待遇及最惠国待遇、更广泛的投资者-国家争端解决机制等。日本和韩国还建议,中日韩 FTA 应超越三国之间现有的双边投资保护协定,以及中日韩三边投资协定。中国则建议,未来的中日韩 FTA 的投资章节应寻求提供更好的投资者保护、更高的透明度和更有效的争端解决机制,以及有助于进一步促进相互投资的其他便利化措施,包括投资机会的信息交流和投资法规的信息分享。在知识产权方面,中日韩三方表示,在未来的中日韩 FTA 框架下加强知识产权保护是非常重要的,同时也应充分考虑各国的国情,做到权利和责任一致。

4.其他重要的涵括知识产权保护的区域经济协定

1995 年 12 月,东盟成员国通过了《东盟知识产权合作框架协定》(*ASEAN Framework Agreement on Intellectual Property Cooperation*),2004 年,通过了《东盟 2004—2010 知识产权行动计划》(*ASEAN Intellectual Property Right Action Plan* 2004—2010)。在区域经济组织或集团中,《东盟知识产权合作框架协定》从形式上是最为完整的,即该协定从知识产权的目标、原则、合作范围及其合作活动的审议以至争端的解决都作了规定,[①]对于促进东盟知识产权保护的一体化起到了推动作用。

2003 年,伊朗、巴基斯坦、土耳其、阿富汗、阿塞拜疆、哈萨克斯坦、吉尔吉斯斯坦、塔吉克斯坦、土库曼斯坦和乌兹别克斯坦等国建立的经济合作组织(Economic Cooperation Organization,ECO)签订了《经济合作组织贸易协定》(*Economic Cooperation Organization Trade Agreement*,ECOTA)。[②] 协定第 19 条专门规定了知识产权的保护。

2006 年 4 月,在布加勒斯特召开的东南欧首脑峰会上,阿尔巴尼亚、摩尔多瓦等国通过了增加《中欧自由贸易协定》(*Central European Free Trade Agreement*,CEFTA)成员方的联合宣言。同年 12 月,阿尔巴尼亚等国签署了新的《中欧自由贸易协定》(*Agreement on Amendment of and Accession to the Central European Free Trade Agreement*)。该协定是一

---

① 杨丽艳:《区域经济一体化法律制度研究》,法律出版社 2004 年版,第 271 页。

② Economic Cooperation Organization Trade Agreement,available at http://www.ecosecretariat.org/,last visited on Oct. 12,2008.

个综合性贸易协定,涵括了投资促进、知识产权、政府采购等内容。①

2008 年 8 月 28 日,在东盟各成员、澳大利亚和新西兰的经济部长们的第 13 次磋商会议上,三方完成了 ASEAN-ANZCERTA(澳新紧密经济关系协定)自由贸易协定(ASEAN-Australia-New Zealand Free Trade Agreement,AANZFTA)的谈判。该自由贸易协定也是一个综合性的协定,除货物贸易、服务贸易之外,还涵括了投资、知识产权、竞争政策、经济合作等事项。将成立一个覆盖 12 个国家和超过 6 亿人口的自由贸易区。②

安第斯共同体也很重视知识产权制度的区域一体化发展。1993 年,安第斯共同体通过了第 351 号决议《关于版权和邻接权的共同制度》(*The Common Regime on Copyright and Related Rights*,Decision 351);第 345 号决议《保护植物新品种育种者权利的共同条款》(*Common Provisions on the Protection of the Rights of Breeders of New Plant Varieties*,Decision 345)。1996 年通过了第 391 号决议《获取遗传资源的共同制度》(*Common Regime on Access to Genetic Resources*,Decision 391)。2000 年通过了第 486 号决议《共同的知识产权制度》(*Common Intellectual Property Regime*,Decision 486)。

此外,南方共同市场通过了《在南方共同市场协调关于商标、产地标志和原产地名称的规则的议定书》(*Protocol on Harmonization of Norms on Intellectual Property in the Mercosur Regarding Trademarks,Indications of Source and Denominations of Origin*,CMC Decision 08/95);2001 年通过的海湾六国经济协定中关于知识产权的保护也采取类似北美自由贸易区统一立法的模式,在知识产权法的区域一体化方面取得了重大进展。

(二)区域贸易协定:发展趋势

作为第三次区域浪潮的组成部分,区域贸易协定也具有"新区域主义"

---

① Annex 7 to CEFTA 2006,available at http://www. stabilitypact. org/wt2/TradeCEFTA2006. asp,last visited on Oct. 12,2008.

② Fast Facts about ASEAN-Australia-New Zealand FTA,available at http://www. dfat. gov. au/trade/fta/asean/AANZFTA_fast_facts. html,last visited on Oct. 12,2008.

的明显特征:超越传统地理范围的、跨大陆或大洋的区域间主义,涉及政治、经济、社会、环境、文化等多纬度多议题的综合性、与WTO多边贸易机制趋向一致的开放性、区域主体成为推动"新区域主义"纵深发展主角的主体化等。① 就内容而言,除了传统的货物、服务贸易之外,区域贸易协定开始涵括投资、知识产权、环境保护、劳工标准。在知识产权方面,包括知识产权的保护、执法、合作等事项。

不像"旧区域主义"明显表现为西欧紧密的一体化(强制度建设)和发展中国家间松散的区域合作(弱制度化)两种不同的发展道路,"新区域主义"的发展进程日益走上趋同化。这种趋同化既表现为它们共同拥有综合性、开放性等特征,还表现在其发展道路的趋向一致。宏观的区域主义多由区域经济一体化驱动,并显示出从创建自由贸易区开始,经由关税同盟、共同市场、货币同盟,最后到经济共同体乃至政治共同体的发展轨迹。现实的情况表明,在原已存在松散的区域合作或缺乏实质性区域合作的区域,"自由贸易区"(有时包括关税同盟和共同市场)如雨后春笋般迅速发展起来。前者如"东盟自由贸易区、安第斯自由贸易区、阿拉伯自由贸易区"等;后者如"北美自由贸易区""中美洲自由贸易区""中国-东盟自由贸易区"等。"自由贸易区"建设已成为新兴的各种"区域间主义"的核心支柱和发展先锋,如"欧洲-地中海自由贸易区""欧盟-非加太互惠贸易区""美洲自由贸易区""APEC自由贸易区"等。一些区域开始从自由贸易区走向关税同盟或者共同市场,如南非发展共同体、南方共同市场等;或者从后两者走上经济与货币同盟,如欧盟和西非国家经济共同体等。"区域共同体"建设开始成为许多区域近期和长期的目标,如"东盟共同体"计划、"东亚共同体"设想;一些区域组织开始用"共同体"来命名,如加勒比共同体、安第斯共同体等。

总之,虽然这些区域主义形态所包含的具体内容和运作方式存在一些差异,但总体上显示出一种日益趋向一致的发展轨迹。②

---

① 郑先武:《"新区域主义"的核心特征》,载《国际观察》2007年第5期。
② 郑先武:《"新区域主义"的核心特征》,载《国际观察》2007年第5期。

二、区域贸易协定知识产权条款的内容

（一）区域贸易协定知识产权条款的主要内容

1. 实体性条款

（1）知识产权的范围。例如，2006 年《中欧自由贸易协定》第 37 条规定，知识产权包括：专利、商标、工业设计、地理标志等工业产权，版权及邻接权，集成电路布图设计，以及《保护工业产权巴黎公约》第 10 条之二规定的反不正当竞争和《TRIPS 协定》第 39 条规定的未披露信息。根据 2007 年巴巴多斯等加勒比论坛国家与欧盟的经济伙伴关系协定中"创新和知识产权"一章第 1 条的规定，知识产权还包括对数据库、技术秘密的未披露机密信息的保护。

（2）保护标准。不少协定都规定了为知识产权提供充分、有效的保护和执法措施的义务（adequate and effective protection and enforcement），例如《北美自由贸易协定》第 1701 条第 1 款之规定。关于知识产权保护的具体待遇标准包括国民待遇、最惠国待遇标准。在《中欧自由贸易协定》中，缔约方没有直接采用最惠国待遇标准，而是规定（第 39 条）了一项发展条款（Evolutionary Clause）。即在该协定实施之后，如果一缔约方给予另一第三方的知识产权更多的优惠待遇，它必须同意与协定的其他缔约方进行磋商，以将这些优惠待遇在互惠基础上也给予其他缔约方。在其附件 7 所列国际知识产权公约规定的义务之外，缔约方可以决定并入其他相关多边公约，并在不迟于 2011 年时审查协定关于知识产权保护的规定。

（3）公共利益原则。前述加勒比论坛国家与欧盟的经济伙伴关系协定"创新和知识产权"一章的第 1 条规定，《TRIPS 协定》第 8 条规定的原则适用于协定关于知识产权保护的规定。缔约方同意，对知识产权的充分、有效保护应当考虑加勒比论坛国家的发展需要，在知识产权权利人和使用者之间保持权利义务的平衡，并允许缔约方保护公共健康和营养，该协定的规定不能损害缔约方促进获取药品的能力。

（4）技术转让。加勒比论坛国家与欧盟的经济伙伴关系协定"创新和知识产权"一章的第 4 条规定了技术转让。根据协定，协定缔约方应当采取适当的措施防止或控制某些与知识产权有关的许可实践或条件，这些实践或条件对国际技术转让有不利影响，以及构成了知识产权权利人的权利

滥用或者构成了许可谈判中明显的信息不对称的滥用。

（5）并入的国际知识产权条约。例如，《中欧自由贸易协定》第38条第1款规定，缔约方应当根据国际标准，尤其是《TRIPS协定》，确保对知识产权给予充分和有效的保护，其中包括国际知识产权条约规定的行使知识产权的有效手段。根据该条第2款及协定附件7的规定，涉及包括《建立世界知识产权组织公约》《专利法条约》《UPOV公约》《世界知识产权组织版权公约》等在内的20个国际知识产权条约。

（6）知识产权的执法。加勒比论坛国家与欧盟的经济伙伴关系协定"创新和知识产权"一章的第13条至第25条，详细地规定了知识产权的执法事项。《北美自由贸易协定》也要求各成员方根据其国内法采取有效行动，制止任何侵犯协定所保护的知识产权的行为，包括阻止侵权的临时补救与防止进一步侵权的补救。

（7）知识产权的合作。例如，《经济合作组织贸易协定》（ECOTA）第19条第4款，规定了知识产权方面合作的义务。缔约方专家的磋商事项涉及：与现存或未来国际知识产权公约的协调有关的活动、知识产权的管理和执法、WTO和WIPO等国际组织的活动以及缔约方与第三国之间关于知识产权的关系。加勒比论坛国家与欧盟的经济伙伴关系协定"创新和知识产权"一章的第27条也规定了这一问题。前述《东盟知识产权合作框架协定》也对知识产权合作的目标、原则、合作范围等事项作了规定，其内容从形式上看是较为完整的，但它只是一个框架协定，缺乏扎实的法律基础，包括立法与实践基础。

（8）知识产权的区域一体化。巴巴多斯等加勒比论坛国家与欧盟的经济伙伴关系协定"创新和知识产权"一章的第3条，规定了知识产权的区域一体化（regional integration）。欧共体成员和巴巴多斯等加勒比论坛国家，将在它们各自的区域内继续考虑推动知识产权领域的进一步一体化。这一过程包括知识产权法律法规的进一步协调，进一步推动国内知识产权的地区管理和执法，以及区域性知识产权的创造和管理。缔约方承诺在它们各自的区域内推动知识产权保护水平的协调。安第斯共同体也很重视知识产权制度的区域一体化发展。如前所述，安第斯共同体通过了几项决议以统一成员国的知识产权制度，其中第486号决议《共同的知识产权制度》共计280个条款，详细规定了知识产权保护的待遇标准、专利权等知识产权的具体保护、知识产权执法等事项。

2.知识产权条款内容的发展变化

通过对上述区域贸易协定知识产权条款的历时性分析，可以看出，此类条款出现了以下发展：

(1)新的知识产权客体的保护问题，例如传统知识。加勒比论坛国家与欧盟的经济伙伴关系协定"创新和知识产权"一章的第12条，规定了遗传资源、传统知识和民间文艺的保护。根据该条第2款，缔约方将继续发展国际社会一致同意的专门制度(sui generis)为传统知识提供法律保护。《经济合作组织贸易协定》(ECOTA)第19条第2款，明确规定了对传统知识的知识产权保护。东盟于2000年制定了《获取生物和遗传资源框架协定草案》(*ASEAN Framework Agreement on Access to Biological and Genetic Resources*，以下简称《协定草案》)。该《协定草案》共13条，较为全面地规定了获取生物和遗传资源的原则、协定的目标、传统知识等术语的界定、国内主管部门的设立、知识产权的授予等问题。[①] 安第斯共同体2000年第486号决议《共同的知识产权制度》第3条规定，在保护和尊重土著人、非洲裔美国人或地方社区的生物和遗传资源、传统知识时，成员国应当确保对授予的知识产权给予保护。对基于传统知识或从上述遗产获得的材料而形成的创新授予的专利应当根据国际法、安第斯共同体法律和国内法从属于上述材料的取得。成员国承认土著人、非洲裔美国人或地方社区对于其集体知识的权利和权威(authority)。1996年，安第斯共同体已经通过了《关于获取遗传资源的共同制度》的第391号决议。

又如，1991年欧共体《关于计算机程序法律保护的理事会指令》对计算机程序进行保护方面的协调。

(2)保护标准的日益增强。例如，区域贸易协定中并入的国际知识产权条约越来越多。与《北美自由贸易协定》相比，《美洲自由贸易协定》(FTAA)草案的知识产权一章中涵括了《世界知识产权组织版权公约》《商标法条约》等近20个国际知识产权条约，此外，还包括《生物多样性公约》

---

① ASEAN Framework Agreement on Access to Biological and Genetic Resources，available at http://ictsd. net/programmes/ip/publications/? type＝library&y＝2008，last visited on Nov. 30，2008.

(*Convention on Biological Diversity*，CBD)。又如，该协定草案还规定最惠国待遇，即关于知识产权的保护，一缔约方给予任何国家国民的任何特权、优惠、优势或豁免都应该被立即、无条件地给予所有其他缔约方的国民。2006 年《泛太平洋战略经济伙伴关系协定》第 1.1.4 条也将最惠国待遇适用于为知识产权提供充分、有效的保护和执法。

（3）技术转让的支持。技术转让成为晚近区域贸易协定知识产权条款的重要内容。加勒比论坛国家与欧盟的经济伙伴关系协定以及《美洲自由贸易协定》草案的知识产权一章，都规定了与知识产权有关的技术转让问题。上述协定的相关条款规定，知识产权的保护和执法应该有助于技术创新的促进和技术的转让、传播，有助于技术生产者和使用者的相互利益，并有助于社会和经济福利及权利与义务的平衡。

（4）知识产权滥用的规制。《泛太平洋战略经济伙伴关系协定》第 10.3.2 条规定了对知识产权滥用的防止。根据该条规定，缔约方可以采取适当的措施防止权利持有人的知识产权滥用行为或不合理地限制贸易或不利地影响国际技术转让的行为，只要上述措施与协定相一致。尤其是，缔约方可以采取必要的措施防止起因于知识产权滥用的反竞争行为。《美洲自由贸易协定》草案的知识产权一章也规定了这一问题。

（5）公共利益的考量。随着国际社会对知识产权保护与公共健康等社会问题之间关系的广泛关注，晚近缔结的区域贸易协定就知识产权保护与公共利益维护的关系作出了规定。《美洲自由贸易协定》草案的知识产权一章中规定，本章条款不得阻止缔约方采取适当的措施促进和保护公共健康，而且，本章条款的解释和实施必须考虑缔约方保护公共健康，尤其是促进获取药品的权利，以及研究和发展新药的权利。该章的基本目标是：本章包括的知识产权的保护和执法应该有助于美洲地区技术创新的促进、技术的转让和传播，有助于技术知识创作者和使用者的相互利益，并有助于增强社会和经济福利以及权利义务的平衡。该章的基本原则是：在制定或修改其法律和法规时，各缔约方可以采用对保护公共健康和营养，促进对其社会经济和技术发展至关重要部门的公共利益所必需的措施，只要此类措施与本章条款相一致。

3. 知识产权条款的发展趋势

通过对上述区域贸易协定知识产权条款的历时性、共时性分析，可以

看出,知识产权法制的区域一体化出现了以下发展趋势:

(1)发展中国家更关注传统知识、遗传资源等传统资源的知识产权保护问题。例如,非洲知识产权组织、安第斯共同体、东盟的成员国都很重视建立关于传统知识的法律保护制度。巴巴多斯等加勒比论坛国家与欧盟签订的协定中也提出要建立保护传统知识的专门制度。

(2)协定包括"TRIPS-附加"标准。区域贸易协定的知识产权条款中也出现了"TRIPS-附加"标准。例如,《中欧自由贸易协定》第39条并入了《世界知识产权组织版权公约》等国际知识产权条约。加勒比论坛国家与欧盟的经济伙伴关系协定"创新和知识产权"一章的第1条第5款规定,缔约方可以在其国内法中为知识产权提供更多的保护,只要这种保护不违反本章规定。还有些协定规定了知识产权的权利用尽(exhaustion of rights)。《泛太平洋战略经济伙伴关系协定》第10.3.3条规定,缔约方应当根据自己国际义务规定知识产权的国际用尽。《美洲自由贸易协定》草案的第4条(Section A General Aspects)也规定,每个缔约方应当在协定实施后不超过5年的期限内审查各自的国内立法以通过与其他缔约方有关的地区用尽原则,并将其作为一个最低标准。

(3)协定纳入了公共利益原则。如前所述,加勒比论坛国家与欧盟的经济伙伴关系协定"创新和知识产权"一章的第1条,确认了《TRIPS协定》第8条所规定的原则。《美洲自由贸易协定》草案也纳入了这项原则。又如,安第斯共同体第486号决议规定了知识产权的免费使用和强制许可制度。

(二)我国区域贸易协定知识产权问题的缺漏

《亚太贸易协定》是我国所参加的严格意义上的区域贸易协定,不过,该协定没有涉及知识产权保护问题。

2005年6月APEC反假冒侵权和盗版行动计划启动,知识产权专家组曾制定6项指导实施该项行动计划的指南(IPR Model Guidelines):减少假冒侵权和盗版货物贸易的示范指南;打击盗版的示范指南;防止网上假冒侵权和盗版货物销售的示范指南;有效的公众了解知识产权运动的示范指南;打击假冒侵权和盗版货物供应链的示范指南;加强知识产权能力建设的示范指南。[①] 知识产权是亚太经合组织各经济体非常重视的问题，不过，与国际条约义务相比，亚太经合组织知识产权示范指南的实施效果需要较长时期的实践。

不过，目前正在谈判的中日韩自由贸易协定、区域全面经济伙伴关系协定（RCEP）应该会包含一个"知识产权"章节，[②]因为日韩两国都实施了积极的知识产权战略。2009 年 7 月，韩国制定了《知识产权强国实现战略》。该战略提出 3 大战略目标：一是改善技术贸易收支，二是扩大著作权产业规模，三是提升知识产权国际主导力。在战略实施中，在知识产权国际规则的调整方面，韩国特许厅一方面在推动国际专利制度改革方面力求发挥建设性作用，倡导国际规则；另一方面，加大对发展中国家的支援力度，提升其知识产权国际影响力。[③] 其目的是将知识产权制度发展成为对新技术的创造、产权化、商业化具有促进功能的系统化社会基础结构，强化韩国的知识创造力和知识产权竞争力；同时，为全面应对经济全球化和高技术的快速发展带来的知识产权新问题，积极参与全球新型知识产权制度的建立，为韩国企业参与国际知识产权竞争与合作创造良好的制度环境。[④] 在 FTA 和 EPA 的谈判中，日本都将知识产权纳入谈判的范围。在知识产权方面，日本想达到以下目标：（1）充分、有效和非歧视的知识产权保护。（2）有效和透明的知识产权行政保护制度。（3）是否有充分有效的知识产权实施作为贸易伙伴关系考虑的因素之一及考虑与知识产权相关问题的范围。[⑤] 此外，我国晚近缔结的中国-瑞士、中国-冰岛、中国-哥斯达黎加、中国-秘鲁自由贸易协定等都包含了这个章节。

[①] Three Model Guidelines APEC Anti-Counterfeiting and Piracy Initiative，available at http://www. asianlii. org/apec/other/agrmt/tmgaaapi593/，last visited on Oct. 16，2015.

[②] 《区域全面经济伙伴关系协定第五轮谈判在新加坡举行》，available at http://www.gov.cn/xinwen/2014—07/04/content_2712447.htm，last visited on Oct 12，2015.

[③] 付明星：《韩国知识产权政策及管理新动向研究》，载《知识产权》2010 年第 2 期。

[④] 包海波：《韩国的知识产权发展战略及其启示》，载《杭州师范学院学报》2004 年第 3 期。

[⑤] 彭霞：《日本海外知识产权战略研究》，载《财经理论与实践》（双月刊）2013 年第 4 期。

三、区域贸易协定知识产权条款的作用

综上可见，无论是发达国家还是发展中国家缔结的区域贸易协定，知识产权问题已经成为其重要内容，其中的知识产权条款对知识产权国际保护有着重要的意义。

（一）区域贸易协定下知识产权海外保护的效果

在发达国家的主导下，区域贸易协定提供的知识产权保护标准也在不断地提高，出现了一些"TRIPS-附加"标准。不过，在发展中国家的争取下，《TRIPS协定》所确立的知识产权保护制度的目标和原则也成为协定的内容，与知识产权相关的公共利益的维护得到了明确的肯定。只要协定知识产权条款协定能够真正地体现公共利益原则，对发展中国家来说相对过高的知识产权保护要求就会受到遏制，知识产权的国际保护制度会日趋理性发展。

与亚太经合组织开放的地区主义的非制度性相比，[①]区域贸易协定下的条约义务更能保障知识产权的保护水平。

从争端解决实践方面来看，20世纪90年代，作为国际投资重要主体的跨国公司，开始考虑利用区域贸易协定的投资争端解决机制保护其知识产权。1994年，加拿大政府卫生部官员考虑制定新的香烟标签法案，对香烟包装加以限制。美国雷诺烟草控股公司（R. J. Reynolds Tobacco Company）威胁将利用NAFTA中外国投资者与东道国之间的国际投资争端仲裁机制（以下简称国际投资仲裁机制），因为该公司认为，新拟议的警语标签损害了其有价值的商标和商誉，构成对其商标的间接征收，而且，新

---

① 亚太经合组织成员之间没有通过签署条约和协议来处理知识产权保护问题，而是通过贸易和投资委员会的成员之间的一系列会议（包括最高级会议）、在自愿的基础上协商一致、以声明和宣言的形式作出承诺进来推进彼此间的合作；而其软约束性使得成员间的地区协调和协商的机构只是提出建议、行动议程、行动方案或一般原则供成员体参考。参见宋玉华：《开放的地区主义与亚太经济合作组织》，商务印书馆2001年版，第81～82页。

标签要求违反了公平公正的投资待遇标准,香烟公司只能销售低产量的香烟。[1] 在美国烟草公司的威胁和游说之下,加拿大的相关控烟立法推迟了。在前述菲莫公司的瑞士子公司、香港子公司等以乌拉圭政府、澳大利亚政府实施控烟法案对其香烟产品商标权构成间接征收为由,依据瑞士与乌拉圭之间、香港与澳大利亚之间缔结的 BIT,提起国际投资争端仲裁之后,有学者认为,上述国际投资争端可能对澳大利亚、乌拉圭的公共健康立法产生寒蝉效应(chlling effect),换言之,可能限制其通过制定保护公共健康的法律而影响其社会公共利益的实现,因为菲莫公司对乌拉圭提起国际投资争端仲裁之后,乌拉圭正考虑放宽其控烟措施法律的要求。乌兹别克斯坦也曾经为外国烟草公司而放宽了其控烟措施的要求。[2]

由此可见,一方面,自由贸易协定和国际投资协定中的国际投资仲裁机制,的确发挥了保护投资者知识产权的作用;另一方面,上述情况中反映出的投资者私人利益和东道国公共健康等公共利益的冲突,也使得国际投资仲裁机制面临着国际社会的质疑和批评。

(二)区域贸易协定下知识产权海外保护的发展趋势

有学者曾经提出,就晚近出现的一些冠之以自由贸易协定,而实际上也是投资保护和投资促进性质的条约而言,一个值得注意的问题是,这些自由贸易条约开始采取三位一体的立法方式,即,在一个条约中同时规定缔约国之间多边贸易纪律、多边投资纪律和多边知识产权保护等重大问题,从而大大加强了知识产权保护力度,在多边的基础上同时推动了贸易投资自由化和知识产权保护,为知识产权投资和知识产权贸易创造了良好的多边环境。这种将知识产权保护与投资、贸易自由化规则并重立法的立

---

[1]　Matthew C. Porterfield and Christopher R. Byrnes, Philip Morris v. Uruguay: Will Investor－State Arbitration Send Restrictions on Tobacco Marketing up in Smoke?, Investment Treaty News, July,2011, available at http://www.iisd.org/itn/2011/07/12/philip－morris－v－uruguay－will－investor－state－arbitration－send－restrictions－on－tobacco－marketing－up－in－smoke/, last visited onFeb.12, 2014.

[2]　Valentina Vadi, Global health governance at a crossroads: trademark protection v. tobacco control in international investment law, Stanford Journal of International Law, Vol. 48(1), 2012 Winter; Valentina Vadi, Trade Mark Protection, Public Health and International Investment Law: Strains and Paradoxes, *European Journal of International Law*, Vol. 20, No. 3, 2009.

法模式,可能对未来区域经济一体化协定甚至对日后的全球性贸易投资条约产生影响。[①] 实际上,这种立法模式也导致了知识产权制度的区域一体化及其研究。

西欧是知识产权法制区域化的典型。欧盟依靠一整套从立法、判例到实施的有效机制,使得各成员国的法律规定基本趋于一致,从而为欧盟建立自己的知识产权法奠定了法律技术上的基础。欧盟早已创设了效力及于欧盟整体的"共同商标"的规则,在专利和外观设计等领域的知识产权也有了相当完备的法律草案。不仅如此,欧盟还在知识产权执法、司法合作等领域取得了重大突破和进展。可以说,欧盟知识产权实体的协调已经达到相当高的程度,已经达到了一定的统一。[②]

其他区域经济组织也都重视和推动知识产权法制区域一体化的发展。北美自由贸易区依靠《北美自由贸易协定》,规定了成员国在知识产权保护方面必须达到的最低标准,极大地推进了知识产权保护的区域一体化。20世纪60年代,一些新独立的法语非洲国家为了加强在工业产权保护方面的合作,于1962年9月在加蓬缔结了《建立非洲-马尔加什工业产权局协定》。该协定的成员国于1963年通过并实行了《统一商标条例》,依该条约获得的商标注册,不仅在全部成员国中有效,而且全靠它维护有关权利。这个条例中的基本内容后来都纳入了《班吉协定》中,并沿用至今。《班吉协定》是世界上第一个产生跨国工业产权和版权的地区性公约。[③] 此外,如前所述,安第斯共同体从20世纪90年代初就通过了第351号决议《关于版权和邻接权的共同制度》。为了与自由贸易区对商品的自由流通要求相适应,东盟国家也谋求知识产权制度的协调和统一。1995年《东盟知识产权合作框架协定》的宗旨,就是东盟国家加强在知识产权领域内的合作,以提高和增强地区和全球性的贸易自由;各成员政府以及私人部门和个体应当加强在知识产权领域的合作;各成员政府应当作出适当的加强知识产

权协调保护的努力,以增强东盟的凝聚力,提高技术的转移和扩散;探讨建立统一的东盟专利体系和商标体系的可能性;采取提高知识产权保护水平等措施。不过,相较而言,东盟或东亚地区的知识产权法制区域一体化的发展相对滞后了。

（三）区域贸易协定对知识产权多边保护的影响

晚近缔结的区域贸易协定日益呈现出"区域间性"的特征,不少协定的缔约方并不是地理位置毗邻的国家或地区,而是跨大陆或大洲的。缔约主体的广泛性,加之协定发展的趋同化,使得区域贸易协定无疑对知识产权的多边谈判具有更大的影响力。同时,区域性知识产权保护制度还有利于保障多边知识产权保护制度的实施。总之,区域性知识产权保护具有知识产权保护全球化的地方主义性质,是谋求全球普适性标准遇到阻碍时,在区域范围内更具针对性地解决特定知识产权保护要求的途径,从而成为国际知识产权体制的重要组成部分;反过来,区域性知识产权保护安排的地域特征对维持知识产权强国的市场优势地位具有局限性,为谋求高水平、全球范围内的知识产权保护及其利益维护,知识产权强国主导的区域贸易安排中的知识产权协定也积极推行国际延伸,适用范围意指全球知识产权保护领域,从而推动着知识产权保护全球化趋势的提升。[1]

四、缔结区域贸易协定知识产权条款应注意的问题

自由贸易区,尤其是区域性自由贸易区的建设应当是我国 FTA 战略的重要内容。如前所述,在目前正在进行的中日韩自由贸易协定和区域全面经济伙伴关系协定的谈判中,知识产权是一个重要议题。根据《2012 年度中国对外直接投资统计公报》,截至 2012 年年底,中国 1.6 万家境内投资者在国（境）外设立对外直接投资企业（以下简称境外企业）近 2.2 万家,分布在全球 179 个国家（地区）。亚洲地区的境外企业覆盖率高达95.7%。[2] 根据《2013 年度中国对外直接投资统计公报》,2013 年,我国对

---

① 范超:《区域贸易安排中的知识产权保护问题研究》,载《财经问题研究》2014 年第6 期。

② 中华人民共和国商务部、中华人民共和国国家统计局、国家外汇管理局:《2012 年度中国对外直接投资统计公报》,中国统计出版社 2012 年版。

拉丁美洲、大洋洲、非洲、亚洲分别实现了 132.7％、51.6％、33.9％、16.7％的较快增长。[①] 从境内投资主体的行业分布看,制造业、采矿业等是对外投资的主要行业。2014 年 1 月举行的全国知识产权局局长会议指出,近年来发达国家更加注重利用知识产权巩固其创新优势,跨国公司更加频繁地将知识产权作为遏制竞争对手的手段,中国企业"走出去"遭遇知识产权海外纠纷数量居高不下,规模越来越大,范围越来越广,对多个企业乃至相关行业造成不利影响。面临知识产权领域愈加复杂的国际形势,中国企业走出去须过好知识产权"关",加强对知识产权的开发、运用和保护,使知识产权为企业走出去保驾护航。对于中国企业在日本、韩国、东盟十国、印度、澳大利亚、新西兰等国家海外投资中的知识产权保护而言,中日韩自由贸易协定和区域全面经济伙伴关系协定的知识产权条款将成为重要的法律依据。

为了保证自由贸易区战略的实施,推进我国知识产权战略中促进知识产权海外保护的目标,除了对相关国家或地区的知识产权法制水平作出总体评估,对中国企业知识产权在其受保护的情况进行考查之外,在中日韩自由贸易协定和区域全面经济伙伴关系协定的谈判中,我国还应当借鉴、吸取晚近区域贸易协定的谈判经验和实施教训,主要有以下几个问题:

(一)知识产权保护的互利互惠

知识产权本土化原则的淡化或突破是以有关各国的经济技术具有相当的水平,以及各国的知识产权立法、执法、司法等达到了一定程度的统一,可以在知识产权制度内达到互惠互利的目的为条件的。[②] 知识产权法制的区域一体化应当高度关注多个成员国的不同需求和特点。这一原理早在 1993 年生效的建立欧盟的《马斯特里赫特条约》得到了表述:只有在成员国采取措施的目的不能充分实现,而区域经济组织采取措施由于范围和效果的原因目的能更好地实现的情况下,区域经济组织才根据辅助性

第三章 区域经济协定与中国企业海外知识产权的法律保护

145

---

① 中华人民共和国商务部、中华人民共和国国家统计局、国家外汇管理局:《2013 年度中国对外直接投资统计公报》,中国统计出版社 2013 年版。

② 陈宗波、陈祖权:《知识产权法全球化、区域一体化与本土化:问题、主义与方法》,载《广西师范大学学报(哲学社会科学版)》2007 年第 6 期。

原则采取措施协调区域知识产权法律制度。①

　　加勒比论坛国家与欧盟的经济伙伴关系协定"创新和知识产权"一章 Section 2 的第 1 条规定,缔约方同意,对知识产权的充分、有效保护应当考虑加勒比论坛国家的发展需要,在知识产权权利人和使用者之间保持权利义务的平衡,并允许缔约方保护公共健康和营养的规定不能损害缔约方促进获取药品的能力。该章第 2 条还规定最不发达国家(Least Developed Countries)履行条约义务的问题。除非 TRIPS 理事会或 WTO 总理事会的决议要求最不发达国家实施《TRIPS 协定》,它们将不被要求履行该章第 2 条的规定。除非加勒比论坛-欧共体贸易和发展委员会(CARIFORUM-EC Trade and Development Committee)在考虑 TRIPS 理事会的相关决议后作出实施决定,最不发达国家可以直到 2021 年 1 月才履行第 2 条之下第 2 款和第 3 款(sub-sections 2 and 3)规定的义务。

　　互惠互利是知识产权法制区域协调的关键因素。有学者曾经指出,由于在跨国知识产权保护体系中难以实现互惠互利,虽然东盟存在知识产权方面有一个框架协定,但缺乏合作所需要的扎实的经济基础与法律需求,因此效果并不明显。另外,法语非洲国家从提出动议,到初步建立协调机制,再到成熟的统一商标制度的出炉,历时 16 年。其原因不在于各有关国的知识产权保护的意识差,而是在各跨国知识产权保护体系中难以实现互惠互利。② 因此,各成员的社会、经济发展水平是知识产权法制区域协调进程中始终应该首要考虑的因素,否则会挫伤缔约各方的积极性。

　　在注重利用区域贸易协定加强我国知识产权海外保护的同时,我们仍然要注意避免"TRIPS-附加"标准这种过高的保护要求。因为区域贸易安排引导的知识产权强保护趋势可能会加剧国际经济贸易中的利益分配不平衡局面,进一步深化知识产权相关利益矛盾。③ 为此,在 FTA 谈判中,针对贸易伙伴的知识产权要价,我国有必要进行知识产权保护强度的量化研究,客观评估 FTA 知识产权保护的经济、法律及社会影响,积极探寻适

----

　　① 朱景文:《法律与全球化》,法律出版社 2004 年版,第 68 页。

　　② 陈宗波、陈祖权:《知识产权法全球化、区域一体化与本土化:问题、主义与方法》,载《广西师范大学学报(哲学社会科学版)》2007 年第 6 期。

　　③ 范超:《区域贸易安排中的知识产权保护问题研究》,载《财经问题研究》2014 年第 6 期。

当的应对策略。[①]

（二）知识产权制度区域一体化的逐步发展

作为知识产权法制区域化的典型，欧盟依靠整套立法、判例及实施的有效机制，旨在使各成员国的知识产权法律规定基本趋于一致，而且建立了凌驾于各成员国法院之上的欧洲专利法院，从而统一了司法制度和上诉程序。[②] 然而，欧盟知识产权法律保护体系的发展并非一帆风顺。成员国国内法中在知识产权保护方面存在的诸多差异是须解决的首要问题，而当中除了法律本身的协调之外，还关系到各国的经济利益与各自的立场。带动新经济的知识产权是欧洲各国重要的经济驱动力，因此在改革知识产权保护体制的进程中所体现出的谨慎也是必要的。欧盟知识产权法一体化进程是世界知识产权保护体系一体化的一个窗口和缩影，它们获得的经验与当中存在的问题或许能够为我国在面对知识产权保护体系世界一体化时提供一些新的参考。[③] 各国国内法与区域知识产权保护制度之间的协调应该是后者必须加以具体规定的。

综上所述，非洲知识产权组织（African Intellectual Property Organization，简称 OAPI，该简称由组织法文名称而来）、安第斯共同体、东盟等区域经济组织的实践及其现状都表明，知识产权法制区域一体化进程将是逐步发展的过程。各缔约方之间必须加强合作、选择适当的协调模式来推动这一进程。《北美自由贸易协定》为北美自由贸易区成员国规定了知识产权保护方面必须达到的最低标准，鉴于《TRIPS 协定》的广泛接受性，我国则可以其作为未来自由贸易区建设中知识产权区域一体化的标准。

（三）知识产权保护与公共利益

晚近缔结的区域贸易协定往往都包括知识产权保护的"TRIPS-附加"标准。有学者曾经评论，《北美自由贸易协定》关于知识产权保护的条款是

---

① 杨静、朱雪忠：《FTA 知识产权保护强度评价体系设计研究与试用》，载《科学学研究》2013 年第 6 期。

② 陈宗波、陈祖权：《知识产权法全球化、区域一体化与本土化：问题、主义与方法》，载《广西师范大学学报（哲学社会科学版）》2007 年第 6 期。

③ 武卓敏：《欧盟知识产权法发展简况》，available at http://www.law-lib.com/hzsf/lw_view.asp? no=7118，last visited on Nov.30，2008.

基于乌拉圭回合缔结的《TRIPS 协定》的基本规则,但其保护标准要高于《TRIPS 协定》确立的知识产权保护标准,而且,美国并未将《北美自由贸易协定》的知识产权保护标准作为最终的保护标准,而仅仅作为未来知识产权保护的起点。[①] 区域贸易协定中知识产权保护标准的不断提高已经成为一种趋势,与此同时,与知识产权有关的公共利益也受到了关注。不过,与条约中"TRIPS-附加"标准的细致规定相比,公共利益的原则性规定缺乏具体的规则体现。为了遏制过分的知识产权保护要求,确保知识产权保护制度的理性发展,公共利益的维护应当在知识产权条款中得到具体体现。对于我国等广大的发展中国家而言,发展导向的知识产权制度应该成为区域、国际知识产权制度协调发展的方向。

（四）区域经济一体化目标的实现

由于与贸易、投资等经济活动具有非常密切的联系,知识产权在区域经济一体化的实现中占据着重要的位置。然而,知识产权所具有的地域性、专有性、私权性,以及知识产权法律制度保护的现实,使其与区域经济一体化目标中所强调的货物贸易自由化、区域内的各经济领域的公平竞争、实行统一的经济竞争政策等有很大的矛盾和冲突。结果势必会损抑区域经济组织的目标。[②] 因此,区域贸易协定知识产权条款的制定及其实施效果应当有利于区域经济一体化目标的实现。北美自由贸易区、欧盟、东盟都是基于利于本区域贸易自由化的目的而制定了有关知识产权保护的制度。有学者提出,促进自由贸易应该是区域性知识产权保护的出发点和归宿。[③]

五、区域贸易协定知识产权条款应包括的内容

为了能够在知识产权法制区域一体化以至国际化的发展中发挥主导

① Charles S. Levy & Stuart M. Weise, The NAFTA: A Watershed for Protection of Intellectual Property, *The International Lawyer*, 1993 Fall, p. 672.

② 杨丽艳:《区域经济一体化法律制度研究》,法律出版社 2004 年版,第 265～266 页。

③ 陈彬:《试析区域性知识产权保护制度对中国-东盟知识产权协作模式的借鉴意义》,载陈安主编:《国际经济法学刊》(第 14 卷第 2 期),北京大学出版社 2007 年版。

性作用,我国应当重视制定和完善区域贸易协定知识产权条款的范本。除了注意保持与其他对外经济协定中知识产权条款的一致性,以下内容是范本应当包括的。

（一）传统知识的保护

如前所述,不少区域贸易协定都规定了对传统知识的保护,《经济合作组织贸易协定》(ECOTA)第 19 条第 2 款还明确规定了对传统知识的知识产权保护。相较而言,东盟 2000 年《获取生物和遗传资源的框架协定草案》(以下简称《协定草案》)、安第斯共同体 1996 年第 391 号决议《关于获取遗传资源的共同制度》的内容相对完整、具体。① 东盟《协定草案》和安第斯共同体第 391 号决议都确认了《生物多样性公约》确立的、与遗传资源获取有关的国家主权原则、事先知情同意原则和惠益分享原则;对传统知识、生物和遗传资源等术语作了专门的界定;要求其成员国设立专门的国家主管当局(Competent National Authority);规定了取得资源的申请、取得资源的分享等方面的具体事项;就成员国与传统社区(traditional community)之间、成员国与资源使用者之间、成员国之间的争端规定了不同的解决方式;与获取资源有关的知识产权的授予相关的条件;等等。

东盟《协定草案》和安第斯共同体第 391 号决议对于传统知识、遗传资源等传统资源的保护、与传统资源相关的知识产权等方面作出了明确、全面而又具有可操作性的规定,这对于东盟、安第斯共同体成员国提高遗传资源与传统知识的保护标准,维护发展中国家以及传统社区或土著人民的利益具有非常重要的意义。有学者认为,东盟《协定草案》是未来东盟诸国生物和遗传资源保护及其法律协调的纲领性文件。例如,泰国、新加坡、马来西亚等国对原有知识产权法律进行了修改,以适应新的形势要求。菲律宾、越南等国专门立法以保护本国的生物多样性。菲律宾法律还确认了原住民社区的传统知识的所有权制度。马来西亚正着手进行本国的生物多样性立法活动。随着《协定草案》的施行,传统知识的法律保护制度将全面在东盟各成员国中得以施行。[①]

发达国家主导下的现行国际知识产权保护制度显然忽视了对传统知识等传统资源的保护,忽视了对拥有丰富传统资源的国家或地区、创造各有特色传统知识的民族或种族群体应有权利的保护。更有甚者,这些被誉为现代科技创新之源、人类社会代代传承的传统知识资源成为某些发达国家"新世纪圈地运动"的新目标。在这种局势下,传统知识存量巨大的不发达国家、发展中国家或地区,可以先就本国、本区域的传统知识保护制订法律或政策,防止传统知识遭受不必要的破坏。有学者提出,作为发展中国家组成的自由贸易区成员,中国和东盟双方应积极行动起来,一方面,在国内立法的层面上,不断探索保护传统知识切实有效的立法模式和实践方法;另一方面,利用政治地缘优势,在自由贸易区框架内,建立传统知识保护协调机制,共同防御外来侵权行为。在此基础上,以一个声音说话,加强国际合作与交流,争取早日达成保护传统知识的国际条约。[②] 总之,就知识产权的范围而言,传统知识的保护应当成为我国区域贸易协定谈判中的重要议题。例如,在 FTA 中规定专利申请机制中的来源申报、事先知情同意和惠益分享等约束机制,并将地理标志的延伸保护列为谈判议题。[③] 具言之,我国在 FTA 中进行遗传资源及传统知识保护谈判时,可以包括如下操作性的规定:(1)完善遗传资源及传统知识的获取、使用规则并讨论是否适用国内法的相关规定;(2)在专利审查过程中,提高与遗传资源及相关传统知识有关的专利质量,并提出具有操作性的建议;(3)讨论如何在专利法中移植披露要求,其中重点需要注意的方面包括:是否及如何引入传统知识的披露要求和授权后程序中披露要求引发的法律效果如何规定;(4)讨论违反事先知情同意的规定将会引发怎样的法律后果,是否会影响专利的有效性;(5)讨论应当通过什么样的方式保证惠益分享的实施,专利法在保

---

① 陈宗波:《东盟传统知识保护的法律政策研究》,载《广西师范大学学报(哲学社会科学)》2006 年第 2 期。

② 陈宗波:《东盟传统知识保护的法律政策研究》,载《广西师范大学学报(哲学社会科学)》2006 年第 2 期。

③ 杨静,朱雪忠:《中国自由贸易协定知识产权范本建设研究——以应对 TRIPS-plus 扩张为视角》,载《现代法学》2013 年第 2 期。

证惠益分享目标实现的过程中需要发挥怎样的作用。[1]

（二）知识产权保护原则

自《TRIPS 协定》实施以来，知识产权与健康权、食物权、传统文化权等人权之间的冲突成为国际社会关注的焦点，日益提高的知识产权保护标准与公共利益及社会公众个人利益之间的关系成为社会各界关注的问题。鉴于此，晚近的区域贸易协定开始体现对公共利益的维护。例如，《泛太平洋战略经济伙伴关系协定》第 10.2.2 条规定，在知识产权权利人的权利与被保护客体的使用者和社区的正当利益之间应当保持平衡。加勒比论坛国家与欧盟的经济伙伴关系协定"创新和知识产权"一章则直接吸纳了《TRIPS 协定》第 7 条规定的目标和第 8 条规定的原则。我国未来缔结的区域贸易协定不仅要明确纳入知识产权保护的公共利益原则，还应在其他条款的制定中真正体现对公共利益的维护。

（三）执法措施

日益完善的执法措施规定已经成为晚近区域贸易协定知识产权条款的必备内容。无论是发达国家参与的区域贸易协定，还是发展中国家之间缔结的此类协定，都详细规定了民事、行政、刑事的程序和救济措施。这些协定可以为我国缔结区域贸易协定提供最好的借鉴。

（四）争端解决机制

争端解决机制是区域贸易协定谈判的重要内容之一。知识产权法制区域一体化已经成为自由贸易区建设的重要内容，处理知识产权争端的专门争端解决机制的建立应该是区域贸易协定缔约方努力的方向。有学者认为，欧盟的司法性质的争端解决程序可以大大降低权利人的维权成本，而且执行效果更好。[2] 但是，欧盟的经济一体化是有其特殊性的，其他区域贸易一体化尚没有达到类似的紧密程度。为了提高争端解决的效率，我国在缔结协定时还应该考虑争端解决方式的灵活性。例如，有学者提出，《东盟知识产权合作框架协定》仅规定协商条款，至今为止还没有建立专门

---

[1]　陈默：《FTA 框架下遗传资源及传统知识保护谈判与我国的应对策略》，载《河南大学学报》（社会科学版）2014 年第 5 期。

[2]　范超：《区域贸易安排中的知识产权保护问题研究》，载《财经问题研究》2014 年第 6 期。

负责审议和处理法律问题和通过司法手段解决成员国争端的司法机构。对此,我国应充分利用东盟方式中强调协商的特点,谋求设立一个磋商程序作为启动争端解决机制的前置程序,鼓励双方采取积极的办法找到各方都能接受的途径,以便于经济、高效地解决争端。① 总之,最优的方案就是双方协商和平解决知识产权争议。②

（五）区域一体化

欧盟一贯重视知识产权法律的区域一体化,例如,1984 年欧洲共同体委员会"完善内部市场的白皮书"中指出:"知识产权立法方面的差异直接地妨碍了共同体的贸易和将共同市场视为一个经济整体的经营能力。"③巴巴多斯等加勒比论坛国家与欧盟的经济伙伴关系协定"创新和知识产权"一章的第 3 条,明确规定了知识产权的区域一体化（regional integration）。欧共体成员和巴巴多斯等加勒比论坛国家将在它们各自的区域内继续考虑推动知识产权领域的进一步一体化。这一过程包括知识产权法律法规的进一步协调,进一步推动国内知识产权的地区管理和执法,以及区域性知识产权的创造和管理。各缔约方还承诺要推动彼此知识产权保护水平的协调。

根据欧盟、安第斯共同体等区域经济组织知识产权法制区域一体化的经验教训,借鉴其相关的条约规定,我国在缔结区域贸易协定时,应当明确知识产权法制区域一体化的目标、原则、协调步骤、协调方式、保护标准等内容。为此,我国应当注重与其他谈判方"加强对话与沟通,摈弃封闭、排他和狭隘的意识,博采开放、包容和明达的观念,推进不同知识产权理念的交流融通"。④

---

① 陈宗波、陈祖权:《中国-东盟知识产权合作的现实基础与法律进路》,载《广西师范大学学报（哲学社会科学版）》2005 年第 2 期。

② 陈彬:《试析区域性知识产权保护制度对中国-东盟知识产权协作模式的借鉴意义》,载陈安主编:《国际经济法学刊》（第 14 卷第 2 期）,北京大学出版社 2007 年版。

③ 韦之:《欧共体计算机程序保护指令评介》, available at http://www. chinalawedu. com/news/16900/175/2005/1/ma00943549341131500233705_157678. htm, last visited on Dec. 17, 2008.

④ 杨静:《自由贸易协定中知识产权保护的南北矛盾及其消解》,载《知识产权》2011 年第 10 期。

此外,区域贸易协定还应当对技术转让、知识产权合作、并入的国际知识产权条约等作出明确规定。

第二节　区域投资协定与中国企业
海外知识产权的法律保护

一、区域投资协定与知识产权保护

相较双边投资协定的快速增长而言,区域投资协定的发展较为缓慢。一般来看,区域投资协定的"投资"定义中包含了知识产权。

1991 年 3 月,安第斯共同体委员会通过了第 291 号决议《关于外国资本待遇和商标、专利、许可证以及特许权费用的安第斯法典》(*Regime for the Common Treatment of Foreign Capital and Trademarks*,*Patents*,*Licensing Agreements and Royalties*,Decision 291)。[1] 与第 220 号决议相比,[2]在安第斯共同体的这一共同投资体制中,对外直接投资包括商标、专利等无形的技术投资。

1994 年《北美自由贸易协定》不是专门性的区域投资协定,但其投资规范却被认为是发达国家加强投资保护的典范,是经济合作与发展组织(Organization for Economic Cooperation and Development,OECD,简称经合组织)倡导的《多边投资协定》(*Multilateral Agreement on Investment*,MAI)的范本。因为其投资规范的标准较高和涵盖范围较为广泛,使其与其他区域性投资协定相比而独树一帜。[3] 而且,《北美自由贸

---

① Decision 291，Regime for the Common Treatment of Foreign Capital and Trademarks，Patents，Licensing Agreements and Royalties，available at http://www.comunidadandina.org/INGLES/normativa/D291e.htm，last visited on Dec.2,2008.

② 《关于外国资本待遇和商标、专利、许可证以及特许权费用的安第斯法典》，available at http://www.sipo.gov.cn/sipo/flfg/sb/wgygjfg/200703/t20070329_148024.htm，last visited on Dec.2，2008.

③ 尹力、王薇:《国际区域经济一体化与投资法律规范问题》,载《长江论坛》2006 年第 2 期。

易协定》在将投资与贸易的规则统一在一项协定中,调和两个发达国家与一个发展中国家间的利益,以及建立有效的投资争端解决机制的尝试等方面,取得了有限成功。① 在《北美自由贸易协定》第 1139 条中,投资定义是"企业、企业的资产组合、债务组合和贷款",其中包含无形财产。

1991 年 12 月 17 日欧洲能源宪章代表大会在海牙召开,来自欧洲和澳大利亚、加拿大、美国、日本、土耳其的 53 个国家的代表签署了《欧洲能源宪章》。为赋予欧洲能源宪章这一政治宣言以法律效力,并为形成开放、竞争和有效益的能源市场建立法律框架,能源宪章条约的制定被提到议事日程。1994 年 12 月 17 日《能源宪章条约》开放签署。② 该条约对知识产权的保护作了明确规定。

鉴于认识到创造和维持对个人或公司投资有利的条件对于加深彼此的经济合作、加快 4 国之间的一体化进程的重要性,1991 年亚松森条约(The Treaty of Asuncion)的缔约国阿根廷、巴西、巴拉圭和乌拉圭(南方共同市场)于 1994 年在乌拉圭科洛尼亚·德尔萨克拉门托城 Colonia del Sacramento 签订了《相互促进和保护南方共同市场投资的科洛尼亚议定书》(*Colonia Protocol for the Reciprocal Promotion and Protection of MERCOSUR Investments*,又称《南锥体共同市场议定书》)。该议定书的投资定义中也包括知识产权。

1994 年 11 月,亚太经合组织在日本大阪通过了《非约束性投资原则》(*APEC Non-Binding Investment Principles*),该原则强调了知识产权保护对于吸引外资的重要作用。③ 1999 年,亚太经合组织又通过了《加强 APEC 经济体投资自由化和商业便利化的选择菜单》(*Options for Investment Liberalization and Business Facilitation to Strengthen the*

---

① 叶兴平:《〈北美自由贸易协定〉对多边国际投资立法的影响》,载《深圳大学学报(人文社会科学版)》2002 年第 5 期。

② The Energy Charter Treaty, available at http://www.encharter.org/index.php?id=7/, last visited on Dec. 2, 2008.

③ 该原则系毫无法律约束力的君子协定,其作用仅为 APEC 各会员经济体进行改善投资规定及程序时之指导原则。See APEC Non-Binding Investment Principles, available at http://www.apec.org/apec/apec_groups/committee_on_trade/investment_experts.html, last visited on Dec. 3, 2008.

APEC Economies-For Voluntary Inclusion in Individual Action Plans，以下简称《选择菜单》)。① 该《选择菜单》提出了知识产权保护的发展问题。

2007 年 3 月，中国、日本、韩国开始三边投资协定（Trilateral Investment Agreement)，即《中华人民共和国政府、日本国政府及大韩民国政府关于促进、便利及保护投资的协定》的谈判，该协定于 2012 年 5 月 13 日签订，于 2014 年 5 月 17 日生效。知识产权是该协定的重要内容。有关知识产权保护的具体内容包括：a. 建立专门处理知识产权争端的法庭；b. 改善有关版权、商标、专利的国内法律法规以防止包括非法的在线复制在内的知识产权侵权；c. 审查行政处罚（提高非刑事罚款的最低标准）、刑事处罚（扩大范围）及损害赔偿的水平；d. 建立在跨境案件中与知识产权侵权有关的合作网络；e. 建立接受外国投资者申诉的帮助；f. 提高企业和消费者对知识产权的了解；g. 建立审查与知识产权有关问题的委员会。2012 年 5 月 13 日，中日韩三方签署了《中华人民共和国政府、日本国政府及大韩民国政府关于促进、便利和保护投资的协定》。该协定第 1 条投资定义明确规定了知识产权的范围，并在第 9 条对知识产权做了专门规定。② 不过，该协定并未对专门处理知识产权争端的法庭、审查与知识产权有关问题的委员会作出规定。

从以上区域投资协定的内容来看，未来的区域投资协定将很有可能采取 BIT 的内容体系。

---

① 它是 APEC 投资专家小组拟订的一份旨在帮助各成员在实施投资自由化时，根据不同需要可供选择的政策措施清单。该清单针对不同的投资自由化目标，分别列有不同的政策措施。各成员可以从中挑选合适的措施，在各自的单边行动计划中进行逐步实施。李卓：《我国参与 APEC 投资合作的对策》，载《当代亚太》2001 年第 2 期。Available at http://www.asianlii.org/apec/other/agrmt/ofilabftstaefviiiap1434/，last visited on Dec. 3，2008.

② Agreement among the Government of Japan，the Government of the Republic of Korea and the Government of the People's Republic of China for the Promotion，Facilitation and Protection of Investment，available at http://www.meti.go.jp/english/press/2012/0513_01.html，last visited on Aug. 4，2012.

二、区域投资协定的知识产权条款

区域投资协定中与知识产权有关的实体性条款的主要内容包括：

第一，投资定义。在区域投资协定中，缔约方往往规定知识产权属于"投资"或"投资财产"（investment asset），有的协定还明确知识产权的具体种类。安第斯共同体委员会第 291 号决议第 1 条规定，根据国内立法，成员国可以将商标、实用新型、专利、技术秘密（know-how）等无形的技术投资作为资本投资。《能源宪章条约》第 1 条第 6 项规定，投资包括知识产权。第 12 项规定，知识产权包括版权及邻接权、商标、地理标志、外观设计、专利、集成电路布图设计和未披露信息。《能源宪章条约》成员国《与贸易有关的知识产权的共同宣言》（*Declarations：Joint Declaration on Trade-Related Intellectual Property Rights*）进一步规定，版权中包括计算机程序和数据库。《南锥体共同市场议定书》《伊斯兰会议组织会员国之间投资促进、保护和担保协定》的投资定义中也包括知识产权。[①]

第二，投资待遇。一般而言，区域投资协定都规定了对"投资"的国民待遇、最惠国待遇、公正与公平待遇及完全的保护和安全。《南锥体共同市场议定书》第 3 条、《北美自由贸易协定》《能源宪章条约》等都对投资待遇做了规定。《北美自由贸易协定》规定了最低待遇标准（Minimum Standard of Treatment），即缔约方应当根据国际法授予投资或投资者包括公平公正待遇和充分、完全的保护和安全在内的最低待遇。亚太经合组织《选择菜单》也建议各经济体参加国际知识产权保护公约，以国际标准来发展各自的国内立法，并尽可能地进行国际合作。

《能源宪章条约》成员国关于第 1（12）条的谅解［With respect to Article 1（12）］提出，成员国承认根据最高的、国际承认的标准（the highest internationally-accepted standards）为知识产权提供充分、有效保护的必要性。不过，条约第 10 条第 10 款排除了该条第 3 款的国民待遇和第 7 款的最惠国待遇对于知识产权的适用，而是适用缔约方参加的国际知识产权

---

① 《伊斯兰会议组织会员国之间投资促进、保护和担保协定》，available at http://www.china.com.cn/law/flfg/txt/2006-08/08/content_7057575.htm，last visited on Dec. 3，2008.

公约。

第三,技术转让与知识产权保护。《能源宪章条约》第 8 条第 1 款规定,能源技术的转让要从属于知识产权的保护。换言之,成员国必须保护技术转让过程中的知识产权。条约第 19 条第 h 款还规定,要创造技术转让和传播的、与知识产权的充分与有效保护相一致的有利条件。

第四,执法措施。亚太经合组织《选择菜单》建议各经济体为知识产权提供充分、有效的执法措施,包括处理知识产权侵权的行政、民事、刑事等措施。在负责知识产权管理和实施的机构之间、知识产权机构和负责管制问题的机构之间加强合作。提供和简化确保及时处理执法活动的司法和行政程序。增强知识产权重要性的公众教育、知识产权对经济体的作用以及有效和高效的知识产权执法的必要性。增强不同法律执法机构的合作关系。确保执法机构和权利持有人之间紧密和有效率的合作。

第五,区域投资协定规定的国家与国家、投资者与东道国之间的争端解决机制也适用于因知识产权保护引起的争端。

通过对区域投资协定知识产权条款的历时性分析可以看出,晚近的区域投资协定规则就知识产权问题作出了更多的规定;再通过对上述条款的共时性分析,可以看出,相较而言,发达国家参与缔结的区域投资协定关于知识产权的规定更为具体,保护标准更高。例如,安第斯共同体第 291 号决议第 2 条只规定了国民待遇标准。

三、区域投资保护协定知识产权条款的作用

(一)区域投资协定下知识产权海外保护的效果

与双边投资协定一样,区域投资协定对知识产权问题日益重视,尤其是有的协定中规定技术的转让必须从属于知识产权的保护。此类协定的知识产权条款无疑将为协定缔约方知识产权的海外保护提供有效保障。

(二)区域投资协定下知识产权海外保护的发展趋势

从区域性投资条约的发展来看,知识产权的保护会日益加强。例如,东盟 1987 年《东盟投资促进和保护协定》(*Agreement among the Government of Brunei Darussalam, the Republic of Indonesia, Malaysia, the Republic of the Philippines, the Republic of Singapore and the Kingdom of Thailand for the Promotion and Protection of*

Investments)及其 1996 年修正议定书、1998 年的《东盟投资区框架协定》（*Framework Agreement on the ASEAN Investment Area*）及其 2001 年修正议定书均未对知识产权作出具体规定。2008 年,东盟各国结束了《东盟综合性投资协定》（*ASEAN Comprehensive Investment Agreement*, ACIA)的谈判。该协定参照了 2004 年美国双边投资协定范本等国际投资规范,应该会对知识产权的保护作出较为细致的规定。[①] 又如,中日韩三边投资协定不仅在投资定义中明确了知识产权的范围,而且专门用一个条款规定了知识产权议题。

（三）区域投资协定对知识产权多边保护的影响

在区域投资协定中,除非协定明确排除适用,国民待遇原则、最惠国待遇原则、最低国际标准(公平和公正待遇原则和充分、完全的保护)、透明度义务、防止间接征收、禁止履行要求、投资者与国家之间的争端解决机制、征收补偿及其支付标准等原则和规则同样会影响知识产权的保护和"TRIPS-附加"效果的产生。这些保护标准也会成为发达国家在 WTO、WIPO 等多边场所的谈判中争取更多利益的筹码。

四、缔结区域投资协定知识产权条款应注意的问题

除了前述缔结双边经济协定、区域贸易协定时应当考虑的一般性事项之外,在缔结区域投资协定知识产权条款时,我国应当借鉴、吸取晚近区域投资协定的规范内容和实施教训,主要有以下几个问题:

（一）公共利益的政策空间

如前所述,为了维护国家的社会经济管理主权,为了确保有关国家机构的"警察权"的正常行使,美国等国已经在其双边投资协定中将知识产权的强制许可等措施与征收(尤其是间接征收)区别开来,为本国政府基于公共福利的管理措施保留了政策空间。在未来区域投资协定的谈判中,我国应当以此为鉴。值得注意的是,中日韩三方投资协定关于知识产权的内容中并没有涉及这一问题。

[①] Highlights of the ASEAN Comprehensive Investment Agreement（ACIA）, available at http://www.aseansec.org/6462.htm, last visited on Oct.13，2008.

（二）某些条款的排除适用

为避免知识产权保护的"TRIPS-附加"效果的产生，可以考虑排除最惠国待遇原则、投资者与国家之间争端解决机制等条款对知识产权的适用。

（三）知识产权制度区域一体化的协调发展

区域投资协定与区域贸易协定都是实现区域经济一体化法制的重要组成。因此，应当将区域投资协定的知识产权条款作为知识产权制度区域一体化的组成部分，注意区域投资协定、区域贸易协定及其他双边经济协定中知识产权条款的协调。

五、区域投资协定知识产权条款应包括的内容

除了注意保持与其他对外经济协定中知识产权条款的一致性，我国在完善区域投资协定范本时，应当注意以下内容：

（一）知识产权的确定

为了保证知识产权制度区域一体化的协调发展，区域投资协定与区域贸易协定等对外经济协定所规定的知识产权的范围应该保持一致。至于知识产权范围的确定，可以借鉴我国-新西兰双边贸易协定中由《TRIPS协定》确定其范围的规定。如前所述，一方面，考虑到一些发展中国家的知识产权立法现状，完全由各缔约方的国内法决定其种类并不有利于我国知识产权的海外保护；另一方面，鉴于WTO成员的广泛性，《TRIPS协定》所规定的知识产权保护标准容易被接受。

此外，区域投资协定还应对属于"投资"的知识产权的投资属性作出界定。

就中日韩三边投资协定而言，该协定第1条第1款明确列举了作为投资财产的知识产权的范围，除商号（trade names）外，其他的知识产权形式与《TRIPS协定》的规定相同。

（二）知识产权与公共利益

与双边投资协定一样，基于维护公共利益的考量，我国应当在区域投资协定中明确知识产权的强制许可与征收的关系、公共利益例外、一般例外等问题。完善的例外制度可以起到重要的平衡作用，抵消知识产权保护的负面影响,维护公共利益,间接达到限制对我国不利的知识产权规定的目的。[1]

晚近,可持续发展已经为国际社会所达成的一项基本共识。2012年,UNCTAD在其《世界投资报告》中提出了"可持续发展的投资政策框架"(Investment Policy Framework for Sustainable Development,IPFSD)。IPFSD的核心原则(6)重申和强调了东道国对外资的管制权利,规定基于国际承诺,为了公共利益,各国拥有确立外资准入和经营条件且尽量减轻其潜在负面影响的主权权利。"可持续发展"与"平衡"两者之间是相辅相成的。在一定意义上,"可持续发展"是目标,"平衡"是实现"可持续发展"目标的主要手段或路径。[2] 提升国际投资保护待遇与保留政府的监管空间之间并非完全矛盾,扩大政府监管空间并不等同于政府行为的随意性和武断性。[3]

(三)争端解决机制等条款的排除适用

与双边投资协定一样,我国应当将知识产权的获得、维持、执法和保护等都排除在区域投资协定的争端解决条款之外。此外,也可以借鉴《能源宪章条约》的方式就最惠国待遇等标准排除对知识产权的适用。

此外,我国有必要在区域投资协定范本中对中日韩投资协定谈判中涉及的有关建立专门处理知识产权争端的法庭、审查与知识产权有关问题的委员会和知识产权执法措施等问题作出规定。

---

[1] 刘亚军:《国际标准、利益平衡与现实选择》,载《国际经济法学刊》2007年第2期。

[2] 曾华群:《"可持续发展的投资政策框架"与我国的对策》,载《厦门大学学报(哲学社会科学版)》2013年第6期。

[3] 李玉梅、桑百川:《国际投资规则比较、趋势与中国对策》,载《经济社会体制比较》2014年第1期。

第四章 《TRIPS 协定》与中国企业海外知识产权的法律保护

到目前为止,中国参加的保护知识产权的主要国际公约列举如下:

1.《建立世界知识产权组织公约》,1967 年 7 月 14 日于斯德哥尔摩签订,1970 年 4 月 26 日生效,我国于 1980 年 6 月 3 日加入该公约。

2.《保护工业产权巴黎公约》(简称《巴黎公约》),1883 年 3 月 20 日于巴黎缔结,1884 年生效,我国于 1985 年 3 月 19 日加入该公约。

3.《集成电路知识产权条约》,1989 年 5 月 26 日于华盛顿签订,只有 8 个国家签字,截至 2000 年尚未生效,我国于 1989 年 5 月 26 日签字加入。

4.《商标国际注册马德里协定》,1891 年 4 月 14 日于马德里缔结,1892 年生效,我国于 1989 年 10 月 4 日加入。

5.《商标国际注册马德里协定有关议定书》,1989 年 6 月 27 日通过,1995 年 12 月 1 日生效,我国于 1995 年 12 月 1 日加入。

6.《保护文学和艺术作品伯尔尼公约》(简称《伯尔尼公约》),1886 年 9 月 9 日于伯尔尼缔结,1887 年 12 月生效,我国于 1992 年 10 月 15 日加入。

7.《世界版权公约》,1952 年 9 月 6 日于日内瓦签订,由联合国教科文组织管理。我国于 1992 年 10 月 30 日加入。

8.《保护录音制品制作者防止未经许可复制其录音制品公约》(简称《录音制品公约》或《唱片公约》),1971 年 10 月 29 日于日内瓦签订,1973 年 4 月 18 日生效,我国于 1993 年 4 月 30 日加入。

9.《专利合作条约》,1970 年 6 月 19 日于华盛顿签订,1978 年生效,我国于 1994 年 1 月 1 日成为该条约的第 64 个成员,中国专利局同时成为《专利合作条约》(Patent Co-operation Treaey,PCT) 的受理局、国际检索局和国际初审局。

10.《商标注册用商品和服务国际分类尼斯协定》(简称《尼斯协定》),1957 年 6 月 15 日于尼斯签订,1961 年 4 月生效,我国于 1994 年 8 月 9 日加入该协定。

11.《国际承认用于专利程序的微生物保存布达佩斯条约》(简称《布达佩斯条约》),1977年4月28日于布达佩斯签订,1980年8月19日生效,我国于1995年7月1日参加该条约。

12.《建立工业品外观设计国际分类洛迦诺协定》(简称《洛迦诺协定》),1968年10月8日于洛迦诺签订,1971年生效,我国于1996年9月19日参加该条约。

13.《专利国际分类协定》(IPC),1971年3月24日于斯特拉斯堡签订,1975年生效,我国于1997年6月19日加入该协定。

14.《保护植物新品种国际公约》,1961年12月2日于巴黎签订,在此公约的基础上,成立了"保护植物新品种联盟"(简称UPOV),我国于1999年4月23日加入。

15.《与贸易有关的知识产权协定》(《TRIPS协定》),1994年4月15日签订,1995年1月1日起生效,2011年12月11日起对我国生效。

关于专利和商标国际申请注册的国际知识产权条约,对于企业知识产权的海外保护非常重要。由于知识产权的地域性特点,在一国获得的知识产权只能在该国得到保护。为了使自己的知识产权在海外得到保护,原则上,申请人应到想要取得知识产权保护的国家去申请专利。也就是说,申请人直接在其他国家提出申请。在大多数国家,外国人可以直接提交文件,但所有的文件都要求采用当地的语言,所以,经常要委托当地代理。

然而,在申请人的知识产权需要在多个国家取得保护的情况下,一个国家的申请毕竟很麻烦,通过利用一些国际条约则可以简化申请程序。在专利方面,这个条约就是《专利合作条约》。根据《专利合作条约》向中国专利局申请的一个初始专利申请有向148个国家作出初始申请的效果。① 对于具体申请程序可参见世界知识产权组织和国际知识产权办公室的网

---

① 《WIPO管理的条约,专利合作条约(PCT),所有签约方》,available at http://www.wipo.int/treaties/zh/ShowResults.jsp? treaty_id＝6,last visited on Jun. 30, 2014.

址,①以及中国国家知识产权局网址。② 中国也有相应的国际专利申请的部门规章。③ 为了鼓励和指导我国的企业积极申请国际专利,我国知识产权局专利局还设立了专项基金援助制度,给予中小企业以资金支持。2009年,中国专利局受理《专利合作条约》申请达到8000件,仅次于美、日、德、韩,位居世界第五,实现历史性突破。《专利合作条约》申请量的快速发展,说明越来越多的中国企业重视海外专利布局,在国际市场上参与竞争的能力不断提升。④ 2013年,我国通过《专利合作条约》途径提交的国际专利申请数量已达21516件,跃居世界第三。⑤ 需要指出的是,并不是所有的发明创造都可以在中国专利局提出国际专利申请,即使在美国,如果没有美国专利商标办公室(USPTO)的外国申请专利许可,法律也禁止在外国提交专利申请,除非在美国提出专利申请6个月以后。

同样,为了使自己的商标在海外得到保护,可以利用《商标国际注册马德里协定》和《商标国际注册马德里协定有关议定书》。马德里商标国际注册体系可使商标权利人直接向其本国或地区商标局递交一份国际注册申请书,便能够使其商标在马德里联盟多个国家获得保护。如果在中国注册了商标,也可以同时在中国向中国工商行政管理总局商标局申请国际注册该商标。在世界知识产权组织的网站上同样可以查到如何申请国际注册商标的规定。⑥ 另外,中国工商行政管理总局商标局的网页上也有相应的

---

① Patent Cooperation Treaty ("PCT") (1970), available http://www. wipo. int/pct/en/treaty/about. htm, last visited on May 31, 2010; Patent protection worldwide, available at http://www. ipo. gov. uk/p-worldwide. htm, last visited on May 31, 2015.

② 《PCT 国际阶段程序概述》,available at http://www. sipo. gov. cn/sipo2008/ztzl/ywzt/pct/zlk/zlk/index. html, last visited on Jun. 30, 2014.

③ 关于中国实施《专利合作条约》的规定,1995 年 7 月 1 日起施行,available at http://www. biosino. org/law/law48. htm,last visited on Jun. 30, 2014.

④ 《中国〈专利合作条约〉申请量已跃居世界第五》,载《光明日报》,available at http://www. chinanews. com. cn/gn/news/2010/01－31/2100776. shtml,last visited on Jun. 30, 2014.

⑤ 《去年中国 PCT 国际专利申请量跃居世界第三》,available at http://www. sipo. gov. cn/yw/2014/201403/t20140319_919284. html,last visited on Jun. 30, 2014.

⑥ 马德里商标国际注册申请,Trademarks Gateway, available at http://www. wipo. int/trademarks/en/,last visited on Jun. 30, 2014.

介绍。近年来,我国商标局及企业越来越重视商标的国际注册。2013 年,我国申请人的马德里商标国际注册申请量达 2273 件,居马德里联盟第六位,累计注册量为 17229 件。需要注意的是,2013 年,国外申请人指定我国的马德里商标申请量为 20275 件,连续 9 年居马德里联盟第一位,累计注册量为 196092 件。这表明,外国企业对中国市场的重视程度。①

为了预防自己的专利和商标被申请或抢注,应该生意做到哪里,就要在哪里实时寻求知识产权的保护,甚至要具有战略眼光,提前寻求知识产权保护。为此,最好利用专利和商标的国际注册制度,或者到相应的国家依照当地的法律去申请专利或者注册商标。需要指出的是,中国早于1989 年已经是"马德里商标国际注册"的成员,这方面,中国是比较先进的,因为美国的商标法与《商标国际注册马德里协定》差异较大,所以至今美国仍不是《商标国际注册马德里协定》和《商标国际注册马德里协定有关议定书》的缔约方。

此外,世界贸易组织管理的《TRIPS 协定》无疑是中国加入的最为重要的保护知识产权协定。

《TRIPS 协定》使知识产权的海外保护与国际贸易挂钩,《TRIPS 协定》的保护范围几乎涉及所有形式的知识产权,包括版权、商标、地理标志、工业设计、专利、集成电路布图设计、计算机程序及未公开的信息等,而且,不少为协定所保护的权利和标的,如商业秘密、集成电路布图设计、地理原产地标识、驰名商标、版权中的邻接权和租借权,是首次在世界大多数国家获得承认和保护,从而快速全面地提升了全球知识产权保护水平,也在一定程度上弥合了发展中国家和发达国家之间在知识产权保护认识上的长期分歧和法律上的巨大差异。有学者认为,《TRIPS 协定》最重要的成果是在全球绝大多数国家间建立了普遍适用的知识产权保护标准,而这一保护标准是不低的。同时,《TRIPS 协定》将关税及贸易总协定(GATT)中的国民待遇原则、透明度原则和最惠国待遇原则引入知识产

---

① 《2013 年我国马德里商标国际注册申请量达 2273 件,居马德里联盟第六位》,at http://sbj. saic. gov. cn/sbzl/zxdt/201402/t20140213_141775. html,last visited on Jun. 30,2014. 参见中华人民共和国国家工商行政管理总局商标局、商标评审委员会:《中国商标战略年度发展报告》(2013 年),中国工商出版社 2014 年版,第 70 页。

权保护领域,将有助于成员方之间在知识产权保护水平的趋同和成员方权利和义务的平衡。

与以往的知识产权国际条约相比,《TRIPS协定》无疑在保护范围和程度上都有极大程度的提高。尤其值得注意的是,《TRIPS协定》关于驰名商标的规定对于我国海外知识产权保护具有特别重要的意义,因为中国企业的知识产权很大一部分表现在驰名商标上。《TRIPS协定》不但将驰名商标保护扩大到了服务领域,而且扩大到不相类似的商品或服务,只要这些商品或服务上的商标与驰名商标产生某种联系,损害驰名商标所有人的利益,也应禁止注册和使用,因而具有防御商标的作用。[①]《TRIPS协定》在保护地理标识方面迈出了重要的一步:不仅对地理标识进行了详细的定义,而且规定了地理标识假冒方面的规则和纪律。《TRIPS协定》是第一个明确要求成员方保护未泄露的信息的国际协定,它充实了巴黎公约关于反不公平竞争的一般规则,反映出商业秘密已成为专利、商标和版权之外第四知识产权的重要地位。我国传统知识产权主要表现为商业秘密。[②]

根据《TRIPS协定》第67条,发达国家有义务与发展中国家进行合作,"包括协定后者制定知识产权保护、知识产权执行以及防止知识产权滥用的国内立法,还应包括支持与健全与此有关的国内官方及代理机构,其中包括对人员的培训"。根据《TRIPS协定》第69条,国家之间应"交换有关侵权商品贸易的信息",因此,中国政府也有权要求发达国家提供信息。

与世界知识产权组织所管辖的庞大的多边国际知识产权公约相比,《TRIPS协定》不但缔约国多,而且,不仅包括实体权利的规定,还包括对这些实体权利的国内实施的规定,[③]最重要的是,如果这些实体权利得不到国内实施,则争端方可以诉诸WTO争端解决机制,使自己的知识产权在国际层面上得到切实有力的保护。巧妙之处即在于,通过将知识产权与

[①] 曹建明、贺小勇:《世界贸易组织》,法律出版社1999年版,第295页。

[②] 对于商业秘密的保护,权利人不但要决定,为了商业秘密是否要申请专利,而且在雇佣、许可、销售、融资及合资协议中,要注意增加商业秘密保护条款。

[③] 例如,巴黎公约和伯尔尼公约的主要内容是界定权利,但缺乏保证权利实施的国内措施。

国际贸易挂钩,使知识产权保护得到了 WTO 争端解决机制这样的"利器".[①]《TRIPS 协定》要求成员方采取民事、行政、刑事法律手段以及临时措施和边境措施打击知识产权侵权,堵截冒牌货和盗版侵权货物,因此,今后,当外国不能如此而损害中国知识产权时,则中国可诉诸 WTO 争端解决机制。

《TRIPS 协定》的缔结给世界知识产权保护制度带来了显著的影响。它为其成员的知识产权保护制度确立了最低标准,它的争端解决机制有力地保障了协定义务的履行,《TRIPS 协定》理事会中进行的相关议题谈判将对世界知识产权制度产生更为深刻的影响。同时,《TRIPS 协定》的实施所引发的一系列社会问题受到了国际社会的高度重视,发达国家为《TRIPS 协定》进行辩护的各种理由正面临日益普遍和强烈的质疑,诸多发展中国家、政府间国际组织和非政府组织已经开始理性地反思国际知识产权保护制度及其重构。本章阐述《TRIPS 协定》签订后国际知识产权保护制度的发展、与《TRIPS 协定》有关的争端的解决实践、与《TRIPS 协定》有关的议题谈判的情况,评析《TRIPS 协定》下知识产权国际保护制度的特点及其对世界知识产权制度的影响,并基于充分、合理地利用《TRIPS 协定》加强我国知识产权的海外保护的视角,分析我国应对 WTO 知识产权争端解决机制的策略,探讨我国等发展中成员在《TRIPS 协定》议题谈判中所应坚持的立场和采取的策略,进而在此基础上对其变革的未来作出展望。

---

① Engelbrekt, Antonina Bakardjieva, The WTO Dispute Settlement System and the Evolution of International IP Law: An Institutional Perspective (November 30, 2009), available at http://ssrn.com/abstract=1617885, Jun. 26, 2014.

第一节 《TRIPS 协定》与知识产权保护的全球化

一、《TRIPS 协定》的签订

(一)《TRIPS 协定》产生的背景

随着国际贸易的增长,尤其是国际贸易中技术因素的增长和技术贸易的发展,加强对外贸易中知识产权保护的要求日益强烈。鉴于通过双边协定保护知识产权的局限性,为了促进国际贸易的有序发展,知识产权制度的多边协调提上了议事日程。19 世纪末期,两个重要的知识产权保护国际公约产生,即 1883 年《保护工业产权巴黎公约》和 1886 年《保护文学和艺术作品伯尔尼公约》。为了实施《巴黎公约》和《伯尔尼公约》,根据这两个公约的规定,保护工业产权巴黎联盟和保护文学艺术作品伯尔尼联盟分别于 1883 年和 1886 年成立。自此,知识产权的国际保护进入多边立法时代,一系列多边知识产权条约陆续产生,并建立了巴黎公约体系和伯尔尼公约体系,形成了较为完整的知识产权国际保护的条约体系。[①] 1967 年 7 月,在斯德哥尔摩召开的外交会议上,与会各国签订了《成立世界知识产权组织公约》。该公约于 1970 年 4 月 26 日生效,宣告了世界知识产权组织的成立。之后,巴黎公约体系和伯尔尼公约体系都由 WIPO 管理。

《巴黎公约》《伯尔尼公约》以及 1952 年《世界版权公约》就知识产权的客体、权利内容、权利的获得、保护期限、权利的行使与限制等事宜确立了

[①] 巴黎公约体系是以《巴黎公约》为"母公约"、其他工业产权专门协定为辅助条约所形成的工业产权条约体系。伯尔尼公约体系是以《伯尔尼公约》为核心,以世界知识产权组织管理的其他已经生效的版权与邻接权公约、协定为要素构成的版权条约系统。古祖雪:《国际知识产权法》,法律出版社 2002 年版,第 64~82 页。

知识产权保护的最低限度标准。① 不过,总的来看,上述公约还是更为尊重各缔约国制定本国知识产权制度的主权权利(立法自主权)。例如,从《巴黎公约》的规定来看,授予专利的条件、授予专利的产业领域、不授予专利的例外、外观设计保护的具体内容、商标的保护范围、权利的保护期限、对专利权滥用给予强制许可的救济等事项均由各缔约国自行决定。② 从《伯尔尼公约》和《世界版权公约》的规定来看,各缔约国有权对权利客体、权利的限制与例外等事项作出决定。③ 由此可见,这些公约是在强调国民待遇的基础上承认国内法保护知识产权方面的优先地位。④ 知识产权保护标准的设定仍然属于国家主权范围内的事项,公约缔约国享有较大的决定知识产权保护范围和水平的自由或考量余地(margin of appreciation)。缔约国可以利用这种灵活性,使其知识产权保护制度与其发展需要和优先发展事项相一致,促进对技术的利用和实现自身的产业政策目标。这被称为知识产权实施的"放任主义"(laissez faire)。例如,瑞士在加入《巴黎公约》后,直到 1887 年才建立本国的专利制度。⑤

可以看出,在《巴黎公约》体系和《伯尔尼公约》体系下,公约缔约国享

---

① 根据《TRIPS 协定》第 3 条的注释,知识产权保护应包括影响知识产权的效力、获得、范围、维持和实施的事项,以及本协定专门处理的影响知识产权的利用的事项。根据WTO 的概括,知识产权保护的国际标准主要涉及知识产权的客体、权利内容、保护期限以及权利的限制和例外。Overview:the TRIPS Agreement,available at http://www. wto. org/english/tratop_e/trips_e/intel2_e. htm,last visited on Jan. 10,2015.

② 《巴黎公约》第 5 条 A 项第 2 款;[奥]博登浩森:《保护工业产权巴黎公约指南》,汤宗舜、段瑞林译,中国人民大学出版社 2003 年版,第 6~7 页。

③ 《伯尔尼公约》第 2 条、第 9 条第 2 款;《世界版权公约》第 4 条之二(2)。[奥]博登浩森:《保护工业产权巴黎公约指南》,汤宗舜、段瑞林译,中国人民大学出版社 2003 年版,第 17、45 页。

④ 吴汉东:《论知识产权国际保护制度的基本原则》,载吴汉东主编:《知识产权年刊》(创刊号),北京大学出版社 2005 年版。在知识产权国际保护领域,国民待遇原则基于各国经济、科技、文化发展不平衡的现状,承认各国知识产权制度的差异,从而保证了知识产权制度国际协调的广泛性和普遍性。

⑤ Heinz,Klug,Campaigning for Life:Building a New Transnational Solidarity in the face of HIV/AIDS and TRIPS,Boaventura de Sousa Santos and César A. Rodriguez-Garavito,*Law and Globalization from below:towards a Cosmopolitan Legality*,Cambridge University Press,2005,p. 120.

有较大的决定知识产权保护范围和水平的自由裁量空间,各主权国家甚至可以决定是否建立知识产权保护制度。WIPO 所管理的国际条约不仅没有得到有效的实施,还面临着效力进一步弱化的危险。^① 与之相反的是,20 世纪中后期,随着经济全球化和科学技术的迅速发展,与新技术革命相联系的国际贸易发生了很大的变化,技术贸易在国际贸易中所占的份额越来越多,有形商品贸易中技术含量日益增加。技术已经成为商业财产和决定国际竞争力的显著因素。随着知识产权的商业重要性及其对全球经济作用的日益彰显,在全球范围内加强对国际贸易中知识产权的有效保护的要求日益迫切。与此同时,假冒商品的贸易规模呈现出逐步扩大的趋势。

正是在这样的背景下,发达国家中掌握大量技术的跨国公司寻求建立对其知识产权进行全球保护的最低标准,这将使它们能够在一个统一的全球市场上对相关行业进行控制,获取更多的利润。在对 WIPO 的失望之中,在国内商业利益集团的压力下,加之在双边贸易磋商中已有的将知识产权与贸易联结的经验,美国等发达国家开始寻求在多边贸易体制中提高知识产权国际保护的标准。^② 美国及其国内商业利益集团推动了关税与贸易总协定乌拉圭回合谈判中知识产权与贸易的议题联结。在 1986 年埃斯特角城部长会议上,与贸易有关的知识产权问题纳入了多边贸易谈判。《TRIPS 协定》实际上是就知识产权具有巨大经济利益的跨国公司支配贸

---

① 在 WIPO1980 年和 1984 年的外交会议上,发展中国家要求修订《巴黎公约》以增加对其的特惠待遇条款。1985 年,外交会议以僵局告终。关于《巴黎公约》修订谈判的具体情况,See Susan K., Sell, *Power and Ideas: North-South Politics of Intellectual Property and Antitrust*, Albany: State University of New York Press, 1998, pp. 107-30.

② 许多学者认为,正是由于修订《巴黎公约》外交会议的失败和 WIPO 无力打破这一僵局,在国内利益集团的压力下,美国等发达国家将知识产权保护标准的谈判从 WIPO 转移至 GATT 乌拉圭回合谈判。Susan K., Sell, *Power and Ideas: North-South Politics of Intellectual Property and Antitrust*, Albany: State University of New York Press, 1998, pp. 130-138.

易谈判的产物。①《TRIPS 协定》的达成,在很大程度上即是美国积极推进以国际立法的形式,实现其包含专利在内知识产权战略的重要体现。美国知识产权战略鼓励发展中国家实施更严格的知识产权保护,发展中国家提高知识产权保护水准亦是必然趋势。②

大多数发展中国家对将知识产权纳入谈判持抵制态度。例如,巴西代表认为,将知识产权纳入《关税与贸易总协定》就如同把病毒输入计算机一样,会加剧国际贸易中已经存在的不平衡。③ 有相当多经济文献认为,知识产权的全球保护会导致社会福利丧失,大多数发展中国家担心这会影响其有关公共健康和农业发展的公共政策的实现。④ 然而,东南亚一些新兴的工业国家则同意将知识产权保护纳入谈判范围,认为可以防止美国等国以知识产权保护为由而采取单方面的制裁行动。在发达成员的压力下,在发展中成员出于借此换取发达成员在农业贸易等方面更多市场准入的期望中,《TRIPS 协定》得以达成。无疑,《TRIPS 协定》反映了发达国家及其跨国公司对知识产权保护的标准和要求,当然也有限地照顾了发展中国家的某些利益。《TRIPS 协定》的产生充分体现了经济大国的强权、发展中国家的妥协。澳大利亚知识产权法学者德劳霍什(Peter Drahos)尖锐地指出,《TRIPS 协定》的产生是独占主义(proprietarianism)思想渗透到国际知识产权制度的典型例证。国际知识产权制度上的独占主义思想的主要体现就是,少数发达国家(特别是美国)力图将与自己科技、经济、文化水平相适应的、高水平的知识产权保护标准通过缔结国际公约的手段强制推行

---

① CEAS Consultants (Wye) Ltd. et al., DG Trade European Commission, Study on the Relationship between the Agreement on TRIPs and Biodiversity Related Issues: Final Report, 2000, 40, available at http://ec. europa. eu/trade/issues/sectoral/intell_property/legis/ceas. htm, last visited on Jan. 10, 2009. 该报告指出,实际上是美国、欧盟等发达成员的商业利益集团起草了《TRIPS 协定》。

② 冯晓青:《美国、日本、韩国知识产权战略探讨》,载《黑龙江社会科学》2007 年第 6 期。

③ 吕国强:《TRIPS 协定与知识产权的司法保护》,载郑成思主编:《知识产权文丛》(7),中国方正出版社 2002 年版。

④ B. K. Zutshi, Bring TRIPS into the Multilateral Trading System, Jagdish, Bhagwati & Mathias, Hirsch, *The Uruguay Round and beyond: Essays in Honor of Arthur Dunkel*, University of Michigan Press, 1998, p. 42.

到发展中国家乃至全球。①

《TRIPS 协定》由序言和七个部分组成，共 73 条，是 WTO 法律文件中条款最多的一个协定。它主要包含五个方面的内容：一是协定适用的基本原则；二是关于知识产权效力、范围和利用的标准；三是协定在各成员境内的实施；四是争端的防止和解决；五是特别过渡性安排。而且，《TRIPS 协定》还吸纳了《巴黎公约》《伯尔尼公约》、1961 年《保护表演者、音像制品制作者和广播组织的国际公约》和 1989 年《关于集成电路的知识产权条约》中的实质性条款，形成了一个以原先 GATT 体系之外的国际知识产权公约为基础的、综合性知识产权保护体系。通过一项非联合国体系之下新的国际条约，连接隶属联合国体系之下已有的一系列国际条约，这不能不说是国际组织与国际条约史上的一个创举。②

（二）《TRIPS 协定》中知识产权国际保护的新特点

《TRIPS 协定》将国际贸易的发展与知识产权保护联系了起来，体现了知识产权国际保护体系与国际贸易体制的一体化。该协定规定，期望减少对国际贸易的扭曲和阻碍，考虑到需要促进对知识产权的有效和充分保护，并保证实施知识产权的措施和程序本身不成为合法贸易的障碍。该协定将适用于国际货物贸易的原则和机制延伸到了知识产权保护，例如最惠国待遇原则和贸易争端解决机制。在经济全球化的发展中，知识产权保护不仅是发展中国家参与国际贸易的先决条件，更成为发达国家维持其贸易优势的法律工具。

根据《TRIPS 协定》第 1 条第 1 款的规定，WTO 成员必须保证在其国

---

① 冯晓青：《独占主义抑或工具主义——〈知识产权哲学〉探微》，载《河南科技大学学报（社会科学版）》2003 年第 4 期。关于独占主义在知识产权立法上的体现，参见该文第 49～50 页。有学者认为，德劳霍什观念中的普罗主义（proprietarianism，即独占主义）可以称为"所有权至上主义"。根据德劳霍什，普罗主义有三个基本特征：主张财产权利较之于其他权利或利益具有道德上的优先性；拥护财产权的先联系原则（first connection thesis）；信奉消极社会（negative community）的假设。余九仓：《知识产权的工具论——读德拉贺斯的〈一种知识产权哲学〉》，载刘春田：《中国知识产权评论》（1），商务印书馆 2002 年版。

② 张乃根：《TRIPS 协定：理论与实践》，上海人民出版社 2005 年版，第 48、50 页。

内实施协定所规定的保护标准。① 这些标准是 WTO 成员保护知识产权的最低标准,②体现了知识产权权利的扩张及其高水平保护:③其一,权利内容的拓展。例如,《TRIPS 协定》新增加了计算机程序、电影作品、录音制品的权利持有人的出租权;在工业品外观设计权和专利权领域,授予权利人以进口权;以及未披露信息专有权。其二,知识产权客体的范围不断扩大,而且其客体日益表现为功能性、工具性产品。④ 例如,计算机程序成为版权的客体;专利保护扩大适用于一切技术领域,药品成为专利权的客体;此外,大学、技术公司的上游研究要求专利保护,新的研究方法、商业方法也成为专利权客体。⑤ 其三,保护期限的延长。例如,包括计算机软件在内的作品的著作权保护期限至少为 50 年;专利权保护期限不少于 20 年;工业品外观设计权保护期限不少于 10 年。其四,对知识产权权利的限制和例外规定进行限制。尽管《TRIPS 协定》允许 WTO 成员基于公共利益、防止权利滥用等考虑对知识产权作出限制或例外规定,但同时强调了这种权利限制和例外的反限制,即明确要求权利的限制和例外是有限的,不得与权利的正常利用相冲突,不得不合理地损害权利人的利益,不得损害第三人的合法利益。协定还对专利的强制许可措施施加了严格的适用条件。

《TRIPS 协定》体现出程序规则和实体规则并重的发展趋势。该协定就知识产权执法的程序和措施作出了较为系统的规定,除了各成员在知识

---

① 《TRIPS 协定》第 1 条第 1 款规定,各成员应实施本协定的规定,各成员可以,但并无义务,在其法律中实施比本协定要求更广泛的保护,只要此种保护不违反本协定的规定。事实上,WTO 成员,尤其是发展中成员,使用了相当的资源将《TRIPS 协定》的要求落实到其国内法律之中。Communication from Australia-Review of the Implementation of the Agreement under Article 71.1, IP/C/W/210, 2000, 2, available at http://docsonline. wto. org/? language=1, last visited on Jan. 10, 2009.

② Overview:the TRIPS Agreement, available at http://www. wto. org/english/ tratop_e/trips_e/intel2_e. htm, last visited on Jan. 10, 2009.

③ 《TRIPS 协定》第 10 条第 1 款、第 11 条、第 12 条、第 13 条、第 14 条第 4 款、第 26 条第 1 款、第 26 条第 3 款、第 27 条第 1 款、第 28 条、第 30 条、第 31 条、第 33 条、第 39 条第 1 款。

④ 冯洁菡:《公共健康危机与 WTO 知识产权制度的改革:以 TRIPS 协议为中心》,武汉大学出版社 2005 年版,第 16 页。

⑤ 专利权的保护范围正从应用科学研究领域延伸到基础科学研究领域。冯晓青:《专利权的扩张及其缘由探析》,载《湖南大学学报(社会科学版)》2006 年第 5 期。

产权执法方面的一般义务外,还包括民事程序、行政程序、刑事程序、临时措施、边境措施等方面的具体规则。[①]《TRIPS 协定》关于知识产权保护的实体规则和程序规则具体而确定,这使得它所规定的最低保护标准更像是统一各国知识产权制度的一致性标准。加之 WTO 争端解决机制以及贸易报复的威胁,WTO 成员在许多方面实质上已经丧失了国民待遇原则所赋予的立法自主权。

　　WTO 的贸易争端解决机制是其最受关注的主要特征之一。它是多边贸易体制的中心支柱,是 WTO 对全球经济稳定的最独特的贡献。[②] WTO 的争端解决机制在 GATT 争端解决机制的基础上有了突破性的发展,极大地提高了争端解决机制运作的效率,并且推动该机制向规则取向演变。[③]《TRIPS 协定》第 64 条规定,通过 WTO 争端解决机制来解决与该协定有关的争端。这是 WTO 制度的重大成果之一,在知识产权国际保护的历史上具有里程碑的意义。[④] 以争端解决机制作为有力的实施后盾,《TRIPS 协定》有了牙齿。[⑤] WTO 在知识产权保护领域具有了前所未有的权力。[⑥]

　　学界普遍认为,《TRIPS 协定》是迄今为止知识产权保护范围最广、保护标准最高、执行机制最强的国际公约,堪称"知识产权国际保护的法典"。[⑦]《TRIPS 协定》已然成为核心的国际知识产权条约。

　　从《TRIPS 协定》整体的制度设计与安排来看,它明显是过多地偏向

---

　① 参见《TRIPS 协定》第三部分。

　② Statement of Director-General Ruggiero,转引自张乃根、宫万炎等:《论 WTO 争端解决机制的若干问题》,载陈安主编:《国际经济法论丛》(3),法律出版社 2000 年版。

　③ [美]约翰·H. 杰克逊:《GATT/WTO 法理与实践》,新华出版社 2002 年版,第 199 页。

　④ 张乃根:《国际贸易的知识产权法》,复旦大学出版社 1999 年版,第 278 页。

　⑤ Laurence R. Helfer, Regime Shifting: The TRIPs Agreement and New Dynamics of International Intellectual Property Lawmaking, *The Yale Journal of International Law*, 2004 Winter, 29, p. 2.

　⑥ David, Downrs. The 1999 WTO Review of Life Patenting under TRIPS Revised Discussion Paper, September 1998, 2, available at http://www.wto.org/English/forums _e/ngo_e/posp4_e.htm, last visited on Jan. 10, 2009.

　⑦ 曹建明、贺小勇:《世界贸易组织(2)》,法律出版社 2004 年版,第 218 页。

知识产权权利人的利益。协定中关于知识产权限制或例外的规定与其说是对权利的限制，不如说是对权利限制的限制，[1]协定起草者的意图就是强调知识产权保护例外的"有限性"。[2] 协定没有真正顾及社会公众的利益以及公共利益的实现。《TRIPS 协定》第 7 条中的"平衡点"日益向知识产权权利人的利益倾斜，而且，各国国内知识产权法上的"平衡点"与国际法上的"平衡点"正渐趋一致。[3] 知识产权的"实然"保护已经偏离了其立法的"应然"目标。如果说公共利益原则应当是知识产权国际保护制度的基本原则的话，[4]那么，这一原则的落实和有效实施就是当代知识产权国际保护制度变革中的一个重要问题。

二、《TRIPS 协定》对世界知识产权制度的影响

《TRIPS 协定》的产生对世界各国的知识产权法律制度以及知识产权国际保护制度产生的影响显著而深远。

首先，就世界各国的知识产权法律制度而言，《TRIPS 协定》的签订进一步促进了各国知识产权保护制度的协调化趋势。在《TRIPS 协定》产生之前，各国根据自己的发展水平和需要制定本国的知识产权法，各自的相关立法差异较大。例如，智利、巴西、泰国、韩国、挪威等国家都不对药品提供专利保护。[5] 而《TRIPS 协定》使得国家在制定与各国国内社会、经济状况相适应的知识产权保护制度和政策方面受到了国际义务的限制。有学

---

① 郑成思：《世界贸易组织与贸易有关的知识产权》，中国人民大学出版社 1996 年版，第 200 页。林秀芹：《TRIPS 体制下的专利强制许可制度研究》，法律出版社 2006 年版，第 4、89、93 页。

② 张乃根：《论 TRIPS 协议的例外条款》，载《浙江社会科学》2006 年第 3 期。

③ 古祖雪：《国际知识产权法》，法律出版社 2002 年版，第 163、174、182 页。

④ 所谓公共利益原则，是指知识产权的保护和权利行使，不得违反社会公共利益，应保持公共利益与权利人之间的平衡。吴汉东：《论知识产权国际保护制度的基本原则》，载吴汉东主编：《知识产权年刊》（创刊号），北京大学出版社 2005 年版。古祖雪：《国际知识产权法》，法律出版社 2002 年版，第 163 页。学者们往往认为《TRIPS 协定》第 8 条第 1 款反映了公共利益原则。

⑤ Lewts Theresa，Beeby，Patent Protection for the Pharmaceutical Industry：A Survey of the Patent Laws of Various Countries，*International Lawyer*，1996，30，p. 836.

者称之为知识产权国际保护标准在 WTO 成员之间的一体化。[①] 此外，《TRIPS 协定》促进了知识产权保护制度的全球化。在《TRIPS 协定》产生之前，许多发展中国家基本上没有知识产权保护立法或者很不完善。[②] 由于 WTO 成员的广泛性，[③]《TRIPS 协定》也必将对世界上的其他国家产生重大影响。世界上绝大多数国家知识产权制度的趋同化明显加快。与其之前的知识产权保护国际条约不同的是，《TRIPS 协定》以单一的综合性条约实现了知识产权国际保护的全球化。它使得知识产权国际保护体系发生了重大变化，标志着知识产权的国际保护进入了一个新的历史时期——知识产权保护制度协调的全球化时期。[④] 知识产权制度的全球化构成了法律全球化（globalization of law）的组成部分。[⑤] 当然，知识产权法的全球化是一个渐进的趋势和过程，而且始终是一个过程。[⑥]

《TRIPS 协定》所代表的知识产权全球保护主义具有一定的必然性。发达国家及其跨国公司的利益是推动知识产权保护全球化的最具影响力的外部力量。因为，市民社会一旦认识到知识产权的经济利益及优势，在迫使国家建立更为完备的知识产权制度后，会使该制度最终成为全球性的制度。[⑦] 德劳霍什认为，知识产权全球保护主义具有以下特征：其一，延长

---

① 吴汉东：《知识产权国际保护制度的变革与发展》，载《法学研究》2005 年第 3 期。这种知识产权立法一体化的体现就是国内法遵从国际法，以及国内法与国内法之间的一致性。这种立法一体化的结果就是知识产权保护的高标准化。

② Tara Kalagher，Giunta & Lily H. Shang，Ownership of Information in a Global Economy International Symposium on Intellectual Property Law，*George Washington Journal of International Law and Economics*，1993—1994，27（2），p.331.

③ 截至 2015 年 10 月 13 日，WTO 的成员已达 161 个。Member s and Observers，available at https://www. wto. org/english/thewto_e/whatis_e/tif_e/org6_e. htm，last visited on Oct. 13，2015.

④ Peter，Drahos，The Universality of Intellectual Property：Origins and Development，1998，available at http://www. wipo. int/tk/en/hr/paneldiscussion/papers/index. html，last visited on Jan. 10，2009.

⑤ 郑万青：《知识产权法全球化的演进》，载《知识产权》2005 年第 5 期。李学勇：《经济全球化背景下的中国知识产权保护》，人民法院出版社 2005 年版，第 59 页。

⑥ 陶鑫良、袁真富：《知识产权法总论》，知识产权出版社 2005 年版，第 422 页。

⑦ Peter，Drahos，*A Philosophy of Intellectual Property*，Dartmouth Publishing Group，1996，p. 91.

了知识产权的保护期限;其二,扩大了知识产权的保护范围;其三,对所有国家适用统一的保护标准;其四,不允许各国按照各自的经济发展水平调整其保护标准。[1] 概言之,"全球保护主义"就是指使知识产权的保护脱离地域性标准,适用统一全球性标准。

不少学者指责这种知识产权保护标准"一刀切"(one shoe fits all)的要求及其实践的消极后果。有学者指出,全球化和知识产权力量,与其说是在削弱国内法的效力和强制力,毋宁说是在通过另一种或在更为基本的方式上对国家主权构成了挑战。这种思想与知识产权国际保护应当促进全球信息正义的目标是背道而驰的,加大了他人获得信息的成本,损害了信息进口国的利益。这种知识产权全球保护的消极后果还在于,它延缓了对发展中国家的技术转让,不完全符合发展中国家的利益,引发了成员之间的利益失衡,导致了社会福利的丧失。[2] 此外,这种单一保护标准的"一体适用"不仅刺激知识领域中的"圈地运动"(enclosure movement)越演越烈,导致知识"公有领域"不断被蚕食,而且不断缩小各国按照各自的经济发展水平和需要制定知识产权制度的政策空间,产生了另一种意义上的"圈地运动"。[3]

其次,就知识产权国际保护制度的发展而言,《TRIPS协定》所产生的深远的影响,可以从以下三个方面来认识:

第一,该协定将知识产权保护与国际贸易规则联系起来,知识产权国际保护的规定不再仅是各缔约国间互相提供保护的依据,而且已成为一项国际贸易政策,带有制约性的贸易规则。[4] 在现今的区域贸易协定、双边自由贸易协定、双边投资协定及其谈判中,知识产权保护已经成为不可或

① Peter, Drahos. *A Philosophy of Intellectual Property*, Dartmouth Publishing Group, 1996, p. 189.

② 弗莱德·H. 凯特:《主权与知识产权全球化》,冯玉军译, available at http://www. civillaw. com. cn/article/default. asp? id=20259, last visited on Jan. 10, 2009. 杨明:《反思知识产权国际保护的当前任务》,载《电子知识产权》2006年第1期。

③ Peter K., YU, The International Enclosure Movement, *Indiana Law Journal*, fall 2007, 82, p. 828.

④ 丁丽瑛:《论知识产权国际保护的新体制》,载《厦门大学学报(哲学社会科学版)》1998年第1期。

缺的重要内容。

第二，WTO与WIPO成为知识产权国际保护制度制定的主导者。在《TRIPS协定》生效之后，WTO对WIPO在知识产权国际立法中的主导地位产生了一定冲击，不过，国际社会已经对它们的关系和作用形成初步的共识：WTO不会取代WIPO在国际知识产权立法中的地位，它们将在未来的国际知识产权立法中进行分工合作（实际情况也正是如此）。作为谈判知识产权国际条约的论坛，WIPO将凭依主持制定有关知识产权的统一实体法、推广知识产权保护、为发展中国家提供法律和技术援助等方面的资源和经验优势，继续发挥其重要作用；此外，作为TRIPS理事会的观察员，它还可以对《TRIPS协定》的修订完善发挥重要影响。根据《TRIPS协定》序言及第68条的规定，WTO与WIPO于1995年12月签订了《WIPO与WTO合作协定》。①根据WTO的职能，WTO应主要处理与贸易有关的知识产权保护问题，解决成员间的知识产权争端。

第三，在WTO成员履行实施《TRIPS协定》的国际义务的过程中，《TRIPS协定》所要求的知识产权保护标准的实施与各成员，尤其是发展中成员中社会公众的健康权、食物权等人权的实现产生了冲突，引发了一系列社会问题。这也因而使得它对于国际知识产权立法产生了一个未曾被预料到的影响，那就是知识产权的国际保护问题已经成为世界卫生组织（World Health Organization，WHO）与联合国粮食及农业组织（Food and Agriculture Organization of the United Nations，FAO）等政府间国际组织、《生物多样性公约》缔约国大会（Conference of the Parties of the Convention on Biological Diversity，CBD-COP）与粮食和农业遗传资源委

---

① 《TRIPS协定》序言提出，期望在世界贸易组织和世界知识产权组织以及其他有关国际组织之间建立一种相互支持的关系。该协定第68条规定，经与世界知识产权组织的磋商，TRIPS理事会应在其第一次会议后一年内，寻求达成与该组织各机构进行合作的适当安排。合作协议主要规定了WTO和WIPO在三个方面的合作事项：在提供各自管理的法律、规则或翻译复本方面的合作；为《TRIPS协定》之目的实施《巴黎公约》第6条三方面的合作；在向WTO发展中成员提供法律与技术支持，帮助它们实施《TRIPS协定》方面的法律及技术合作。Agreement between the World Intellectual Property Organization and the World Trade Organization，available at http://www.wto.org/english/tratop_e/trips_e/wtowip_e.htm，last visited on Jan. 10，2009.

员会（Commission on Genetic Resources for Food and Agriculture，CGRFA）等国际谈判场所以及联合国人权委员会等国际政治机构的首要议程。① 而且，越来越多的国际非政府组织开始关注和参与知识产权国际保护标准的制定。

第二节 《TRIPS 协定》争端解决实践

《TRIPS 协定》第 64 条规定，由《关于争端解决规则与程序的谅解》(*Understanding on Rules and Procedures Governing the Settlement of Disputes*，DSU)详述和实施的 GATT 1994 第 22 条和第 23 条的规定适用于本协定项下产生的磋商和争端解决，除非本协定中另有具体规定。利用《TRIPS 协定》争端解决机制作为有力的实施后盾，《TRIPS 协定》下义务的履行得到了有效的保障。

一、与《TRIPS 协定》有关的争端解决实践

截至 2015 年 1 月 20 日，提交 WTO 争端解决机制解决的、与《TRIPS 协定》的执行和实施有关的争端案件 34 件。② 其中，2007 年 4 月，美国贸易代表施瓦布宣布就"中国知识产权保护"和"出版物市场准入"两个与中

---

① 有学者认为，从国际关系理论中的国际机制理论来看，国际知识产权立法中参与主体和谈判场所的多元化与知识产权保护标准中的"问题密度"（issue density）有关。"问题密度"越大以及它所产生的问题联结越多，就会要求更多的国际机构参与解决这些复杂的政策关系问题。Laurence R.，Helfer，Regime Shifting：The TRIPs Agreement and New Dynamics of International Intellectual Property Lawmaking，*The Yale Journal of International Law*，Winter，2004，29，p.8.所谓"问题密度"是指在一个给定的政策范围中所产生的问题的个数和重要性（the number and importance of issues arising within a given policy space）。Robert O.，Keohane，The Demand for International Regimes，Stephen D.，Krasner，*International Regimes*，Peking University Press，2005，p.155.

② Disputes by agreement，available at http://www.wto.org/english/tratop_e/dispu _e/dispu_agreements_index_e.htm? id＝A26，last visited on Jan.20，2015.

国有关的贸易议题向 WTO 提起启动争端解决机制。[①]除了巴西-美国"专利法典案"等案件,大多数案件的原告是美国、欧共体、澳大利亚、加拿大等发达成员。

从上述争端涉及的权利来看,药品专利是争端的利益焦点,因为药品专利的保护意味着对全球市场的控制,保证了制药跨国公司的高额利润;而药品测试数据的保护则保障了药品专利的衍生利益和更多的市场优势。从争端的解决后果来看,巴基斯坦、阿根廷、巴西、印度等被诉的发展中成员在其国内知识产权制度中改善了对药品和农用化学品的专利保护、与药品和农用化学品有关的未披露测试数据的保护。在被诉的发达国家,美国也获得了令其满意的后果。[②] 利用《TRIPS 协定》的争端解决机制,美国的版权企业也很好地维护了自己的利益。就案件的解决情况来看,WTO 的知识产权争端解决机制是有效率的。

2007 年之前的几年,是知识产权争端的静默期。主要原因是《TRIPS 协定》的实施激起了强烈反弹,发展中国家发现自己承担了太多的义务,《TRIPS 协定》的强行实施的副作用会更大。如果《TRIPS 协定》的合法性受到质疑,后果可能更糟。

2007 年 4 月 9 日,美国贸易代表苏珊·施瓦布在华盛顿宣布,将于 4 月 10 日就中国的知识产权保护问题和出版物市场准入问题向 WTO 提出两起申诉。[③] 4 月 10 日,美国就"中国——与知识产权保护和实施有关的措施"和"中国——影响部分出版物和视听娱乐产品贸易权和分销服务措

[①] 国家保护知识产权工作组组织编写:《WTO 知识产权争端解决机制及案例评析》,人民出版社 2008 年版,第 147 页。张乃根:《试析美国针对我国的 TRIPS 争端》,载《世界贸易组织动态与研究》2007 年第 7 期。Available at http://docsonline. wto. org/ imrd/GEN_searchResult. asp, last visited on Jan. 11, 2009.

[②] 国家保护知识产权工作组组织编写:《WTO 知识产权争端解决机制及案例评析》,人民出版社 2008 年版,第 147~183 页。

[③] United States Files WTO Cases Against China over Deficiencies in China's Intellectual Property Rights Laws and Market Access Barriers to Copyright-Based Industries,04/09/2007, available at http://www. ustr. gov/Document _ Library/Press _ Releases/2007/April/United_States_Files_WTO_Cases_Against_China_Over_Deficiencies_ in_Chinas_Intellectual_Property_Rights_Laws_Market_Access_Barr. html, last visited on Jan. 11, 2009.

施"向中国提出 WTO 磋商。8 月 13 日,美国宣布,由于与中国的磋商没有获得满意结果,将在 8 月 31 日 WTO 争端解决机构会议上要求 WTO 成立专家组。这一请求被中国拒绝后,在 9 月 25 日 WTO 争端解决机构的会议上,美国再次请求设立专家组。依据世贸组织规则,在第二次提出设立专家组的要求后,专家组将自动设立。该案的专家组报告于 2009 年 3 月 20 日由争端解决机构通过,裁决中国的《著作权法》,尤其是第 4 条第 1 句与中国根据《伯尔尼公约》(1971 年)第 5 条第 1 款(该条款已经并入了《TRIPS 协定》第 9 条第 1 款)及《TRIPS 协定》第 41 条第 1 款承担的义务不符;中国的海关措施违反了《TRIPS 协定》第 59 条。中国遂于 2010 年初修订了《著作权法》和《知识产权海关保护条例》,从而履行了裁决。[①]。

美国提起的两起案件,既有联系,又有区别。前者涉及中国知识产权保护和执行的特定措施,后者为文化产品市场准入问题。[②] 两者的争端焦点集中在以下三个方面:第一,关于中国惩治盗版和假冒注册商标商品的刑罚门槛;第二,关于中国海关处里没收侵犯知识产权货物的规则;第三,关于中国对涉及版权保护的文化产品市场准入问题。美方这次就中国知识产权问题向 WTO 提起申诉,与近年来渐趋频繁的中美贸易纠纷以及中美巨额贸易顺差紧密相关。2007 年 4 月 10 日,我国商务部新闻发言人表示,中方对美国政府的行为"表示非常遗憾和强烈不满"。国家知识产权局局长田力普认为,美方此举无视中国政府加强知识产权保护和执法力度所付出的巨大努力,以及取得的重大成果。在 2007 年中国保护知识产权高层论坛上的主旨演讲中,吴仪副总理也强烈抨击了美国的这一做法,严正指出:在 WTO 内一个成员对另一个成员一次提出两个诉讼案,这在历史上还是第一次,是罕见的,将会造成极坏的负面影响。另外,也势必对中美商贸联委会框架下双边知识产权合作带来严重影响,有损双方在出版物市场准入方面业已建立的合作关系。中国政府对此表示强烈不满,我们决定

---

① China-Measures Affecting the Protection and Enforcement of Intellectual Property Rights,DS,available at https://www.wto.org/english/tratop_e/dispu_e/cases_e/ds362_e.htm,last visited on Oct. 15,2015.

② 张乃根:《试析美国针对我国的 TRIPS 争端》,载《世界贸易组织动态与研究》2007年第 7 期。

按照 WTO 相关规则积极应诉,将奉陪到底![1]

2009 年 1 月 26 日,中美知识产权 WTO 争端案专家组报告向 WTO 各成员公布,对三项争议措施分别作出了裁决。3 月 20 日,WTO 争端解决机构会议审议通过了该专家组报告。关于刑事处罚的门槛,专家组裁定:美国没能证明中国有关刑事门槛的规定不符合《TRIPS 协定》。关于海关措施,专家组认为,虽然海关对进口冒牌货仅摘除非法标志的处置方式不符合《TRIPS 协定》,但美国没能证明捐赠给社会公益机构、卖给权利人等处置方式不符合《TRIPS 协定》;美国也没能证明中国有关拍卖的规定影响了海关销毁货物的权力。关于中国《著作权法》,专家组部分支持了美方观点,认为中方对未能通过审查的作品、通过审查的作品中被删除的部分不提供著作权保护,不符合《TRIPS 协定》和《伯尔尼公约》,但在从未提交审查的作品、在等待审查结果的作品、通过审查作品之未修改版本等方面,美国未能证明中国的做法不符合协定。专家组还强调,其裁决不影响中国的内容审查权。[2] 学者们普遍认为,专家组报告驳回了美方的绝大部分主张,广泛地肯定了中国的知识产权制度。

目前,未决的 WTO 知识产权争端仍然凸显了知识产权与公共健康的突出问题。2010 年 5 月,巴西、印度因荷兰海关扣押过境的、印度生产的仿制药品而对欧盟及荷兰提出磋商。[3] 该争端再次触及药品知识产权保护与公共健康的冲突问题。[4] 该案仍在磋商当中。

2012 年及 2013 年乌克兰等成员对澳大利亚提起的知识产权争端再次引起了国际社会对《TRIPS 协定》与公共健康的关注。2012 年 3 月,乌克兰在 WTO 争端解决机构内向澳大利亚提出磋商,并认为澳大利亚

---

① 《吴仪副总理在 2007 年中国保护知识产权高层论坛上的主旨演讲》,available at http://www. gov. cn/ldhd/2007 − 05/08/content_607939. htm,last visited on Jan. 11, 2009.

② 张凌宁:《中美知识产权 WTO 争端案:一场引人注目的博弈》,载《WTO 经济导刊》2009 年第 6 期。

③ European Union and a Member State-Seizure of Generic Drugs in Transit,DS408, DS409,available at http://www. wto. org/english/tratop_e/dispu_e/dispu_agreements_index_e. htm? id=A26,last visited on Feb. 12,2014.

④ 罗汉伟:《印度诉欧盟扣押药品案引发连锁反应——"仿制药品"可以容忍么?》,载《中国经济周刊》2010 年第 26 期。

《2011 年香烟平装法案》违反了《TRIPS 协定》第 1.1 条、第 2.1 条、第 15 条、第 16 条、第 20 条有关商标保护的规定,歧视与香烟有关的商标,对商标的使用构成了不合理的障碍;违反了《TRIPS 协定》第 27 条的规定,由于技术歧视而妨碍了香烟商品的专利权的利用和享有。① 之后,洪都拉斯、多米尼加、古巴、印度尼西亚也就此向澳大利亚提出磋商。② 我国、印度、美国、欧盟等 WTO 成员是这些案件的第三方。③

二、《TRIPS 协定》争端解决机制的作用

由于政治、经济、外交、文化等复杂的因素,对 WTO 框架下的国际知识产权争端进行整体性研究是有一定困难的。不过,通过对《TRIPS 协定》下知识产权争端解决实践的总结,可以看出,与《TRIPS 协定》有关的争端解决机制有效地保障了《TRIPS 协定》的实施,推动了 WTO 成员知识产权法制的发展,为 WTO 成员的知识产权提供了有力的海外保护。

值得注意的是,在审理与《TRIPS 协定》有关的案件时,专家组不仅严格地解释了有关例外条款,而且没有采用"目的解释"的方法,没有根据《TRIPS 协定》第 7 条、第 8 条的规定进行全面分析,知识产权权利人的经济利益得到了单方面的维护,而社会公众的健康利益却未能得到应有的保

---

① WT/DS434/1,15 March 2012,available at https://docs.wto.org/dol2fe/Pages/FE_Search/FE_S_S001.aspx,last visited on Feb.12,2014.

② Disputes by agreement,Intellectual Property(TRIPS),available at https://www.wto.org/english/tratop_e/dispu_e/dispu_agreements_index_e.htm? id＝A26♯,last visited on Oct.12,2015.

③ 《关于争端解决规则与程序的谅解》第 10 条第 2 款规定,任何对专家组审议的事项有实质利益且已将其利益通知 DSB 的成员(本谅解中称"第三方")应由专家组给予听取其意见并向专家组提出书面陈述的机会。这些书面陈述也应提交争端各方,并应反映在专家组报告中。

护。① 1997年"加拿大——药品专利保护"案［Canada－Patent Protection of Pharmaceutical Products（Generic Medicines）］就是一个突出的例子。1997年，以加拿大专利法第55.2(1)节、第55.2(2)节以及专利药品制造与储存条例与《TRIPS协定》有关条款相抵触为由，欧共体向争端解决机构（Dispute Settlement Body，DSB）提出申诉。在该案中，专家组对加拿大作为抗辩依据的《TRIPS协定》第30条的适用做了严格的解释。专家组提出，《TRIPS协定》第30条确定了符合例外所必须满足的三项标准：(1)该例外必须是"有限的"；(2)该例外必须没有"不合理地与专利的正常利用相冲突"；(3)该例外必须没有"不合理地损害专利所有人的合法利益，并顾及第三方的合法利益"。这三项条件是累进的，每项都是分别的、独立的、必须满足的要求。未符合其中任何一项条件会导致第30条所不允许的例外。就加拿大专利法第55.2(2)节（"储存例外"，stockpiling exception）而言，专家组认为，"储存例外"是否属于"有限的例外"取决于专利权人"制造""使用"专利产品的排他性权利是否受到侵犯。除了排他性销售的权利所提供的保护之外，排他性"制造""使用"的权利还提供了如下保护，即在整个专利权期限内，从源头上切断竞争性产品的供应，并防止已经获得的竞争性产品的使用。由于对产品数量没有任何限制，"储存例外"会使专利权期限的最后6个月内的保护不复存在，其他可能产生的后果就更不用说了。仅此后果而言，就足以认定"储存例外"完全取消了专利权利人的上述权利。基于此，专家组裁决，加拿大专利法第55.2(2)节不符合《TRIPS协定》第30条规定的第一项条件。这一裁定对仿制药品的生产具有不利影响。专家组的这种"司法克制"体现了明显的"贸易政策倾向"。

由于专家组没有适当地处理知识产权权利人的经济利益与社会公众利益之间的平衡问题，批评者认为，有关案件的裁决侵蚀了WTO的正当性。在对"加拿大——药品专利保护"案裁决的评论中，有学者批评认为，

---

① WT/DS114/R（Mar. 17，2000），paras. 2.1，7.20，7.34，7.38，available at http://docsonline. wto. org/gen_search. asp? searchmode＝simple，last visited on Jan. 11，2009. 另请参见张乃根：《论TRIPS协议的例外条款》，载《浙江社会科学》2006年第3期。加拿大专利法第55.2(2)节规定，在法定的专利保护期间，为制造和储存旨在该专利失效后销售的物品，制造、制作、使用或销售专利发明的任何人根据第55.2(1)节而制造、制作、使用该发明，均不构成专利侵权。

专家组没有结合《TRIPS 协定》第 7 条、第 8 条进行该协定第 30 条的分析是裁决的一项"疏漏",并指出,社会公众的健康利益属于协定第 30 条中的"第三方合法利益",专家组应当结合协定第 7 条、第 8 条第 1 款来解释协定第 30 条之规定;而且,根据《维也纳条约法公约》第 31 条第 3 款（c）项的规定,专家组在解释协定第 8 条第 1 款时,应当援引与健康权有关的国际法规则,以及与其相关的"软法"渊源,例如相关国际组织的有关决议、声明和报告等。这会使专家组清楚地认识到,公共健康利益优先于医药公司的经济利益。[①] DSB 对私权利益的维护使得《TRIPS 协定》与人权国际保护的冲突更加尖锐,同时也表明,《TRIPS 协定》利益平衡机制的完善应当通过其他途径来完成。

三、我国应对《TRIPS 协定》争端解决机制的策略

作为 WTO 成员,提起申诉和被提起申诉将会是中国政府面临的一件"平常事"。这是我国经济发展和外贸剧增带来的必然后果之一。随着我国经济实力和国际竞争力的进一步增强,类似的纠纷会接连不断。对此,我国应当以"平常心"待之,积极应对。WTO 争端解决机制的参与和利用是一项复杂的系统工程,涉及法律完善、法律实施、信息收集、人才储备等许多方面。我国应该在这些方面早做、多做准备,使其能够成为有效维护我国国家利益的有效工具。

首先,就争端的预防而言,我国应该在法制建设、执法有力、司法公正等方面作出更多努力,并且加强与其他 WTO 成员的沟通与国际合作,增进理解,消除偏见。

其次,就争端的参与而言,我国应该利用这种时机阐明自己关于知识产权保护的立场,坚决主张知识产权保护必须与一国的经济、社会、文化发展水平相一致。我国还应该利用国内外媒体做好宣传工作,介绍我国在知识产权保护方面所做的巨大努力,赢得主动权和国际舆论的支持。[②]

---

① Robert，Howse，The Canadian Generic Medicines Panel：A Dangerous Precedent in Dangerous Times，*Journal of World Intellectual Property*，July 2000，3，pp. 504-506.

② 国家保护知识产权工作组组织编写:《WTO 知识产权争端解决机制及案例评析》,人民出版社 2008 年版,第 208 页。

为了能够在争端解决过程中出色地表现,我国必须加强对 WTO 知识产权争端解决实践的研究,总结经验、汲取教训。为此,我国应该大力培养熟悉知识产权和 WTO 法的专业人才,充分发挥他们对于争端解决的作用。例如,一些学者已经就 2007 年"中美知识产权案"进行了分析。有的学者认为,条约解释是该案的关键问题,并在分析所要涉及的条约条款的基础上指出,美国对中国在知识产权实施方面的所有指控,犯了一个根本性的条约解释错误,即脱离协定的序言和总则,孤立地援引该协定具体条款,从而只看到中国应履行的义务,根本不提中国可行使国内立法及控制任何作品或制品的发行等权利,且一昧以美国国内立法来评判中国立法。美国同时提出这两起争端解决,并在前者明确地将知识产权实施作为文化产品的市场准入条件。由此不难看出,美国此次提出知识产权争端,主要目的已不在于保护美国微软的利益,而在于期望为美国好莱坞大片等文化产品大举进入中国市场创造有利条件。对于这种"醉翁之意不在知识产权实施",而在于其文化产品市场准入的用意,应给予高度重视。这一用意也决定了中美双方磋商解决此事项的可能性不大。中国应做好与美国周旋到底的准备,包括专家组审理和上诉复审,直至应对最后可能的贸易报复。[①] 中国应根据对协定及《伯尔尼公约》有关条款的条约解释以及专家组或上诉机构对中国国内法的可能审查方面,理直气壮地、逐条逐项地反驳美国在本案中对中国的任何指责,同时,也要善于从协定争端已决案中吸取任何具有指导意义的原则,未雨绸缪,应对专家组或上诉机构在某些问题上可能作出对中国不利的解释或审查结论。[②] 还有学者就该案的应诉抗辩提出了具体建议。[③]

　　从上述学者的条约解释分析来看,《TRIPS 协定》第 7 条、第 8 条对于 WTO 框架下知识产权争端的解决具有重要的实质性意义,尤其是对于发

---

　　① 张乃根:《论中美知识产权案的条约解释(上)》,载《世界贸易组织动态与研究》2008 年第 1 期。张乃根:《试析美国针对我国的 TRIPS 争端》,载《世界贸易组织动态与研究》2007 年第 7 期。

　　② 张乃根:《论中美知识产权案的条约解释(下)》,载《世界贸易组织动态与研究》2008 年第 2 期。

　　③ 刘丹丹:《美诉华"知识产权保护和执行特定措施案"策略分析》,载《WTO 经济导刊》2008 年第 4 期。

展中成员维护其国家权益而言。无论是此次"中美知识产权案"的应对,还是今后可能遇到的其他情况,我国应当认真对待这两项条款的重要作用。

最后,就争端解决机制的运用而言,为了维护我国的国家利益以及知识产权权利人的权益,我国应当主动出击,审查其他成员履行《TRIPS 协定》的情况,认真研究美欧等 WTO 发达成员的知识产权制度,一旦发现制度缺漏,适时提起争端。

第三节　与《TRIPS 协定》有关的议题谈判

《TRIPS 协定》在各缔约方的普遍实施、《TRIPS 协定》在实施过程中与国际人权的冲突、传统资源保护引发知识产权制度变革,是后 TRIPS 时代存在的三个主要问题。[①] 自 WTO 多哈回合开始,与《TRIPS 协定》有关的议题谈判与这些问题密切相关。由于涉及问题的复杂性,这些议题的谈判进程必然会曲折、漫长,我国等发展中成员必须坚定立场,采取适当的策略,争取建立"发展导向"的知识产权国际保护制度。

一、与《TRIPS 协定》有关的议题谈判

2001 年 11 月 8 日至 14 日,WTO 第四次部长级会议在卡塔尔首都多哈举行,大会通过了《多哈部长宣言》,发动了新一轮多边贸易谈判,命名为"多哈发展议程",简称"多哈回合"。《多哈部长宣言》中第 17 段至第 19 段涉及《TRIPS 协定》的有关内容,《与实施有关的问题和关注的决定》和《〈TRIPS 协定〉与公共健康宣言》也列出了和《TRIPS 协定》相关的谈判以及 TRIPS 理事会以后工作的内容。[②]

[①]　国家保护知识产权工作组组织编写:《WTO 知识产权争端解决机制及案例评析》,人民出版社 2008 年版,第 109 页。

[②]　WTO 香港部长级会议通过的《部长宣言》(2005 年 12 月 18 日)对《多哈部长宣言》中提出的上述问题表示了关注和支持。WT/MIN(05)/DEC, paras. 29,39,40,44, available at http://www.wto.org/english/thewto_e/minist_e/min05_e/final_text_e.htm, last visited on Jan. 11, 2009.

《多哈部长宣言》指出：其一，《TRIPS 协定》的实施和解释应当支持公共健康，即促进现有药品的获取和新药的研究与开发。在这方面，我们通过一项单独的宣言（第 17 段授权）。其二，就建立一个葡萄酒与烈酒地理标识通知和登记的多边体制举行谈判（第 18 段授权）。其三，TRIPS 理事会在执行《TRIPS 协定》中规定的各项审查工作的同时，应特别关注《TRIPS 协定》和《生物多样性公约》（CBD）的关系、传统知识和民间文学艺术（folklore）的保护以及其他各成员根据第 71 条第 1 款提出的新进展。理事会在执行此项工作时，应充分考虑第 7 条、第 8 条规定的目标和原则以及发展层面的问题（第 19 段授权）。①

与乌拉圭回合中《TRIPS 协定》的缔结谈判相比，多哈回合的新一轮知识产权保护问题谈判中具有以下显著特点：首先，发展中国家与许多国际组织积极推动和参与谈判；其次，地理标志、传统知识的保护等与"传统"有关的议题反映了"新""旧"世界的矛盾，知识产权国际保护中出现了新的利益格局；最后，《TRIPS 协定》与 CBD 的关系、传统知识的保护等问题受到了关注，这些问题关系到文化权、食物权、发展权等人权的保护和实现，而且要求《TRIPS 协定》的继续完善与制度创新。

（一）与健康权有关的制度变革

1.《〈TRIPS 协定〉与公共健康宣言》

2001 年 4 月，58 个发展中国家向 TRIPS 理事会建议讨论药品的可获及性问题，②并要求通过一个宣言，确认《TRIPS 协定》允许 WTO 成员追求其公共健康政策目标。③ 2001 年 11 月 14 日，《〈TRIPS 协定〉与公共健

① Doha Ministerial Declaration，WT/MIN（01）/DEC/1，14 November 2001，available at http://www. wto. org/english/thewto_e/minist_e/min01_e/mindecl_e. htm，last visited on Jan. 11，2009.

② Ellen'T，Hoen，TRIPS，Pharmaceutical Patents，and Access to Essential Medicines：A Long Way from Seattle to Doha，*Chicago Journal of International Law*，2002，3，p.38.

③ 美国等国反对通过这一宣言，以至一些谈判代表认为与 TRIPS 有关的问题是潜在的"谈判破坏者"。Jeffrey L.，Dunoff & Steven R.，Ratner & David，Wippman，*International Law：Norms，Actors，Process：A Problem-Oriented Approach*，New York：Aspen Law & Business，2002，p. 989.

康宣言》(以下简称《多哈健康宣言》)获得通过。《多哈健康宣言》受到了中外学者的较多关注。

鉴于《TRIPS 协定》的灵活性条款模糊而不确定,顾及发展中成员的现实困难,《多哈健康宣言》对部分弹性条款进行了澄清。宣言提出,《TRIPS 协定》必须是解决艾滋病、肺结核等引起的公共健康问题的更广泛的国家和国际行动的一部分。对《TRIPS 协定》的解释和实施能够而且应当支持 WTO 成员保护公共健康的权利,尤其应当促进所有人获得药品的权利。WTO 成员有权利充分地利用《TRIPS 协定》中为此规定了灵活性的条款。在 2016 年 1 月 1 日前,最不发达国家成员可以不实施《TRIPS 协定》中有关药品专利的规定;这一决定不会影响最不发达成员寻求延长第 66 条第 1 款中规定的过渡期的权利。该宣言还澄清了 WTO 成员的以下权利,如授予强制许可、决定何种情况构成国家的紧急状态或其他非常紧迫的情况、确立自己的知识产权用尽制度。①

尽管学者们对该宣言性质的认识并不一致,②但他们无一例外地认为,宣言体现了知识产权国际保护制度的一个显著变化,即《TRIPS 协定》规定的知识产权保护标准不应当成为 WTO 成员履行其保护健康权的国际义务的障碍。换言之,药品专利权不能妨碍社会公众健康权的实现。尽管该宣言没有使发达成员承担严格的法律义务,但它表明,在发展中成员、广大的市民社会组织的联合和正义的要求下,发达成员不能够再漠视国际社会中广大人民的基本人权,无视发展中成员的特殊待遇要求。而且,该

---

① Declaration on the TRIPS Agreement and Public Health,WT/MIN(01)/DEC/W/2(Nov. 14,2001),paras. 3-7,available at http://www. wto. org/english/tratop_e/trips_e/pharmpatent_e. htm,last visited on Jan. 11,2009.

② 例如,有学者认为它属于 WTO 的内部决议;有学者认为它构成对《TRIPS 协定》的有权解释,从而对 WTO 成员具有约束力;还有学者则认为它既是有关国际贸易的文件,又是人权文件。周俊强:《21 世纪知识产权国际保护制度的走向》,载《安徽师范大学学报(人文社会科学版)》2005 年第 2 期。黄瑶、徐里莎:《TRIPS 协定公共健康例外条款与发展中国家的传染病防治》,载《医药法律》2003 年第 4 期。also Frederick M.,Abbott,TRIPS and Human Rights:Preliminary Reflections,Christine,Breining-Kaufmann & Frederick M.,Abbott & Thomas,Cottier,*International trade and human rights*,University of Michigan Press,2006,p. 153.

宣言可能鼓励发展中国家向公共健康问题之外的其他知识产权政策发起挑战。[1] 这预示着发展中成员可以将这一解决方式扩大适用至其他问题领域,修改、补充知识产权保护标准,重新平衡知识产权保护中的私权利益和社会公众的利益以及更广泛的公共利益。

不过,该宣言的不足也是明显的。宣言的规定仅仅是原则性的,它并未给 WTO 成员提供关于行使上述权利的实质性建议。而且,尽管宣言承认许多成员没有足够的或根本没有相关药品的生产能力,并因此不能有效地利用强制许可条款,但宣言没有对《TRIPS 协定》第 31(f)条作出解释,而是将这个问题的解决交给了 TRIPS 理事会,要求理事会在 2002 年年底之前向总理事会作出报告(即所谓的"第 6 段问题")。它并未能确保广大发展中成员的社会公众获得治疗艾滋病等重大传染性疾病的急需药品。

2.《关于执行多哈公共健康宣言第 6 段的决议》

2003 年 8 月 30 日,WTO 总理事会通过了《关于执行多哈公共健康宣言第 6 段的决议》(以下简称"总理事会决议")。"总理事会决议"采取了一种过渡性豁免的形式,豁免了各成员在《TRIPS 协定》第 31(f)条项下的义务(即使用强制许可制造的产品只能主要用于国内市场),该豁免持续到对该条款作出修改为止。根据该决议,在强制许可下生产仿制药品的成员,在符合决议规定的条件下被免除禁止出口药品的义务,可以将药品出口到适格的进口成员。[2] 如果适格的进口成员对同样的药品授予强制许可,该进口成员在第 31(h)条下的义务应当被豁免,即适格的进口成员实施强制许可时,被免除了向专利持有人支付足够报酬的义务。[3]

虽然"总理事会决议"采用的是临时性的义务豁免模式而不是采用

① Steve, Lohr. The Intellectual Property Debate Takes A Page from 19th-century America, The New York Times, Oct 14, 2002, available athttp://query. nytimes. com/ gst/fullpage. html? res = 9C07E4D8103AF937A25753C1A9649C8B63&sec = &spon = &pagewanted=3, last visited on Jan. 11, 2009.

② Implementation of Paragraph 6 of the Doha Declaration on the TRIPS Agreement and Public Health, WT/L/540 (Sept. 1, 2003), paras. 2, 11, available at http://www. wto. org/English/tratop_e/trips_e/implem_para6_e. htm, last visited on Jan. 11, 2009.

③ Implementation of Paragraph 6 of the Doha Declaration on the TRIPS Agreement and Public Health, WT/L/540 (Sept. 1, 2003), para. 3, available at http://www. wto. org/English/tratop_e/trips_e/implem_para6_e. htm, last visited on Jan. 11, 2009.

《TRIPS 协定》的修改模式或解释模式，①国际社会还是对该决议寄予了较大的期望。WTO 前总干事素帕猜在该决议通过当天的新闻发布会上就提出，对于 WTO 来说，这是一项历史性是协定……它使得贫穷的国家可以充分利用 WTO 知识产权规则中的弹性条款，以应对蹂躏本国人民的流行性疾病。②肯尼亚驻 WTO 的代表称，这项协定对非洲，尤其是那些迫切需要得到药品治疗的人们来说是个好消息。③一些学者也给予其较高的评价，认为该文件是在 WTO 的框架内发达国家向发展中国家和最不发达国家作出的重大妥协和让步，可以看作是发展中国家与最不发达国家所取得的一次重要胜利，④昭示着国际知识产权保护在一定程度上向"人本主义"的价值目标的回归。⑤

尽管该决议是 WTO 知识产权规则的一项重大突破，但是，一些学者在冷静分析之后指出，该决议在传染病的范围、公共健康危机解释的弹性以及具体如何向最不发达国家提供廉价药品等问题上均存在不明确性，这为决议的实际操作埋下了引发争端的隐患。⑥而且，决议对药品范围、适格进口国的限制，实施强制许可的成本以及其他繁重的法律程序要求等都

---

① Id. WTO 成员对"第 6 段问题"的解决模式存有较大的争议，发展中成员大多主张修订《TRIPS 协定》第 31(f)条或重新解释协定第 30 条来解决问题，美国则坚持采用豁免义务的方式来解决。Council for TRIPs, Proposals on Paragraph 6 of the Doha Declaration on the TRIPs Agreement and Public Health: Thematic Compilation, WTO Doc. IP/C/W/363 (2002), 16, available athttp://docsonline. wto. org/gen_search. asp? searchmode＝simple, last visited on Jan. 11, 2009.

② WTO News: 2003 Press Releases, Press/ 350/Rev. 1, 30 August 2003, available at http://www. wto. org/english/news_e/pres03_e/pr350_e. htm, last visited on Jan. 11, 2009.

③ 《世贸组织通过解决"公众健康"问题最后文件》，载《国际商报》，2003 年 8 月 30 日第 4 版。

④ 张小勇：《知识产权与公共健康和社会发展学术研讨会综述》，载《科技与法律》2004 年第 4 期。

⑤ 贺小勇：《论公共健康安全与国际知识产权保护的协调——WTO〈多哈宣言〉"第 6 条款问题"评析》，载《政法论坛》2004 年第 6 期。

⑥ 黄瑶、徐里莎：《TRIPs 协定公共健康例外条款与发展中国家的传染病防治》，载《医药法律》2003 年第 4 期。余丽：《WTO 知识产权制度与人权保护的冲突与协调》，载莫世健主编：《国际法评论》(2)，中国法制出版社 2007 年版。

限制了发展中国家全面、切实地履行其保护健康权的义务。[①] 甚至,有学者指出,决议自 2003 年生效后,没有一点证据表明确实发挥了作用,迄今为止,能了解到的仅有的一点信息是决议对药品采购造成了负担,阻碍了而不是鼓励了通用名药的生产。[②]

《多哈健康宣言》、"总理事会决议"的主要措施是允许一些国家在一定情况下采取强制许可、平行进口等措施,使本国人民获得医治传染病急需的药品和医疗问题。但是,这并不意味着问题得到了基本解决,而只能说是一个开端。对此,我们应当保持客观、清醒的认识。

3.《关于修正〈TRIPS 协定〉的决议》

2005 年 12 月 6 日,WTO 成员通过决议,将 2003 年"总理事会决议"中的过渡性豁免机制增加为《TRIPS 协定》第 31 条之 2(Article 31bis),作为对《TRIPS 协定》第 31(f)条的永久性修改。[③] 该决议的附件包括:《TRIPS 协定》的修正议定书(The Protocol amending the TRIPS Agreement)、该议定书的附件(即《TRIPS 协定》第 31 条之二)、《TRIPS 协定》的附件(Annex To The TRIPS Agreement)和关于药品生产能力评估的附录(Assessment of Manufacturing Capacities in the Pharmaceutical Sector)。根据《TRIPS 协定》第 31 条之二第 1 款的规定,WTO 成员可以为解决适格的进口成员面临的公共健康问题而颁发强制许可,制造有关药

---

① Frederick M., Abbott, The WTO Medicines Decision:World Pharmaceutical Trade and the Protection of Public Health, *American Journal of International Law*, 2005,99(2), pp.327-36. 林秀芹:《TRIPs 体制下的专利强制许可制度研究》,法律出版社 2006 年版,第 387 页。

② 郑晶心(摘):《TRIPS 对解决药物价格危机"绝对不够"》,载《国外药讯》2006 年第 5 期。自产生以来,该决议的适用情况并不多,因而,它的实用性(workability)并不确定。而许多公共健康团体认为,它所规定的要求太烦琐,因而缺乏效率。General Council approves "permanent solution" to TRIPS and Health,SUNS ♯5932,8 December 2005,邮箱版.2007 年 7 月 17 日,卢旺达成为第一个利用"总理事会决议"进口廉价仿制药品的国家。WTO:2007 News Items, Patents and health:WTO receives first notification under "paragraph 6" system, 20 July 2007, available at http://www. wto. org/english/news_e/news07_e/public_health_july07_e. htm,last visited on Jan. 11, 2009.

③ Decision on "Amendment of the TRIPS Agreement", WT/L/641, available at http://docsonline. wto. org/gen_search. asp? searchmode=simple, last visited on Jan. 11, 2009.

品并将其出口到这些成员。这成为有史以来第一次对 WTO 核心协定条款的修改,产生了《TRIPS 协定》框架下的新的药品专利强制许可制度。WTO 总干事帕斯卡尔·拉米(Pascal Lamy)说,"这一修改《TRIPS 协定》条款的决议再一次证实了,WTO 成员有决心确保 WTO 贸易制度促进人道主义与发展的目标"①。

根据该决议,《TRIPS 协定》的修正议定书将在三分之二 WTO 成员接受后生效。截至 2008 年 11 月 13 日,有 19 个成员接受了该修正议定书。②有必要提出的是,前述"总理事会决议"中存在的问题依然存在,③这反映出药品专利权与获得药品的权利之间的矛盾仍未得到最终的解决。

《TRIPS 协定》下药品专利强制许可制度的修正,是 WTO 知识产权制度的重大变革和完善。它对后 TRIPS 时代国际知识产权保护制度的变革也提供了重要的启示。首先,作为法律的根本价值取向、作为法律的应然

---

① 2005 Press Releases,Press/4266,December 2005,available at http://www. wto. org/English/news_e/pres05_e/pr426_e. htm,last visited on Jan. 11,2009.

② 根据该决议,WTO 成员接受该修正案的最后日期是 2007 年 12 月 1 日。2007 年 12 月 18 日,总理事会通过《延长 TRIPS 协议修正议定书接受期限的决议》(Extension of the Period for the Acceptance by Members of the Protocol Amending the TRIPS Agreement,WT/L/711),将接受的最后日期改为 2009 年 12 月 31 日。已经接受《TRIPS 协定》修正议定书的成员包括美国、瑞士、萨尔瓦多、韩国、挪威、印度和菲律宾、以色列、日本、澳大利亚、新加坡、中国、中国香港、欧共体、毛里求斯、埃及、墨西哥、约旦和巴西。Countries accepting amendment of the TRIPS Agreement,available at http://www. wto. org/english/tratop_e/trips_e/amendment_e. htm,last visited on Jan. 11,2009. 2007 年 10 月 28 日,第十届全国人民代表大会常务委员会第三十次会议作出决定,批准了该修正案。中国批准《修改〈与贸易有关的知识产权协定〉议定书》,available athttp://www. npc. gov. cn/npc/oldarchives/cwh/common/zw. jsp @ hyid = 0210030 _ &label = wxzlk&id = 373882&pdmc=qtyc. htm,last visited on Jan. 11,2009.

③ 田晓萍:《TRIPS 协议第 31 条修正案分析》,载《知识产权》2007 年第 3 期。also Frederick M.,Abbott and Jerome H.,Reichman,The Doha Round's Public Health Legacy:Stragegies for The Production and Diffusion of Patented Medicines under the Amended TRIPS Provisions,*Journal of International Economic Law*,2007,pp. 921,984. 根据前述《TRIPS 协定》的附件,有关"药品""适格进口成员"、实施强制许可的程序要求等规定与"总理事会决议"的规定相同。Decision on "Amendment of the TRIPS Agreement",WT/L/641,available at http://docsonline. wto. org/gen _ search. asp? searchmode=simple,last visited on Jan. 11,2009.

和实然精神的人本主义应当是而且能够是《TRIPS 协定》变革、完善和创新的价值目标。其次,它所采用的对药品专利给予特殊待遇的"差别保护"模式能够最大限度地兼顾 WTO 成员的不同利益要求,从而促成谈判取得实质性的成果。这种利益协调模式可能是推进《TRIPS 协定》变革和创新的一种明智选择。最后,在谈判中,发展中成员必须寻求在共同利益基础上形成共同的政策立场,协调谈判策略,形成一股合力,而且要充分利用美国、欧盟等发达成员之间的政策空隙。[1]

（二）第 27 条第 3 款（b）项的审查[2]

根据《TRIPS 协定》第 27 条第 3 款（b）项进行的有关是否向动物、植物发明授予专利以及保护植物品种的审查。该项审查涉及植物多样性保护、《TRIPS 协定》与 CBD 的关系、传统知识和民间文学艺术表达的保护等问题。由于该条款涉及"生命专利"(the patenting of life forms or patent on life forms)问题,对发展中成员而言,对它的审查实际上关系到生与死的问题。[3] 第 27 条第 3 款（b）项的审查是与《TRIPS 协定》相关的议题中最为敏感和最富争议的问题。

1998 年年底,TRIPS 理事会开始了对第 27 条第 3 款（b）项的审查。审查一开始,WTO 成员对"审查"的范围就存有异议。许多发展中成员认为,"审查"是针对第 27 条第 3 款（b）项的内容而言的,而不仅仅是审查它的实施情况,这意味着存在修订这一条款的可能。泰国等东盟成员还提

---

① Frederick M., Abbott, The WTO Medicines Decision: World Pharmaceutical Trade and the Protection of Public Health, *American Journal of International Law*, 2005, pp. 343-345.

② 《TRIPS 协定》第 27 条第 3 款规定,各成员可拒绝对下列内容授予专利:(a)人或动物的诊断、治疗和外科手术方法;(b)微生物以外的植物和动物,以及非生物和微生物以外的生产植物和动物的主要生物方法。但是,各成员应通过专利或一种有效的专门制度或通过这两者的结合来保护植物品种。本项的规定应在《WTO 协定》生效之日起 4 年后进行审议。

③ Vandana, Shiva, TRIPs, Human Right and Public Domain, *The Journal of World Intellectual Property*, September 2004, p. 673.

出,该条款的审查将具有重要的道德、经济和发展影响。① 而一些发达成员(尤其是美国和欧共体)则认为,"审查"是针对该条款的实施而言的。② 西雅图部长会议失败后,美国提出审查已经结束,而其他一些国家认为应当继续审查。③ WTO 成员不仅就审查的范围存有争议,而且在相关问题的制度完善和创新上存在很大分歧。

1. 植物品种的保护

在植物品种的保护问题上,发展中成员希望自主决定适合本国需要的专门制度,并就传统知识、农民权的保护等提出了许多建议。非洲集团在建议中提出,应当给《TRIPS 协定》第 27 条第 3 款(b)项增加一项脚注,即在植物品种的专门制度立法中,以与 CBD 和 1983 年《植物遗传资源国际承诺》相一致的方式保护发展中国家土著和当地农民社区的创新;保护农民保留、交换种子和销售收获物的权利。④ 泰国等东盟成员也一再提出,明确农民使用、交换种子的权利作为植物品种权的例外。⑤

发达成员则希望消除专门制度的选择权,明确根据 UPOV 管理的 1991 年《保护植物新品种国际公约》来协调各成员国内的专门制度立法。⑥

2. 生物技术发明的专利问题

非洲集团对这一问题提出了详细的分析和建议:微生物、微生物生产

---

① IP/C/M/23, 2 June 1999, paras. 91, 93, 96, 100-104; IP/C/M/25, 22 December 1999, para. 78, available at http://docsonline. wto. org/gen_search. asp? searchmode = simple, last visited on Jan. 11, 2009.

② IP/C/M/23, Id., paras. 94, 99.

③ E/C12/2000/20, Economic, Social and Cultural Rights and WTO Work on Intellectual Property Rights-Current Processes and Opportunities, paras. 25, 26, available at http://documents. un. org/results. asp, last visited on Jan. 11, 2009.

④ Preparations for the 1999 Ministerial Conference, The TRIPs Agreement-Communication from Kenya on Behalf of the African Group, WT/GC/W/302, 1999, para. 23.

⑤ IP/C/M/25, 22 December 1999, para. 78; IP/C/M/29, 6 March 2001, para. 172.

⑥ Preparations for the 1999 Ministerial Conference-General Council Discussion on Mandated Negotiations and the Built-In Agenda-Communication from the United States, WT/GC/W/115, 1998, 6. The EU Approach to the WTO Millennium Round, 1999, 16, available at http://trade. ec. europa. eu/doclib/docs/2006/december/tradoc_111111. pdf, last visited on Jan. 11, 2009.

方法专利违反了专利法的根本规定,它们都属于发现,而不是发明。因此,微生物、动物、植物以及它们的生产方法都不应获得专利保护。^① 委内瑞拉在其建议中提出,应当扩大第 27 条第 3 款(b)项中可授予专利客体的例外,例如包括 WHO 提出的基本药品。这也可以使第 8 条的规定更具可操作性。^②

相反,以美国为首的一些发达成员则希望通过修订这一条款,以消除对生命专利的限制,即删除植物和动物作为可专利性的例外的规定。^③

3. 传统知识和民间文学艺术的保护问题

传统知识和民间文学艺术的保护已经成为后 TRIPS 时代国际社会普遍关注的热点问题。越来越多的证据表明,传统知识及其相关实践对生物多样性的保持和增加有着重要的作用。而且,世界经济中相当重要的部分是基于对传统知识的占有和利用。然而,现行的财产法并不尊重传统知识,它们忽视传统知识,甚至推动了对它的破坏。传统知识的经济重要性、它所产生的不断增长的经济利益及其日益受到的破坏受到了国际社会的关注,并引发了许多公共政策问题,包括传统知识的知识产权保护问题。^④

除了这种经济视角外,联合国经济、社会及文化权利委员会(Committee on Economic, Social and Cultural Rights,CESCR)在其第 17

---

① Preparations for the 1999 Ministerial Conference, The TRIPs Agreement-Communication from Kenya on Behalf of the African Group, WT/GC/W/302, 1999, paras. 20,21; IP/C/W404, Taking forward the Review of Article 27.3(b) of the Trips Agreement-Joint Communication from the African Group, 26 June 2003, available at http://docsonline. wto. org/gen_search. asp? searchmode＝simple, last visited on Jan. 11, 2009.

② Proposals Regarding the TRIPS Agreement in Terms of Paragraph 9(a) (i) of the Geneva Ministerial Declaration-Communication from Venezuela, WT/GC/W/282, 1999, para. II. 3.

③ Preparations for the 1999 Ministerial Conference-General Council Discussion on Mandated Negotiations and the Built-In Agenda-Communication from the United States, WT/GC/W/115, 1998, 6.

④ John, Mugabe. Intellectual Property Protection and Traditional Knowledge-An Exploration in International Policy Discourse,4-8, available at http://www. wipo. int/tk/en/hr/paneldiscussion/papers/index. html, last visited on Jan. 11, 2009.

号一般性意见中提出,从人权的角度讲,人人有权享受对其科学、文学和艺术作品所产生的精神和物质利益的保护,不仅保障了作者与其作品之间的个人联系,而且保障了民族、社区或其他群体与其集体的文化遗产之间的联系。在某些情况下,由个人组成的群体或社区也可以享受科学、文学或艺术作品所产生的精神和物质利益的保护。缔约国应采取措施,确保土著人民与其作品有关的利益得到保护,他们的作品往往表现为其文化遗产和传统知识。在采取措施保护土著人民的科学、文学和艺术作品时,缔约国应考虑到他们的喜好。这种保护可以包括按照本国知识产权保护制度而采取措施承认、登记并保护土著人民的个体或集体创作权,并应防止第三方在未获授权的情况下使用土著人民的科学、文学和艺术作品。在执行这些保护措施时,缔约国应该尊重有关土著作者自由、事先知情同意的原则,并尊重其科学、文学和艺术作品口头或其他习惯性传播方式。在必要时,缔约国应作出规定,由土著人民集体管理其作品所产生的利益。①

发展中成员的建议主要是,要求所有 WTO 成员实行传统知识来源披露、利益分享和事先知情同意(prior informed consent,PIC)制度,承认各成员对其境内的遗传资源的主权,并以来源披露等要求作为与生物材料和传统知识有关的专利申请获得法律保护的条件。② 印度还提议修订

---

① General Comment No. 17 (2005), paras. 2,8,32, available at http://www. unhchr. ch/tbs/doc. nsf/(Symbol)/E. C. 12. GC. 17. En? OpenDocument. , last visited on Jan. 11,2009.

② The Relationship Between the TRIPS Agreement and the Convention on Biological Diversity and the Protection of Traditional Knowledge,IP/C/W/356,2002,para. 10 ; IP/C/W/470,Submission in response to the communication from Switzerland (IP/C/W/446)-Communication from Bolivia,Cuba,Ecuador,India,Sri Lanka and Thailand,21 March 2006,paras. 5,6,available at http://docsonline. wto. org/gen_search. asp? searchmode=simple,last on Jan. 11,2009. also GRAIN. The TRIPS Review at a Turning Point? July 2003,available at http://www. grain. org/briefings/? id=122,last visited on Jan. 11,2009.该项建议的具体内容是:各成员应当要求与生物材料或传统知识有关的专利申请人提供以下信息,并以此作为获得专利权的条件:在发明中所使用的生物资源和传统知识的来源和原产国;根据相关国家法律制度从主管部门获得的事先知情同意的证据;根据相关国家法律制度要求的公平与合理分享惠益的证据。

《TRIPS 协定》第 29 条,加入关于来源披露的要求。[①] 第 29 条之二(Article 29bis)的问题正成为 TRIPS 理事会中讨论的热点。[②] 挪威对此提案表示了支持,但它提出,如果在专利授予之后发现了违反披露义务的情况,这并不影响所授专利的有效性,而是应当对此作出适当和有效的刑罚或行政处罚。[③] 美国等发达成员坚决反对将来源披露等作为获取专利权的条件,不过,欧共体和瑞士作出一定的妥协,它们提出可以由申请者自己决定是否披露(即"自我披露",self-standing disclosure),但不作为取得专利权的条件。[④]

此外,非洲集团(Africa Group)、委内瑞拉、玻利维亚、哥伦比亚、厄瓜多尔、尼加拉瓜和秘鲁等发展中国家提出了对传统知识应给予知识产权保护的要求,承认集体知识产权,提议 WTO 与相关的国际组织合作,研究利

① Preparations for the 1999 Ministerial Conference-Proposal on IPR Issues-Communication from India, WT/GC/W/147, para. 16, available at http://docsonline. wto. org/gen_search. asp? searchmode＝simple, last visited on Jan. 11, 2009.

② 2006 年 5 月,巴西、印度、中国等发展中成员提出了一个修订《TRIPS 协定》第 29 条的建议文本(即第 29 条之二),供各成员讨论。该修订建议要求 WTO 成员在专利申请中实行生物资源及/或相关传统知识的来源披露制度。e. g., WT/GC/W/564, Communication from Brazil, India, Pakistan, Peru, Thailand and Tanzania, 31 May 2006; WT/GC/W/564/Rev. 1, Communication from Brazil, China, Cuba, India, Pakistan, Peru, Thailand and Tanzania, 6 June 2006; IP/C/W/475, Response to Questions Raised on the Draft Amendment to TRIPS-Article 29bis, Communication from Brazil, 2006。

③ IP/C/W/473, Communication from Norway, 14 June 2006, paras. 4,8, available at http://docsonline. wto. org/gen_search. asp? searchmode＝simple, last visited on Jan. 12, 2009.

④ European Commission Directorate-General for Trade, Communication by the European Communities and their Member States to the TRIPs Council on the Review of Article 27. 3(b) of the TRIPs Agreement, and the Relationship Between the TRIPs Agreement and the Convention on Biological Diversity (CBD) and the Protection of Traditional Knowledge and Folklore: A Concept Paper, Sept. 12, 2002, paras. 51, available at 55, http://trade-info. cec. eu. int/doclib/cfm/doclib_section. cfm? order＝date&sec＝180&lev＝2&sta＝221&en＝240&page＝12, last visited on Jan. 12, 2009. IP/C/W/400/Rev. 1, Review of Article 27. 3(b), the Relationship Between the TRIPs Agreement and the Convention on Biological Diversity, and the Protection of Traditional Knowledge－Communication from Switzerland, June 18, 2003,19.

用知识产权保护传统知识和民间文学艺术的最为适当的方式,启动关于建立保护传统知识和民间文学艺术的多边法律制度的谈判,纳入多哈回合的谈判议程。[①] 美国则强调说,传统知识不符合现有知识产权制度保护的条件。[②]

以巴西、印度为首的发展中成员没有单独就此议题递交独立文件,而是将其与有关 CBD 的议题一并加以处理。总体来看,在传统知识的保护方式(利用知识产权还是合同法或其他法律手段进行保护)、保护模式(国内还是国际保护)、国际谈判场所(WIPO 还是在 WTO)等问题上,WTO成员之间存在较大的分歧,即使在发展中成员内部,它们的关注点也不相同。[③]

4.《TRIPS 协定》与 CBD 的关系

《TRIPS 协定》与 CBD 的关系所涉及的主要是与生物多样性有关的知识产权的保护与 CBD 目标实现的关系问题,包括与生物多样性有关的传统知识的保护问题。CBD 第 16(2)条规定,为了促进技术(包括生物技术)转让,应当保护与生物多样性有关的知识产权。CBD 第 16(5)条规定,与生物多样性有关的知识产权应当支持、并且不违反 CBD 的目标。

在这个问题上,发展中成员认为,《TRIPS 协定》及其实施对 CBD 的目标构成损害和威胁,主张对《TRIPS 协定》进行修改,使之与 CBD 相协

---

① Preparations for the 1999 Ministerial Conference-Proposal on Protection of the Intellectual Property Rights Relating to the Traditional Knowledge of Local and Indigenous Communities-Communication from Bolivia, Colombia, Ecuador, Nicaragua, and Peru, WT/GC/W/362, Oct. 12, 1999, paras. 9-10; Proposals Regarding the TRIPS Agreement in Terms of Paragraph 9(a) (i) of the Geneva Ministerial Declaration-Communication from Venezuela, WT/GC/W/282, Aug. 6, 1999, para. Ⅱ. 2; IP/C/W/404, Taking Forward the Review of Article 27. 3(b) of the TRIPs Agreement-Joint Communication from the African Group, June 26, 2003, Annex.

② IP/C/W/209, Review of the Provisions of Article 27. 3(b)-Further Views of the United States, Oct. 3, 2000, 4.

③ Carlos M. , Correa. Traditional knowledge and Intellectual Property: Issues and Options Surrounding the Protection of Traditional Knowledge, Quaker United Nations Office, November 2001, available at http://www. iucn. org/themes/pbia/themes/trade/training/TK%20and%20Intellectual%20Property. pdf, last visited on Jan. 12, 2009.

调,符合国家主权等三原则,并提出凡涉及生物资源和传统知识的专利申请,应建立要求申请人信息披露的强制性义务,确保资源拥有者的知情权和获得报酬权。与 CBD 第 15 条不一致的专利申请不得获得批准。[①]

相反,美国等发达成员则认为《TRIPS 协定》与 CBD 不存在冲突,[②]因为它们的目标各自独立,《TRIPS 协定》中没有任何条款阻止 WTO 成员履行它在 CBD 下的义务。因此,这些发达成员不主张将此议题纳入新一轮谈判,反对修改协定,主张对生物多样性和传统知识的保护不能降低现有知识产权保护水平。由于以美国和欧盟为首的发达成员对此议题的谈判态度消极,而且各方争议颇大,因此,谈判没有取得进展。[③]

5.《TRIPS 协定》第 7 条、第 8 条的评估

《TRIPS 协定》第 7 条、第 8 条是第 27 条第 3 款(b)项审查中备受关注的条款。一些发展中成员要求,在与第 27 条第 3 款(b)项审查有关的各项

---

① e.g., IP/C/W/228, Brazil Communication, Nov. 24, 2000, para. 25; Proposals Regarding the TRIPS Agreement in Terms of Paragraph 9(a)(i) of the Geneva Ministerial Declaration-Communication from India, WT/GC/W/225,1999, para. 4; IP/C/W/356, The Relationship Between the TRIPs Agreement and the Convention on Biological Diversity and the Protection of Traditional Knowledge, June 2002, para. 10, available at http://docsonline. wto. org/gen_search. asp? searchmode = simple, last visited on Jan. 12, 2009. CBD 第 15 条规定:各国对其遗传资源拥有主权权利、遗传资源的取得须经提供这种资源的缔约国事先知情同意以及遗传资源利用所获的利益应当被公平分享。

② IP/C/W/209,Review of the Provisions of Article 27. 3(b)-Further Views of the United States, Oct. 3, 2000,5; IP/C/W/236, Review of the Provisions of Article 27. 3(b)-Japan's View, Dec. 11, 2000,6; IP/C/W/254,Review of the Provisions of Article 27. 3(b) of the TRIPs Agreement-Communication from the European Communities and their Member States, June 13, 2001,para. 12.

③ 中国国家知识产权局:《国际动态:TRIPS 理事会 2007 年第三次例会召开》,available athttp://www. sipo. gov. cn/sipo/ztxx/yczyhctzsbh/xxk/gjdt/200711/t20071126_221035. htm, last visited on Jan. 12,2009.

问题中,《TRIPS 协定》第 7 条、第 8 条确立的原则和目标必须得到遵从。[①]
欧共体对此表示了肯定。[②]

事实上,这也是 WTO 总理事会在对《TRIPS 协定》的实施评估中需要考虑的条款。西雅图部长会议之后,在广大发展中成员的坚持下,2000 年 5 月 3 日,WTO 总理事会通过决议,决定定期召开"特别会议"(Special Session on Implementation)以审查有关 WTO 协定的实施,目的在于处理发展中成员所关注的现有 WTO 协定实施的不平衡问题。[③] 在向总理事会提交的建议中,许多发展中成员提到《TRIPS 协定》第 7 条、第 8 条的具体实施(可操作性)问题,要求评估《TRIPS 协定》的社会、经济和福利效果,并主张《TRIPS 协定》的修订应当符合这两项条款的要求。[④]

(三)对最不发达国家的技术转让问题

在《与实施有关的问题和关注的决定》中,部长们重申,《TRIPS 协定》第 66 条第 2 款的规定是强制性的,大家同意要 TRIPS 理事会制订一个监督和保证成员履行这方面义务的机制。为了这个目的,发达国家成员必须

---

① E/C12/2000/20,Economic,Social and Cultural Rights and WTO Work on Intellectual Property Rights-Current Processes and Opportunities,paras. 24,32,available at http://documents. un. org/results. asp,last visited on Jan. 12,2009. IP/C/M/29,Minutes of Meeting,6 March 2001,para. 198;IP/C/W/403,Submission by Bolivia,Brazil,Cuba,Dominican Republic,Ecuador,India,Peru,Thailand,Venezuela,2003,para. 8,available at http://docsonline. wto. org/gen_search. asp? searchmode＝simple,last visited on Jan. 12,2009.

② IP/C/W/383,Communication from EC,2002,3,资料来源同上 . last visited on Jan. 12,2009.

③ General Council Decision on Implementation-Related Issues,2000,available at http://www. wto. org/spanish/news_s/spmm_s/_derived/sourcecontrol_gcimpl_s. htm,last visited on Jan. 12,2009. 在《TRIPS 协定》的实施审查中,《TRIPS 协定》与 CBD 的关系、《TRIPS 协定》第 66 条第 2 款的实施问题受到了关注。General Council:Implementation-Related Issues and Concerns,2000,available at http://www. wto. org/spanish/news_s/news00_s/gc_finaldecision_15dec00_s. htm,last visited on Jan. 12,2009.

④ for example,Proposals Regarding the TRIPS Agreement in Terms of Paragraph 9 (a)(i) of the Geneva Ministerial Declaration-Communication from Venezuela,WT/GC/W/282,1999,para. Ⅱ. 3;Communication from the Dominican Republic and Honduras,WT/GC/W/119,1998,para. 28,available at http://docsonline. wto. org/gen_search. asp? searchmode＝simple,last visited on Jan. 12,2009.

在 2002 年年底前提交各自国家在促进本国企业提供第 66 条第 2 款中规定的技术转让方面而采取的激励措施的报告。这些报告不但要接受 TRIPS 理事会的审查,而且要每年更新其中的信息。①

2002 年 7 月,最不发达国家集团(Least-Developed Countries' Group)提出,要建立一个有效的实施监督机制,TRIPS 理事会应当考虑四个方面的基本问题:(1)根据报告包含的信息和具体程度确定报告的类别和性质;(2)报告审查的时间、方式和形式;(3)报告信息的更新和提交;(4)未遵守报告制度的处理措施。关于上述问题的解决,最不发达国家集团提出了它们的意见,例如,发达成员提交的报告及其更新必须非常详细和具体,足以确定激励措施、激励措施与第 66 条第 2 款义务的相关性、采取激励措施的企业或机构、转让技术的类型和成本、技术转让的条件、受让技术的最不发达国家成员、转让技术的适当性和当地适应性以及位于最不发达国家成员内的受益企业或机构;更新的报告应当对最不发达国家成员在前期审查中提出问题、要求和关切事项作出回应;等等。② 2003 年 2 月,TRIPS 理事会通过《实施〈TRIPS 协定〉第 66 条第 2 款的决议》。根据该决议,发达国家应该每年向 TRIPS 理事会提交关于其实施向发展中国家技术转让的义务的报告。③ 该决议并没有完全考虑最不发达国家成员的关切事项。从发达成员提交的报告来看,在向最不发达国家转让技术方面,除了一些技术培训和专家交流等项目之外,发达成员没有采取什么实质性的措施,例如

① Implementation-Related Issues and Concerns-Decision of 14 November 2001,WT/MIN(01)/17,para. 11. 2, available at http://www. wto. org/English/thewto_e/minist_e/min01_e/mindecl_implementation_e. htm,last visited on Jan. 12,2009.《TRIPS 协定》第 66 条第 2 款规定:发达国家成员应鼓励其境内的企业和组织,促进和鼓励向最不发达国家成员转让技术,以使这些成员创造一个良好和可行的技术基础。

② IP/C/W/357,Communication from Least-Developed Countries,2002,paras. 4,5,available at http://docsonline. wto. org/gen_search. asp? searchmode=simple,last visited on Jan. 12,2009.

③ IP/C/28,Implementation of article 66. 2 of the trips agreement,20 February 2003.

鼓励企业向最不发达国家转让技术的激励机制。[①] 上述决议表示，为了完善实施监督机制，TRIPS 理事会将在 3 年后对其进行审查。然而，从目前来看，TRIPS 理事会并未采取积极的行动对其加以改进。

在《TRIPS 协定》第 66 条第 2 款的实施审查中，受到关注的对象并未仅仅限于最不发达国家，向所有发展中成员进行技术转让的问题也受到了重视。印度指出，过高的价格使得发展中成员在获取外国技术方面面临着不少困难。它提议，在审查《TRIPS 协定》关于向发展中成员转让技术条款的执行情况时，应当考虑协定第 7 条、第 8 条规定的原则和目标，采取切实有效的措施使其真正发挥效力。委内瑞拉在其建议中提出，应当将第 66 条第 2 款扩大适用于所有发展中成员，并通过对第 7 条、第 8 条的审查，使该条款具有可操作性，得到有效的实施。[②]

目前，在技术转让和知识产权议题上，WTO 成员更为关心的是基于气候变化问题而引起的环境友好技术的转让（Transfer of Environmentally Rational Technology）问题。2013 年 3 月，厄瓜多尔向TRIPS 理事会提议讨论如何利用《TRIPS 协定》的灵活性来促进环境友好技术的使用。[③] 实际上，在这之前，已有学者指出，既然 WTO 贸易与技术转让工作组（Working Group on Trade and Transfer of Technology，WGTTT）主要解决"WTO 一些协定提到在发达国家和发展中国家间进行技术转让的需要，但对在实践中如何进行这样的技术转让及在 WTO 框架内是否可以采取具体的措施来促进这样的技术流动规定得十分模糊"这一

---

① Report on the implementation of article 66. 2of the TRIPS agreement，United States，IP/C/W/431/Add. 5，11 January 2005；European Communities，IP/C/W/431/Add. 3,7 January 2005；Japan，IP/C/W/480,10 October 2006.

② Preparations for the 1999 Ministerial Conference-Proposal on IPR Issues-Communication from India，WT/GC/W/147,paras. 9,11；Proposals Regarding the TRIPS Agreement in Terms of Paragraph 9（a）（i）of the Geneva Ministerial Declaration-Communication from Venezuela，WT/GC/W/282,Aug. 6，1999,para. Ⅱ.4，available at http://docsonline. wto. org/gen_search. asp? searchmode＝simple，last visited on Jan. 12，2009.

③ Contribution of IP to Facilitating the Transfer of Environmentally Rational Technology，available at https://www. wto. org/english/tratop_e/trips_e/cchange_e. htm，last visited on Feb. 26，2015.

问题。显然,工作的范围也应包括有关环境保护方面的技术转让。①
WGTTT是根据《多哈部长宣言》第37段的授权建立的,其工作范围是审
查贸易和从发达国家向发展中国家转让技术之间的关系,以及增加向发展
中国家技术输入的途径。②《多哈部长宣言》第37段提出,WTO成员同意
在总理事会的主持下设立工作组以审查贸易和技术转让之间的关系,并审
查有关在WTO的授权范围内可能采取某些步骤以增加向发展中国家输
入技术的建议。③

(四)地理标志的保护问题

根据2001年《多哈部长宣言》第18段以及2005年《香港部长宣言》第
39段的谈判授权,《TRIPS协定》理事会关于地理标志的谈判议题,包括建
立葡萄酒和烈酒地理标志多边通知与登记制度以及地理标志的扩大保护
两个方面。

就建立葡萄酒和烈酒地理标志多边通知与登记制度而言,有关建议主
要来自三个方面:以美国为首的欧洲移民国家由于在地理标志方面没有优
势,其很多产品的地理标志和欧洲大陆有重合、交叉,担心加大地理标志的
保护力度将对其同类产品的出口造成损害,因而主张注册不应具有强制效
力。欧盟各国有丰富的地理标志资源,已保护的地理标志有6000多种,其
内部已经建立了完善的地理标志保护制度,因而主张建立严格的地理标志
保护制度。以匈牙利为代表的东欧国家的主张与欧盟的主张相近。④ 2011
年4月,TRIPS理事会"特别会议"主席达林顿·维普(Darlington Mwape)
向贸易谈判委员会作了有关"葡萄酒和烈酒地理标志多边通知和登记制

---

① 马忠法:《论应对气候变化的国际技术转让法律制度完善》,载《法学家》2011年第
1期。

② Working Group on Trade and Transfer of Technology, available at https://www.
wto. org/english/tratop_e/devel_e/dev_wkgp_trade_transfer_technology_e. htm, last
visited on Feb. 26, 2015.

③ Ministerial declaration, Adopted on 14 November 2001, available at https://
www. wto. org/english/thewto_e/minist_e/min01_e/mindecl_e. htm, last visited on Feb.
26, 2015.

④ 张玉敏:《我国地理标志法律保护的制度选择》,载《知识产权》2005年第1期。

度"的报告。根据其报告,现在谈判所面临的问题是缺乏单一的谈判文本。①

就地理标志的扩大保护而言,以美国为首的移民国家和欧盟为代表的国家之间也存在严重的分歧。美国、澳大利亚、加拿大、新西兰以及南美部分成员和加勒比成员,不愿意欧盟成为该谈判的最大受益者,它们担心提高对其他产品地理标志的保护水平会影响甚至严重损害自己同类产品的生产和出口,因而坚决反对提高对一般产品的地理标志的保护水平。欧盟、瑞士和东欧成员一直重视对地理标志的保护,而且,农产品对欧盟具有重要的利益,因此坚决主张将对葡萄酒和烈酒的额外保护扩大到其他产品。泰国、印度、土耳其、埃及、巴基斯坦、巴西、印度尼西亚、肯尼亚、斯洛文尼亚、巴拉圭等国出于本国经济利益的考虑,也支持欧盟方的主张,它们组成了地理标志共同利益俱乐部,统一协调立场,积极推动议题讨论的进行。由于双方各持己见,互不相让,TRIPS 理事会无法就此达成一致意见。②2011 年 4 月,时任 WTO 总干事的帕斯卡·拉米对该议题的谈判作了一份报告。根据其报告,谈判各方的分歧仍然存在。③

综上所述,就《TRIPS 协定》的变革现状而言,发达国家还是以其经济利益和国家利益为首要考虑,寻求进一步提高知识产权的保护标准,④对有关的例外进行严格限制;而发展中国家希望能够修订《TRIPS 协定》以满足其发展需要,扩大其实现不同政策目标的裁量余地。目前,除公共健康议题以外,其他与《TRIPS 协定》有关的议题谈判均没有取得任何实质性进展。可以预见,发展中成员在未来《TRIPS 协定》的变革中面临着重

---

① Report by the Chairman, Ambassador Darlington Mwape (Zambia) to the Trade Negotiations Committee, 2011, para. 13, available at http://www. wto. org/english/tratop_e/trips_e/gi_background_e. htm♯wines_spirits, last visited on Jan. 21, 2015.

② 张玉敏:《我国地理标志法律保护的制度选择》,载《知识产权》2005 年第 1 期。

③ Extending the "higher level of protection" beyond wines and spirits, available at http://www. wto. org/english/tratop_e/trips_e/gi_background_e. htm♯wines_spirits, last visited on Jan. 21, 2015.

④ 美国、欧盟、日本等发达成员一再谋求提高《TRIPS 协定》的保护标准。例如,它们建议《TRIPS 协定》将 WIPO1996 年的两个"因特网条约"包括进来。Preparations for the 1999 Ministerial Conference-Proposal on Trade-Related Aspects of Intellectual Property-Communication from Japan, WT/GC/W/242,1999, para. 6.

重困难,任重道远。尽管承受着很大的压力和阻力,然而前述议题谈判与文化权、食物权、发展权等基本人权的保护和实现密切相关,与发展中成员及其人民共同的根本利益密切相关,因而,我国等发展中成员应当始终坚持以知识产权与发展权等人权的冲突及其解决作为变革的推动力,坚定立场,既要确保本国占优势的知识资源能够得到有力的知识产权保护,又要引导《TRIPS 协定》的变革进一步与国际人权法相协调,推动"发展导向"的知识产权国际保护制度的建立。

二、《TRIPS 协定》变革的国际环境

(一)《TRIPS 协定》变革中的不利因素

从当今国际社会的现实来看,《TRIPS 协定》的变革面临着不少障碍和不小阻力,主要包括:

1. 知识产权保护的重心转向保护经济利益和投资

经济全球化加剧了科学活动的私有化和商业化趋势,其着眼点在于知识产权保护的获利性和对经济竞争的作用。相应的,各国政府制定了更多和更宽泛的知识产权制度来保护投资者的利益。知识产权制度已经从为发明人提供激励的手段变成鼓励投资和保护投资者的机制。例如,《TRIPS 协定》对知识产权的保护完全是出于对知识产权权利人经济利益的考虑。

在一些新的知识产权保护制度中,接近和利用知识和信息的社会公众的利益以及更广泛的公共利益更是受到了限制,传统的知识产权保护原则受到了根本性的侵蚀。例如,1996 年《欧洲议会与欧盟理事会关于数据库法律保护的指令》没有包含传统版权法中的"合理使用"条款;而且,只要数据库有所更新(包括继续添加、删除或修改等导致的任何实质性改变),数据库创造者的权利(sui generis right)就可以获得保护期的延展。① 这实际

---

① Directive No. 96/9/EC on the legal protection of databases，Article 6，9，10 available at，http://europa. eu. int/ISPO/infosoc/legreg/docs/969ec. html，last visited on Jan. 12，2009.

上使其获得了永久性的保护。这一立法限制了传统知识产权立法的公共利益因素。① 1995 年,欧共体委员会发表的《知识产权与信息社会》宣称,只有在知识产权得到有效保护的情况下,企业才会对创造性活动进行投资。② 上述 1996 年指令和 2001 年《欧洲议会及欧盟理事会关于协调信息社会中著作权和相关权某些方面的指令》都体现了这一认识,并明确提出,为了确保提供令人满意的投资回报机会,有必要对知识产权提供充分的法律保护。③ 由此可见,其立法目标已不再是鼓励创新,而是保护投资。

在知识经济的口号下,以利益为导向的知识产权理念正悄然侵蚀着知识产权的传统理念,知识产权法鼓励创新和促进发展的价值取向被忽略了。知识产权的理论研究必须对此作出正确的反映。

2. 发达国家在不同层面不断施加压力以强化对其有利的知识产权国际保护标准

如前所述,后 TRIPS 时代知识产权国际保护的多边、区域和双边立法,都表现为保护标准的不断强化,体现了知识产权无限制扩张的趋势。例如,美国签订的一系列双边自由贸易协定都要求对动植物发明给予专利保护;要求不得规避有效控制访问受保护作品的技术措施,无论规避行为是否属于"合理使用"的范围。前述"TRIPS-附加"条款也限制了对于强制许可、平行进口等灵活性条款的适用。有学者批评说,这种一味提高知识产权保护标准的行为是短视的,因为这实际上会减少知识产权权利人的经

---

① J. H., Reichman and P., Samuelson, Intellectual Property Rights in Data? *Vanderbilt Law Review*, January 1997, p. 120.

② 陈传夫:《国家信息化与知识产权:后 TRIPS 时期国际版权制度研究》,湖北人民出版社 2002 年版,第 101 页。

③ Directive 2001/29/EC of the European Parliament and of the Council on the Harmonisation of Certain Aspects of Copyright and Related Rights in the Information Society, available at http://eur-lex. europa. eu/LexUriServ/LexUriServ. do? uri = CELEX:32001L0029:EN:HTML, last visited on Jan. 12, 2009.

济利益。^① WHO 也警告发展中国家慎重签订带有"TRIPS-附加"条款的
国际条约。^② 但是,在诸多因素的影响下,美国等发达国家已经成功地签
订了一些"TRIPS-附加"协定,而且与不少发展中国家的谈判正在进行当
中。这些"TRIPS-附加"协定会对正在谈判自由贸易协定等协定的发展中
国家带来很大压力。发达国家通过多边、区域、双边途径联结而成的知识
产权保护网络有不断扩大的趋势。这些"TRIPS-附加"协定所产生的棘轮
效应(ratchet effect)将给《TRIPS 协定》的变革带来不利影响。此外,发达
国家又有意地延缓与传统知识保护等有关的研究进程。例如,美国、欧盟
以知识产权与遗传资源、传统知识和民间文学艺术政府间委员会(WIPO-
IGC)的研究必须考虑细致全面为由,一再要求其审慎开展工作。^③

    一个值得注意的现象是,WIPO 的立法导向开始发生转变,而这种转
变是不利于发展中国家的。自 2000 年 11 月开始,美国、欧盟和日本等在
WIPO 框架下推动谈判一个新的专利条约——《实体专利法条约》
(*Substantive Patent Law Treaty*,SPLT)。在发达国家的建议中,该条约
草案中关于专利授予条件的规定比《TRIPS 协定》的相关规定更为宽松。^④
这种意图进一步加强专利保护的条约,明显偏袒发达国家及其专利权人的

---

    ① Ostergard,Robert L. Jr., Intellectual Property:A Universal Human Right,
Human Rights Quarterly,1999,p. 177.

    ② Globalization,TRIPS and Access to Pharmaceuticals,WHO Policy Perspectives
on Medicines, No. 3, WHO/EDM/2001, 2, 4, available at http://www.
globalizationandhealth. com/content/1/1/17,last visited on Jan. 12,2009.

    ③ Report of WIPO Intergovernmental Committee on Intellectual Property and
Genetic Resources,Traditional Knowledge,and Folklore,WIPO/GRTKF/IC/1/13(May
23,2001),paras. 20,49,available at http://www. wipo. int/search/query. html? qt=+
WIPO%2FGRTKF%2FIC%2F1%2F13&la=en,last visited on Jan. 12,2009.

    ④ GRAIN. One Global Patent System? WIPO's Substantive Patent Law Treaty,
2003,5-6,available at http://www. grain. org/briefings/? id=159,last visited on Jan.
12,2009.

利益。然而,发达国家的提议却得到了 WIPO 的支持。[①] 这种支持给发展中国家带来了很大的压力,而它们希望 SPLT 解决传统知识的保护、公共健康等问题的愿望就更难实现。[②] 有些学者担心,SPLT 会进一步削弱发展中国家根据自己的需要制定专利保护标准的"政策空间",而且可能削弱发展中国家利用《TRIPS 协定》中灵活性条款的能力,进而影响健康权的保护。[③] 一个名为遗传资源国际行动(Genetic Resources Action International,GRAIN)的非政府组织更是尖锐地批评说,在与知识产权有关的问题上,发展中国家面临的最严重的威胁来自 WIPO。

3.发达国家往往利用发展中国家之间存在的利益多样化的矛盾,将它们分而化之

发展中国家之间经济发展不平衡的问题日益突出,它们对同一知识产权问题也有不同的看法。如前所述,在传统知识的保护模式、保护方法等方面,WTO 的发展中成员之间存在较大的分歧。正如德劳霍什指出的那样,某些知识产权问题不仅没有能够让发展中国家团结起来,反而使他们出现了分裂,例如地理标志的保护。[④] 这就给发达国家提供了分化发展中国家的机会。支持一些发展中国家而打击另一些发展中国家是发达国家

① 美国、德国等发达国家反对将专利权的例外(即"授予权利的例外")、强制许可、传统知识等的保护等问题纳入条约,WIPO 专利法常设委员会(Standing Committee on the Law of Patents,SCP)对此表示了同意;而巴西等发展中国家提出的公共利益例外、与传统知识等保护有关的例外等问题则由于发达国家的反对,至今未能得到实质性的讨论。WIPO. SCP/8/5,2002,paras. 6,11,15-17, available at http://www. wipo. int/meetings/en/details. jsp? meeting _ id = 4714, last visited on Jan. 12, 2009;SCP/10/4, Draft Substantive Patent Law Treaty, 2004, available at http://www. wipo. int/meetings/en/details. jsp? meeting_id=5084,last visited on Jan. 12, 2009.

② WIPO. WO/GA/32/13, 2005, para. 149, available at http://www. sipo. gov. cn/sipo/ztxx/yczyhctzsbh/zlk/gjhywj/200512/P020060403598675624794. pdf, last visited on Jan. 12,2009.

③ Policy Brief on Intellectual Property, Development and Human Rights:How Human Rights Can Support Proposals for a World Intellectual Property Organization, available at http://www. 3dthree. org/en/page. php? IDpage=27, last visited on Jan. 12, 2009.

④ Peter Drahos, Developing Countries and International Intellectual Property Standard-setting, *The Journal of World Intellectual Property*, Oct. 2002, p. 782.

的一种惯用策略。

在 WTO 和 WIPO 框架内的传统知识保护谈判陷入僵局的时候，在其签订的一系列双边自由贸易协定中，美国却采取"各个击破"的办法，迫使发展中国家放弃了一直坚持的保护传统知识的主张。[①] 例如，在 2006 年 4 月签署的美国-秘鲁自由贸易协定《关于生物多样性和传统知识的谅解备忘录》中，双方承认，遗传资源或者传统知识的获取，以及利用该资源或知识所得惠益进行的公平分享，能够通过由使用者和提供者签订反映双方共同意愿的合同的方式得到充分解决。该备忘录完全没有提及《TRIPS 协定》的修订或传统知识的国际保护问题。[②] 又如，备忘录只提出获取遗传资源的知情同意、利用传统知识和遗传资源所得惠益的公平分享问题，并未提及传统知识和遗传资源的来源披露，更谈不上将这些事项作为申请专利的条件。可以看出，在这些双边协定中，美国的主张得到了充分的体现。[③]

上述协定对相关发展中国家传统知识保护的消极意义是不言而喻的，然而，更值得关注的是，它们所具有的示范效应和对多边框架谈判的不利影响。这些协定无疑将给其他正在或准备与美国签订自由贸易协定的发

———————————

① e. g. ，US-Dominican Republic-Central America FTA，5 August 2004，Articles 15. 9. 9 and 15. 9. 10；The US-Peru understanding on biodiversity and traditional knowledge，April 12，2006；US-Colombia understanding on biodiversity and traditional knowledge，November 22，2006；以上条约文本均来自，available at http：//www. ustr. gov/Trade_ Agreements/Bilateral/Section_ Index. html，last visited on Jan. 12，2009. GRAIN in collaboration with Dr Silvia Rodríguez Cervantes. FTAs：Trading Away Traditional Knowledge，March 2006，available at http：//www. grain. org/briefings/？ id ＝ 196 ♯ _ ftnref7，last visited on Jan. 12，2009.

② 在向 TRIPS 理事会提交的建议中，秘鲁坚持修改《TRIPS 协定》，支持传统知识的国际保护，支持在专利申请中披露传统知识的来源、提供有关事先知情同意和利益分享的证据。IP/C/W/447，8 June 2005，para. 6；IP/C/W/403，24 June 2003，para. 3；IP/C/W/429，2004，para. 4，available at http：//docsonline. wto. org/gen_search. asp？ searchmode ＝simple，last visited on Jan. 12，2009.

③ 美国一贯坚持，通过非专利法性质的国内法及与之配套的合同方式就可以顺利达到有效保护传统知识的目的，因而，无须为 WTO 成员设定保护传统知识的国际义务；传统知识的保护只需解决事先知情同意和利益分享两个问题。IP/C/W/469，2006，paras. 19-29；IP/C/W/434，2004，paras. 7-26.

展中国家带来很大的压力,而且,它们会破坏 WTO 或 WIPO 框架内发展中成员之间已有的共同立场,极大地削弱发展中成员的谈判实力。

4.发达国家不断宣称知识经济要求更高水平的知识产权保护,并以此劝说发展中国家接受它们主导的知识产权国际保护规则,形成了不折不扣的话语霸权

目前,人们关于现代社会、经济的通识是,现代社会是知识社会,现代经济是知识经济。知识经济是以科学技术为第一生产要素的智力经济。在知识经济时代,国家之间的竞争、企业之间的国际竞争说到底都是知识产权的竞争,知识产权是国家、企业维护国际竞争力的关键所在。随着"知识经济"的来临,国家更需要有力的知识产权制度作支撑。的确,知识产权在增强国家经济科技实力和国际竞争力、维护国家利益和经济安全方面具有重要的作用,加强知识产权制度建设将为我国建设创新型国家提供强有力的支撑。① 然而,发达国家鼓吹的知识产权保护标准必须不断提高的话语霸权,并不代表发展中国家及其人民的利益。这种"权利话语"(rights talk)所导致的后果就是,对知识产权的过于强调和对公共利益的忽视。在对"权利话语"的反思中,玛丽·安·格伦顿(Mary Ann Glendon)指出,权利的绝对化修辞导致了对权利及权利人的社会维度的忽略、责任话语的缺失,使得个人利益凌驾于公益之上。②

由于上述因素的存在,《TRIPS 协定》的变革进程必将是缓慢、曲折的。然而,《TRIPS 协定》的变革更多考量发展中成员的利益需要、与国际人权法协调的趋势也是必然的,因为国际社会中不同界别的行为体,包括国际组织、国际非政府组织、各国学者等,都在关注日益提高的知识产权保护标准已经产生的负面效应,它们不仅呼吁国际知识产权保护制度的"发展导向"以及与人权国际保护的协调,而且采取了广泛的行动,提出了许多有益的建议。这些相关的文件、研究报告、建议等将对《TRIPS 协定》的变革产生有益的影响。

---

① 郑成思:《过头还是不足:知识产权保护的边界在哪? ——知识产权:弱保护还是强保护?》,载《人民论坛》2006 年第 6/A 期。

② [美]玛丽·安·格伦顿:《权利话语:穷途末路的政治言辞》,周威译,北京大学出版社 2006 年版,第 63、101 页。

（二）《TRIPS 协定》变革的有利立法环境

1. 联合国人权机构

1993 年，联合国促进和保护人权小组委员会（Sub-Commission on the Protection and Promotion of Human Rights，以下简称"人权小组会"）指定了一位特别报告员起草关于土著人遗产保护的原则和指南，并于 2000 年通过了指南的修订草案。[①] 该指南要求，各国国内法应禁止未经其拥有者同意而利用土著人民遗产的行为，并赔偿其拥有者因此类行为而受到的损害；同时，还要求不应对没有提供权利、控制、使用和利益共享的、基于遗产创新的第三方授予知识产权。

1998 年，联合国大会通过了联合国教育、科学及文化组织（United Nations Educational，Scientific and Cultural Organization，UNESCO）起草的《世界人类基因组和人权宣言》。该宣言提出，自然状态的人类基因组不应产生经济效益。[②]

2000 年，联合国经济及社会理事会（United Nations Economic and Social Council，ECOSOC，以下简称"经社理事会"）建立了一个咨询性辅助机构"土著人问题常设论坛"，该机构被授权讨论与土著人民有关的经济和社会发展、文化、健康、人权等问题。在 2002 年的第一次会议上，论坛收到了 WTO 和 WIPO 就传统知识保护问题提供的有关意见和信息。[③] 这种相互交流表明，论坛将会继续为了保护土著人的文化权利而关注知识产权问题。

2001 年 8 月，人权小组会就知识产权与人权问题，以及《TRIPS 协定》对人权的冲击通过了第二个决议，要求在对《TRIPS 协定》的审查中考虑 WTO 成员的人权义务，并要求联合国人权事务高级官员在 WTO 中寻求

[①] E/CN. 4/Sub. 2/2000/26（经修订的关于土著人遗产保护的原则和指南草案），Annex I，para. 23（b），（c），available at http://documents. un. org/mother. asp，last visited on Jan. 12，2009.

[②] Universal Declaration on the Human Genome and Human Rights，Article 4，available at http://unesdoc. unesco. org/images/0011/001102/110220cb. pdf # page＝61，last visited on Jan. 12，2009.

[③] E/CN. 19/2002/2/Add. 6，E/CN. 19/2002/2/Add. 1.，available at http://www. un. org/esa/socdev/unpfii/en/session_first. html，last visited on Jan. 12，2009.

获得观察员的位置,以监督对《TRIPS 协定》的审查。①

2005 年,联合国经济、社会及文化权利委员会(CESCR)在其第 17 号一般性意见中呼吁 WTO、WIPO 等国际组织在其工作中更多地考虑其成员的人权义务。②

联合国教育、科学及文化组织于 2005 年 10 月通过的《保护和促进文化表现形式多样性公约》,也承认作为非物质和物质财富来源的传统知识的重要性,特别是原住民知识体系的重要性,其对可持续发展的积极贡献,及其得到充分保护和促进的需要。公约的缔约国认识到,需要采取措施保护文化表现形式连同其内容的多样性,特别是当文化表现形式有可能遭到灭绝或受到严重损害时。③

诚如有学者所言,上述规范"形成了一种具有道德原则性的基础,可以用来评价和指导国家社会中的实践活动。这些规范不仅在道德上具有重要意义,还可以为国际社会中的日常生活提供制度上的架构"④。

2.有关的国际组织

1998 年欧洲议会和欧盟理事会关于生物技术发明保护的指令重申了欧洲专利公约第 53(a)条规定的原则:其商业利用违反公共秩序(order public)或道德的发明不能被授予专利权。此外,违反人类尊严和成员国

---

① Intellectual Property and Human Rights,Sub-Commission on Human Rights resolution 2001/21, available at http://www. unhchr. ch/Huridocda/Huridoca. nsf/(Symbol)/E. CN. 4. SUB. 2. RES. 2001. 21. En? Opendocument,last visited on Jan. 12,2009.

② General Comment No. 17 (2005),E/C. 12/GC/17,para. 4,available at http://www. unhchr. ch/tbs/doc. nsf/(Symbol)/E. C. 12. GC. 17. En? OpenDocument. ,last visited on Jan. 12,2009.

③ Convention on the Protection and Promotion of the Diversity of Cultural Expressions,Oct. 20,2005,available at http://portal. unesco. org/culture/en/ev. php-URL_ID=33232&URL_DO=DO_TOPIC&URL_SECTION=201. html,last visited on Jan. 12,2009.

④ 古祖雪:《联合国改革与国际法的发展——对联合国"威胁、挑战和改革问题高级别小组"报告的一种解读》,载武汉大学国际法研究所主办:《武大国际法评论》(5),武汉大学出版社 2006 年版。

所承认的伦理和道德原则的发明不能被授予专利权。①

2000 年 10 月，WIPO 大会成立了"世界知识产权组织关于知识产权与遗传资源、传统知识和民间文学艺术政府间委员会"（WIPO-IGC）。② 它的工作项目范围包括：专利申请中与生物多样性有关的信息披露所引起的技术问题；传统知识保护的法律规则，包括专门制度等。③ 在 WIPO-IGC 的会议上，WIPO 的许多成员不断要求制定保护传统知识的国际条约。④ 在发展中国家、国际非政府组织的要求下，该委员会举行的会议所讨论的问题涵括了广泛的政策领域，例如，粮食和农业、生物多样性和环境、人权、文化政策、贸易和经济发展等。⑤

2004 年，WIPO 大会根据"发展之友集团"（Group of Friends of

---

① Directive 98/44/EC of the European Parliament and of the Council of 6 July 1998 on the legal protection of biotechnological inventions，July 6，1998，paras. 37-40，available at http://europa. eu. int/eur-lex/pri/en/oj/dat/1998/l_213/l_21319980730en00130021. pdf，last visited on Jan. 12，2009.

② WIPO General Assembly，Report of the Twenty-Sixth（12th Extraordinary）Session，Sept. 25-Oct. 3，2000，WO/GA/26/10，para. 28，available at http://www. wipo. int/documents/en/document/govbody/wo_gb_ga/ga26_10. htm，last visited on Jan. 12，2009.

③ IGC Moves Ahead on Traditional Knowledge Protection，PR/2002/317（June 25，2002），available at http://listbox. wipo. int/wilma/pressinfo-en/2002/msg00034. html，last visited on Jan. 12，2009.

④ WIPO Committee on Traditional Knowledge，Genetic Resources Suspends Discourse Until December，10 Bridges Weekly. Trade News Dig. ，May 3，2006，available at http://www. ictsd. org/weekly/06-05-03/story5. htm，last visited on Jan. 12，2009. 在 2007 年 9 月召开的第 43 届 WIPO 成员国大会上，许多成员国重申了对传统知识等的知识产权保护问题的关注，并将关于传统知识等保护的有法律约束力的国际条约的制定作为 IGC 的工作重点。WO/GA/34/16，Nov. 12，2007，paras. 254-293，available at http://www. wipo. int/meetings/en/details. jsp? meeting_id=13693，last visited on Jan. 12，2009.

⑤ WIPO/GRTKF/IC/11/4（a），April 30，2007，available at http://www. wipo. int/meetings/en/details. jsp? meeting_id=12522，last visited on Jan. 12，2009. WIPO/GRTKF/IC/1/3，March 16，2001，available at http://www. wipo. int/meetings/en/details. jsp? meeting_id=4295，last visited on Jan. 12，2009.

Development)成员巴西等国的提议确立了其"发展议程"(Development Agenda)。① "发展议程"的提出是发展中国家对知识产权保护标准日益严格和强化作出的积极应对。

"发展之友集团"成员提出的有关"发展议程"的建议涉及以下主要的问题。其一,"发展之友集团"成员建议修订《建立 WIPO 公约》,在 WIPO 的目标中加入发展问题,扩大 WIPO 的职能范围;建立一个独立的评估和研究部门,评估 WIPO 管理的国际知识产权条约和主持进行的知识产权"国际立法"对缔约国国内发展的影响。其二,它们提出了制定国际知识产权条约的指导原则:决策的透明度,知识产权保护标准以可持续发展为基础,考虑不同缔约国的发展水平,承认不同利害相关者集团的权利及平衡知识产权人与公众的利益,确保国际知识产权保护标准与国际人权条约规范的一致和协调。其三,它们要求 WIPO 提供的技术支持必须以缔约国的发展需要为基础。② 此外,这一议程的另一主要项目就是"关于获取知识的条约"(Treaty on Access to Knowledge,简称"A2K 条约")的制定。

---

① Proposal by Argentina and Brazil for the Establishment of a Development Agenda for WIPO, WO/GA/31/11 (Aug. 27, 2004), available at http://www. wipo. int/meetings/en/doc_details. jsp? doc_id = 31737, last visited on Jan. 12, 2009. General Assembly Decision on a Development Agenda (Oct. 4, 2004), available at http://www. cptech. org/ip/wipo/wipo10042004. html, last visited on Jan. 12, 2009.

② Proposal to Establish a Development Agenda for WIPO: An Elaboration of Issues Raised in Document WO/GA/31/11, IIM/1/4, 6 April 2005, paras. 9,28-30,32-52,55, available at http://www. wsis-pct. org/WIPO/devel-agenda-6apr05. html, last visited on Jan. 13, 2009. 在 2007 年 9 月召开的第 43 届 WIPO 成员国大会上,各国通过了 WIPO 发展议程有关提案临时委员会(PCDA)就"发展议程"提出的有关建议,包括 45 项议定提案(涉及技术援助和能力建设;技术转让、信息与通信技术及获取知识;评估、评价和影响研究等六个方面的问题)、成立发展与知识产权委员会(Committee on Development and Intellectual Property)等。WIPO 总干事伊德里斯(Kamil Idris)表示,对于 WIPO 及其成员国而言,这一决议的通过具有历史性的意义。它宣示了国际社会的一项承诺,即促进能够满足所有国家的需要和关注的知识产权制度的发展。这个里程碑式的决议是一个重要的、积极的步骤,确保国际知识产权制度能够通过以平衡和有效的方式鼓励和回报创新和创造来继续服务于公共利益。Member States Adopt a Development Agenda for WIPO, available at http://www. wipo. int/pressroom/en/articles/2007/article_0071. html, last visited on Jan. 13, 2009.

A2K 条约草案的序言明确提出，既要保护知识产权人的利益，又要保证公众对科学进步产生的福利的分享。A2K 条约的目的在于抵消日益严格的知识产权规则对获取知识、教育资料的影响。A2K 条约草案最大的特点在于：其一，它明确将生命形式排除在知识产权客体范围之外；其二，知识产权保护标准的例外和限制性规定属于强制性义务条款。① 这实际上相当于给知识产权的保护标准设定了一个最高限度，是要抵消自《巴黎公约》生效以来知识产权国际保护只设立最低标准的不利后果。

WIPO 表示，它将继续密切关注人权的发展和联合国人权事务高级专员办事处与联合国经济、社会及文化权利委员会的相关工作。②

2002 年 10 月，联合国贸发会议与国际非政府组织"贸易与可持续发展国际研究中心"（International Centre for Trade and Sustainable Development，ICTSD）联合启动了"知识产权与可持续发展"的研究项目，其目标在于通过更多地分析和更好地理解《TRIPS 协定》对可持续发展目标的影响，增强发展中国家的分析和谈判能力，以便它们能够更充分地参加与知识产权有关的谈判。③

2003 年，世界卫生组织建立了一个新的机构——知识产权、创新和公众健康委员会（Commission on Intellectual Property Rights，Innovation and Public Health，CIPIH），来审查知识产权保护对新药发展、公共健康的影响。新的机构将负责收集资料和来自各方的建议，对知识产权、创新、公共健康等问题进行分析，以及考虑设立基金和确立激励机制以推动新药的发明和其他针对严重影响发展中国家之疾病的治疗产品的研究开发。在其成员国的要求下，世界卫生组织将分析有关国际条约对公共健康的影响，为其成员国制定、实施国内药品政策和健康政策提供建议。世界卫生

---

① A2K Treaty, articles 3，4，available at http://www.cptech.org/a2k/a2k_treaty_may9.pdf，last visited on Jan. 13，2009.

② Human Rights and Intellectual Property：An Overview，available at http://www.wipo.int/tk/en/hr/，last visited on Jan. 13，2009.

③ The Capacity Building Project on Intellectual Property Rights（IPRs）and Sustainable Development，available at available at http://www.iprsonline.org/unctadictsd/description.htm，last visited on Jan. 13，2009.

组织鼓励其成员国确保各自的国内药品政策和健康政策将公共健康利益放在首位。①

2006 年,南方中心启动了一个新的研究项目"创新与获取知识"(Innovation & Access to Knowledge)。就"治理与知识产权"这一问题领域而言,南方中心表示,为了实现利益平衡,知识产权规则的制定必须有更多利害相关者的参与,需要更多地关注和研究知识社会中知识产权所产生的治理挑战。②

3. 国际非政府组织

随着全球化的发展,全球治理理论大有渐成"显学"之势。根据该理论,"全球治理不仅意味着正式的制度和组织——国家机构、政府间合作等——制定(或不制定)和维持管理世界秩序的规则和规范,而且意味着所有的其他组织和压力团体——从多国公司、跨国社会运动到众多的非政府组织——都追求对跨国规则和权威体系产生影响的目标和对象"③。在知识产权问题的全球治理中,健康、环境、劳工以及消费者福利等不同领域的许多国际非政府组织,例如第三世界网络(the Third World Network,TWN)、遗传资源国际行动(GRAIN)、贸易与可持续发展国际研究中心(ICTSD)、地球之友(Friends of the Earth,FOE)等,积极参与知识产权国际保护标准的制定活动,呼吁知识产权应当有助于健康权、发展权等人权的实现,并不遗余力地献计献策,期望建立更为公平、以发展为导向的知识产权国际保护制度。一如推动 WTO 协定与环境保护、公共健康、劳工权利等领域的国际"社会立法"的融合一样,国际非政府组织也积极倡议审查和修订《TRIPS 协定》,以解决其实施所带来的食物权、文化权、发展权等人权的实现问题。

国际非政府组织也注意到彼此之间的合作和协调问题。例如,为了加

---

① Intellectual Property Rights,Innovation and Public Health,Res. WHA56. 27,2003,para. 2,available at http://whqlibdoc. who. int/wha/2003/WHA56_27. pdf,last visited on Jan. 13,2009.

② South Center. Innovation & Access to Knowledge,available at http://www. southcentre. org/IAIP/newgovernance. htm,last visited on Jan. 13,2009.

③ [英]戴维·赫尔德等:《全球大变革:全球化时代的政治、经济和文化》,杨雪冬译,社会科学文献出版社 2001 年版,第 70 页。

强信息交流和协作,一些呼吁变革《TRIPS 协定》的非政府组织于 2000 年成立了 TRIPS 行动网络(TRIPS Action Network,TAN)。[①] 诚如有学者所主张的,不要依赖于《TRIPS 协定》空洞的灵活性条款,国际非政府组织、国际组织以及努力解决全球艾滋病危机的各国政府应当寻求建立一种新的、多面的跨国连带关系(transnational solidarity),并共同坚持对知识产权国际保护制度进行以人权为基础的变革。[②] 这种合作与协调可以减少或避免各种治理方案的冲突,统一立场,加强团结,扩大力量。

综上所述,一个以发展、人权为视角审视知识产权国际保护的全球合作治理网络正在逐步形成。在这种整合性的立法环境中,尽管变革的道路漫长而不平坦,但只要国际社会中各类行为体能够积极互动、协作,坚定信念,《TRIPS 协定》所代表的知识产权国际保护制度与国际人权制度的协调是可以实现的。正如有学者所言,考察和分析后 TRIPS 时代国际关系与国际知识产权制度的互动关系及其特点,有助于把握和认识国际知识产权制度变革与发展的走向,并为中国参与知识产权领域国际规则的制定提供参考。[③]

三、中国在《TRIPS 协定》变革中的基本立场和谈判策略

(一)中国的基本立场

首先,在 TRIPS 理事会的既定日程(built-in agenda)中,对我国这样一个拥有丰富的传统文化和资源的发展中国家来说,地理标志、遗传资源、传统知识和民间文学艺术表达等的保护都是利益攸关的问题,它们都是我国占有优势的一些客体。我国应当主动参与《TRIPS 协定》的制度变革,积极行使国际规则制定的话语权,表达自己的利益诉求,推动传统资源领

---

① Invitation to NGO strategy meeting on TRIPS,16 February 2001,available at http://www.grain.org/bio-ipr/? id=191,last visited on Jan.13,2009.

② Heinz,Klug,Campaigning for Life:Building a New Transnational Solidarity in the face of HIV/AIDS and TRIPS,Boaventura de Sousa Santos and Cesar A. Rodriguez-Garavito,*Law and Globalization from below:towards a Cosmopolitan Legality*,Cambridge University Press,2005,p.139.

③ 古祖雪:《后 TRIPS 时代的国际知识产权制度的变革与国际关系的演变》,载《中国社会科学》2007 年第 2 期。

域的知识产权国际保护,力争变革影响发展权等人权实现的知识产权保护标准。有学者认为,群体持有并不是传统知识获得知识产权保护的障碍。相反,超越传统是传统知识的"创新"特质,群体持有是传统知识的"私权"特征,区域公开是传统知识的"新颖性"标志,它们共同构成了传统知识的可知识产权性。[①] 而且,在《TRIPS 协定》框架下保护传统知识等传统资源,既是基于知识产权制度应当公平保护各类知识产权客体、公平保护不同利益主体、平衡发达国家与发展中国家之间利益的要求,也是基于《TRIPS 协定》的执行效力使其成为保护传统知识等的最为有效的国际条约。[②] 在制度变革当中,需要注意的是,不要完全颠覆现行的知识产权法律制度,而是应当致力于制度的完善和创新。

承认传统部族对其传统知识等的集体知识产权对于实现其集体文化权利,对于维系其文化和文化群体,对于保护和促进生物多样性、文化多样性,对于控制其文化遗产等至关重要。值得注意的是,在构建保护传统知识等传统资源的知识产权制度时,除了知识产权制度本身的创新之外,例如群体主体的确认、专利申请信息披露要求和可专利性要求的修改、专门制度的确立等,还必须始终顾及:这种新的知识产权制度的设计应当有利于传统部族的文化权的实现。无论如何,对传统知识等的知识产权保护不能阻碍其发展和传承。为了促进传统部族文化权利的实现,各国应当建立和完善与其文化传统的实践和发展相一致的知识产权制度。

其次,我国应当寻求在《TRIPS 协定》的修订当中注入"发展导向"的制度安排,即每个国家都能够根据自己的发展程度和发展目标来制定本国的知识产权保护制度。这实际上就是发展中国家在最初参与知识产权国际保护的多边框架时所持有的立场,即《巴黎公约》和《伯尔尼公约》都应当适应不同国家的经济发展水平,便利发展中国家对技术知识的获取,促进

---

① 古祖雪:《论传统知识的可知识产权性》,载《厦门大学学报(哲学社会科学版)》2006 年第 2 期。

② 古祖雪:《基于 TRIPS 框架下保护传统知识的正当性》,载《现代法学》2006 年第 4 期。

其社会、经济、文化发展。① 为此,我国应当坚持:

其一,知识产权保护的适度性,即在目前已承担的国际义务下,知识产权保护的最低标准不能继续提高。如前所述,《TRIPS 协定》已经为 WTO 成员确立了高水平的"最低标准",对于发达成员以防止国际贸易的扭曲为由不断提高知识产权保护标准的做法,发展中成员必须以保护标准过高所带来的社会问题、发展问题为由作出坚决的抵制。在当今国际社会中,各国经济的相互依赖日益紧密,过高的知识产权保护不利于发展中国家的发展,会进而影响到发达国家。我国应当联合其他发展中成员抵制"TRIPS-附加"条款,警惕美国等发达成员将其变为新的多边保护标准。同时,尽可能地推动我国具有优势的知识产品资源的国际保护,争取降低我国具有劣势的知识产品的保护水平。②

其二,知识产权保护的阶段性,即坚持和完善对发展中成员的特殊和差别待遇原则,反对一体适用的知识产权全球保护主义,反对知识产权霸权主义。③ 知识产权的保护水平要和一个国家的社会发展阶段、经济和科技发展水平相适应。背离或超越一国"国情"知识产权制度,并不一定为该国带来预期的收益。日益强化知识产权保护标准是发达国家维护其技术优势、提高国际竞争力的战略政策。美国知识产权政策的变化充分说明了这一点。④ 换言之,就是应该坚持知识产权保护的"阶段论"和"范围论"的

① Benjamin Mako Hill. A History and Analysis of Intellectual Property as a Human Right,2001,5,available at http://mako. cc/writing/,last visited on Jan. 13,2009.

② 吴汉东:《后 TRIPS 时代知识产权制度的变革与中国的应对方略》,载《法商研究》2005 年第 5 期。

③ 有学者认为,在知识产权的国际保护中,发展中国家必须坚决反对知识产权霸权主义,坚持知识产权的本土化,即知识产权的保护标准不能超越一国的科技、经济和社会发展的整体水平,要重视这种霸权主义给其他国家和民族带来的负面效应和社会问题。李扬:《知识产权霸权主义与本土化》,载《法商研究》2005 年第 9 期。

④ 马忠法:《国际技术转让法律制度理论与实务研究》,法律出版社 2007 年版,第 154~157 页。

有机结合,逐步推动知识产权保护范围的扩大。①

其三,考虑本国的国际人权保护义务,坚持知识产权保护政策与其他公共政策目标相协调,坚持保持社会稳定、维护社会公正、促进社会经济发展、创建和谐社会的公共政策总体目标。实际上,这也是《TRIPS 协定》序言所承认的实现知识产权保护制度的基本公共政策目标,包括发展目标和技术目标的要求。

2011 年 6 月,多米尼加在 TRIPS 理事会会议上对澳大利亚"香烟平装法案草案"提出了异议,认为其违反了《TRIPS 协定》和《巴黎公约》,即构成了《TRIPS 协定》所禁止的"不合理"地阻碍商标使用的"特殊要求"。在会议上,我国、巴西等成员提出,该议题是复杂的,需要平衡和进一步审查。② 2013 年 3 月,多米尼加在 TRIPS 理事会会议上又对新西兰"香烟平装法案的提案"提出了异议。在会议上,我国对新西兰的控烟立法发展表示了赞同。③

如前所述,《TRIPS 协定》下"利益平衡"的纠偏是协定修订中必须解决而又阻力很大的问题。但是,公共利益原则的落实和实现,实际上有利于提升知识产权保护的正当性,保障知识产权保护的持久性。

(二)谈判策略

作为一个具有重大政治影响力的发展中大国,我国应当利用传统知识保护等议题受到多哈回合关注的有利时机,与其他国家、国际组织以及国际非政府组织就知识产权保护问题广泛进行对话和沟通,在《TRIPS 协定》新一轮的谈判中发挥建设性的作用。

---

① "范围论"是指知识产权的保护范围要和一个国家经济和社会发展的水平相适应,不能不适当地缩小知识产权保护范围,也不能不适当地扩大知识产权保护范围。"阶段论"是指知识产权的保护水平要和一个国家经济和社会发展的水平相适应,而不能落后于或者超出某一历史阶段的科技和经济发展水平所决定的知识产权的保护水平。吴汉东:《后 TRIPs 时代知识产权制度的变革与中国的应对方略》,载《法商研究》2005 年第 5 期。

② Members debate cigarette plain-packaging's impact on trademark rights, available at http://www.wto.org/english/news_e/news11_e/trip_07jun11_e.htm, last visited on Feb. 20, 2014.

③ New Zealand's planned plain packaging for cigarettes, available at http://www.wto.org/english/news_e/news13_e/trip_05mar13_e.htm # nz, last visited on Feb. 20, 2014.

首先,在 WTO 框架内,我国应当与其他发展中成员联合起来以壮大谈判力量,在承认利益差别的基础上寻求共同利益、协调立场,加强团结和合作。① 例如,就地理标志议题的谈判而言,不少学者认为,我国必须将地理标志扩大保护谈判与多边注册体系谈判捆绑进行,在扩大保护谈判达成协定的基础上支持多边注册体系谈判,因为,将扩大保护谈判与多边注册体系谈判捆绑有利于推动扩大保护谈判的进行。目前扩大保护和多边注册体系谈判均进展困难,欧洲国家亟须获得发展中国家的支持以推动多边注册体系谈判的进行,而发展中国家也需要欧洲国家支持扩大保护谈判,因此我国将这两个方面议题谈判捆绑,有利于换取欧洲国家的支持,实现地理标志扩大保护,达到我们的目的。②

又如,在活生物体专利问题上,有人认为我国的生物技术是发展中国家最强的,同时也是生物技术应用和产业化的大国之一,我国的谈判立场应与其他发展中成员有所区别,甚至可以与发达成员结成同盟。但实际上,在这一领域,我国与发达成员的差距还相当大,我国的利益与发达成员的利益并不一致。③ 美国等发达成员已经利用分而治之的策略(divide-and-conquer strategy)通过区域、双边途径提高了知识产权的保护标准,我国与其他发展中成员必须警惕并联合抵制发达成员在《TRIPS 协定》的变革中继续使用在发展中成员内部实行双重差别待遇的分化策略。

其次,我国应当坚持增加 WTO 决策程序的民主程度,与国际非政府组织广泛交流和密切合作。国际非政府组织的智识支持有助于改善我国

---

① 虽然发展中成员之间在《TRIPS 协定》的谈判中也存在利益集团化的倾向,但它们在知识产权保护问题上具有根本的共同利益或者说利益的契合点,即知识产权的保护应当有利于它们的经济、社会、文化发展。发展中成员内部的利益取舍与抉择及其利弊权衡对于发展中成员的谈判能力与策略选择是一种更大的考验。徐泉:《WTO 体制中成员集团化趋向发展及中国的选择析论》,载《法律科学》2007 年第 3 期。

② 王笑冰、万怡挺:《我国参加 WTO 地理标志谈判的立场和对策》,载《知识产权》2010 年第 1 期。赵小平、孙浩蕾:《多哈地理标志多边通知与注册制度谈判及中国的对策》,载孙琬钟:《WTO 法与中国论丛》(2011 年卷),知识产权出版社 2011 年版,第 361～368 页。

③ 俞海:《TRIPs 协议和环境问题研究》,中国环境科学出版社 2005 年版,第 63～72、77 页。

与其他发展中成员的谈判能力。WTO决策程序的进一步民主化是修订和完善《TRIPS协定》中的一个关键问题。

总之,发展中国家应当吸取《TRIPS协定》缔结谈判中的深刻教训,慎重对待现有议题的谈判,认真、充分地为谈判做准备,制定谈判策略和具体方案。

四、对《TRIPS协定》变革的展望

随着知识经济的悄然到来,知识产权保护问题已越来越成为影响发展中国家技术创新程度、贸易流向、相对经济增长速度的一个重要因素。既然已经加入WTO,我国应当积极参与《TRIPS协定》有关的议题谈判,支持在WTO、WIPO的框架下发展国际知识产权制度,支持它们在国际知识产权立法方面的主导地位,充分、合理地利用《TRIPS协定》保障我国知识产权的海外保护。《2008年中国保护知识产权行动计划》也指出,我国应该积极参与WTO有关地理标志的谈判,积极稳妥地处理WTO、亚太经合组织等多边贸易谈判中的知识产权事务,积极参与国际规则的制定和调整,不断增强知识产权涉外应对能力。

目前,对于是否将传统知识的保护等议题纳入“水平谈判”(horizontal process),成员之间仍然有意见分歧。[①]《TRIPS协定》的变革无疑是WTO框架下最为复杂、艰难的谈判之一,它不仅包括现有制度的完善,而且面临着制度的创新;不仅牵涉成员各方国家利益的维护,而且关系到私人不同的个人权益的实现;不仅涉及知识产权国际保护制度的自身发展,而且关联着与其他国际法部门的协调。解决这些不同向度却又密切关联的复杂问题的进程,无疑将会曲折而漫长。

作为一个“成员驱动型”的国际组织,[②]WTO成员无疑是影响《TRIPS

---

① 水平谈判特指多哈回合即将进入的谈判阶段,在这一阶段的谈判中,一系列包括农业、工业品和某种程度上服务业甚至其他方面的议题将同时放到谈判桌上,以期达到某种平衡。张蔚蔚:《多哈回合知识产权谈判最新进展》,载《世界贸易组织动态与研究》2008年第8期。

② The 10 Misunderstandings:1. WTO dictates? available at http://www.wto.org/english/thewto_e/whatis_e/10mis_e/10m01_e.htm,last visited on Jan.13,2009.

协定》谈判的主要因素。就现状而言,在发达成员这方,无论利益分歧有多大,它们都认为不应当降低现有的知识产权保护标准。而在发展中成员这边,它们之间不仅存在意见上的差异,还要面对发达成员的谈判压力、自身的谈判能力等诸多困难。在《TRIPS 协定》的变革中,现有的议题谈判能否产生发展中成员所希望的成果,学者们的建议能否获得接受,这都取决于 WTO 各成员对可持续发展原则、人权理念的真正接受和切实履行其国际合作义务的意愿。不论是利益的协调,还是观念的统一,都决定了《TRIPS 协定》的变革不会一帆风顺。

不过,《TRIPS 协定》框架下"发展导向"的、促进人权实现的制度变革将是必然的。其一,发展中国家及其人民的生存、发展是整个国际社会所面临的、迫切需要解决的问题;其二,与广大社会公众的健康利益、生存利益、发展利益等相冲突的知识产权权利人的私权利益不仅会受到普遍的道义谴责,也对国家履行其国际人权义务造成了障碍;其三,有关国际组织和国际非政府组织遏制私人利益膨胀的行动反映了国际社会的理性;其四,后 TRIPS 时代的知识产权国际立法明确提及利益平衡的原则,这是制度发展的积极趋向。例如,WIPO1996 年的两个"因特网条约"[《世界知识产权组织表演和录音制品条约》(WCT)和《世界知识产权组织版权公约》(WPPT)]在序言中都明确宣示了利益平衡原则。① 此外,2005 年《TRIPS 协定》的修正案不仅意味着对其进一步修订的可能性和现实性,而且表明了国际法人本化趋势的新动向。

在《TRIPS 协定》的变革进程当中,就谈判实力而言,发展中成员应当始终注意协调彼此的立场,加强团结,尽力争取发达成员的合作,注意"联系权力行为"(relational power behavior)和"变位权力行为"(meta-power

---

① WPPT 序言规定:保持作者的权利与广大公众的利益尤其是教育研究和获得信息的利益之间的平衡;WCT 序言规定:保持表演者和录音制品制作者的权利与广大公众的利益尤其是教育、研究和获得信息的利益之间的平衡。

behavior)①的不同运用。就制度变革的原则而言,发展中成员应当坚持公平、可持续发展原则,注意知识产权保护的合理性和适当性,坚持知识产权制度促进社会整体福利的终极目标。就自身的需要而言,发展中成员应当注意有关建议的合理性与可行性和问题解决的现实性;面对复杂的谈判议题,可以首先制定出相对一般性的规则,然后,通过规则的实施来使其具体化,以期逐步发展出更为合理和有效的规则。换言之,良法是善治的基础,而非孤立于善治的因素。如果不能确立最低限度的良法,追求善治只能是一个愿望良好而无法实现的目标。②

---

① 美国学者斯蒂芬·克莱斯勒(或译为斯蒂芬·克拉斯纳)将国家运用权力的方式归为两类:一类是基于价值理性的所谓"变位权力行为",是指进行以改变现行国际经济秩序本身为目的的努力;另一类是基于形式理性的所谓"联系权力行为",是指在承认既定国际经济秩序的前提下寻求价值最大化的努力。[美]斯蒂芬·克莱斯勒:《结构冲突:第三世界对抗全球自由主义》,李小华译,浙江人民出版社 2001 年版,译者序 6、11~12 页。

② 何志鹏:《"良法"与"善治"何以同样重要——国际法治标准的审思》,载《浙江大学学报(人文社会科学版)》2014 年第 3 期。

第五章　其他经济协定与中国企业
海外知识产权的法律保护

就国际条约而言,多边谈判成果适用范围的广泛性、适用效果的一致性以及适用效力的强制性使得多边条约无疑成为国际法制统一的最优选择。然而,谈判成员的多样性、复杂性也使得多边条约的缔结殊非易事。在谈判成员范围较小的诸边谈判中,谈判方是经过仔细挑选的,有着共同或接近的利益诉求,它们较易达成一致。诸边条约因之成为国际经贸谈判的次优选择。因此,一方面,发达国家依然推动"第三次区域浪潮"蓬勃发展;另一方面,它们从未放弃在更为广泛的多边或诸边层面上制定国际规则的努力。美国等发达国家提出的《反假冒贸易协定》(ACTA)、《跨太平洋伙伴关系协定》(TPP)以及《多边投资协定》(MAI)的谈判关系着国际知识产权制度的发展方向,需要对此给予密切关注。本章对上述诸经济协定的谈判情况、谈判草案做以述评,以期展示知识产权国际保护制度的可能发展,探讨我国对这些协定谈判及其发展的应对之策。

第一节　《反假冒贸易协定》与中国企业
海外知识产权的法律保护

一、《反假冒贸易协定》的谈判

《TRIPS 协定》生效后,假冒和盗版贸易额的增长使西方国家对知识产权保护状况极为不满:"据经济合作与发展组织估计,在全球贸易中,假冒和盗版贸易从 2000 年的 1000 亿美元上升到 2007 年的 2500 亿美元。""美国的电影、音乐、软件和其他版权行业每年因为盗版问题在全球的损失超过 160 亿美元。……欧盟引用经济合作与发展组织的数据称,据估计,全球涉嫌侵犯知识产权的交易总额每年超过了 1500 亿欧元(合 2013 亿美元)。欧洲委员会资深知识产权官员拉克·戴维格纳(Luc Devigne)说:'《TRIPS 协定》生效 15 年,假冒商品满天飞,这里面存在问题。'"上述不满很快有了回应,这种回应是 ACTA 的出台。①

2007 年 10 月 23 日,美国贸易代表苏珊·施瓦布(Susan C. Schwab)宣布,将与重视知识产权保护的贸易伙伴推动一项 ACTA 的谈判。施瓦布指出,假冒和盗版产品已经成为全球性问题。全球的假冒和盗版产品给工人、艺术家和企业造成了严重损失,并危及各国人民的健康和安全。因而,各国应当共同努力在全球市场上打击造假者和盗版者。新协定将主要解决三个方面的问题:加强国际合作、改善知识产权的执法实践、建立更高标准的知识产权执法的法律框架。② ACTA 将与美国已经或将要签订的自由贸易协定、贸易投资框架协定、WTO 的准入协定以及双边知识产权合作、"特别 301 条款"等贸易政策工具一道为美国知识产权的海外保护提供保障。显然,美国等发达国家是不满足于《TRIPS 协定》提供的保护标准,希望将现有的"TRIPS-附加"标准多边化。

最初参与该协定讨论的成员包括:加拿大、欧盟及其 27 个成员国、日本、韩国、墨西哥、新西兰以及瑞士。

2008 年 6 月 3 日至 4 日,来自 12 个国家以及欧盟的代表团在日内瓦召开了关于 ACTA 的第一次正式会议。与会成员包括澳大利亚、加拿大、欧盟、日本、约旦、韩国、墨西哥、摩洛哥、新西兰、新加坡、瑞士、阿拉伯联合

---

① 马治国、王文:《论我国知识产权的刑事法律保护——以 TRIPS 协议与 ACTA 为视域》,载《苏州大学学报》2011 年第 5 期。2005 年英国格伦伊格尔斯 G8 峰会关于"通过更加有效的执法措施减少知识产权盗版和假冒产品"的声明被认为是《反假冒贸易协定》谈判启动的最初缘由。See Aaron Shaw. The Problem with the Anti-Counterfeiting Trade Agreement (and what to do about it),April 2008,available at http://www. kestudies. org/ojs/index. php/kes/article/view/34/59,last visited on Jan. 2,2009. Statement by METI Minister Akira Amari,available at http://www. meti. go. jp/press/20071023001/004_danwa=eng. pdf,last visited on Dec. 23,2008.

② Ambassador Schwab Announces U. S. Will Seek New Trade Agreement to Fight Fakes,available at http://www. ustr. gov/Document _ Library/Press _ Releases/2007/October/Ambassador_Schwab_Announces_US_Will_Seek_New_Trade_Agreement_to_Fight_Fakes. html,last visited on Dec. 23,2008.

酋长国及美国等。此次会后发布的正式声明中指出，边境措施（border measures），特别是对于大规模的知识产权侵权问题的处理是本次会议讨论的重点。此外，与会各方也讨论了未来与国内利害相关者（domestic stakeholders）进行沟通的问题，就这一事项达成了一致同意，并将为这种沟通创造机会。下一次会议暂定于 7 月中旬召开，预计将继续讨论边境管制措施及其他方面的问题，例如民事执法（civil enforcement）问题。

ACTA 谈判讨论中的草案不对外公布，而是由与会各国直接协商，而且，协定草案的讨论也没有邀请 WTO、WIPO 等国际组织参加。由于无法得知草案内容，因此，社会各界对协定的谈判草案产生了许多臆测。一些非政府组织，如电子前沿基金会（Electronic Frontier Foundation，EFF）、知识生态学国际组织（Knowledge Ecology International，KEI）、澳大利亚电子前沿基金会（Electronic Frontiers Australia，EFA）等，对于协定谈判的进展表示关切，并批评协定的谈判进展缺乏透明度。[①]

2008 年 7 月 29 日至 31 日，关于 ACTA 的第二次正式会议在华盛顿召开。与会各方于会后发布的正式声明中指出，本次会议重点讨论了知识产权侵权的民事救济措施，包括可以利用的初步措施（preliminary measures）、证据的保留、损失、法律费用和支出。此外，与会各方继续讨论边境措施问题，并就与国内利害相关者继续进行沟通、于下次会议交流磋商结果达成一致。[②]

在 ACTA 的谈判过程中，一些利益团体表达了它们的顾虑及观点。2008 年 9 月 17 日，知识产权正义（IP Justice）等 21 个非政府组织要求美国贸易代表在《反假冒贸易协定》的谈判中细致限定"网络问题"（Internet

① ACTA Negotiations Move Forward amid Controversy，2008-6-11，available at http://ictsd.net/news/bridgesweekly/？volume＝12，last visited on Dec. 23，2008. EFA condemns Anti-Counterfeiting Trade Agreement negotiation process：No transparency，No balance，available at http://www.efa.org.au/2008/08/14/efa-condemns-anti-counterfeiting-trade-agreement-negotiaton-process-no-transparency-no-balance/，last visited on Dec. 23，2008.

② Statement from USTR Spokesman Scott Elmore on Anti-Counterfeiting Trade Agreement（ACTA），available at，http://www.ustr.gov/Document _ Library/Press _ Releases/2008/August/Section_Index. html，last visited on Dec. 24，2008.

issues)。"必要行动"(Essential Action)等 100 多个非政府组织以及一些学者提出了他们关于协定的顾虑:该协定是否会干涉版权材料的合理使用? 是否会将 P2P 文件共享认定为犯罪? 是否会干涉合法的平行贸易,包括"品牌药"(brand-name pharmaceutical products)的再销售? 是否不适当地将公共资源用于私人权利的行使? 等等。谷歌公司(Google Inc.)则讨论了协定所涉问题的范围、此类行政协定(Executive Agreement)处理这些问题的权限、协定谈判的速度和透明度以及具体的与中介机构有关的实体性条款,例如网络服务提供商和其他创新企业。谷歌公司强烈反对《反假冒贸易协定》涉及网络问题。[①]

2008 年 10 月至 2010 年 6 月,ACTA 的谈判方举行了第三次至第九次谈判。经过七轮谈判,与会各方在初始条款、一般义务、民事执法措施、边境执法措施、刑事执法措施、数字环境下的执法措施、国际合作、机构安排等方面取得进一步一致,并就知识产权的范围达成更多的谅解。与会各方强调,ACTA 的谈判是为了建立一个有效打击假冒和盗版商品激增的国际条约,ACTA 的目的在于建立一个关于现存知识产权的有效的执法标准,而不是增加新的知识产权,或者扩大或缩减现存的知识产权的权利范围。与会各方表示,ACTA 将不会影响缔约方保护其国内公众的基本权利和自由,并提出,ACTA 将与《TRIPS 协定》和《〈TRIPS 协定〉与公共健康宣言》相一致。与会各方重申,ACTA 将不会妨碍合法仿制药品的过境运输,边境执法措施的规定不适宜于专利,ACTA 也不会强制边境执法机构查看旅客的行李或私人电子设备。

2010 年 8 月 16 日至 20 日,ACTA 第十次谈判在华盛顿举行。此次会议讨论了 ACTA 的所有内容,包括序言、初始条款、一般义务、民事执法措施、边境执法措施、刑事执法措施、数字环境下的执法措施、国际合作、机构安排和最后条款。与会各方同意,在签署 ACTA 之前公开其文本。

2010 年 9 月 23 日至 10 月 2 日,ACTA 第十一次谈判在东京举行。谈判各方基本解决了所有的实质性问题,提出了一个统一的、大部分内容

---

① Re:Anti-Counterfeiting Trade Agreement (ACTA):Request, available at http://www.ustr.gov/assets/Document_Library/Fact_Sheets/2008/asset_upload_file989_15121.pdf, last visited on Jan.3,2009.

确定的建议文本供各国政府进一步审核,并表示将尽快最终确定 ACTA 的文本。

2010 年 11 月 15 日,谈判方在完成法律文本的修订后公开了 ACTA 的最终文本。[①]

2011 年 5 月 1 日,经过文本翻译、法律审查等技术性工作后,ACTA 的正式文本对外开放签署。2011 年 10 月 1 日,在日本东京举行的谈判方签字仪式上,澳大利亚、加拿大、日本、韩国、摩洛哥、新西兰、新加坡及美国的代表签署了 ACTA,欧盟、墨西哥、瑞士的代表表示,他们将在可行的时候签署了 ACTA。[②] 2012 年 1 月 26 日,除德国、荷兰、爱沙尼亚、塞浦路斯和斯洛伐克以外,欧盟及其 22 个成员国的代表在东京签署了 ACTA。[③] 2012 年 7 月 12 日,墨西哥代表签署 ACTA。[④] 根据 ACTA 第 39 条、第 40 条的规定,从 2011 年 5 月 1 日至 2013 年 5 月 1 日的两年时间内,ACTA 向经谈判各方协商一致同意的其他 WTO 成员方开放签署。在交存各自的批准书、接受书或者同意书的签署国之间,自这些签署国交存六份批准书、接受书或者同意书之日起 30 天后生效。

然而,ACTA 的生效之路却并不顺畅,ACTA 的批准首先在欧盟遇到了障碍。由于 ACTA 包含刑事执法规定,根据欧盟委员会的规定,这属于欧盟及其成员国之间拥有共同管辖权的领域,需要欧盟及其 27 个成员国

[①] U. S. , Participants Finalize Anti-Counterfeiting Trade Agreement Text,available at http://www. ustr. gov/about-us/press-office/press-releases/2010/november/us-participants-finalize-anti-counterfeiting-trad,last visited on Jul. 11, 2013.

[②] Joint Press Statement of the Anti-Counterfeiting Trade Agreement Negotiating Parties,available at http://www. ustr. gov/about-us/press-office/press-releases/2011/october/joint-press-statement-anti-counterfeiting-trade-ag, last visited on Jul. 11, 2013. 参见张猛:《"反假冒贸易协定"检讨:前进还是倒退?》,载《哈尔滨商业大学学报(社科版)》2012 年第 4 期。

[③] Signing Ceremony of the EU for the Anti-Counterfeiting Trade Agreement (ACTA),available at http://www. mofa. go. jp/policy/economy/i_property/acta1201. html,last visited on Jul. 11, 2013.

[④] Signing by Mexico on the Anti-Counterfeiting Trade Agreement (ACTA),available at http://www. mofa. go. jp/policy/economy/i_property/acta1207. html, last visited on Jul. 11, 2013.

分别签署和批准。这无疑为 ACTA 的如期生效增加了很大的不确定性。随着欧盟成员国内部反对 ACTA 的示威活动愈演愈烈,这种不确定性很快就演变成了反对 ACTA 签署与批准的实质性力量。随着波兰宣布撤回签署,ACTA 在欧盟及其成员国的批准进程突然急转直下。随后,保加利亚、捷克、拉脱维亚、立陶宛、斯洛文尼亚和荷兰等国也纷纷撤回 ACTA 的签署。同时,原本没有签署 ACTA 的德国和斯洛伐克也明确表示其已经停止了协议的签署和批准程序。针对这一情况,欧洲委员会提议将 ACTA 提交给欧洲最高法院审查,以确定其是否的确与欧盟现有法律相符。[①] 但欧盟委员会并没有在欧洲法院获得支持。早在 2012 年 1 月 26 日,欧洲法院 ACTA 的预审法官卡德·阿里夫(Kader Arif)就因为反对 ACTA 而辞职,他认为 ACTA 将给公众带来极大的威胁,这种情形不可接受,并拒绝为欧盟委员会提供赞成意见。大卫·马丁(David Martin)继任 ACTA 预审法官一职。2012 年 4 月 12 日,他发表了反对 ACTA 的建议,称该条约所能带来的威胁远大于它所能带来的利益,并且"鉴于 ACTA 条文多处存在模糊性和不确定性,欧盟议会无法保证将来实施 ACTA 能够给予公民足够充分的保护"。[②]

2012 年 7 月 4 日,欧盟议会以 478 票同意投票拒绝了 ACTA。[③] 有学者认为,上述有关 ACTA 的事实表面上展示的是欧盟基本人权与知识产权的博弈,而实际上,公众不过是台上表演的木偶,背后的推动力量仍旧来自利益团体。这场较量的主场并不是公共利益与知识产权权利人,而是权利的享有者与义务的承受方。而网络新生力量就是义务的承受方。综观 ACTA 45 个条款,网络服务提供商是义务的承受方之一。作为义务承受方,网络服务提供商一直对于知识产权权利人强加于它的各种义务备感负担,对 ACTA 的抵制也正是源于 ACTA 试图通过加强网络服务提供商的

---

① 张猛:《〈反假冒贸易协定〉检讨:前进还是倒退?》,载《哈尔滨商业大学学报(社科版)》2012 年第 4 期。

② 左玉茹:《ACTA 的落幕演出》,载《电子知识产权》2013 年第 Z1 期。

③ European Parliament rejects ACTA, available at http://www.europarl.europa.eu/news/en/pressroom/content/20120703IPR48247/html/European-Parliament-rejects-ACTA, last visited on Jul. 10, 2013.

义务来减少网络盗版和假冒商标流通。正因为如此,最终扼杀这一条约的不是发展中国家的反对,而是缔约方内部利益集团的努力。①

截至目前,日本批准了 ACTA。② 然而,ACTA 不但受到中国和印度等发展中国家的反对,而且,2012 年 1 月底,反对 ACTA 的示威活动自波兰发端,迅速席卷整个欧洲。抗议导致包括波兰在内的多国政府决定暂停 ACTA 的批准或者签署程序。因此,ACTA 至今仍未生效。③ ACTA 的生效前景尚不明朗。

二、《反假冒贸易协定》的内容

在宣布将启动 ACTA 的谈判时,美国贸易代表苏珊·施瓦布指出,该协定不会包括对《TRIPS 协定》的改变,而是确定新的、更高的标准。协定是相关政府的合作行动,其目标是缔约方在自愿的基础上采取更高的知识产权执法标准,而且,该协定不会成为任何国际组织所管理的条约。④ 在关于 ACTA 的"情况说明书"(Fact Sheet)中,美国贸易代表提出了主要设想:(1)目标:在决心加强知识产权保护的国家间建立执法的共同标准以打击全球范围内的知识产权侵权行为,尤其是假冒和盗版行为。为此,应当增加国际合作,强化有助于有效的知识产权执法的实施框架,改善相关的知识产权执法措施本身。⑤ (2)具体规定:第一,国际合作,包括共享信息、能力建设、技术援助及海关等执法部门间的合作。第二,执法措施,包括设立正式、非正式的公共及私营部门咨询小组,提高执法人员有效处理知识

① 左玉茹:《ACTA 的落幕演出》,载《电子知识产权》2013 年第 Z1 期。

② 日本批准《反假冒贸易协议》,available at http://www.ipr.gov.cn/guojiiprarticle/guojiipr/guobiehj/gbhjnews/201209/1695357_1.html,last visited on Jul. 10,2013.

③ Trade Policy Review,Report by the Secretariat,United States,Revision,WT/TPR/S/307/Rev.1,March 13,2015,p.2.43.

④ U.S.,Trading Partners Will Seek Anti-Counterfeiting Trade Agreemen,*Patent*,*Trademark*,*Copyright Journal*,2007,p.762.

⑤ Fact Sheet:Anti-Counterfeiting Trade Agreement,available at http://www.ustr.gov/Document _ Library/Press _ Releases/2007/October/Ambassador _ Schwab _ Announces_US_Will_Seek_New_Trade_Agreement_to_Fight_Fakes.html l,last visited on Dec.23,2008.

产权案件的专业知识,采取措施增进消费者了解知识产权保护的重要性和知识产权侵权的有害性。第三,法律制度,包括刑事执法、边境措施、民事执法、光盘盗版、互联网传播和信息技术等方面。[①]

根据 2011 年 4 月公开的 ACTA 确定文本,[②]协定的内容主要包括:

(一)ACTA 的目标和范围

ACTA 的缔约方认为,知识产权侵权尤其是假冒和盗版侵权以及侵权材料分销服务的激增,已经对合法贸易和世界经济的可持续发展造成了日益增长的威胁,导致了权利持有人和合法交易的重大经济损失,在某些情况下,为有组织犯罪提供了收入来源,并对公众造成了威胁;希望通过促进国际合作和更有效的国际执法来遏制知识产权侵权的激增。

ACTA 的缔约方期望,在考虑到各成员方法律制度与实践差异的基础上,为实施《TRIPS 协定》提供有效和适当的知识产权执法手段;确保知识产权执法的措施与程序本身不会成为合法贸易的障碍;以平衡相关权利持有人、服务提供商与使用者的权利与利益的方式,解决知识产权侵权问题,包括发生在数字环境下的知识产权侵权,尤其是与版权或邻接权相关的侵权;促进服务提供商与权利持有人之间的合作来应对数字环境下的侵权;ACTA 能够就国际执法工作和合作与相关国际组织之间建立一种相互支持的关系。[③]

(二)民事执法措施

1.民事执法措施的适用范围

ACTA 第 2 章第 2 节的注释中规定,缔约方可以将专利和保密信息的保护排除在民事执法措施的范围之外。这一规定具有一定的合理性,例如,对于专利侵权案件,如果要适用诉前禁令的规定,以"被申请人正在实施或即将实施的行为构成专利侵权行为"来适用禁令或者临时措施,就需要认定被申请人的行为是否构成专利侵权行为,但基于专利案件的复杂

---

① 杨国华:《美国打击假冒盗版"新战略"》,载《WTO 经济导刊》2008 年第 4 期。

② Anti-Counterfeiting Trade Agreement, available at http://www.mofa.go.jp/policy/economy/i_property/pdfs/acta1105_en.pdf, last visited on Oct.10, 2015.

③ 朱秋沅译:《反假冒贸易协定》,载《上海海关学院学报》2011 年第 1 期。衣淑玲、崔丹妮、左玉茹译:《反假冒贸易协定》,载《电子知识产权》2010 年第 10 期。

性,让法官在短时间内根据专利权人的单方申请作出专利侵权的判断,是难以令人信服的。因此在民事执法章节中的禁令、损害赔偿、临时措施、其他救济等规定缔约国可以选择排除对于专利侵权和保密信息保护的适用,留给了缔约国根据国内立法水平和经济情况进行选择的空间。[①]

2.民事执法的一般义务

ACTA第6条规定,各缔约方应该保证其国内法中执法程序的可操作性,以便对任何本协定所涉及的知识产权侵权行为采取有效行动,包括及时地阻止侵权的救济措施和对进一步侵权构成威慑的救济措施。这些程序的实施应避免对合法贸易造成障碍,并规定防止这些程序被滥用的保障措施。为实施本章规定而通过、维持或适用的程序应该公平公正,并为上述程序的所有参加者提供适当的保护。这些程序不应不必要的烦琐、费用高昂,也不应限定不合理的时限或毫无道理的拖延。实施本章规定时,各缔约方应该考虑在侵权的严重程度、第三方的利益及规定的措施、救济和处罚之间保持平衡的必要性。有学者认为,ACTA将这一条款放在一般义务中,要求缔约方在民事执法、刑事执法、边境措施和数字环境下执法过程中都要遵循。这一原则规定是非常值得我国在司法实践中借鉴的。[②]

此外,ACTA第7条第2款规定,在经行政程序审理案件并裁定任何民事救济时,缔约方应规定此类程序应遵守与本节中所规定的原则实质相同的原则。这一规定与《TRIPS协定》第49条关于行政程序的规定是一致的。

3.民事执法措施的具体内容

ACTA第2章第2节规定了禁令、损害赔偿、销毁侵权产品和侵权工具、提供侵权信息、临时措施等内容。

(三)边境措施

知识产权边境保护,是指边境执法机关依据国家法律法规的授权,实

---

① 薛洁:《走近〈反假冒贸易协议〉(ACTA)——知识产权民事执法部分初探》,载《电子知识产权》2011年第7期。
② 薛洁:《走近〈反假冒贸易协议〉(ACTA)——知识产权民事执法部分初探》,载《电子知识产权》2011年第7期。

施的旨在制止侵犯知识产权的货物进出境的行为。[①] ACTA 知识产权执法的法律框架下专门规定了边境措施的章节,从实体到程序对边境执法进行了具体细致的规定。[②] 具体而言,《反假冒贸易协议》(ACTA)在第二章第三节"边境措施"(第 13 条到第 22 条)规定了对成员国边境保护措施的要求,主要包括:第 13 条规定了边境措施适用的范围;第 14 条规定了对小件运输和个人行李的适用;第 15 条规定了权利人提供信息;第 16 条规定了海关中止放行的措施和权利人可提出申请,第 17 条到第 20 条规定了权利人提供证据,决定货物是否侵权,保证金和担保,侵权货物的处理,救济措施等程序性内容;第 22 条规定了对侵权信息的披露。[③]

就实体性的边境措施而言,主要包括与边境措施有关的执法主体和权利主体、边境措施适用的客体范围、实施边境措施的保护环节等规定。就程序性的边境措施而言,主要包括权利人的申请程序、担保与反担保、边境措施下的救济方式、被控侵权人的信息披露等规定。

ACTA 关于边境措施的规定,无论在实体方面还是在程序方面,其执法要求均超越了《TRIPS 协定》的现行标准。[④]

(四)刑事执法措施

ACTA 第 2 章第 4 节(第 23 条到第 26 条)规定了对成员国刑事执法措施的要求,主要包括:第 23 条规定了刑事执法措施适用的刑事违法行为,第 24 条规定了对处罚措施的要求,第 25 条规定了对侵权物品的扣押、没收、销毁,第 26 条规定了依职权的刑事执法。

ACTA 第 23 条至第 26 条规定的"刑事执法",从结构上看是对 TRIPs 第 61 条规定的各个内容的延伸和细化,但在总体上超越了 TRIPs 规定的

---

① 余敏友、廖丽、褚童:《知识产权边境保护——现状、趋势与对策》,载《法学评论》2010 年第 1 期。

② 薛洁:《走近〈反假冒贸易协议〉(ACTA)——知识产权民事执法部分初探》,载《电子知识产权》2011 年第 7 期。

③ 薛坤:《后 TRIPs 知识产权边境保护制度的公共政策分析——〈反假冒贸易协议〉(ACTA)与 TRIPs 协议比较研究》,载《网络法律评论》2011 年第 2 期。

④ 尚妍:《〈反假冒贸易协定〉边境措施研究》,载《现代法学》2012 年第 6 期。

刑事保护水平。[①]

（五）数字环境下的知识产权执法

ACTA 第 2 章第 5 节（第 27 条）规定了对成员国数字环境下的知识产权执法措施的要求。

绝大多数有关知识产权执法的传统法律制度都可以运用于数字环境下的知识产权执法，比如禁令制度、损害赔偿制度、临时措施制度、刑事执法制度等，而并不需要另搞一套。因此，ACTA 第 27 条第 1 款和第 2 款明确要求各缔约方都要允许将 ACTA 中有关民事执法以及刑事执法的执法程序用来有效地打击数字环境下的知识产权侵权行为，特别是数字网络环境中的版权和邻接权侵权行为，包括适用于为侵权目的以广泛发行的方式进行非法使用的行为。[②]

此外，在制定执行程序和处理侵权的过程中要坚持一些基本原则，即："这些程序在执行时应该以避免对包括电子商务在内的合法活动设置障碍的方式实施，并且，应与各缔约国的法律相一致，坚持言论自由，程序公平和隐私权等基本原则。""缔约方应该致力于促进工商业界的共同努力以有效地处理商标、版权或者相关权利侵权，同时维护合法的竞争和保持与各缔约国法律的一致性，坚持言论自由，程序公平和隐私权等基本原则。""隐私权"原则在《TRIPS 协定》中是没有出现的，这是数字环境下平衡权利主体之间利益所必须考虑的重要因素，ACTA 对这点进行原则性规定是一种可喜的进步和发展，但具体执行中如何有效贯彻这一原则值得探讨和关注。[③]

第 27 条第 4 款规定了服务提供商披露用户信息的责任、第 5 款和第 6 款规定了缔约方在技术保护措施方面的义务、第 7 款规定了缔约方在电子权利管理信息方面的义务、第 8 款规定了缔约方在技术保护措施和电子权利管理信息方面可以采取或保留的适当的限制或例外。

① 张伟君：《知识产权刑事保护门槛——从 TRIPs 到 ACTA》，载《电子知识产权》2011 年第 8 期。

② 张伟君、方华、赵勇：《ACTA 关于"数字环境下知识产权执法"规则评析》，载《知识产权》2012 年第 2 期。

③ 薛洁：《对数字环境下的知识产权执法分析——基于〈反假冒贸易协议〉（ACTA）》，载《科技与法律》2011 年第 6 期。

（六）执法实践

自谈判开始，ACTA 缔约方就希望通过 ACTA 促进各缔约方国内的知识产权执法和国际合作。ACTA 第 3 章（第 28 条至第 32 条）规定了对缔约方在执法实践方面的要求。

ACTA 第 28 条第 2 款规定，各缔约方应促进与知识产权侵权有关的统计数据和其他相关信息的收集和分析，并促进防止和打击侵权的最佳实践（方案方面）信息的收集。第 3 款规定，在适当的情况下，各缔约方应促进知识产权执法主管机关之间的内部合作和联合执法。

上述规定在操作层面可能很难有效落实。改善政府的执法能力，需要耗费大量的行政资源。缔约方落实上述规定的程度，更多地取决于国内政治，而不是外部压力。如果缔约方提交的统计数据不准确或存在瑕疵，其他缔约方并没有有效方法验证这些数据。同时，数据不准确，也没有明确的法律后果。另外，所谓缔约方加强内部职能部门协作的规定，充其量只是一种呼吁性的精神条款。[①]

（七）执法合作

ACTA 第 4 章（第 33 条至第 35 条）规定了对缔约方在国际合作方面的要求。

ACTA 缔约方认为，国际合作对于实现有效的知识产权保护非常重要。无论侵权货物的原产地或权利持有人的居住地或国籍，均应促进知识产权执法方面的国际合作。ACTA 第 33 条第 2 款规定，为了打击知识产权侵权，尤其是假冒商标和盗版，在适当的情况下，各缔约方应加强知识产权执法部门之间的合作。这些合作可以包括本协定所涵括的刑事执法和边境措施方面的执法合作。

ACTA 第 34 条规定，在不影响第 29 条（边境风险管理）的情况下，各缔约方应尽量相互交换某一缔约方根据第 3 章规定所收集的信息，包括最佳执法实践的统计数据与信息等。第 35 条第 1 款规定，各缔约方应该根据请求和相互同意的条款与条件，尽力在能力建设和技术支持方面提供援助以改善其他缔约方的知识产权执法情况，在适当情况下也包括向条约的

---

① 崔国斌：《〈反假冒贸易协议〉与中国知识产权法的比较研究》，载《电子知识产权》2011 年第 8 期。

准缔约方提供相关援助。

不过,有学者认为,ACTA 对于国际合作的强调,也停留在口号层面,并没有确立实质性的合作机制。比如,它就没有提及在知识产权领域进行司法协助的可能性。可以想象,没有有效的执行机制,究竟合作到什么程度,在很大程度上取决于缔约方的意愿。因此,ACTA 实际上并没有实现谈判者所夸耀的促进国际合作的目标。不过,加强国际合作毕竟是非常复杂的任务,不可能一下子完成。ACTA 的谈判者需要向各自的政府或公众有一个交代,即便是国际合作上的"精神条款"也算是一项成就。我们或许不能低估这些口号式的"精神条款"的力量。它们可能为将来缔约方的进一步协商奠定基础或指明方向。不排除将来,ACTA 缔约方进一步落实这些条款的可能性。①

(八)机构安排和其他条款

ACTA 第 5 章(第 36 条至第 38 条)规定了反假冒贸易委员会的设立及其职责,以及缔约方之间解决争端的磋商机制。ACTA 第 6 章(第 39 条至第 45 条)规定了 ACTA 的生效、修订、加入以及退出等事项。

三、《反假冒贸易协定》的特点

后 TRIPS 时代,发达国家并未满足于《TRIPS 协定》所确立的知识产权保护最低标准,为了全力推行其知识产权保护的全球化战略,发达国家利用双边、诸边、多边等各个途径促进知识产权国际保护标准的提高。有学者将这种情况称为知识产权国际立法中的"制度转移"(regime shifting)现象。② ACTA 的谈判是后 TRIPS 时代知识产权国际保护立法"场所选择"(forum shopping)的又一实例,是发达国家借以规避多边谈判场所,并促进其利益的手段。从 WTO 来看,美国、欧盟等 WTO 发达成员已经发现,为了维护其利益,WTO 发展中成员正日益与其展开对抗;在 WIPO

---

① 崔国斌:《〈反假冒贸易协议〉与中国知识产权法的比较研究》,载《电子知识产权》2011 年第 8 期。

② Laurence R. Helfer, Regime Shifting: The TRIPs Agreement and New Dynamics of International Intellectual Property Lawmaking, *The Yale Journal of International Law*, Winter, 2004.

中，对于"发展议程"（development agenda）的支持也使得发达国家认为它们的影响不会太大，它们的利益不会得到充分的体现。在无法通过多边途径实现其目标的情况下，美国等转向了较小范围的诸边途径。就在 WIPO 大会投票建立了永久性的"发展与知识产权委员会"（Committee on Development and Intellectual Property）后不久，美国贸易代表和欧盟宣布了启动 ACTA 谈判的意愿。① 在美国、欧盟发布"情况说明书"中，它们一直都在强调 ACTA 的"独立性"。

在一份报告中，欧洲议会国际贸易委员会明确表示，《TRIPS 协定》并不完善，有些条款仍然需要修订，尤其是，它的适用范围应当扩大到出口、转运环节以及其他知识产权侵权情况。ACTA 的谈判就是为了在《TRIPS 协定》不足的方面加以改进，更加有效地、协调地打击假冒产品。需要注意的是，应当避免 ACTA 与《TRIPS 协定》的内容重复，而且，协定的目标必须非常清楚和现实。②

与前述双边、区域经济协定知识产权条款相比，ACTA 的内容也体现出包含"TRIPS-附加"标准的特点。

ACTA 第 2 章第 5 节规定了数字环境下的知识产权执法，这显然是属于"TRIPS-附加"的内容。

学者一致认为，ACTA 的知识产权执法规则大多体现"TRIPS-附加"的特征。总的来说，ACTA 规定了更加细致、更为严格的刑事处罚、边境措施等。就法院的最终禁令而言，《TRIPS 协定》第 44 条虽然涉及禁令对第三方的适用，但仅是很有限的适用，即《TRIPS 协定》规则下的禁令对善意第三方可不适用。对于临时强制措施，《TRIPS 协定》第 50 条完全未提第三方，据此完全可以推定这类措施仅适用于侵权嫌疑人。而 ACTA 第 8 条、第 12 条则分别将禁令和临时强制措施都扩展适用于侵权嫌疑人以外

---

① Aaron Shaw. The Problem with the Anti-Counterfeiting Trade Agreement（and what to do about it），April 2008，available at http://www.kestudies.org/ojs/index.php/kes/article/view/34/59，last visited on Jan. 3，2009.

② On the impact of counterfeiting on international trade，available at http://www.europarl.europa.eu/sides/getDoc.do? type ＝ REPORT&reference ＝ A6-2008-0447&language＝EN&mode＝XML♯title2，last visited on Dec. 30，2008.

的任何第三方,且未规定需要考虑其是否"知道或应当知道"侵权。可见,无论是对最终禁令还是对临时强制措施,ACTA 都扩大了适用范围。按照《TRIPS 协定》的规定,各国仅对有主观过错的第三方才有义务颁布禁令。而此情形在多数国家实已构成第三人间接侵权,对其颁布禁令并无特别。但是,根据 ACTA,最终禁令直接施加于任何第三方而不考虑其主观过错,即包括善意第三方,其打击面远远广于《TRIPS 协定》。至于临时措施,《TRIPS 协定》完全未将其适用于第三方,而 ACTA 却明确其对第三方的适用。总体来说,ACTA 大幅扩展了各类强制措施的打击范围。这就意味着在侵权争端中权利人可借助司法资源限制乃至排除更多的相关方,并能更轻易地在更大范围内阻止有争议的产品进入市场。有学者甚至认为:"网络服务商作为第三方也在 ACTA 强制措施的打击范围之内。"[1]

又如,《TRIPS 协定》第 58 条规定,成员方"可"赋予主管机关(海关等)依职权主动采取措施的权力,但以海关取得存在侵权的"初步证据"为前提。而根据 ACTA 第 16 条之规定,成员方"应"赋予海关依职权启动措施的权力,并且不需要"初步证据"而只需存在"怀疑"。可见,在《TRIPS 协定》中赋予海关依职权启动的权力并非成员方的强制性义务,而在 ACTA 中则是强制性的。更重要的是,ACTA 将此类程序的启动门槛大幅降低,只需"怀疑"侵权,而该标准带有极强的主观因素,几乎不需任何客观依据。[2] 换言之,海关和执法机构管理货物和信息的职权得到了前所未有的扩张。[3]

实际上,根据 ACTA 谈判中泄露的文件,即使没有正当理由,主管机构也可以要求网络服务提供商提供关于受怀疑的版权侵权者的信息。这使得唱片公司很容易起诉在线音乐共享者(music file sharers),以及使得主管机构很容易关闭非商业性的 BT 下载(BitTorrent,BT)网站,例如

---

① 杨鸿:《〈反假冒贸易协定〉的知识产权执法规则研究》,载《法商研究》2011 年第 6 期。

② 杨鸿:《〈反假冒贸易协定〉的知识产权执法规则研究》,载《法商研究》2011 年第 6 期。

③ Aaron Shaw. The Problem with the Anti-Counterfeiting Trade Agreement(and what to do about it),April 2008,4,available at http://www. kestudies. org/ojs/index. php/kes/article/view/34/59,last visited on Jan. 3,2009.

The Pirate Bay。[①] 有报道因之将网络服务提供商称为"版权警察"（copyright police）。根据上述泄露文件，点对点（Peer to Peer，P2P）的电子文件共享会受到刑事制裁，通用药品的获取会受到限制。[②] 换言之，在网络上提供受版权保护的文件或者下载它们可能会被认定为犯罪 。[③] 上述泄露文件中的草案规则还允许执法机构在没有合理根据的情况下进行刑事调查、侵入性的搜查，这削弱了无罪假定，认可了过去被认为是非法的搜查。[④]

然而，上述泄露文件中的草案规则因其更严格的执法标准受到了激烈的批评，这也使得 ACTA 的缔约方在谈判中不得不对某些条款草案做了改变。

从上述相关情况来看，ACTA 的签订无疑将为知识产权权利人提供更大范围、更高标准的保护，相对的，社会公众获取知识、知识传播以及其他社会、经济福利将会进一步受到损害。虽然诸如 2009 年 ACTA 的谈判概要表示，ACTA 不是要干涉缔约方尊重本国公民的基本权利和公民自由的能力，并且将与《TRIPS 协定》保持一致，但 ACTA 的文本内容并没有反映出这些事项。

另外，在 ACTA 的谈判中，根据欧洲委员会 2008 年 11 月发布的"情况说明书"，欧盟曾经提出，该委员会在 2006 年提出的在欧盟协调关于知

---

① Mathew Ingram，Do we need copyright cops? May 27，2008，available at http://www. theglobeandmail. com/servlet/story/RTGAM. 20080527. WBmingram20080527120809/WBStory/WBmingram，last visited on Jan. 3，2009.

② Bridges. Concern Grows over New IP Agreement，Volume 12，Number 5，November 2008，available at http://ictsd. net/i/news/bridges/32676/，last visited on Jan. 3，2009.

③ Paul Marks. Copyright Crimes and Misdemeanours，The New Scientist，Volume 199，Issue 2663，2 July 2008，available at http://www. sciencedirect. com/science? _ob＝ArticleURL＆_udi＝B83WY－4SX3S81－1K＆_user＝10＆_rdoc＝1＆_fmt＝＆_orig＝search＆_sort＝d＆view＝c＆_acct＝C000050221＆_version＝1＆_urlVersion＝0＆_userid＝10＆md5＝e48974b7783670e8cb4cb3ea1c0c3aef，last visited on Jan. 3，2009.

④ Anderson，Nate. The real ACTA threat (it's not iPod-scanning border guards)，available at http://arstechnica. com/news. ars/post/20080602-the-real-acta-threat-its-not-ipod-scanning-border-guards. html，last visited on Jan. 3，2009.

识产权侵权的刑事措施的指令（Directive harmonising the treatment of criminal IP infringements，尚未生效）以及欧盟 2000 年《电子商务指令》（Directive 2000/31/EC）的相关规定可以为 ACTA 的谈判所借鉴，例如，关于知识产权侵权的网络服务提供商责任的界定。① 由此可见，ACTA 是发达国家向国际社会推行其国内或域内立法标准的又一举措。

四、《反假冒贸易协定》的可能影响

当美国贸易代表苏珊·施瓦布宣布与一些重要贸易伙伴开始谈判 ACTA 时，她使用了"新战略"一词。施瓦布是在国会山举办的一场新闻发布会上宣布开始《反假冒贸易协定》谈判的，其用意非常明显：争取国会议员的支持。这样，我们就看清了美国实施这项新战略的大致步骤：在国内，由行政部门发起，企业和国会大力支持；在国际，美国牵头，联合一些主要发达国家，逐渐扩大到发展中国家。②

欧洲议会国际贸易委员会在其报告草案中曾经提出，ACTA 的生效不仅为国际知识产权保护的执法措施提供了基本国际标准，而且成为对第三国（non-signatory third countries）施加压力以便其更为有效地打击假冒产品的重要工具。③

从知识产权国际保护制度的整体来看，ACTA 将为其带来新的发展，在《TRIPS 协定》的基础上确立关于知识产权执法的更严格的国际标准。④ 在 ACTA 文本确立之后，双边协定中的知识产权部分就有了新的模板，ACTA 的签署国早就开始通过这种方式逐渐影响被排除在谈判桌之外的国家。目前，在欧盟议会否决这一国际条约后，欧盟委员会开始考虑运用

---

① The Anti-Counterfeiting Trade Agreement，Fact sheet，Updated November 2008，available at http://trade. ec. europa. eu/doclib/docs/2008/october/tradoc_140836. 11. 08. pdf，last visited on Jan. 3，2009.

② 杨国华：《美国打击假冒盗版"新战略"》，载《WTO 经济导刊》2008 年第 4 期。

③ On the impact of counterfeiting on international trade，available at http://www. europarl. europa. eu/sides/getDoc. do? type ＝ REPORT&reference ＝ A6-2008-0447&language＝EN&mode＝XML♯title2，last visited on Dec. 30，2008.

④ What is ACTA?，available at http://www. eff. org/issues/acta，last visited on Dec. 30，2008.

FTA 的方式复活 ACTA。《全面经济贸易协定》(*Comprehensive Economic and Trade Agreement*，CETA)是欧盟和加拿大于 2014 年 9 月 26 日谈判完成的双边贸易协定。与 ACTA 类似，CETA 的谈判也是秘密进行的，但最终达成的 CETA 的知识产权部分几乎是 ACTA 的翻版，尽管在某些细枝末节上做了部分修改，但整体上，其保护标准与 ACTA 无异，且大部分条款都是照搬 ACTA 的。CETA 吸收了众多 ACTA 的条款，包括知识产权执法基本义务、证据保留、损失、禁令和边境措施。甚至有条款明确指出是援引 ACTA。欧盟建议在 CETA 中吸收 ACTA 的刑事执法规定，刑事执法规定是欧盟议会反对 ACTA 的关键条款之一，因为它缺乏相称性，也存在应用的不确定性。加拿大也赞同吸收 ACTA 的条款，建议将 ACTA 中有关技术保护措施条款、网络服务提供商的义务条款吸收进来。欧盟委员会的策略是将 CETA 作为新的 ACTA，将 ACTA 的实质性条款吸收进与加拿大的贸易协定，一旦欧盟议会接受 CETA，那也就意味着，这些实质性条款可以被欧盟议会所接受，且不会因此带来欧盟法律的修改，也不会因此造成欧盟公民基本权利自由的限制。欧盟委员会之所以敢于冒这个险，是因为与 ACTA 不同，CETA 并不是一个专门的知识产权协定，而是一个综合的贸易协定，知识产权规则只是其中一小部分，如此，欧盟议会对知识产权部分的关注度会减小，换言之，这些条款在 CETA 中被欧盟议会接受的可能性将更大。当然，ACTA 的条款进入 FTA 是一种必然的趋势，无论欧盟委员会是希望以此曲线救国，还是确实认为 ACTA 可以建立最为恰当的知识产权国际保护体系，这种趋势都将在发达国家之间及发达国家与发展中国家之间愈演愈烈。[①]

2013 年 3 月 20 日，美国贸易代表(USTR)正式通知国会打算加入与欧盟关于《跨大西洋贸易与投资伙伴关系协定》(TTIP)的谈判。在信中，他们还罗列了诸如知识产权等不同领域的具体目标。作为跨大西洋谈判的一部分，USTR 将"与美国优先关注事项和目标保持一致，寻求获得适当的反映美国与欧盟高水平知识产权保护和执法这一共同目标的承诺，并保

---

① Canada-European Union： Comprehensive Economic and Trade Agreement (CETA)，http：//www. international. gc. ca/trade-agreements-accords-commerciaux/agr-acc/ceta-aecg/text-texte/toc-tdm. aspx? lang＝eng，last visited on Oct. 12，2015.

持和增强对知识产权事务的共同领导"。一些人已经警告称 TTIP 或许是通过后门执行 ACTA 的一种方式。① 6 月 17 日,欧美正式启动 TIPP 谈判。② 7 月 8 日至 12 日,在 TTIP 第一轮谈判中,双方就市场准入、投资、知识产权等 10 多项议题进行磋商。③ 2015 年 2 月,TTIP 第八轮谈判结束。

　　参与《跨太平洋伙伴关系协定》(TPP)谈判的国家有很多是 ACTA 的缔约国(TPP 谈判方包括美国、智利、秘鲁、越南、新加坡、新西兰、文莱和澳大利亚)。在 TPP 的知识产权部分,美国提交的建议陷入僵局,新西兰、澳大利亚和新加坡提议用 ACTA 的条款替代美国的提案。这是因为尽管 ACTA 的保护标准较 TRIPS 更高,但其条款多为授权性条款,给缔约方的自由裁量权更大。而美国所提供的 TPP 提案较之于 ACTA 更为严苛,其条款多为强制性义务条款,大大缩小了缔约方的自由裁量权。尽管在全世界范围内,ACTA 遭遇了不同程度的抵制,但从 TPP 谈判中新加坡等国对 ACTA 的态度来看,它显然已经通过谈判过程影响了各个谈判方对知识产权执法措施的认识。此外,国际谈判向来是一种利益交换,在这个漫长的磋商过程中所达成的利益交换意向是谈判方深思熟虑的,这会不可避免地影响其他谈判进程的推进。因此,不难预见,在接下来一段很长的时间里,ACTA 都会成为多边贸易协定中知识产权条款的重要影响因素。发达国家孜孜不倦地追求知识产权国际保护标准的提高,无论是双边贸易协定还是多边贸易协定,知识产权部分俨然已经成为至关重要的环节,正如欧盟委员会的官员所说,创新是它们最为重要的经济增长点,保护好创新就可以使其在国际贸易中占据优势地位。尽管 ACTA 的推行暂时遭到了抵制,ACTA 想起死回生也十分困难,但 ACTA 的启蒙作用不可小觑,从 ACTA 后各国 FTA 知识产权相关内容到 TPP 的知识产权相关条款,ACTA 的影子无处不在,这种影响力完全不亚于 ACTA 的生效。可以说,

---

　　① 《ACTA:美国干涉加拿大知识产权法律》,available at http://www.sipo.gov.cn/wqyz/gwdt/201305/t20130530_801038.html,last visited on Jul. 21, 2013.

　　② Transatlantic Trade and Investment Partnership (TTIP), available at http://www.ustr.gov/ttip, last visited on Jul. 21, 2013.

　　③ First Round of TTIP negotiations kicks off in Washington DC, available at http://trade.ec.europa.eu/doclib/docs/2013/july/tradoc_151595.pdf, last visited on Jul. 21, 2013.

尽管 ACTA 没有生效,但它却在谈判者心目中扎了根,如果 ACTA 生效,它会成为其后知识产权条款的标准模板,即使它不生效,它也会成为一种隐形的模板,其存在感绝不会因为其生效与否而存在本质上的差别。[①] 换言之,国际知识产权制度过度强化知识产权保护、置知识产权制度的终极目标于不顾的"异化"趋势,将日益突出。而且,最应当引起高度重视的是,其在文本之外所体现出的借助于"复边协定"的方式提高知识产权保护标准的做法。即发达国家首先以复边谈判的方式,在少数发达国家之间达成妥协,然后通过各种手段尽快将 ACTA 塑造成为新的知识产权保护的国际标准,并借助于双边或全球性贸易谈判向发展中国家施压,最终将ACTA 由一个"复边协议"转变为"多边协议"。在这一过程中,如果任由其发展,知识产权国际保护体系的塑造将完全被发达国家所主导,发展中国家只能成为发达国家意志的被动接受者,其根本利益由于话语权的丧失将被彻底剥夺。[②]

就各国的国内知识产权制度而言,欧洲议会国际贸易委员会的报告认为,各国国内知识产权制度的协调对于保证 ACTA 的有效和一致适用是非常必要的。由此可见,该协定的缔约各方将要依据该协定修订其知识产权执法标准。进一步来看,美国、欧盟等完全可以利用贸易激励等说服其他国家加入该协定,而无须进行更广范围的谈判。[③] 在这样的情况下,发展中国家将面临是否加入条约、加入之后的履约成本与履约能力等重重压力。

值得注意的是,法国已经在这方面采取了行动。2008 年 11 月 3 日,法国参议院以 297 票对 15 票投票通过了一个所谓的"三振出局"法(three-strikes-and-you're-out)。根据该法,下载盗版音乐的使用者最初将受到邮件警告(be warned by email);如果继续下载,将会收到书面警告(second

---

① 左玉茹:《ACTA 后国际知识产权保护标准的变化》,载《电子知识产权》2012 年第 8 期。

② 张猛:《知识产权国际保护的体制转换及其推进策略——多边体制、双边体制、复边体制?》,载《知识产权》2010 年第 10 期。

③ also Anderson, Nate. The real ACTA threat (it's not iPod-scanning border guards), available at http://arstechnica. com/news. ars/post/20080602-the-real-acta-threat-its-not-ipod-scanning-border-guards. html, last visited on Dec. 30, 2008.

warning in writing）；如果仍然继续下载，他将被取消宽带接入（broadband connection）1 年。法国总统尼古拉·萨科齐（Nicolas Sarkozy）称之为"迈向未来文明化网络的决定性因素"。①

自《TRIPS 协定》实施以来，知识产权保护与健康权、食物权、文化权、发展权等人权实现之间的冲突已经引起了国际社会各界的关注，然而，美国等发达国家又启动了 ACTA 的谈判。知识产权国际保护制度的未来发展及其对绝大多数发展中国家社会、经济、文化全面发展的不利影响令人担忧。就 ACTA 而言，ACTA 的边境措施将使印度等发展中国家非专利药出口商经常碰到的出口到拉丁美洲和非洲的药品在欧洲机场被非法扣留的问题，变得更加复杂。有评论家指出，通过允许协议缔约国货物在转关时对货物进行搜查及扣押（欧盟已经开始实施此类措施），该项协议可能对合法仿制药进入贫困国家的贸易造成干扰。②

五、我国的应对之策

ACTA 的谈判一经启动就受到了各方关注。知识产权权利人及其利益团体对其表示了积极的支持，并就协定的内容提出了一些建议，例如，美国唱片公司协会（Recording Industry Association of America，RIAA）认为，ACTA 的谈判可以借鉴美国的《数字千年版权法案》（*Digital Millennium Copyright Act*，DMCA）的相关规定。③ 相对的，一些利益团体或国际非政府组织，例如电子前沿基金会、知识产权正义（IP Justice）、自由软件基金会（Free Software Foundation，FSF）表示了对该协定谈判的

---

① France votes for 'three strikes' filesharing law，available at http://www. guardian. co. uk/music/2008/nov/04/french-filesharing-legislation，last visited on Jan. 3，2009. .

② 毛海波：《TRIPS 递增扩张及其在〈反假冒贸易协定〉中的生长》，载《世界贸易组织动态与研究》2011 年第 5 期。

③ RIAA's ACTA wishlist includes gutted DMCA，mandatory filters，available at http://arstechnica. com/news. ars/post/20080630-inside-the-riaas-acta-wishlist. html，last visited on Dec. 30，2008.

反对,尤其是透明度问题。① 一些知识产权学者也对谈判的透明度提出了异议。② 自由软件基金会还指出,ACTA 会制造一种监视和怀疑的文化。有学者也认为,ACTA 将产生过分严厉的法律标准,它们没有反映民主管理、自由的市场交换或公民自由(civil liberties)的原则。从泄露的谈判文件来看,其关于网络服务提供商、关于商标和版权权利人权利的条款建议等会损害公众的隐私权。有学者还对其提出了锐利的批评:这种"诸边"途径是一种过时的国际条约立法模式。这种公然置全球共识和发展中国家需要于不顾的做法是对世界繁荣、安全和健康的威胁。不是促进合作,ACTA 的谈判方是在寻求对其他国家强加一种单方面决定的知识经济的模式(onesided vision of the knowledge-based economy)。它们根本没有考虑其他国家履行这一协定的成本。目前,协定的谈判方只包括少数发达国家,它们狭隘的政策观点绝不代表其他广泛的关于知识产品(knowledge-based goods)贸易的观点和研究。它们忽视了过分严格的知识产权制度的社会成本。这种制度限制了知识的获取,给后继创新造成了壁垒,推动了反竞争的行为,扼杀了市场竞争,损害了社会共同利益。在不计算一个含糊的权利主张的经济和社会成本,或者这种权利的不适当的或滥用的行使的情况下,所谓的侵权数据并不能提供有效的决策基础。③

在谈判中,欧洲委员会提出希望中国、俄罗斯、印度、巴西以及南方共

① Sunlight for ACTA,available at http://www. eff. org/action/sunlight-acta,last visited on Dec. 30,2008. Act against ACTA,available at http://ipjustice. org/wp/campaigns/acta/,last visited on Dec. 30,2008. Speak out against ACTA,available at http://www. fsf. org/campaigns/acta/,last visited on Dec. 30,2008. 其他非政府组织包括:知识生态学国际组织(Knowledge Ecology International)、美国公众利益研究组织(U. S. Public Interest Research Group)、英国国家消费者委员会(National Consumer Council)等大约 100 个利益团体。David Kravets. Anti-Counterfeiting Trade Agreement:Fact or Fiction?,available at http://blog. wired. com/27bstroke6/2008/09/international-i. html,last visited on Dec. 30,2008.

② Michael Geist. Government Should Lift Veil on ACTA Secrecy,available at http://www. michaelgeist. ca/content/view/3013/135/,last visited on Dec. 30,2008.

③ Aaron Shaw. The Problem with the Anti-Counterfeiting Trade Agreement (and what to do about it),April 2008,available at http://www. kestudies. org/ojs/index. php/kes/article/view/34/59,last visited on Jan. 2,2009.

同市场、加勒比共同体、东盟等区域经济组织能够参加这一协定的谈判。欧洲委员会认为,在知识产权执法的国际标准方面的密切协作,能够强化对中国等国家的压力,使其完善打击假冒产品的立法,更为有效地处罚知识产权侵权行为。[①]

显而易见,美国等发达经济体完全主导了 ACTA 的谈判,制定出标准更高、更严格的国际知识产权条约,然后利用各种手段将之多边化。鉴于 ACTA 可能造成的重要影响,以及其谈判方对我国、印度、巴西等发展中国家加入的期待,我国应当对这一协定保持持续的关注和评估,并采取适当的应对策略。我国应当注重与国际非政府组织的沟通,争取它们更多的智识支持,深入分析该协定对我国企业知识产权的海外保护的影响,以及可能对我国带来的不利影响。

有学者提出,我国是全球众多产品生产链上的加工制造国,作为技术进口国、自主知识产权缺乏又使我国成为假冒商品的重要来源国。ACTA 不排除善意第三方的侵权,成员国对于善意第三方侵权是否采取措施存在不确定性可能导致我国出口贸易型企业在 OEM、ODM 的商业模式下面临更大的商标侵权风险。[②] 而且,无论中国是否加入,缔约方将在转口贸易环节根据 ACTA 的标准(即高于我国的标准)对来自第三国的货物进行

---

① The Anti-Counterfeiting Trade Agreement, Fact sheet, Updated November 2008, available at http://trade. ec. europa. eu/doclib/docs/2008/october/tradoc_140836. 11. 08. pdf, last visited on Jan. 2, 2009. 欧洲委员会是欧盟的常设执行机构,负责实施欧盟条约和欧盟理事会作出的各项决定,向理事会和欧洲议会提交报告和决议草案,处理欧盟日常事务,代表欧盟对外联系和谈判。Treaty establishing the European Community (consolidated text), available at http://eur-lex. europa. eu/en/treaties/index. htm, last visited on Jan. 2, 2009.

② 薛洁:《〈反假冒贸易协议〉对中国的影响及对策研究》,载《福建论坛(人文社会科学版)》2012 年第 11 期。原厂委托制造(Original Equipment Manufacturers, OEM),是指品牌生产者不直接生产产品,而是利用自己掌握的关键的核心技术负责设计和开发新产品,控制销售渠道,具体的加工任务通过合同订购的方式委托同类产品的其他厂家生产。之后将所订产品低价买断,并直接贴上自己的品牌商标。原厂委托设计(Original Design Manufactures, ODM),是指由采购方委托制造方,由制造方从设计到生产一手包办,而由采购方负责销售的生产方式,采购方通常会授权其品牌,允许制造方生产贴有该品牌的产品。

知识产权执法,这可能对我国的出口贸易造成重挫。① 一旦被 ACTA 缔约国采取边境措施,面临的惩罚也可能比《TRIPS 协定》下的要求更为严厉,除了被扣押销毁以外,还可能面临行政处罚。②

ACTA 设立的执法标准体现了发达国家就知识产权执法问题达成的"TRIPS-附加"的共识,利用国际贸易中各国紧密联系的贸易关系,通过多个不同的诸边贸易协议、自由贸易协定互相配合的方式从发达国家到发展中国家,推行严格的执法标准。今后我国在选择加入这类条约可能面临的压力将是巨大的,可以谈判的空间也将大大压缩。③ 无论中国是否加入,ACTA 的主要成员都将努力通过与第三国签订的双边贸易协定将 ACTA 的标准引入双边关系中,这将使得我国在与这些国家签订双边贸易协定时在知识产权方面处于更为不利的地位。④ 可以预见,ACTA 将会以各种方式输送给发展中国家。发达国家今后将持续地向中国等发展中国家施加压力,促使后者尽早加入 ACTA。即使它们不加入这个协定,美欧等发达国家也将通过双边协定、自由贸易区域协定、外交谈判等方式,以 ACTA 作为参照标准,强制"分享"ACTA 的谈判成果。发达国家通过 ACTA 谈判的"场所选择",将发展中国家在国际知识产权多边谈判中置于被抛弃和冷落的境地。发展中国家的知识产权话语权被选择性回避。⑤

在发达国家看来,中国是盗版和假冒产品的重要来源,ACTA 指向中国的意图非常清楚。如果中国加入谈判,很有可能利用自身的政治影响力使得这一谈判延缓或偏离预定目标。既然被刻意排除在谈判之外,中国可能无法坦然面对协议的最终文本。选择反对,中国可以明确地表达自己的不满。从政治权谋的角度看,即便是"为反对而反对",这一策略也是必要

① 程文婷:《〈反假冒贸易协定〉与我国知识产权法比较刍议》,载《电子知识产权》2012 年第 8 期。

② 薛洁:《〈反假冒贸易协议〉对中国的影响及对策研究》,载《福建论坛》(人文社会科学版)2012 年第 11 期。

③ 薛洁:《〈反假冒贸易协议〉对中国的影响及对策研究》,载《福建论坛》(人文社会科学版)2012 年第 11 期。

④ 程文婷:《〈反假冒贸易协定〉与我国知识产权法比较刍议》,载《电子知识产权》2012 年第 8 期。

⑤ 袁真富:《〈反假冒贸易协议〉与中国知识产权法的比较研究》,载《国际贸易问题》2012 年第 8 期。

的。中国借此告诉世界,在今后的类似场合,企图绕开中国的做法是要付出代价的。不仅如此,反对 ACTA 本身就可以做成中国国际贸易谈判中的有效筹码。在经历一番讨价还价之后,中国可以改变其反对立场,以获取更大利益。在短期内,中国加入 ACTA 并不能给中国带来现实的利益。中国自身在强化知识产权保护,但是中国可能更倾向于按照自己的步调,而不是被外部世界牵着鼻子走。[①]

总之,发达国家不顾发展中国家的经济状况和国家间的利益平衡,秘密谈判制定出新的国际规则,缺乏发展中国家的意见参与和利益考虑,将会严重威胁发展中国家的利益,甚至对合法的国际贸易造成障碍。因此,我国的立场自然是反对 ACTA 这个缺乏谈判透明度和开放性的多边协定。不过,面对发达国家可能利用 ACTA 向我国施加的压力,我国应该做好心理准备和应对措施:(1)避免 ACTA 进入 WTO 框架。一旦进入 WTO,WTO 各个成员不可避免地要承担 ACTA 所带来的新的知识产权义务,而且可能成为强制性义务。届时我国的政策、法律、执法以及经济贸易都将面临挑战。(2)继续联合发展中国家抵制 ACTA。只有联合发展中国家,大家协调一致,充分发挥发展中国家在 WTO 和 WIPO 的作用,在 WIPO、WTO 会议上寻求表达机会,增加自己的话语权,与发达国家周旋质疑 ACTA 的透明度、诸边性问题,共同抵制 ACTA,才能为自己赢得过渡的时间和发展的机会。(3)双边谈判时拒绝讨论或拖延时间。如果美欧等发达国家在双边谈判中直接向中国施以加入或执行 ACTA 的外交压力,中国相关部门应当利用 ACTA 的诸边协定属性,拒绝单独讨论 ACTA 或表达不加入的态度。同时申明应当在 WIPO 和 WTO 的框架下讨论知识产权的执法问题,并务必申明中国知识产权立法和执法标准已经完全符合甚至还在某些地方超过了 TRIPS 等条约的要求。如果无法回避讨论,中国应当以 ACTA 缺乏透明度为由,要求对方提交报告,对 ACTA 的条款的立法背景、术语含义和可能影响等,进行逐一的、详细的解释和说明,

---

① 崔国斌:《〈反假冒贸易协议〉与中国知识产权法的比较研究》,载《电子知识产权》2011 年第 8 期。

以便利中国理解和讨论 ACTA。[①]

ACTA 给我们提供了一个全面审视、评估、反思和构建我国知识产权执法制度的机会。应当对其进行客观、审慎的评估,判断其对完善我国知识产权执法制度是否有积极的意义,然后决定在以后的法律修改中是否加以补充和吸收。此外,当我们在吸收、借鉴这些国际规则的时候,应该考虑当事人之间权利义务的平衡,防止权利人滥用救济措施这些更为精细的平衡机制,构建起一个全面、有效、平衡的知识产权执法机制。[②]

ACTA 已经成为既定事实,在无法改变其具体内容的情况下,如何发挥中国在世界经济中的影响在《TRIPS 协定》与 WIPO 框架下维持知识产权的多边体系,如何在与发达国家博弈中提高发展中国家特别是最不发达国家的谈判能力,如何将知识产权执法问题重新拉回到多边体系之中以确保发展中国家的根本利益,如何在后《TRIPS 协定》时代重塑知识产权国际保护体制,是我们必须面对和思考的问题。[③] 例如,我国应当继续与印度、巴西等发展中伙伴加强协同,利用 TRIPS、WIPO 等现有知识产权国际多边体系表达对于 ACTA 的质疑和担忧;在 TRIPS、WIPO 等多边体系中,对于发达国家所关切的知识产权执法问题需要展示出一定的灵活性,以力求避免知识产权多边体系的崩盘而最终损害发展中国家在知识产权国际规则制定中的话语权。[④]

我国国家知识产权局等相关主管部门,以及《电子知识产权》等少数媒体已经开始强烈关注 ACTA,但总体上看,国内相关专门研究才刚刚起步。主管部门和学界都应当高度重视,加快相关专题研究,比如关注 ACTA 的发展动态跟踪、ACTA 与国内立法的比较、ACTA 与《TRIPS 协定》的比较、ACTA 的国际影响、ACTA 对我国贸易的影响等。

[①] 袁真富:《〈反假冒贸易协议〉与中国知识产权法的比较研究》,载《国际贸易问题》2012 年第 8 期。

[②] 张伟君、李茂:《知识产权执法的国际新标准以及我国的应对——以 ACTA 民事救济措施为例》,载《东方法学》2012 年第 3 期。

[③] 张猛:《〈反假冒贸易协定〉检讨:前进还是倒退?》,载《哈尔滨商业大学学报(社科版)》2012 年第 4 期。

[④] 詹映:《〈反假冒贸易协定〉(ACTA)的最新进展与未来走向》,载《国际经贸探索》2014 年第 4 期。

第二节 《跨太平洋伙伴关系协定》与中国企业海外知识产权的法律保护

一、《跨太平洋伙伴关系协定》的谈判进程

2008 年 9 月,美国宣布启动加入 TPPA 的谈判。[①] 2010 年 3 月,美国、澳大利亚、文莱、智利、新西兰、秘鲁、新加坡和越南开始了"跨太平洋伙伴关系协定"(Trans-Pacific Partnership Agreement,TPP)的第一轮谈判。[②] 美国自始主导着 TPP 谈判。2010 年 7 月,马来西亚加入谈判(第三轮)。2012 年 7 月,墨西哥和加拿大加入 TPP 谈判。2013 年 3 月 15 日,日本首相安倍晋三在东京首相官邸召开新闻发布会,正式宣布日本加入 TPP 谈判。[③] 截至 2014 年 6 月 30 日,共有 12 个国家参与 TPP 谈判。[④] 由新加坡、新西兰、智利和文莱在 APEC 框架内于 2005 年签订的 TPPA,由于 4 国经济总量过小,起初并没有引起亚太地区太多关注,然而,2008 年美国的加入却随即引发了滚雪球效应。不仅澳大利亚、秘鲁、越南和马来西亚先后鱼贯跟进,而且 TPP 陡然升级——由当初只追求多边贸易中商品进出口零关税辐射到安全标准、技术贸易壁垒、动植物卫生检疫、竞争政策、知识产权、政府采购、争端解决以及有关劳工和环境保护等领域。[⑤]

[①] 2009 Trade Policy Agenda and 2008 Annual Report,available at http://www. ustr. gov/about-us/press-office/reports-and-publications/2009/2009-trade-policy-agenda-and-2008-annual-report,last visited on Aug. 4,2012.

[②] Trans Pacific Partnership Negotiations Began Today in Australia,available at http://www. ustr. gov/trade-agreements/free-trade-agreements/trans-pacific-partnership/round-1-melbourne,last visited on Aug. 4,2012.

[③] 《日本宣布加入 TPP 谈判》,available at http://www. 21cbh. com/HTML/2013－3－16/2MNjUxXzY0MDc2Mw. html,last visited on Apr. 12,2013.

[④] Trans Pacific Partnership,available at http://www. ustr. gov/tpp,last visited on Jun. 30,2014.

[⑤] 张锐:《TPP 咄咄逼人,美国欲何求》,载《金融经济》2011 年第 12 期。

从第一轮谈判开始,知识产权就是 6 个主要的谈判议题之一,并且是一个"复杂和敏感的"议题,原因在于"有许多需要通过激烈谈判方能达成协议的领域"。[①] 在 2013 年 7 月 15 日开始的第十八轮谈判中,日本首次参加谈判,与会各方重申了将在今年年底结束谈判的共同目标。[②] 此次会议将就知识产权保护、市场准入等敏感领域议题展开谈判。截至 2014 年 11 月,由于各国在投资、市场准入、知识产权等议题上仍然存在利益冲突,这些议题的谈判尚未结束。[③]

英国《金融时报》认为,中国的加入将有益于 TPP 的发展,因为建立一个包含多个大经济体的贸易区,比一个占主导地位的国家与许多小国协商谈判更有意义。另外,考虑到当前谈判成员的多样性,TPP 准入标准不应被视为中国不可逾越的鸿沟,未来中国在知识产权保护等方面的利益将会日益接近 TPP 的标准。不过,商务部国际贸易问题专家白明说,TPP 过于严苛的标准和必要条件对中国而言是无法轻视和回避的障碍,因而在短期内加入谈判的可能性不大。此外,如果中国过快加入 TPP,很可能会同时受到发达经济体高标准与发展中经济体低劳动力成本的双重冲击。因此,中国的当务之急并非加入,而是以 TPP 为重要参考之一,促进经济体制改革和市场化的进程。[④]

在谈判中,美国一再表示,TPP 不仅是"一个面向 21 世纪的、高标准全面的自由贸易协议",而且要"将早期成员扩大至所有亚太地区的国家",并最终成为事实上的亚太自由贸易区。[⑤] 2011 年 11 月,在 APEC 第十九次领导人非正式会议上,美国的首要倡议是 TPP。作为 9 个国家在 APEC

---

① 《TPP 第九轮谈判结束,知识产权议题未取得进展》,载《电子知识产权》2011 年第 11 期。

② 18th round of TPP negotiations to be held in Sabah,available at http://www.bilaterals. org/spip. php? article23483&lang＝en,last visited on Jul. 16, 2013.

③ Trade Ministers' Report to Leaders,November 10,2014,available at http://www. dfat. gov. au/fta/tpp/resources/tpp-ministers-report-to-leaders-20141110. html,last visited on Jan. 22, 2015.

④ 《跨太平洋伙伴关系协定谈判聚焦市场准入领域》,available at http://finance. chinanews. com/cj/2013/07-16/5045287. shtml,last visited on Jul. 16, 2013.

⑤ 张锐:《TPP 咄咄逼人,美国欲何求》,载《金融经济》2011 年第 12 期。

会场外协商的一项贸易协定,TPP 无疑是众多议题中的焦点,它或将把美国引入亚洲地区贸易结构的中心。商务部国际贸易经济合作研究院研究员梅新育认为,美国期望重新部署其在亚太地区的经济战略,从而主导亚太地区的经济秩序。如果 TPP 实现,有可能在一定程度上架空 APEC 这个全球最大区域经济合作组织。[①] 2015 年 10 月 4 日,参加 TPP 谈判的 12 个国家,包括澳大利亚、文莱、加拿大、智利、日本、马来西亚、墨西哥、新西兰、秘鲁、新加坡、美国及越南最终结束了 TPP 谈判。[②] 但最终达成的 TPP 文本仍处于保密状态,只有部分章节泄露出来。

二、《跨太平洋伙伴关系协定》有关知识产权的谈判议题

如前所述,在美国极力推动的 TPP 谈判中,投资和知识产权仍然是重要的谈判议题。

在 TPP"投资章节"的谈判中,从美国 BIT 范本、TPP 谈判方以往缔结的 BIT、FTA"投资章节"来看,TPP 谈判草案的"投资"定义显然会包括知识产权。根据泄露的 TPP"投资章节"的谈判草案,"投资"定义的确包含了知识产权。[③] TPP"投资章节"无疑将在"知识产权章节"之外为知识产权提供另外一重保护机制。

由于烟草巨头菲莫公司香港子公司对澳大利亚提起的国际投资争端仲裁案,2011 年 4 月,澳大利亚政府发表政策声明提出,不再在 BITs 和 FTAs 中纳入投资仲裁机制。[④] 澳大利亚已经明确表示反对在 TPP 中规

---

① 《APEC 夏威夷会议:美欲借 TPP 主导亚太经济秩序》,available at http://news. xinhuanet. com/fortune/2011—11/11/c_122265166. htm,last visited on Aug. 7,2012.

② Negotiations concluded for a Trans—Pacific Partnership Agreement (TPP),Oct. 6,2015,available at http://investmentpolicyhub. unctad. org/News/Hub/Home/371,last visited on Oct. 9,2015.

③ Trans-Pacific Partnership treaty:Advanced Investment Chapter working document for all 12nations (January 20,2015 draft),WikiLeaks release:Mar. 25,2015,available at https://wikileaks. org/tpp — investment/WikiLeaks-TPP — Investment-Chapter. pdf,last visited on Oct. 12,2015.

④ Kyle D. Dickson-Smith . Philip Morris Asia Ltd. v Australia and the Benefits of the Investor-state Arbitration System,available at http://papers. ssrn. com/sol3/papers. cfm? abstract_id=1966204,last visited on Mar. 11,2013.

定投资者-东道国争端解决机制（investor — to — state dispute resolution mechanism，ISDR），即国际投资争端仲裁机制。[①] TPP 的谈判结果很让人期待，因为它有可能对未来的 BIT、FTA"投资章节"的缔结产生重要影响。在 TPP"知识产权章节"的谈判中，在各方进行 TPP 谈判之前，美方已经单方起草了 TPP 的知识产权谈判草案，制定好了谈判进程中的知识产权博弈策略。美国在谈判过程中单方面拟定的知识产权草案的内容长达 38 页，涉及专利、商标、互联网域名、地理标志、版权及邻接权、加密卫星和电缆信号节目、农业化学品、药品数据、商业秘密等知识产权客体，详细规定了各种知识产权保护客体的管理和执法措施，被誉为是当今国际知识产权保护的最高标准。[②]

就并入的国际知识产权条约而言，美国关于知识产权条款的提议，要求缔约方必须参加《专利合作条约》、《商标法条约》等 10 个国际知识产权公约，尽力参加《专利法条约》、《工业品外观设计国际注册海牙协定》（*Hague Agreement Concerning the International Registration of Industrial Designs* 1999）。与 NAFTA 附件 1701.3 只要求墨西哥参加《UPOV 公约》相比，美国在 TPP 中要求各缔约方参加的国际知识产权公约的范围有了相当的扩大。美国之所以要求参与 TPP 谈判的成员要加入以上国际知识产权保护条约，是因为美国在知识产权贸易与保护方面具有优势地位，美国想把自身的知识产权立法更多地输入到其他国家，想把在《TRIPS 协定》和 ACTA 里无法得到保护的知识产权利益在其他国际公约或条约得到保护。[③]

就知识产权的范围而言，与以往的 FTA 相比，上述美国提议提出了对

---

① International Trade Unions demands on an Investment Chapter in the TPPA，4th February 2011， available at http://aftinet. org. au/cms/sites/default/files/Final% 20TPP%20Investment%20Letter. pdf，last visited on Jul. 17，2013.

② 贾引狮：《美国与东盟部分国家就 TPP 知识产权问题谈判的博弈研究——以 TPP 谈判进程中美国的知识产权草案为视角》，载《法学杂志》2013 年第 3 期。

③ 贾引狮：《美国与东盟部分国家就 TPP 知识产权问题谈判的博弈研究——以 TPP 谈判进程中美国的知识产权草案为视角》，载《法学杂志》2013 年第 3 期。

域名的保护。^① 在其具有优势和获益偏好的专利、商标、地理标志、著作等知识产权客体的保护标准方面,上述美国提议提出了细致的条文。其他一些谈判方则提出了传统知识的保护问题。新西兰在其关于知识产权条款的提议中提出,对于利用传统知识或遗传资源的专利发明,应当明确其可专利性条件的审查。智利也在其提议中表示,应当建立保护传统知识的适当措施。新西兰谈判建议中关于传统知识的条款值得关注。^②

在知识产权的执法措施方面,上述美国提议中提出的执法措施的内容更加详尽:除民事措施、行政措施、刑事措施、边境措施、临时措施等规定之外,美国还提出了关于数字环境中知识产权执法措施的详细建议。而智利在其提议中提出,缔约方应当有权在其国内立法和实践中采取适当的措施履行其"知识产权"章节下的义务。^③ 美国、加拿大、日本、澳大利亚、欧盟及其27个成员国、墨西哥、摩洛哥等都签署了ACTA。ACTA的内容主要涉及更为严格的知识产权执法标准,旨在加强国际合作、改善知识产权的执法实践、建立更高标准的知识产权执法的法律框架,以增进对知识产权的国际保护。^④ ACTA无疑是美国在TPP的知识产权章节谈判中所使用的谈判范本。实际上,ACTA已经成为美国等发达经济体谈判新的FTA知识产权章节的范本。

具体而言,美方草案规定缔约国对执法资源的自主分配不能作为拒绝

① 陈福利:《知识产权国际强保护的最新发展——〈跨太平洋伙伴关系协定〉知识产权主要内容及几点思考》,载《知识产权》2011年第6期。the complete Feb 10,2011 text of the US proposal for the TPP IPR chapter,available at http://keionline. org/node/1091,last visited on Aug. 5, 2012.

② Trans-Pacific Partnership (TPP also known as the TPPA),available at http://keionline. org/tpp,last visited on Oct. 15,2015.

③ 陈福利:《知识产权国际强保护的最新发展——〈跨太平洋伙伴关系协定〉知识产权主要内容及几点思考》,载《知识产权》2011年第6期。Available at http://keionline. org/node/1091,last visited on Jan. 27, 2013.

④ 2012年7月4日,欧洲议会以478票对39票的投票结果反对欧盟参加ACTA。这一投票结果意味着ACTA无法在欧盟及其任何一个成员国内成为法律。这是欧洲议会第一次行使《里斯本条约》的授权而拒绝参加一个国际条约。European Parliament rejects ACTA,available at http://www. europarl. europa. eu/news/en/pressroom/content/20120703IPR48247/html/European-Parliament-rejects-ACTA,last visited on Apr. 12, 2013.

履行其知识产权保护的理由;缔约方应保证其最终司法判决和裁定要依据法律和事实作出并以官方文字对外公布;缔约方应建立民事司法程序,使侵权者给予权利人以赔偿;在著作权及邻接权、商标权侵权的民事司法程序中,缔约方应建立先行赔付制度,供权利人选择;在专利侵权的民事诉讼中,司法机关有权判定侵权者承担损害数额的 3 倍赔偿;司法机关有权对涉嫌侵权货物采取扣押等临时措施;应权利人的请求,司法机关有权对已认定的假冒或盗版货物予以销毁,在不给予任何补偿的前提下,可对生产原料和工具予以销毁或清除出商业渠道;权利人可采取对涉嫌假冒和盗版货物向缔约方有关机关申请中止放行的边境措施;缔约方应对达到商业规模的故意假冒商标或盗版案件提供刑事程序和处罚;规定了即使没有对商标、著作权及邻接权进行假冒的故意意图,在规定情形下,也应该提供刑事程序和处罚的情形;强调对数字环境下的商标、版权案件应给予在实体环境下同样的保护;增加了对在公共场所(如影视展播)盗录影视作品的刑事处罚;缔约方可以在立法中规定针对网络服务提供者(ISP)是否承担侵权责任的例外,但该例外应该有明确的限度;缔约方应通过法律、法规、命令等形式要求政府机构使用正版软件,以及软件的获取及管理措施。①

就公共利益原则的体现而言,新西兰在其关于知识产权条款的提议中也提出,应当在知识产权权利人的权利和使用者、与受保护客体相关的传统社区的正当利益之间保持平衡。但是,上述美国提议的关于版权限制和例外的条款显然没有给予有关版权的合理使用原则的应有考虑。② 另外,从防止知识产权滥用的角度,智利提出缔约方可以采取适当的措施防止权利持有人的知识产权滥用行为或不合理地限制贸易或不利地影响国际技术转让的行为,只要上述措施与协定相一致。尤其是,缔约方可以采取必要的措施防止起因于知识产权滥用的反竞争行为。

---

① 上述美国提议第 10 条。The complete Feb 10, 2011 text of the US proposal for the TPP IPR chapter, available at http://keionline. org/node/1091, last visited on Aug. 5, 2012.贾引狮:《美国与东盟部分国家就 TPP 知识产权问题谈判的博弈研究——以 TPP 谈判进程中美国的知识产权草案为视角》,载《法学杂志》2013 年第 3 期。

② Leak of TPP text on copyright Limitations and Exceptions, available at http://keionline. org/node/1516, last visited on Aug. 5, 2012.

2015 年 10 月 9 日,谈判完成的 TPP 知识产权章节(第十八章)泄露,[①]概括来说,该章的内容主要包括专利、商标、版权、工业设计、地理标识、商业秘密以及其他形式的知识产权,同时,还规定了知识产权的实施及缔约方在同意的领域开展合作的内容。这些规定将使企业在新的市场上更容易搜索、注册和保护知识产权。关于专利权,该章根据 WTO《TRIPS 协定》和国际最佳实践设立了标准。该章还对新地理标志保护提出了一些透明度及正常程序保障的要求,包括通过国际协定承认或保护的地理标志。此外,该章的承诺包括对药品和农业化学品为获得上市批准而提交的未公开的实验和其他数据的保护。在版权领域,该章纳入了对作品、表演及歌曲、电影、书籍和软件等音像制品加以保护的承诺,并对技术保护措施和版权管理信息设定了条款。该章要求各缔约方对互联网服务提供商建立或者保持一个版权安全港的框架。比较严格的是,TPP 缔约方同意提供强有力的执行体系,包括民事程序、临时措施、边境措施,以及针对商业规模的商标假冒和侵犯版权等行为采取刑事程序和惩罚等。特别是 TPP 缔约方将采取法律措施防范商业秘密的盗用,建立针对包括网络窃密等方式在内的商业秘密盗窃行为和偷录影像的刑事程序和惩罚制度。[②]

综上可见,TPP 的知识产权保护标准和执法措施又有了进一步的发展,例如,在受保护的知识产权客体方面,提出了对域名的保护;而就传统知识的知识产权保护而言,显然,TPP 的大多谈判方并没有重视这个问题。在保护标准方面,不仅提出了"TRIPS-附加"标准,而且提出了"TRIPS-之外"标准。而且,从权益平衡和维护公共利益的角度来看,一方面,谈判各方承认《TRIPS 协定》所提出的公共利益原则;另一方面,维护公共利益的具体条款并不明确,相反,一些条款明显不利于公共利益的维护。

---

① TPP Treaty:Intellectual Property Rights Chapter,Consolidated Text(October 5,2015),WikiLeaks release:October 9,2015,available at https://wikileaks.org/tpp-ip3/WikiLeaks-TPP-IP-Chapter/WikiLeaks-TPP-IP-Chapter-051015.pdf,last visited on Oct. 12,2015.

② 商务部国际司:《〈跨太平洋伙伴关系协定〉内容摘要》(根据美国贸易代表办公室公布内容翻译),available at http://fta.mofcom.gov.cn/article/zhengwugk/201510/28814_1.html,last visited on Oct. 14,2015.

TPP 的一些规定不仅高于《TRIPS 协定》,甚至比之前广受批评的 ACTA 还要苛刻得多。比如,对于技术性防护措施的规定,除了惩戒那些主要是为规避有效技术措施而设计、生产、使用设备、产品或其组成部分,或提供服务的行为之外,那些只有有限商业目的的行为也强制性要求各成员提供救济;民事救济还不够,强制要求提供刑事救济;同时对成员规定例外和排除的权利进行严格限制,只能限于文本明确列举的情形。对此,TPP 一些成员早有异议。新西兰早在 2010 年 12 月就提出,这种"一个模子套用所有"的方式是有问题的:《TRIPS 协定》提出了一个有价值的、合适的、能够向自由贸易协定发展的框架,考虑到各国不同的保护水平以及"高标准保护究竟能否促进创新的增长,尤其对发展中国家,尚缺证据",对超越《TRIPS 协定》的做法应持警惕态度。[①]

三、《跨太平洋伙伴关系协定》的可能影响

与 ACTA 一样,TPP 也会对知识产权国际保护制度的多边化发展,TPP 缔约方的国内知识产权法律制度,以及 TPP 缔约方、亚太地区其他国家例如我国的经济、文化和社会发展产生重要影响。

东盟是美国高调"重返亚太"的主要切入点和推动 TPP 扩大的主要对象。东盟 10 国中有 6 国与 TPP 联系紧密,其中文莱和新加坡是 TPP 的创始国,越南和马来西亚加入了 TPP 的谈判,菲律宾和泰国也明确表示过想参加 TPP 的谈判;其余 4 国中印度尼西亚明确表示暂时不加入 TPP,缅甸、老挝、柬埔寨 3 国经济发展落后,尚不具备加入 TPP 谈判的条件。但考虑到 TPP 秉持的开放性与包容性原则,自成立之初一直欢迎亚太各国和 APEC 成员积极加入,因此未来也无法排除其余 4 国加入 TPP 谈判的可能性。[②] 在 TPP 生效之后,其知识产权条款不仅将使参加谈判的东盟国家面临较大的修法压力,而且会对其经济、文化、社会发展产生不利的影响。

[①] 肖冰、陈瑶:《〈跨太平洋伙伴关系协议〉(TPP)挑战 WTO 现象透视》,载《南京大学学报(哲学·人文科学·社会科学)》2012 年第 5 期。

[②] 贾引狮:《美国与东盟部分国家就 TPP 知识产权问题谈判的博弈研究——以 TPP 谈判进程中美国的知识产权草案为视角》,载《法学杂志》2013 年第 3 期

根据前述刚刚泄露的 TPP 知识产权章节(第十八章)文本,[①]任何缔约方不得要求商标备案是商标生效、主张权利,或其他目的(包括转让)的要件。泄露文本中有关声音和气味商标、商标效力认定不需要备案、关于地理标志的异议和撤销程序等规定,都突破了现有东盟许多国的知识产权法律规定。参加谈判的东盟国家将在现有基础上承担更重的商标保护义务,地理标志保护的规定也将对拥有丰富地理标志产品资源的东盟各国造成一定影响。

在著作权保护标准方面,TPP 充分体现了美国希望通过 TPP 谈判延续其全球文化霸权的野心。在有关著作权期限延长、严格技术保护措施和救济措施的规定生效后,将会实现美国以知识产权的名义,通过电视、电影、网络、广播、出版等各种技术控制文化传播,扩大美国文化的传播时间和空间,损害东盟的传统部族文化、少数人群体文化得以平等表达的机会,将会在东盟地区不断扩大美国文化的影响力和文化产品的出口贸易,形成合法形式的文化垄断。[②]

在专利权保护标准方面,TPP 将植物和动物的品种纳入到专利权的保护范围,大大超出了东盟各国的专利权授予范围。TPP 表明美国不想将自己的先进植物品种拱手相让,相反会尽一切可能强化对其先进品种的保护措施;并对本国可能利用东盟国家的植物遗传资源获得新品种,是否应该和东盟国家公平合理共享利益、东盟各国是否有权在公平的基础上优先取得基于其提供遗传资源而产生的收益等问题避而不谈。[③]而且,这对东盟国家的传统知识的知识产权保护问题也非常不利。

TPP 还提出延长药品的专利期限、规定专利权的有限例外,这同样超出了当前东盟多国的专利制度。TPP 充分表明了美国力图通过知识产权

① TPP Treaty: Intellectual Property Rights Chapter, Consolidated Text (October 5, 2015), WikiLeaks release: October 9, 2015, available at https://wikileaks.org/tpp-ip3/WikiLeaks-TPP-IP-Chapter/WikiLeaks-TPP-IP-Chapter-051015.pdf, last visited on Oct. 16, 2015.

② 贾引狮:《美国与东盟部分国家就 TPP 知识产权问题谈判的博弈研究——以 TPP 谈判进程中美国的知识产权草案为视角》,载《法学杂志》2013 年第 3 期。

③ 贾引狮:《美国与东盟部分国家就 TPP 知识产权问题谈判的博弈研究——以 TPP 谈判进程中美国的知识产权草案为视角》,载《法学杂志》2013 年第 3 期。

的国际强保护来维护自己先进生物技术和医学技术的愿望。为了维护美国制药商的利益,美国在 TPP 谈判中采取的策略是,要求延长药品专利权的期限,建议通过向制药公司提供一个"获取窗口期"使药品在一个时间段内进入 TPP 区域以换取药品在这些国家获得知识产权保护的方式,来改善对救生药物的获取以及专利保护。如此,美国可以通过药品专利获得额外的利益。但目前东盟许多国家仍面临着艾滋病、疟疾、肺结核和其他流行疾病威胁的公共健康危机,且东盟大部分国家属于发展中国家,实施药品专利强制许可制度是应付公共健康危机的有效手段之一。[①]

TPP 的知识产权章节在许多方面对当前大部分东盟许多国家知识产权执法制度提出了挑战。如在民事诉讼中,司法机关可以禁止涉嫌侵权产品的进出口;赋予权利人选择"先行赔付"的权利;明确了"商业规模"的含义;增加公共场合盗录影视作品的刑事责任等。东盟许多国家的知识产权保护不力的状况长期受到美国的批评,像文莱、印度尼西亚、菲律宾、泰国等东盟国家经常被美国"特别 301 报告"列入知识产权保护观察名单之中。分析美国在 TPP 知识产权执法内容谈判博弈中的获益偏好,可以看出美国希望通过 TPP 使东盟相关国家增加知识产权执法的透明度、尊重权利人的意愿、真正使执法手段能够震慑猖獗的知识产权侵权。但其中规定的"商业规模"的相关内容明显超越 TRIPS 规定的知识产权刑事保护要求,降低知识产权刑事保护的门槛,将减少东盟各国依据国内情况实施知识产权刑事保护的政策空间,也对东盟各国短时间内修改知识产权执法内容提出了巨大挑战。

为了协调东盟整个区域的知识产权制度,确立东盟在世界知识产权保护的新形象,东盟作为整体一直不遗余力地推进知识产权一体化建设,构建一个统一且多样性的知识产权保护体系。TPP 的谈判结果将进一步拉大东盟成员国之间的知识产权保护差距,将不可避免地对东盟知识产权一体化产生分化,使好不容易达成的东盟知识产权一体化进程严重受挫。[②]

---

① 贾引狮:《美国与东盟部分国家就 TPP 知识产权问题谈判的博弈研究——以 TPP 谈判进程中美国的知识产权草案为视角》,载《法学杂志》2013 年第 3 期。

② 贾引狮:《美国与东盟部分国家就 TPP 知识产权问题谈判的博弈研究——以 TPP 谈判进程中美国的知识产权草案为视角》,载《法学杂志》2013 年第 3 期。

综上可见，TPP知识产权章节的谈判结果不仅会给已经参加或将来参加TPP的发展中缔约方带来很大的修法压力，而且会对WTO、WIPO等知识产权国际保护的多边体制造成侵蚀性的冲击，对知识产权区域一体化的发展产生消极影响。不仅如此，早有学者提出，与以往一般的PTA相比，高标准、宽范围、跨地域、开放型构成这一全新、超级贸易协定的特色，整体上看，俨然一个缩略版的多边贸易体制。就内容而言，TPP不仅在以往PTA所涉及的"浅层次"方面（市场准入、边境措施）提出了更高门槛，而且，贸易保护不再是唯一动力，环境、金融服务、投资、劳工等非单纯贸易领域亦被纳入；就地域而言，TPP连接了亚洲、太平洋和拉丁美洲的广阔空间；就成员结构而言，协定文本包含范围广泛的成员"加入条款"——既对APEC成员开放，也对其他非APEC成员开放；而有关争端解决机制的设计和一揽子承诺方式等，都与WTO多边体系神似。事实表明，TPP的现有架构及推进方式，已经构成对WTO多边体系的全方位冲击。[1]

四、我国的应对之策

有专家分析指出，美国不仅意在为建成亚太自由贸易区"拔高"标准、树立新"样板"，更要以TPP为杠杆，从战略角度提升其在亚太地区的影响力和主导权。美国推动TPP协定的提倡，旨在把美国引入亚洲地区贸易结构的中心，并提供一支抗衡中国的力量。[2] 外界认为，美国有意推动TPP取代亚太经合组织，并将中国排除在外。中国没有被邀请参与TPP商讨，对此，我国商务部部长助理俞建华在2011年11月11日于美国夏威夷檀香山举行的APEC会议的阁僚会议之后的记者见面会上表示："中国没有从任何TPP经济体收到任何有关TPP的邀请，类似TPP的多边一体化机制，应当有包容性、开放性以及透明度。"[3]

---

① 肖冰、陈瑶：《〈跨太平洋伙伴关系协议（TPP）〉挑战WTO现象透视》，载《南京大学学报（哲学·人文科学·社会科学）》2012年第5期。

② 《美推TPP意欲何为》，available at http://www.bwchinese.com/article/1022994.html，last visited on Aug. 7, 2012.

③ 《TPP背后的美国"阴谋"》，available at http://www.bwchinese.com/article/1023046.html，last visited on Aug. 7, 2012.

TPP 谈判开始之后,我国学者从国际政治积极关系的角度进行了较多研究,有学者认为,TPP 具有高度贸易自由化、全面的市场开放承诺要求、快节奏和严格的发起国谈判周期限制等特点。这与中国在东亚合作机制中所主张的自贸区推进原则形成较大反差,并不符合亚太区域内各经济体规模和经济发展水平相差甚远、市场开放程度和要素禀赋条件迥异的"区情"。因此,在短期内中国作为协定发起国参与规则制定和谈判进程的难度很大。这就意味着在发起国谈判结束之后,我国加入将可能面对来自TPP 成员,尤其是美国的苛刻条件,花费较长时间、经历艰难谈判过程。面对挑战,中国存在以下对策选择。一是积极推动 APEC 框架下的贸易自由化进程,坚持多样化和包容、渐进的路径选择,强调发展中国家的主张和要求,争取让更多成员尤其是发展中经济体享受贸易便利化和自由化的成果。二是加强中国与东亚经济体之间的沟通和政策协调,为进一步巩固已有区域合作成果、推进中日韩、"10＋3"和"10＋6"合作机制创造条件,使这些合作尽快进入实质性谈判阶段,加快东亚区域经济一体化进程,提高东亚国家在亚太区域合作中的影响力。①

有学者认为,针对 TPP 发展的新动向与趋势,特别是美国的新战略变化,中国应充分掌握动态,进行深入分析,并及早作出战略判断与选择。其中一种反应与选择可以是"因势利导,良性互动"。中国应正视美国在东亚的历史存在和现实利益,在中美战略与经济对话中增加有关区域合作的沟通与对话,增进双方彼此政策的透明度,寻求共识,弥合分歧。在适当的时机下,当中国的重大关切利益得到满足时,中国可以考虑介入 TPP 或其他类似的动议(如 FTAAP),并通过有效参与控制议程覆盖面、成员范围与进程速度,最大限度减少对中国的不利影响。这其中需正确和妥善处理在这一进程可能涉及的重要问题,争取理想的结果,从而服务于中国的国家利益,包括:人权和宗教等纯政治性议题应被排除在外;应将台湾地区的活动及影响严格限制在经济事务中,使其在政治领域的影响最小化,并避免使台海关系问题多边化,如果中国和中华台北共同加入新的协定,两岸应先达成经贸合作框架协议;在 TPP 或 FTAAP 的谈判中应尽可能达成对

---

① 赵晋平:《泛太平洋伙伴关系协定与中国的自贸区战略》,载《国际贸易》2011 年第4 期。

中国有足够吸引力的条款,比如消除出口管制、限制贸易救济措施以及改变针对非市场经济国家的歧视待遇等问题;此外,中国在敏感产品和部门自由化、汇率制度、"新加坡议题"、环境与贸易、劳工标准等充满争议的议题上设置底线,据理力争。该战略选择的关键在于要将 TPP 由挑战转变为机遇,从而实现中国拓展海外市场准入、促进国内竞争改革、进一步提升中国在亚太地区的领导地位的长期目标。[①]

亚太区域内出现了越来越多的双边自由贸易协定和区域贸易协定,各个协定具有不同的优惠待遇和原产地规则,"意大利面条碗"现象日益显现出来(就像碗里的意大利面条,一根根地绞在一起,剪不断,理还乱)。本来是促进自由贸易的 FTA,反而成了进一步贸易自由化的障碍。通过谈判将亚太区域贸易协定整合成统一的 TPP,可以降低交易成本,减少区域内 FTA 的复杂和重叠。中国前期可以密切跟踪研究 TPP 谈判议题和进程,根据世界经济形势、国际政治格局,权衡自身综合利益以后,选择合适的时机参与到 TPP 谈判中来。可以采取列席或者观察员的方式参与协商,待到时机成熟可以全面参与。如果 WTO 多哈回合谈判继续停止、TPP 谈判进展十分顺利、中国台湾要求与其他经济体进行 FTA 谈判的舆论压力越来越大,中国可以果断加入 TPP 谈判,推动 TPP 成为亚太自由贸易区。[②]

值得注意的是,2013 年 3 月,在日本决定加入 TPP 谈判之后,美国代理贸易代表梅特里奥斯·马兰蒂斯(Demetrios Marantis)表示,TPP 作为亚太地区经贸整合的平台,美国和伙伴不会邀请特定国家或经济体加入。如果一个经济体有兴趣达到 TPP 达成的高标准,它需要表达有能力达到高标准的兴趣,由 11 个现有伙伴以达成共识的方式决定是否批准其为新会员。这是马来西亚、加拿大、墨西哥以及日本加入 TPP 谈判的程序。因

---

① 盛斌:《美国视角下的亚太区域一体化新战略与中国的对策选择——透视泛太平洋战略经济伙伴关系协议的发展》,载《南开学报(哲学社会科学版)》2010 年第 4 期。FTAAP(Free Trade Area of Asia-Pacific)是 2004 年由 APEC 工商咨询理事会(ABAC)率先提出的亚太自由贸易区构想。

② 魏磊、张汉林:《美国主导跨太平洋伙伴关系协议谈判的意图及中国对策》,载《国际贸易》2010 年第 9 期。

此无论是中国、菲律宾、泰国,取决于这些经济体能否说服其他 TPP 伙伴,它们有能力达到谈判所要求的高标准。① 2013 年 4 月 7 日,对于美欧日宣布启动的一系列重量级经贸谈判,中国国际经济交流中心秘书长、商务部原副部长魏建国在海南博鳌论坛上表示,"关键的关键是参与、对话、加入,取得话语权,取得游戏规则的制定权,不被边缘化,不被排斥在这个圈子外面"②。总体而言,我国学者、贸易官员等大多认为,我国应该在适当的时候加入 TPP 谈判。③

如今,尽管还需要各谈判方国内立法机构的批准,但 TPP 谈判已经尘埃落定。因此,对于 TPP 不再有参加谈判的机会,而只有以后加入的可能。TPP 知识产权议题的谈判对于中国企业知识产权的海外保护显然是有利的,但其对我国知识产权法制的发展、社会发展带来的不利影响,也是应该看到的。TPP 的知识产权条款对我国的经济发展可能造成一些不利的影响,例如,发达国家企业运用知识产权保护手段限制我国企业创新的能力将有所增强,我国企业引进先进技术的成本可能有所提高,我国消费者消费文化、艺术、医药、电子信息等产品的成本将明显上升等。④ 所以,基于这种现实,中国没有参加 TPP 谈判也是可以理解的。而中国的现实对策应该是积极推进自己有发言权的区域自由贸易协定,如区域全面经济伙伴关系(RCEP)的早日缔结。

---

① US says trade talks are ajar for China,available at http://www.chinadaily.com.cn/kindle/2013-03/21/content_16329540.htm,last visited on Apr. 12,2013.

② 商务部原副部长魏建国:《中国必要时可考虑加入 TPP》,available at http://finance.sina.com.cn/china/20130409/095915086147.shtml,last visited on Apr. 12,2013.

③ 徐长文:《TPP 的发展及中国应对之策》,载《国际贸易》2011 年第 3 期。刘中伟、沈家文:《跨太平洋伙伴关系协议(TPP):研究前沿与架构》,载《当代亚太》2012 年第 1 期。

④ 李大伟:《跨太平洋战略伙伴关系协议(TPP)中非传统领域条款对我国经济的影响》,载《中国经贸导刊》2014 年第 4 期。

第三节　多边投资协定与中国企业海外知识产权的法律保护

一、多边投资协定与知识产权保护

20 世纪 90 年代初,以各种单边、双边和区域性投资立法的自由化变革为依托,以国际投资迅猛发展和国际投资与国际贸易的相互关联为依据,以乌拉圭回合的一系列全球性投资规则的诞生为契机,以经合组织为场所,作为主要的资本输出国的经合组织成员国于 1995 年发起了缔结第一个综合性多边投资条约(MAI)的谈判。[①] 尽管谈判于 1998 年开始处于搁浅状态,但是,经过几年的谈判,谈判各方在有关国际投资的不少重要问题上都达成了一致意见。1998 年的多边投资协定草案规则基本上是站在发达国家的立场上,以维护投资者利益为宗旨,进一步限制了资本输入国的外资管辖权。

在多边投资协定的谈判中,随着谈判进程的深入,知识产权成为一个重要的谈判议题。从起草小组(drafting group)的报告来看,[②]谈判各方在适用于知识产权的待遇标准、多边投资协定与国际知识产权条约的关系等问题上分歧较大。例如,多数代表认为,将多边投资协定的义务适用于知识产权将严重影响现存的和未来的国际知识产权条约。尤其是,它们在国民待遇和最惠国待遇方面存在重叠和冲突。少数代表则认为,多边投资协定的义务应该适用于包括知识产权在内的所有投资。这种规定不会影响现有的国际知识产权条约。起草小组提出,谈判各方应当着重考虑如下问

---

① 刘笋:《从多边投资协议草案看国际投资多边法制的走向》,载《比较法研究》2003年第 2 期。

② OECD（1997）,Report to the Negotiating Group on Intellectual Property, Negotiating Group on the Multilateral Agreement on Investment（MAI）,DAFFE/MAI/DG3（97）4, available at http://www1. oecd. org/daf/mai/htm/1-4. htm, last visited onJan. 3,2009.

题:投资的定义、国民待遇和最惠国待遇等投资待遇标准、投资保护条款,尤其是征收和转让、其他条款,例如履行要求和垄断、争端解决。还有一些代表认为不应将版权和邻接权作为"投资财产"。

有学者认为,多边投资协定谈判失败的一个很有影响,而又较少被认识到的原因,就在于它对知识产权保护的潜在影响。例如,在审查多边投资协定的谈判草案时,一些知识产权利益团体反对排除版权和邻接权保护的提议。协定草案规定的国民待遇和最惠国待遇对于适用于知识产权保护的适当性成为谈判争论的热点。一些注重本国文化(national culture)的国家激烈反对将国民待遇和最惠国待遇适用于知识产权保护。它们认为,多边投资协定会损害国家保护和促进本国文化的主权。因此,所有的文化产业(cultural initiatives)应被排除在协定范围之外。一些利益集团如欧洲电影和音乐制作人提出了相似的反对。欧洲著作权集体管理组织也反对将国民待遇适用于外国的著作权集体管理组织,认为这会削弱它们促进本国文化的重要作用。鉴于著作权集体管理组织重要的经济作用,美国主张国民待遇的适用。"履行要求"中"当地含量要求"(domestic content)和"优先购买当地产品和服务"、征收的认定也受到了著作权集体管理组织的关注。[①]可以看出,知识产权保护问题的协调解决对未来的协定谈判意义重大。

发达国家一向认为,有关知识产权保护的国际法律制度,是确保国际直接投资更加持久和稳定投资者信心的重要手段。在知识经济时代,对于知识产权这项日益体现出经济和政治重要性的投资财产,一直没有放弃缔结多边投资协定努力的谈判各方,不会忽略这个进一步增强其国际保护的良机。

---

① Daniel Gervais and Vera Nicholas-Gervais, Intellectual Property in the Multilateral Agreement on Investment: Lessons to be Learned, *The Journal of World Intellectual Property*, Vol2,(2),pp.257,266-270.

二、多边投资协定草案的知识产权条款①

(一)多边投资协定的谈判文本

多边投资协定草案中涉及知识产权的条款主要包括:

第一,多边投资协定草案的"投资"定义中包括知识产权。在"投资"定义的评注中,谈判各方同意,应当就间接投资、知识产权等的待遇问题进一步展开谈判。此外,为了澄清多边投资协定框架下"投资"的性质,应该给"投资"定义增加一个注释,明确作为"投资"的财产(asset)必须具有投资属性(characteristics of an investment),例如,资本或其他资源的投资(commitment of capital or other resources),获得收益或利润的预期(expectation of gain or profit),或风险的承担(assumption of risk)。谈判各方就有关知识产权的一些具体问题未能达成一致:(a)是否将"投资"定义中的知识产权的范围限定在《TRIPS 协定》的规定范围内;(b)是否应该排除版权和邻接权;(c)是否应该包括新的知识产权;(d)是否仅包括知识产权的经济权利;(e)是否只包括各国国内法规定的知识产权;(f)"投资者"的定义对知识产权的权利持有人(rights holder)有何意义?

多边投资协定谈判小组关于协定文本草案的评注提出,知识产权的范围包括版权和邻接权、专利、工业设计、集成电路布图设计、技术工艺、商业秘密(包括技术秘密、机密商业信息)、贸易和服务商标、商号、商誉。对于是否在投资定义中列举这些权利,谈判代表们意见不一。②

第二,在关于"履行要求"的条款草案中,对另一个缔约方或非缔约方的投资者在其领土内的投资的确立、获益、扩张、管理、经营、维持、使用、享用、出售或其他处置,任一缔约方不能施加、实施或维持以下要求,或者强加任何义务或承诺:向其领域内的自然人或法人转让技术、生产工艺或其他专有知识(proprietary knowledge)——除非该项要求与知识产权的转让

---

① DAFFE/MAI(98)7/REV1,22 April 1998,available at http://www1.oecd.org/daf/mai/key.htm,last visited onJan.3,2009.

② 有的代表主张排除版权和邻接权,有的代表主张只保护知识产权中的经济权利。DAFFE/MAI(98)8/REV1,22 April 1998,available at http://www1.oecd.org/daf/mai/key.htm,last visited onJan.4,2009.

有关,而且是以与《TRIPS 协定》相一致的方式,转让的。根据该条款的注释,一些谈判代表认为,一项以与其他国际条约下的义务相一致的方式解释多边投资协定下义务的一般性条款是必要的。这样,就不必专门就知识产权作出解释了。在谈判当中,对于该项条款是否涵括将来会出现的知识产权和精神权利(moral rights),谈判各方没有达成一致。对于"履行要求"条款的第(b)项、第(c)项规定是否对知识产权有影响,谈判各方也没有达成一致。①

第三,在征收的确定方面,谈判各方认为有必要澄清一定的知识产权管理和法律规定不会构成征收。协定草案的规定如下:知识产权的确立、限制、废止、失效、法定许可、强制许可、强制集体管理,知识产权集体管理机构保留授权扣除额,不同知识产权持有人之间的报酬共享在本协定下不构成征收,只要上述情况与专门的知识产权国际公约保持一致。就这一问题而言,谈判各方在以下方面尚未达成一致:(a)是否规定专门的知识产权条款或根据一个一般性条款来澄清征收不包括正常的政府管理活动;(b)上述情况是穷尽式还是列举式的规定;(c)目前的规定是否足以涵括将来的知识产权;(d)是否应当明确与国际知识产权条约相一致的问题;(e)条款中的"确立"(creation)一词是否足以表达谈判各方的意图;等等。

第四,在"投资"待遇问题上,多边投资协定草案规定了国民待遇、最惠国待遇和一般待遇(General Treatment)。谈判各方同意,国民待遇、最惠国待遇义务不适用于国际知识产权条约。谈判各方就下列问题进行了讨论:(a)是否通过与国际知识产权条约的联结规定国民待遇、最惠国待遇义务的例外;(b)是否对多边投资协定下的与知识产权有关的义务规定国民待遇、最惠国待遇义务的例外;(c)是否一般待遇原则也不适用;(d)多边投资协定对新的知识产权的适用性。

第五,在争端解决方面,谈判各方同意,应当限制"论坛选择"(forum shopping),避免与 WTO 体制的冲突。谈判各方的异议在于:将投资者与国家之间的争端解决机制适用于知识产权问题的适当性;《TRIPS 协定》的最惠国待遇义务是否会导致出现"免费搭车者"(free riders)风险?

---

① 该条款第(b)项规定的履行要求是当地含量要求;第(c)项规定的履行要求是优先购买、使用当地产品或服务。

第六,就权利用尽(Exhaustion of Rights)而言,在是否有必要澄清多边投资协定对知识产权的权利用尽不会规定任何新的义务的问题上,谈判各方也未达成一致。

(二)多边投资协定知识产权条款的特点

从多边投资协定的谈判文件来看,谈判各方在谈判中借鉴了双边投资协定、《北美自由贸易协定》等国际条约中有关知识产权的规定,[①]在这种基础上,多边投资协定草案中的知识产权条款体现了以下特点:

首先,谈判各方对于知识产权保护的探讨具有前瞻性,考虑了知识产权范围的扩张问题,多次提及新的知识产权的问题。

其次,谈判各方就知识产权问题进行了较为全面的讨论、分析,不仅涉及多边投资协定框架下知识产权的范围、保护、争端解决等事项,而且包括与国际知识产权条约的协调问题。

三、多边投资协定知识产权条款的可能影响

对于投资条约框架下权利义务的适用范围和仲裁庭的管辖权而言,投资和投资者的定义是非常关键的。[②] 如前所述,谈判各方在多边投资协定的谈判进程中逐渐认识到协定将对知识产权保护产生的重要影响,不过,他们未能在谈判搁浅之前就此进行深入的探讨并达成一致。如果未来的多边投资协定规定根据协定的列举确定知识产权的范围,如果其所规定的知识产权的范围比《TRIPS协定》广泛,那么,多边投资协定无疑是又产生了"TRIPS-附加"标准,为知识产权提供了更高的保护标准。

四、我国的应对之策

从多边投资协定谈判失败的原因来看,将来的多边投资协定谈判会在

---

① Available at http://www1.oecd.org/daf/mai/htm/1-4.htm2,last visited on Jan. 3,2009.

② OECD. Definition of Investor and Investment in International Investment Agreements,International Investment Law: Understanding Concepts and Tracking Innovations,Chapter 1,available at http://www.oecd.org/document/36/0,3343,en_2649_33783766_40069796_1_1_1_1,00.html,last visited on Jan.4,2009.

透明度问题上有所进步。作为利用外资最多和努力推动海外投资的发展中国家,我国应当以谈判采取"渐成式"的"自上而下"模式为前提条件,努力争取参加未来多边投资协定的谈判,[①]吸取多边投资协定的经验教训,即必须慎重对待投资保护规则对知识产权保护可能造成的影响,注重投资协定下的知识产权保护问题。

首先,有必要明确知识产权保护的价值取向。在强大的经济实力的支撑下,西方发达国家掌握着知识产权国际规则制定中的话语权。它们所倡导的严格的、高水平的知识产权保护标准并不利于发展中国家的国家利益和社会经济发展。为此,我国等发展中国家有必要坚持在协定中明确知识产权保护的价值取向。

利益平衡是知识产权法的原则之一。国际直接投资中知识产权的保护涉及知识产权权利人与他人及社会之间的利益关系,以及不同国家之间经济利益的协调与平衡。在利益冲突的情况下,知识产权保护的最终价值取向——促进社会公众接触和利用知识产品的社会整体福利——就决定着利益的最佳平衡。

其次,坚持对知识产权的适度保护。在国际直接投资领域,知识产权法应为知识产权权利人提供更广泛的保护,避免因侵权引起的对国际投资秩序的破坏。同时,又要防止由于权利人对知识产权的过渡保护或滥用权力导致的对正常投资秩序的影响。因此,应当给予国际直接投资领域的知识产权以适度保护。

再次,反对知识产权的滥用。国际直接投资领域中,为了防止跨国公司利用知识产权领域的比较优势,把知识产权作为垄断的手段来限制竞争对手、滥用知识产权进而谋求垄断利益,在市场经济和民主多元化的制度框架内,应该尊重和保护各种国内和国外的知识产权,反对滥用知识产权

---

① 所谓"渐成式"模式,是指 WTO《服务贸易总协定》项下"最低标准"加"具体承诺"的模式。所谓"自上而下"(top-down)谈判方式,是指先在国际经济条约中设定高层次的自由化标准,再允许缔约国经谈判对所承担的条约义务作有限的保留,且缔约国应承诺逐步取消这些作为例外情形的限制性措施。中国以观察员的身份参加了经合组织多边投资协定的谈判。徐崇利:《WTO 多边投资协定议题与中国的基本策略分析》,载《法律科学》2004 年第 4 期。

等反竞争行为。

随着世界经济全球化、信息化和一体化的加强，知识产权保护对国际直接投资起着日益重要的作用。在国际直接投资有关的知识产权保护中，存在着制度层面保护发达国家利益倾向的问题和实践层面发达国家的知识产权反竞争行为，以及对发展中国家的知识产权"淡化"和控制等问题。要科学地实现国际直接投资中的知识产权保护，各个国家，尤其是发展中国家应当确立科学的国际直接投资有关的知识产权保护价值取向，实行知识产权的适度保护、禁止滥用，从根本上提高国家和企业自主创新能力，积极应对各种国际直接投资中的知识产权争议。[①] 为了推动中国企业的海外投资，我国所缔结的国际投资协定、自由贸易协定应该成为降低其知识产权风险、维护其知识产权权益的重要工具。

如前所述，尽管 MAI 的谈判失败了，但是美欧等发达成员一直谋划在 WTO 内启动多边投资协定的谈判。利用 WTO"一揽子协定"的谈判方式，发达国家就有可能达到将多边投资协定议题"搭售"给广大发展中国家的目的。为了求得南北双方在谈判整体结果上的"双赢"局面，在"一揽子协定"谈判方式下，中国和其他发展中国家不无接受多边投资协定议题的可能性。然而，中国接受多边投资协定议题的一个重要前提条件是，应保证日后达成的此类协定中有关投资保护和投资自由化的规则标准适度。[②] 对此，晚近的 BIT、区域投资协定和 FTA 投资章节的缔约实践可以提供有益的借鉴。这些国际经济条约的缔约方——无论是发达缔约方还是发展中缔约方——都已经认识到平衡投资者私人利益与东道国管理权益和发展政策空间的重要意义。

① 沈四宝、袁杜鹃：《国际直接投资中的知识产权保护法律问题》，载《山西大学学报（哲学社会科学版）》2006 年第 3 期。

② 徐崇利：《WTO 多边投资协定议题与中国的基本策略分析》，载《法律科学》2004 年第 4 期。

缩略语表

南强丛书

中国企业海外知识产权的法律保护研究

AANZFTA	ASEAN-Australia-New Zealand Free Trade Agreement （《东盟-澳大利亚-新西兰自由贸易协定》）
ACIA	ASEAN Comprehensive Investment Agreement （《东盟全面投资协定》）
ACP Group	Group of African，Caribbean and Pacific Region Countries （非洲、加勒比与太平洋国家集团，简称非加太集团）
ACTA	Anti-Counterfeiting Trade Agreement （《反假冒贸易协定》）
ANZCERTA	Australia New Zealand Closer Economic Relations Trade Agreement （《澳新更紧密经济关系贸易协定》）
APEC	Asia-Pacific Economic Cooperation （亚太经济合作组织，简称亚太经合组织）
APTA	Asia-Pacific Trade Agreement （《亚太贸易协定》）
ASEAN	Association of South East Asian Nations （东盟）
BASCAP	Business Action to Stop Counterfeiting and Piracy （停止假冒和盗版商业行动）
BIP	Bilateral Intellectual Property Agreement （双边知识产权协定）

BIPA Bilateral Investment Promotion &
Protection Agreement
（双边促进和保护投资协定）

BIT Bilateral Investment Treaty
（双边投资保护协定）

BTA Bilateral Trade Agreement
（双边贸易协定）

CAN Andean Community
（安第斯共同体）

CARICOM Caribbean Community
（加勒比共同体）

CBD Convention on Biological Diversity
（《生物多样性公约》）

CESCR Committee on Economic，Social and Cultural Rights
（联合国经济、社会及文化权利委员会）

CGRFA Commission on Genetic Resources for Food
and Agriculture
（粮食和农业遗传资源委员会）

COMESA Common Market for Eastern and Southern Africa
（东部和南部非洲共同市场，简称东南非共同市场）

DSB Dispute Settlement Body
（WTO 的争端解决机构）

DSU Understanding on Rules and Procedures Governing the
Settlement of Disputes
（《关于争端解决规则与程序的谅解》）

EAC East African Community
（东非共同体）

EEA European Economic Area
（欧洲经济区）

EEC	European Economic Community （欧洲经济共同体）	
EFTA	European Free Trade Association （欧洲自由贸易联盟）	
EIA	Economic Integration Agreement （经济一体化协定）	
EPA	Economic Partnership Agreement （经济伙伴关系协定）	
EU	European Union （欧盟）	
FAO	Food and Agriculture Organization of the United Nations （联合国粮食及农业组织）	
FIPA	Foreign Investment Protection and Promotion Agreement （《加拿大与某国对外投资保护和促进协定》）	
FTA	Free Trade Agreement （自由贸易协定）	
FTAA	Free Trade Area of the Americas Agreement （美洲自由贸易协定）	
FTAAP	Free Trade Area of the Asia-Pacific （亚太自由贸易区）	
GATT	General Agreement on Tariffs and Trade （《关税与贸易总协定》）	
GCC	Gulf Cooperation Council （海湾合作委员会）	
ICSID	International Centre for Settlement of Investment Disputes （解决投资争端国际中心）	

ICC   International Chamber of Commerce
（国际商会）

INTA   International Trademark Association
（国际商标协会）

IPR   Intellectual Property Right
（知识产权）

MAI   Multilateral Agreement on Investment
（《多边投资协定》）

MERCOSUR Mercado Común del Sur
（南方共同市场）

NAFTA North American Free Trade Agreement
（北美自由贸易协定）

OECD   Organization for Economic Cooperation
and Development
（经济合作与发展组织，简称经合组织）

PCT   Patent Cooperation Treaty
（《专利合作条约》）

PTA   Preferential Trade Agreement
（优惠贸易协定）

RCEP   Regional Comprehensive Economic Partnership
（区域全面经济伙伴关系）

RTA   Regional Trade Agreement
（区域贸易协定）

SACU   Southern African Customs Union
（南部非洲关税同盟）

S & T   Bilateral Science and Technology
Cooperation Agreement
（双边科学和技术合作协定）

SPLT   Substantive Patent Law Treaty
（《实体专利法条约》）

TPP	Trans-Pacific Partnership Agreement (《跨太平洋伙伴关系协定》)
TPPA	Trans-Pacific Strategic Economic Partnership Agreement (《泛太平洋战略经济伙伴关系协定》)
《TRIPS 协定》	Agreement on Trade-Related Aspects of Intellectual Property Rights, Including Trade in Counterfeit Goods (《与贸易有关的知识产权协定》)
TTIP	Transatlantic Trade and Investment Partnership agreement (《跨大西洋贸易与投资伙伴关系协定》)
UNCITRAL	United National Commission on International Trade Law (联合国国际贸易法仲裁委员会)
UNCTAD	United Nations Conference on Trade and Development (联合国贸易与发展会议)
UNESCAP	United Nations Economic and Social Commission for Asia and the Pacific (联合国亚太经济与社会委员会)
UNESCO	United Nations Educational, Scientific and Cultural Organization (联合国教育、科学及文化组织)
UPOV 公约	International Convention for the Protection of New Varieties of Plants (《国际植物新品种保护公约》)
USTR	Office of the United States Trade Representative (美国贸易代表办公室)
WAEC	West African Economic Community (西非经济共同体)

WCT	WIPO Copyright Treaty
	(《世界知识产权组织版权公约》)
WHO	World Health Organization
	(世界卫生组织)
WIPO	World Intellectual Property Organization
	(世界知识产权组织)
WPPT	WIPO Performances and Phonograms Treaty
	(《世界知识产权组织表演和录音制品条约》)
WTO	World Trade Organization
	(世界贸易组织)

参考文献

一、著作

（一）中文著作（含译著）

[1] 博登浩森：《保护工业产权巴黎公约指南》，汤宗舜、段瑞林译，中国人民大学出版社 2003 年版。

[2] 曹建明、贺小勇：《世界贸易组织》（2），法律出版社 2004 年版。

[3] 曹世华等著：《后 Trips 时代知识产权前沿问题研究》，中国科学技术大学出版社 2006 年版。

[4] 陈安主编：《国际投资法的新发展与中国双边投资条约的新实践》，复旦大学出版社 2007 年版。

[5] 陈传夫：《国家信息化与知识产权——后 TRIPS 时期国际版权制度研究》，湖北人民出版社 2002 年版。

[6] 戴维·赫尔德等著：《全球大变革：全球化时代的政治、经济和文化》，杨雪冬等译，社会科学文献出版社 2001 年版。

[7] 德利娅·利普希克：《著作权与邻接权》，中国对外翻译出版公司 2000 年版。

[8] 冯洁菡：《公共健康危机与 WTO 知识产权制度的改革——以 TRIPs 协议为中心》，武汉大学出版社 2005 年版。

[9] 古祖雪：《国际知识产权法》，法律出版社 2002 年版。

[10] 李明德：《"特别 301 条款"与中美知识产权争端》，社会科学文献出版社 2000 年版。

[11] 李学勇：《经济全球化背景下的中国知识产权保护》，人民法院出版社 2005 年版。

[12] 林秀芹：《TRIPs 体制下的专利强制许可制度研究》，法律出版社

2006 年版。

　　[13] 玛丽·安·格伦顿:《权利话语——穷途末路的政治言辞》,周威译,北京大学出版社 2006 年版。

　　[14] 马忠法:《国际技术转让法律制度理论与实务研究》,法律出版社 2007 年版。

　　[15] 斯蒂芬·D. 克莱斯勒:《结构冲突:第三世界对抗全球自由主义》,浙江人民出版社 2001 年版。

　　[16] 宋玉华:《开放的地区主义与亚太经济合作组织》,商务印书馆 2001 年版。

　　[17] 陶鑫良、袁真富:《知识产权法总论》,知识产权出版社 2005 年版。

　　[18] 吴汉东主编:《中国知识产权制度评价与立法建议》,知识产权出版社 2008 年版。

　　[19] 徐明华、包海波:《知识产权强国之路——国际知识产权战略研究》,知识产权出版社 2003 年版。

　　[20] 杨国华:《中美知识产权问题概观》,法律出版社 2008 年版。

　　[21] 杨国华:《美国贸易法"301 条款"研究》,法律出版社 1998 年版。

　　[22] 杨丽艳:《区域经济一体化法律制度研究:兼评中国的区域经济一体化法律对策》,法律出版社 2004 年版。

　　[23] 叶京生:《知识产权制度与战略——他山之石》,立信会计出版社 2006 年版。

　　[24] 俞海:《TRIPs 协议和环境问题研究》,中国环境科学出版社 2005 年版。

　　[25] 于泽辉:《知识产权战略与实务》(第一辑),法律出版社 2007 年版。

　　[26] 约翰·H. 杰克逊:《GATT/WTO 法理与实践》,新华出版社 2002 年版。

　　[27] 曾华群:《WTO 与中国外资法的发展》,厦门大学出版社 2006 年版。

　　[28] 张乃根:《TRIPS 协定:理论与实践》,上海人民出版社 2005 年版。

［29］张乃根:《国际贸易的知识产权法》,复旦大学出版社 1999 年版。

［30］张旗坤编著:《欧盟对外贸易中的知识产权保护》,知识产权出版社 2006 年版。

［31］赵承壁、赵齐:《外经贸知识产权法律与条约(上)》,中国对外经济贸易出版社 1996 年版。

［32］郑成思:《世界贸易组织与贸易有关的知识产权》,中国人民大学出版社 1996 年版。

［33］朱景文:《法律与全球化》,法律出版社 2004 年版。

［34］钟丽:《国际知识产权争议解决机制研究》,中国政法大学出版社 2011 年版。

［35］韩立余编著:《美国对外贸易中的知识产权保护》(国际知识产权制度纵览丛书),知识产权出版社 2006 年版。

［36］曹阳:《国际知识产权制度:冲突、融合与反思》,法律出版社 2011 年版。

［37］Martin J. Adelman, Randall R. Rader, Gordon P. Klancnik 著:《美国专利法》,郑胜利、刘江彬主持翻译,知识产权出版社 2011 年版。

［38］卡拉·希比:《国际知识产权》,倪晓宁、王丽译,中国人民大学出版社 2012 年版。

［39］王肃、李尊然主编:《国际知识产权法》,武汉大学出版社 2012 年版。

(二)英文著作

［1］Jeffrey L., Dunoff & Steven R., Ratner & David, Wippman, *International Law: Norms, Actors, Process: A Problem-Oriented Approach*, New York: Aspen Law & Business, 2002.

［2］Susan K., Sell, *Power and Ideas: North-South Politics of Intellectual Property and Antitrust*, Albany: State University of New York Press, 1998, pp.107-30.

［3］Peter, Drahos, *A Philosophy of Intellectual Property*, Dartmouth Publishing Group, 1996.

［4］Trevor Cook, Alejandro I. Garcia, International intellectual property arbitration, Kluwer Law International, 2010.

〔5〕Toshiyuki Kono，Intellectual property and private international law：comparative perspectives，Hart Publishing，2012

〔6〕Karla C. Shippey，A short course in international intellectual property rights：protecting your brands，marks，copyright，World Trade Press，2009.

二、论文

（一）中文论文（含译文）

〔1〕包海波：《韩国的知识产权发展战略及其启示》，载《杭州师范学院学报》2004年第3期。

〔2〕宾建成：《新一代双边自由贸易协定的比较与借鉴——以日新FTA、欧墨FTA为例》，载《经济社会体制比较》2003年第5期。

〔3〕陈彬：《试析区域性知识产权保护制度对中国-东盟知识产权协作模式的借鉴意义》，载陈安主编：《国际经济法学刊》（第14卷第2期），北京大学出版社2007年版。

〔4〕陈福利：《知识产权国际强保护的最新发展——〈跨太平洋伙伴关系协定〉知识产权主要内容及几点思考》，载《知识产权》2011年第6期。

〔5〕陈默：《FTA框架下遗传资源及传统知识保护谈判与我国的应对策略》，载《河南大学学报（社会科学版）》2014年第5期。

〔6〕陈宗波、陈祖权：《知识产权法全球化、区域一体化与本土化：问题、主义与方法》，载《广西师范大学学报（哲学社会科学版）》2007年第6期。

〔7〕陈宗波：《东盟传统知识保护的法律政策研究》，载《广西师范大学学报（哲学社会科学版）》2006年第2期。

〔8〕陈宗波、陈祖权：《中国-东盟知识产权合作的现实基础与法律进路》，载《广西师范大学学报（哲学社会科学版）》2005第2期。

〔9〕陈宗波、陈祖权：《国际知识产权保护的发展态势和中国知识产权法律政策的回应》，载《苏州大学学报（哲学社会科学版）》2005年第6期。

〔10〕程文婷：《〈反假冒贸易协定〉与我国知识产权法比较刍议》，载《电子知识产权》2012年第8期。

〔11〕崔国斌：《〈反假冒贸易协议〉与中国知识产权法的比较研究》，载

《电子知识产权》2011年第8期。

[12] 段瑞春:《合作与交锋——〈中美科技合作协定〉知识产权谈判回眸》,载《科技与法律》2003年第2期。

[13] 丁丽瑛:《论知识产权国际保护的新体制》,载《厦门大学学报(哲学社会科学版)》1998年第1期。

[14] 范超:《区域贸易安排中的知识产权保护问题研究》,载《财经问题研究》2014年第6期。

[15] 冯晓青:《美、日、韩知识产权战略之探讨》,载《黑龙江社会科学》2007年第6期。

[16] 冯晓青:《专利权的扩张及其缘由探析》,载《湖南大学学报(社会科学版)》2006年第5期。

[17] 冯晓青:《独占主义抑或工具主义——〈知识产权哲学〉探微》,载《河南科技大学学报(社会科学版)》2003年第4期。

[18] 付明星:《韩国知识产权政策及管理新动向研究》,载《知识产权》2010年第2期。

[19] 弗莱德·H.凯特:《主权与知识产权全球化》,冯玉军译,available athttp://www. civillaw. com. cn/article/default. asp? id = 20259,last visited on Jan. 10, 2009.

[20] 古祖雪、揭捷:《"TRIPS-plus"协定:特征、影响与我国的对策》,载《求索》2008年第8期。

[21] 古祖雪:《后TRIPS时代的国际知识产权制度变革与国际关系的演变——以WTO多哈回合谈到为中心》,载《中国社会科学》2007年第2期。

[22] 古祖雪:《论传统知识的可知识产权性》,载《厦门大学学报(哲学社会科学版)》2006年第2期。

[23] 古祖雪:《基于TRIPS框架下保护传统知识的正当性》,载《现代法学》2006年第4期。

[24] 古祖雪:《联合国改革与国际法的发展——对联合国"威胁、挑战和改革问题高级别小组"报告的一种解读》,载武汉大学国际法研究所主办《武大国际法评论》(5),武汉大学出版社2006年版。

[25] 郭秋萍:《中日知识产权战略比较与分析》,载《郑州航空工业管

理学院学报》2007 年第 4 期。

［26］何志鹏：《"良法"与"善治"何以同样重要——国际法治标准的审思》，载《浙江大学学报（人文社会科学版）》2014 年第 3 期。

［27］贺小勇：《论公共健康安全与国际知识产权保护的协调——WTO〈多哈宣言〉"第 6 条款问题"评析》，载《政法论坛》2004 年第 6 期。

［28］胡玉章：《〈澳美自由贸易协定〉对复制权保护的强化》，载《电子知识产权》2004 年第 12 期。

［29］黄日昆等：《广西对东盟经贸中的知识产权问题与对策研究》，载《东南亚纵横》2005 年第 9 期。

［30］黄瑶、徐里莎：《TRIPs 协定公共健康例外条款与发展中国家的传染病防治》，载《医药法律》2003 年第 4 期。

［31］贾引狮：《美国与东盟部分国家就 TPP 知识产权问题谈判的博弈研究——以 TPP 谈判进程中美国的知识产权草案为视角》，载《法学杂志》2013 年第 3 期。

［32］金永洙、徐芳：《日本的 FTA 战略动向及其对中国的影响》，载《日本学论坛》2006 年第 1 期。

［33］李大伟：《跨太平洋战略伙伴关系协议（TPP）中非传统领域条款对我国经济的影响》，载《中国经贸导刊》2014 年第 4 期。

［34］李玉梅、桑百川：《国际投资规则比较、趋势与中国对策》，载《经济社会体制比较》2014 年第 1 期。

［35］李扬：《知识产权霸权主义与本土化》，载《法商研究》2005 年第 9 期。

［36］李卓：《我国参与 APEC 投资合作的对策》，载《当代亚太》2001 年第 2 期。

［37］凌金铸：《中美知识产权冲突与合作的影响》，载《江海学刊》2005 年第 3 期。

［38］刘亚军：《国际标准、利益平衡与现实选择》，载《国际经济法学刊》2007 年第 2 期，第 220 页。

［39］刘波林：《美国法典第 17 篇第 12 章版权保护和管理系统》，载《著作权》2001 年第 4 期。

［40］刘重力、盛玮：《中日韩 FTA 战略比较研究》，载《东北亚论坛》

2008 年第 1 期。

[41] 刘丹丹:《美诉华"知识产权保护和执行特定措施案"策略分析》，载《WTO 经济导刊》2008 年第 4 期。

[42] 刘笋:《从多边投资协议草案看国际投资多边法制的走向》，载《比较法研究》2003 年第 2 期。

[43] 刘笋:《知识产权保护在国际投资法中的地位》，载《河北法学》2001 第 3 期。

[44] 刘中伟、沈家文:《跨太平洋伙伴关系协议(TPP):研究前沿与架构》，载《当代亚太》2012 年第 1 期。

[45] 柳福东、蒋慧:《中国和东盟诸国知识产权制度协调模式研究》，载《广西师范大学学报(哲学社会科学版)》2005 年第 2 期。

[46] 柳磊:《国际知识产权体制中的南北矛盾与南南合作》，载《电子知识产权》2008 年第 5 期。

[47] 吕国强:《TRIPs 协定与知识产权的司法保护》，载郑成思主编《知识产权文丛(7)》，中国方正出版社 2002 年版。

[48] 马忠法:《论应对气候变化的国际技术转让法律制度完善》，载于《法学家》2011 年第 1 期。

[49] 马治国、王文:《论我国知识产权的刑事法律保护——以 TRIPS 协议与 ACTA 为视域》，载《苏州大学学报》2011 年第 5 期。

[50] 毛海波:《TRIPS-递增扩张及其在〈反假冒贸易协定〉中的生长》，载《世界贸易组织动态与研究》2011 年第 5 期。

[51] 彭霞:《日本海外知识产权战略研究》，《财经理论与实践(双月刊)》2013 年第 4 期。

[52] 任明、任熙男:《日本 FTA 政策的动向、特征及展望》，载《现代日本经济》2007 年第 5 期。

[53] 尚明:《中国企业的海外知识产权保护》，载《中国对外贸易》2005 年第 6 期。

[54] 尚妍:《〈反假冒贸易协定〉边境措施研究》，载《现代法学》2012 年第 6 期。

[55] 沈木珠:《新型 PTAs 与 WTO 法律体制:动向、内涵及影响分析》，载《法学论坛》2008 年第 4 期。

[56] 沈四宝、袁杜鹃:《国际直接投资中的知识产权保护法律问题》，载《山西大学学报(哲学社会科学版)》2006 年第 3 期。

[57] 盛斌:《美国视角下的亚太区域一体化新战略与中国的对策选择——透视泛太平洋战略经济伙伴关系协议的发展》，载《南开学报(哲学社会科学版)》2010 年第 4 期。

[58] 宋杰:《公共秩序，知识产权保护与中美知识产权争端》，载《国际贸易问题》2008 年第 10 期。

[59] 宋玉华:《亚太区域内自由贸易协定的"轴心—辐条"格局解析》，载《世界经济与政治》2008 年第 2 期。

[60] 田晓萍:《TRIPS 协议第 31 条修正案介析》，载《知识产权》2007 年第 3 期。

[61] 韦之:欧共体计算机程序保护指令评介，available at http://www.chinalawedu.com/news/16900/175/2005/1/ma0094354934113150023370 5_157678. htm，last visited on Dec. 17, 2008.

[62] 魏磊、张汉林:《美国主导跨太平洋伙伴关系协议谈判的意图及中国对策》，载《国际贸易》2010 年第 9 期。

[63] 魏艳茹:《双边投资协定中的知识产权条款研究》，载陈安主编《国际经济法学刊》(第 14 卷第 2 期)，北京大学出版社 2007 年版。

[64] 魏艳茹:《晚近美式自由贸易协定中的传统知识保护研究》，载《世界知识产权》2007 年第 2 期。

[65] 魏艳茹:《国际知识产权谈判场所的转移与发展中国家的对策》，载《云南大学学报法学版》2008 年第 2 期。

[66] 吴汉东:《论知识产权国际保护制度的基本原则》，载吴汉东主编《知识产权年刊(创刊号)》，北京大学出版 2005 年版。

[67] 吴汉东:《后 TRIPs 时代知识产权制度的变革与中国的应对方略》，载《法商研究》2005 年第 5 期。

[68] 吴汉东:《知识产权国际保护制度的变革与发展》，载《法学研究》2005 年第 3 期。

[69] 武卓敏:欧盟知识产权法发展简况，available at http://www.law—lib. com/hzsf/lw _ view. asp? no = 7118，last visited on Nov. 30，2008.

［70］肖冰、陈瑶：《〈跨太平洋伙伴关系协议（TPP）〉挑战 WTO 现象透视》，载《南京大学学报（哲学·人文科学·社会科学）》2012 年第 5 期。

［71］徐崇利：《WTO 多边投资协定议题与中国的基本策略分析》，载《法律科学》2004 年第 4 期。

［72］徐长文：《TPP 的发展及中国应对之策》，载《国际贸易》2011 年第 3 期。

［73］徐泉：《WTO 体制中成员集团化趋向发展及中国的选择析论》，载《法律科学》2007 年第 3 期。

［74］徐世澄：《美洲国家首脑会议与美洲自由贸易区的前景》，载《拉丁美洲研究》2006 年第 1 期。

［75］薛坤：《后 TRIPs 知识产权边境保护制度的公共政策分析——〈反假冒贸易协议〉（ACTA）与 TRIPs 协议比较研究》，载《网络法律评论》2011 年第 2 期。

［76］薛洁：《走近〈反假冒贸易协议〉（ACTA）——知识产权民事执法部分初探》，载《电子知识产权》2011 年第 7 期。

［77］薛洁：《对数字环境下的知识产权执法分析——基于〈反假冒贸易协议〉（ACTA）》，载《科技与法律》2011 年第 6 期。

［78］薛洁：《〈反假冒贸易协议〉对中国的影响及对策研究》，载《福建论坛·人文社会科学版》2012 年第 11 期。

［79］严永和：《我国传统知识保护立法的几个问题》，载吴汉东主编《中国知识产权蓝皮书（2005－2006）》，北京大学出版社 2007 年版。

［80］杨静、朱雪忠：《FTA 知识产权保护强度评价体系设计研究与试用》，载《科学学研究》2013 年第 6 期。

［81］杨静、朱雪忠：《中国自由贸易协定知识产权范本建设研究——以应对 TRIPS-plus 扩张为视角》，载《现代法学》2013 年第 2 期。

［82］杨静：《自由贸易协定中知识产权保护的南北矛盾及其消解》，载《知识产权》2011 年第 10 期。

［83］杨德明：《实施 CEPA 与知识产权制度协调问题探讨》，载《福建论坛（人文社会科学版）》2005 年第 7 期。

［84］杨国华：《美国打击假冒盗版"新战略"》，载《WTO 经济导刊》2008 年第 4 期。

[85] 杨和义:《日本知识产权立国战略五年特征研究》,载《中共中央党校学报》2008 年第 3 期。

[86] 杨鸿:《〈反假冒贸易协定〉的知识产权执法规则研究》,载《法商研究》2011 年第 6 期。

[87] 杨明:《危机与对策:试析遗传资源保护的制度选择》,载吴汉东主编《中国知识产权蓝皮书(2005—2006)》,北京大学出版社 2007 年版。

[88] 杨明:《反思知识产权国际保护的当前任务》,载《电子知识产权》2006 年第 1 期。

[89] 叶兴平:《〈北美自由贸易协定〉对多边国际投资立法的影响》,载《深圳大学学报(人文社会科学版)》2002 年第 5 期。

[90] 衣淑玲、崔丹妮、左玉茹译:《反假冒贸易协定》,载《电子知识产权》2010 年第 10 期。

[91] 衣淑玲:《〈反假冒贸易协定〉谈判述评》,载《电子知识产权》2010 年第 7 期。

[92] 尹力、王薇:《国际区域经济一体化与投资法律规范问题》,载《长江论坛》2006 年第 2 期。

[93] 余九仓:《知识产权的工具论——读德拉贺斯的〈一种知识产权哲学〉》,载刘春田《中国知识产权评论(1)》,商务印书馆 2002 年版。

[94] 余丽:《WTO 知识产权制度与人权保护的冲突与协调》,载莫世健主编《国际法评论(2)》,中国法制出版社 2007 年版。

[95] 余敏友、廖丽、褚童:《知识产权边境保护——现状、趋势与对策》,载《法学评论》2010 年第 1 期。

[96] 袁真富:《〈反假冒贸易协议〉与中国知识产权法的比较研究》,载《国际贸易问题》2012 年第 8 期。

[97] 曾华群:《"可持续发展的投资政策框架"与我国的对策》,载《厦门大学学报(哲学社会科学版)》2013 年第 6 期。

[98] 詹映:《〈反假冒贸易协定〉(ACTA)的最新进展与未来走向》,载《国际经贸探索》2014 年第 4 期。

[99] 詹晓宁:《国际投资规则的制定:晚近趋势及对发展的影响》,徐惠婷译,载陈安主编:《国际经济法学刊》(第 13 卷第 2 期),北京大学出版社 2006 年版。

[100] 张猛:《知识产权国际保护的体制转换及其推进策略——多边体制、双边体制、复边体制?》,载《知识产权》2010 年第 10 期。

[101] 张建邦:《"TRIPS-递增"协定的发展与后 TRIPS 时代的知识产权国际保护秩序》,载《西南政法大学学报》2008 年第 2 期。

[102] 张建邦:《"TRIPS-递增"协定:类型化与特征分析(下)》,载《世界贸易组织动态与研究》2008 年第 6 期。

[103] 张建邦:《"TRIPS-递增"协定:类型化与特征分析(上)》,载《世界贸易组织动态与研究》2008 年第 5 期。

[104] 张建邦:《议题挂钩谈判及其在知识产权领域的运用和发展》,载《政治与法律》2008 年第 2 期。

[105] 张凌宁:《中美知识产权 WTO 争端案:一场引人注目的博弈》,载《WTO 经济导刊》2009 年第 6 期。

[106] 张猛:《〈反假冒贸易协定〉检讨:前进还是倒退?》,载《哈尔滨商业大学学报(社科版)》2012 年第 4 期。

[107] 张乃根:《论中美知识产权案的条约解释(下)》,载《世界贸易组织动态与研究》2008 年第 2 期。

[108] 张乃根:《论中美知识产权案的条约解释(上)》,载《世界贸易组织动态与研究》2008 年第 1 期。

[109] 张乃根:《试析美国针对我国的 TRIPS 争端》,载《世界贸易组织动态与研究》2007 年第 7 期。

[110] 张乃根:《论 TRIPS 协议的例外条款》,载《浙江社会科学》2006 年第 3 期。

[111] 张乃根、官万炎等:《论 WTO 争端解决机制的若干问题》,载陈安主编《国际经济法论丛》(3),法律出版社 2000 年版。

[112] 张锐:《TPP 咄咄逼人,美国欲何求》,载《金融经济》2011 年第 12 期。

[113] 张伟君:《知识产权刑事保护门槛——从 TRIPs 到 ACTA》,载《电子知识产权》2011 年第 8 期。

[114] 张伟君、方华、赵勇:《ACTA 关于"数字环境下知识产权执法"规则评析》,载《知识产权》2012 年第 2 期。

[115] 张伟君、李茂:《知识产权执法的国际新标准以及我国的应

对——以 ACTA 民事救济措施为例》，载《东方法学》2012 年第 3 期。

[116] 张蔚蔚：《多哈回合知识产权谈判最新进展》，载《世界贸易组织动态与研究》2008 年第 8 期。

[117] 张小勇：《知识产权与公共健康和社会发展学术研讨会综述》，载《科技与法律》2004 年第 4 期。

[118] 张义明：《印度对建立知识大国的政策思考》，载《全球科技经济了望》2002 年第 10 期。

[119] 张义明：《印度在国际科技合作中的知识产权保护》，载《全球科技经济瞭望》2002 年第 12 期。

[120] 张玉敏：《我国地理标志法律保护的制度选择》，载于《知识产权》2005 年第 1 期。

[121] 张月姣：《中美知识产权磋商:背景和成果》，载《国际贸易》1995 年第 4 期。

[122] 张正怡：《TRIPS-plus 条款对我国知识产权政策的启示》，载《法治论丛》2010 年第 5 期。

[123] 赵晋平：《泛太平洋伙伴关系协定与中国的自贸区战略》，载《国际贸易》2011 年第 4 期。

[124] 郑成思：《过头还是不足:知识产权保护的边界在哪？——知识产权:弱保护还是强保护?》，载《人民论坛》2006 年第 6/ A 期。

[125] 郑成思：《国际知识产权保护和我国面临的挑战》，载《法制与社会发展》2006 第 6 期。

[126] 郑万青：《知识产权法全球化的演进》，载《知识产权》2005 年第 5 期。

[127] 郑先武：《"新区域主义"的核心特征》，载《国际观察》2007 年第 5 期。

[128] 郑先武：《区域研究的新路径:"新区域主义方法述评"》，载《国际观察》2004 年第 4 期。

[129] 周俊强：《21 世纪知识产权国际保护制度的走向》，载《安徽师范大学学报(人文社会科学版)》2005 年第 2 期。

[130] 朱秋沅译：《反假冒贸易协定》，载《上海海关学院学报》2011 年第 1 期。

参考文献

289

［131］朱颖:《美国知识产权保护制度的发展——以自由贸易协定为拓展知识产权保护的手段》,载《世界知识产权》2006 年第 5 期。

［132］朱颖:《印度与南方共同市场的区域合作》,载《国际经贸探索》2005 年第 1 期。

［133］祝晓莲:《美日两国知识产权战略:比较与启示》,载《国际技术经济研究》2002 年第 4 期。

［134］宗永建:《中外企业知识产权纠纷:现状、原因及对策》,载《国际经济合作》2005 年第 7 期。

［135］左玉茹:《ACTA 的落幕演出》,载《电子知识产权》2013 年第 Z1 期。

［136］左玉茹:《ACTA 后国际知识产权保护标准的变化》,载《电子知识产权》2012 年第 8 期。

（二）英文论文

［1］ B. K. Zutshi, Bring TRIPS into the Multilateral Trading System, Jagdish, Bhagwati & Mathias, Hirsch, *The Uruguay Round and beyond : Essays in Honor of Arthur Dunkel*, University of Michigan Press, 1998.

［2］Carlos M. Correa. Bilateral investment agreements: Agents of new global standards for the protection of intellectual property rights?, 2004, available at http://www. grain. org/briefings/? id = 186, last visited on Nov. 23, 2008.

［3］ Charles S. Levy &Stuart M. Weise, The NAFTA: A Watershed for Protection of Intellectual Property, *The International Lawyer*, 1993 Fall.

［4］Daniel Gervais and Vera Nicholas—Gervais, Intellectual Property in the Multilateral Agreement on Investment: Lessons to be Learned, *The Journal of World Intellectual Property*, Vol2, (2).

［5］David, Downrs. The 1999 WTO Review of Life Patenting under TRIPS Revised Discussion Paper, September 1998, 2, available at http://www. wto. org/English/forums _ e/ngo _ e/posp4 _ e. htm, last visited on Jan. 10, 2009.

[6] David Vivas — Eugui. Regional and bilateral agreements and a TRIPS-plus world: the Free TradeArea of the Americas, 11, available at http://www. grain. org/rights_files/FTAA—vivas—07—2003. pdf, last visited on Nov. 17, 2008.

[7] Dr. Vijay S. Pandey. Impact assessment of the Scientific and Technological Cooperation Agreement, available at http://rp7. ffg. at/upload/medialibrary/impactassessmentindia_en. pdf, last visited on Nov. 17, 2008.

[8] Ellen'T, Hoen, TRIPs, Pharmaceutical Patents, and Access to Essential Medicines: A Long Way from Seattle to Doha, *Chicago Journal of International Law*, 2002.

[9] Frederick M. , Abbott and Jerome H. , Reichman, The Doha Round's Public Health Legacy: Stragegies For The Production and Diffusion of Patented Medicines under the Amended TRIPS Provisions, *Journal of International Economic Law*,2007.

[10] Frederick M. , Abbott, TRIPS and Human Rights: Preliminary Reflections, Christine, Breining—Kaufmann & Frederick M. , Abbott & Thomas, Cottier, *International trade and human rights*, University of Michigan Press, 2006.

[11] Frederick M. , Abbott, The WTO Medicines Decision: World Pharmaceutical Trade and the Protection of Public Health, *American Journal of International Law*, 2005, 99(2).

[12] Hamed El — Said and Mohammed El — Said. TRIPS, Bilateralism, Multilateralism & Implications for Developing Countries: Jordan's Drug Sector, *Manchester Journal of International Economic Law*, 2005, available at http://www. bilaterals. org/IMG/doc/MJIEL. doc, last visited on Nov. 23, 2008.

[13] Heinz, Klug, Campaigning for Life: Building a New Transnational Solidarity in the face of HIV/AIDS and TRIPS, Boaventura de Sousa Santos and Cesar A. Rodriguez—Garavito, *Law and Globalization from below: towards a Cosmopolitan Legality*, Cambridge University Press, 2005.

[14] J. H. , Reichman and P. , Samuelson, Intellectual Property

参
考
文
献

Rights in Data?, *Vanderbilt Law Review*, January 1997.

[15] Laurence R. Helfer, Regime Shifting: The TRIPs Agreement and New Dynamics of International Intellectual Property Lawmaking, *The Yale Journal of International Law*, Winter, 2004.

[16] Lewts Theresa, Beeby, Patent Protection for the Pharmaceutical Industry: A Survey of the Patent Laws of Various Countries, *International Lawyer*, 1996, 30, p. 836.

[17] Maristela, Basso and Edson, Beas. Exploring Options and Modalities to Move the IP Development Agenda Forward, available at www. iprsonline. org/unctadictsd/bellagio/Bellagio2005/Mbasso_ Paper. pdf, last visited on Dec. 9, 2008.

[18] Mohammed K. EL Said, The European TRIPS-plus Model and the Arab World: From Co—operation to Association—A New Era in the Global IPRS Regime? *Liverpool Law Review*, 2007, p. 163.

[19] Ostergard, Robert L. Jr. , Intellectual Property: A Universal Human Right, *Human Rights Quarterly*, 1999.

[20] Peter Drahos, Developing Countries and International Intellectual Property Standard — setting, *The Journal of World Intellectual Property*, Oct. 2002.

[21] Peter Drahos, The Universality of Intellectual Property: Origins and Development, 1998, available at http://www. wipo. int/tk/en/hr/paneldiscussion/papers/index. html, last visited on Jan. 10, 2009.

[22] Peter K. , YU, The International Enclosure Movement, *Indiana Law Journal*, Fall 2007.

[23] Robert Bird, Daniel R. Cahoy, The Impact of Compulsory Licensing on Foreign Direct Investment: A Collective Bargaining Approach, *American Business Law Journal*, Summer 2008.

[24] Robert, Howse, The Canadian Generic Medicines Panel: A Dangerous Precedent in Dangerous Times, *Journal of World Intellectual Property*, July 2000.

[25] Robert O. , Keohane, The Demand for International Regimes,

Stephen D.，Krasner，*International Regimes*，Peking University Press，2005.

［26］Sisule F Musungu and Graham Dutfield. Multilateral Agreements and a TRIPS plus World：The World Intellectual Property Organisation — WIPO，available at http://www. quno. org/ economicissues/intellectual—property/intellectualLinks. htm，last visited on Nov. 17，2008.

［27］Tara Kalagher，Giunta & Lily H. Shang，Ownership of Information in a Global Economy International Symposium on Intellectual Property Law，*George Washington Journal of International Law and Economics*，1993—1994，27 (2).

［28］Vandana，Shiva，TRIPs，Human Right and Public Domain，*the Journal of World Intellectual Property*，September 2004.

［29］Joshua K. Perles，Becoming the Goose that Lays Golden Eggs：Protecting U. S. Intellectual Property in China through Chinese Investment in the United States，International Law ad Politics，2010，45，pp. 259-289.

［30］Bryan Mercurio，Awakening the Sleepinggiant：Intellectual Property Rights in International Investment Agreements，Journal of International Economic Law，2013，15(3)，pp. 871-915.

三、资料

(一)中文资料

[1]《ACTA：美国干涉加拿大知识产权法律》，available at http://www. sipo. gov. cn/wqyz/gwdt/201305/t20130530 _ 801038. html，last visited on Jul. 21，2013.

[2]《FTA 动态》，载《WTO 经济导刊》2008 年第 8 期。

[3]《FTA 动态》，载《WTO 经济导刊》2008 年第 7 期。

[4]《FTA 动态》，载《WTO 经济导刊》2008 年第 6 期。

[5]《FTA 动态》，载《WTO 经济导刊》2008 年第 5 期。

[6]《TPP 第九轮谈判结束，知识产权议题未取得进展》，载《电子知识

产权》2011 年第 11 期。

[7]《2012 年度中国对外直接投资统计公报》发布，http://www.gov.cn/gzdt/2013－09/09/content_2484724.htm.

[8]《2013 年度中国对外直接投资统计公报》，http://www.fdi.gov.cn/1800000121_33_4266_0_7.html.

[9] 陈建德：《欧共体知识产权法律制度研究》，武汉大学博士学位论文，2000 年。

[10]《关于外国资本待遇和商标、专利、许可证以及特许权费用的安第斯法典》，available at http://www.sipo.gov.cn/sipo/flfg/sb/wgygjfg/200703/t20070329_148024.htm，last visited on Dec. 2，2008.

[11]《国务院关于印发国家知识产权战略纲要的通知》，2008，available at http://www.gov.cn/zwgk/2008－06/10/content_1012269.htm，last visited on Nov. 30，2008.

[12] 国家保护知识产权工作组组织编写：《WTO 知识产权争端解决机制及案例评析》，人民出版社 2008 年版。

[13]《韩印达成自由贸易协定》，available at http://chinawto.mofcom.gov.cn/aarticle/e/r/200809/20080905807732.html，last visited on Oct. 7，2008.

[14]《加共体论坛成员国同欧盟完成经济合作协议谈判》，available at http://roll.jrj.com.cn/news/2008－01－05/000003138528.html，last visited on Oct. 5，2008.

[15]《跨太平洋伙伴关系协定谈判聚焦市场准入领域》，available at http://finance.chinanews.com/cj/2013/07－16/5045287.shtml，last visited on Jul. 16，2013.

[16]《美拟加入亚太四国自由贸易协定》，available at http://chinawto.mofcom.gov.cn/aarticle/e/r/200809/20080905807732.html，last visited on Aug. 4，2012.

[17]《企业海外发展与知识产权保护》，available at http://www.kangxin.com/haiwai/index.html，last visited on Nov. 21，2008.

[18]《日本批准〈反假冒贸易协议〉》，available at http://www.ipr.gov.cn/guojiiprarticle/guojiipr/guobiehj/gbhjnews/201209/1695357_1.

html，last visited on Jul. 10，2013.

[19]《日本宣布加入 TPP 谈判》，available at http：//www. 21cbh. com/HTML/2013－3－16/2MNjUxXzY0MDc2Mw. html，last visited on Apr. 12，2013.

[20]《商务部原副部长：中国必要时可考虑加入 TPP》，available at http：//finance. sina. com. cn/china/20130409/095915086147. shtml，last visited on Apr. 12，2013.

[21]《世贸组织通过解决"公众健康"问题最后文件》，《国际商报》，2003-8-30（4）.

[22] 世界知识产权组织：《知识产权与传统文化表现形式/民间文学艺术》. 世界知识产权组织出版物号 No. 913（C）中译本，2，available at http：//www. sipo. gov. cn/sipo/ztxx/yczyhctzsbh/，last visited on Nov. 21，2008.

[23]《吴仪在 2007 年中国保护知识产权高层论坛上的演讲》，available at http：//www. gov. cn/ldhd/2007－05/08/content_607939. htm，last visited on Jan. 11，2009.

[24] WTO 总干事顾问委员会：《WTO 的未来（二）——应对新千年的体制性挑战》，载《WTO 经济导刊》2005 年第 7 期。

[25]《伊斯兰会议组织会员国之间投资促进、保护和担保协定》，available at http：//www. china. com. cn/law/flfg/txt/2006－08/08/content_7057575. htm，last visited on Dec. 3，2008.

[26]《印度的知识产权保护》，available at http：//www. bjwto. org/tp/Article_Show. asp？ArticleID＝9266，last visited on Dec. 7 2008.

[27] 张长兴：《专利战略是企业的核心竞争力》，企业海外发展与知识产权保护研讨会，2008，available at http：//www. kangxin. com/haiwai/tw5. html，last visited on Dec 8，2008.

[28] 郑晶心（摘）：《TRIPS 对解决药物价格危机"绝对不够"》，载《国外药讯》2006 年第 5 期。

[29]《知识产权战略：中国企业海外维权利器》，刘慧：《中国经济时报》，2008－7－3，available at http：//www. jjxww. com/html/show. aspx？id＝114402&cid＝159，last visited on Nov. 21，2008.

［30］《中国商标海外频遭"抢注"》，available at http：//int. ipr. gov. cn/ipr/inter/info/Article. jsp？ a ＿ no ＝ 220741＆col ＿ no ＝ 1292＆dir ＝ 200807，last visited on Nov. 21，2008.

［31］《中国自由贸易区建设进展情况》，available at http：//fta. mofcom. gov. cn/article/aboutfta/cftagaikuang/200809/30 ＿ 1. html，last visited on Dec. 9，2008.

［32］中国批准《修改〈与贸易有关的知识产权协定〉议定书》，available at http：//www. npc. gov. cn/npc/oldarchives/cwh/common/ zw. jsp＠hyid ＝ 0210030 ＿ ＆label ＝ wxzlk＆id ＝ 373882＆pdmc ＝ qtyc. htm，last visited on Jan. 11，2009.

［33］中国国家知识产权局：《国际动态：TRIPS 理事会 2007 年第三次 例会召开》，2007，available at http：//www. sipo. gov. cn/sipo/ztxx/ yczyhctzsbh/xxk/gjdt/200711/t20071126 ＿ 221035. htm，last visited on Jan. 11，2009.

（二）英文资料

［1］18th round of TPP negotiations to be held in Sabah，available at http：//www. bilaterals. org/spip. php？ article23483＆lang ＝ en，last visited on Jul. 16，2013.

［2］2004 U. S. Model Bilateral Investment Treaty，available at http：//www. state. gov/e/eeb/rls/othr/38602. htm，last visited on Oct. 7，2008.

［3］2005 Press Releases，Press/4266，December 2005，available at http：//www. wto. org/English/news ＿ e/pres05 ＿ e/pr426 ＿ e. htm，last visited on Jan. 11，2009.

［4］2006 Special 301 Report，available at http：//www. ustr. gov/ Trade_Sectors/Intellectual_Property/Section_Index. html，last visited on Sep. 30，2008.

［5］2008 Special 301 Report，available at http：//www. ustr. gov/ about-us/press-office/reports-and-publications，last visited on Aug. 27，2009.

［6］2009 Special 301 Report，available at http：//www. ustr. gov/

about-us/press-office/reports-and-publications，last visited on Aug. 27，2009.

[7] 2009 Trade Policy Agenda and 2008 Annual Report，available at http://www. ustr. gov/about-us/press-office/reports-and-publications，last visited on Aug. 28，2009.

[8] A New Commitment to Asia-Pacific Development，available at http://www. apec2008. org. pe/home. aspx，last visited onOct. 12，2008.

[9] Aaron Shaw. The Problem with the Anti-Counterfeiting Trade Agreement (and what to do about it)，April 2008，available at http://www. kestudies. org/ojs/index. php/kes/article/view/34/59，last visited on Jan. 2，2009.

[10] Act against ACTA，available at http://ipjustice. org/wp/campaigns/acta/，last visited on Dec. 30，2008.

[11] ACTA Negotiations Move Forward Amid Controversy，2008-6-11，available at http://ictsd. net/news/bridgesweekly/? volume = 12，last visited on Dec. 23，2008.

[12] Anderson，Nate. The real ACTA threat (it's not iPod-scanning border guards)，available at http://arstechnica. com/news. ars/post/20080602-the-real-acta-threat-its-not-ipod-scanning-border-guards. html，last visited on Jan. 3，2009.

[13] Agreement between the World Intellectual Property Organization and the World Trade Organization，available at http://www. wto. org/english/tratop_e/trips_e/wtowip_e. htm，last visited on Jan. 10，2009.

[14] Agreement Between the United States of America and the Hashemite Kingdom of Jordan on the Establishment of a Free Trade Area，article 4(18)；U. S. -Australia Free Trade Agreement，Article 17. 9. 2，Article 17. 9. 1；U. S. -Morocco Free Trade Agreement，Article 15. 9. 2，available at http://www. ustr. gov/Trade_Agreements/Bilateral/Section_Index. html，last visited on Dec. 9，2008.

[15] Agreement for scientific and technological co-operation between

the European Community and the Federative Republic of Brazil, available at http://www. debata. ukie. gov. pl/test/dp. nsf/88218963f4af85d6c1256ebe004a3026/2be44e6fcb4f1106c125706700351952/ $ FILE/ST14202. EN04. doc, last visited on Nov. 17, 2008.

[16] Agreement on the Establishment of a Free Trade Area between the Government of Israel and the Government of the United States of America, available at http://tcc. export. gov/Trade_ Agreements/All_ Trade_ Agreements/exp_005439. asp, 2008-11-23. last visited on Nov. 21, 2008.

[17] Agreement among the Government of Japan, the Government of the Republic of Korea and the Government of the People's Republic of China for the Promotion, Facilitation and Protection of Investment, available at http://www. meti. go. jp/english/press/2012/0513_01. html, last visited on Aug. 4, 2012.

[18] Ambassador Schwab Announces U. S. Will Seek New Trade Agreement to Fight Fakes, available at http://www. ustr. gov/Document _ Library/Press _ Releases/2007/October/Ambassador _ Schwab _ Announces_US_Will_Seek_New_Trade_Agreement_to_Fight_Fakes. html, last visited on Dec. 23, 2008.

[19] Anderson, Nate. The real ACTA threat (it's not iPod-scanning border guards), available at http://arstechnica. com/news. ars/post/20080602-the-real-acta-threat-its-not-ipod-scanning-border-guards. html, last visited on Jan. 3, 2009.

[20] Annex 7 to CEFTA 2006, available at http://www. stabilitypact. org/wt2/TradeCEFTA2006. asp, last visited on Oct. 12, 2008.

[21] APEC Best Practices for RTAs/FTAs, available at http://www. apec. org/apec/apec_groups/other_apec_groups/FTA_RTA. html, last visited on Nov. 24, 2008.

[22] APEC Non-Binding Investment Principles, available at http://

www. apec. org/apec_groups/committee_on_trade/investment_experts. html，last visited on Dec. 3，2008.

[23] ASEAN Framework Agreement on Access to Biological and Genetic Resources， available at http://ictsd. net/programmes/ip/publications/? type＝library&y＝2008，last visited on Nov30, 2008.

[24] Ashling O'Connor. UK signs anti-piracy deal with India，The Times，June 28，2006，available at http://business. timesonline. co. uk/tol/business/markets/india/article680215. ece，last visited on Sep. 21，2008.

[25] Australia-Japan Free Trade Agreement – Sixth Negotiating Round，available at http://www. dfat. gov. au/geo/japan/fta/newsletter_update/update_6. html，last visited on Oct. 5，2008.

[26] Benjamin Mako Hill. A History and Analysis of Intellectual Property as a Human Right，available at http://mako. cc/writing/，last visited on Jan. 10，2009.

[27] Bipartisan Agreement on Trade Policy：Intellectual Property，available at http://www. ustr. gov/Benefits_of_Trade/Section_Index. html，last visited onOct. 5，2008.

[28] Bipartisan Trade Promotion Authority Act § 2102 (b) (4)(A) (B)，available at http://www. govtrack. us/congress/billtext. xpd? bill ＝h107-3005，last visited onOct. 2，2008.

[29] Bridges. Concern Grows over New IP Agreement，Volume 12，Number 5， November 2008， available at http://ictsd. net/i/news/bridges/32676/，last visited on Jan. 3，2009.

[30] Brief on India's Current Engagements in RTA，available at http://commerce. nic. in/India_rta_main. htm，last visited on Oct. 5，2008.

[31] Bryan Mercurio. The Untapped Potential of Investor-State Dispute Settlement involving Intellectual Property Rights and Expropriation in Free Trade Agreements，available at http://papers. ssrn. com/sol3/papers. cfm? abstract_id＝1806822，last visited on Mar.

11，2013.

[32] Canada's FIPA Program: Its Purpose, Objective and Content, available at http://www. international. gc. ca/trade-agreements-accords-commerciaux/agr-acc/fipa-apie/fipa-purpose. aspx? lang＝en, last visited on Dec. 13, 2008.

[33] Carlos M. , Correa. Traditional knowledge and Intellectual Property: Issues and Options Surrounding the Protection of Traditional Knowledge, Quaker United Nations Office, November 2001, available at http://www. iucn. org/themes/pbia/themes/trade/training/TK％20and％20Intellectual％20Property. pdf, last visited on Jan. 12, 2009.

[34] CEAS Consultants (Wye) Ltd. et al., DG Trade European Commission, Study on the Relationship Between the Agreement on TRIPs and Biodiversity Related Issues: Final Report[R]. 2000, available at http://ec. europa. eu/trade/issues/sectoral/intell_property/legis/ceas. htm, last visited on Jan. 10, 2009.

[35] Communication from Australia-Review of the Implementation of the Agreement Under Article 71. 1, IP/C/W/210, 2000, available at http://docsonline. wto. org/? language＝1, last visited on Jan. 10, 2009.

[36] Contribution of IP to Facilitating the Transfer of Environmentally Rational Technology, available at https://www. wto. org/english/tratop＿e/trips＿e/cchange＿e. htm, last visited on Feb. 26, 2015.

[37] Council for TRIPs, Proposals on Paragraph 6 of the Doha Declaration on the TRIPs Agreement and Public Health: Thematic Compilation, WTO Doc. IP/C/W/363 (2002), available at http://docsonline. wto. org/gen＿search. asp? searchmode＝simple, last visited on Jan. 11, 2009.

[38] Countries accepting amendment of the TRIPS Agreement, available at http://www. wto. org/english/tratop_e/trips_e/amendment_e. htm, last visited on Jan. 11, 2009.

[39] DAFFE/MAI(98)7/REV1, 22 April 1998, available at http://

www1. oecd. org/daf/mai/key. htm，last visited onJan. 3，2009.

[40] DAFFE/MAI(98)8/REV1，22 April 1998，available at http://www1. oecd. org/daf/mai/key. htm，last visited onJan. 4，2009.

[41] David Kravets. Anti-Counterfeiting Trade Agreement: Fact or Fiction?，available at http://blog. wired. com/27bstroke6/2008/09/international-i. html，last visited on Dec. 30，2008.

[42] Decision on "Amendment of the TRIPS Agreement"，WT/L/641，available at http://docsonline. wto. org/gen _ search. asp? searchmode=simple，last visited on Jan. 11，2009.

[43] Decision 391 Common Regime on Access to Genetic Resources，available at http://www. comunidadandina. org/INGLES/normativa/D391e. htm，last visited on Dec. 16，2008.

[44] Decision 291，Regime for the Common Treatment of Foreign Capital and Trademarks，Patents，Licensing Agreements and Royalties，available at http://www. comunidadandina. org/INGLES/normativa/D291e. htm，last visited on Dec. 2，2008.

[45] Declaration on the TRIPS Agreement and Public Health，WT/MIN(01)/DEC/W/2（Nov. 14，2001），available at http://www. wto. org/english/tratop_e/trips_e/pharmpatent_e. htm，last visited on Jan. 11，2009.

[46] Digital Millennium Copyright Act，article 1201(a)，available at http://thomas. loc. gov/cgi-bin/query/F? c105: 1:./temp/~c105zdWHdG:e11962，last visited on Dec. 9，2008.

[47] Directive No. 96/9/EC on the legal protection of databases，available at http://europa. eu. int/ISPO/infosoc/legreg/docs/969ec. html，last visited on Jan. 12，2009.

[48] Directive 2001/29/EC of the European Parliament and of the Council on the Harmonisation of Certain Aspects of Copyright and Related Rights in the Information Society，available at http://eur-lex. europa. eu/LexUriServ/LexUriServ. do? uri=CELEX:32001L0029:EN:HTML，last visited on Jan. 12，2009.

[49] Doha Ministerial Declaration，WT/MIN（01）/DEC/1，14 November 2001，available at http://www. wto. org/english/thewto_e/minist_e/min01_e/mindecl_e. htm，last visited on Jan. 11，2009.

[50] EC Regional Trade Agreements，2008，available at http://ec. europa. eu/trade/issues/bilateral/regions/index_en. htm，last visited on Oct. 5，2008.

[51] E/C12/2000/20，Economic，Social and Cultural Rights and WTO Work on Intellectual Property Rights-Current Processes and Opportunities，available at http://documents. un. org/results. asp，last visited on Jan. 11，2009.

[52] Economic Cooperation Organization Trade Agreement，available at http://www. ecosecretariat. org/，last visited on Oct. 12，2008.

[53] EFA condemns Anti-Counterfeiting Trade Agreement negotiation process：No transparency，No balance，available at http://www. efa. org. au/2008/08/14/efa-condemns-anti-counterfeiting-trade-agreement-negotiaton-process-no-transparency-no-balance/，last visited on Dec. 23，2008.

[54] EU-India：Deepening the Strategic Partnership Proceedings，available at http://www. encari. eu/docs/proceedings. pdf，last visited on Nov. 17，2008.

[55] EU-Chile Association Agreement，available at http://ec. europa. eu/trade/issues/bilateral/countries/chile/euchlagr_en. htm，last visited on Nov. 23，2008.

[56] EU-Syria Association Agreement，available at http://www. bilaterals. org/article. php3? id_article = 2549，last visited on Nov. 23，2008.

[57] European Parliament rejects ACTA，available at http://www. europarl. europa. eu/news/en/pressroom/content/20120703IPR48247/html/European-Parliament-rejects-ACTA，last visited on Jul. 10，2013.

[58] Extending the "higher level of protection" beyond wines and

spirits, http://www. wto. org/english/tratop_e/trips_e/gi_background_
e. htm♯wines_spirits. 2015-01-21.

[59] Fact Sheet: Anti-Counterfeiting Trade Agreement, available at
http://www. ustr. gov/Document _ Library/Press _ Releases/2007/
October/Ambassador_Schwab_Announces_US_Will_Seek_New_Trade_
Agreement_to_Fight_Fakes. html l, last visited on Dec. 23, 2008.

[60] Fast Facts about ASEAN - Australia - New Zealand FTA,
available at http://www. dfat. gov. au/trade/fta/asean/AANZFTA_fast_
facts. html, last visited on Oct. 12, 2008.

[61] First Round of TTIP negotiations kicks off in Washington DC,
available at http://trade. ec. europa. eu/doclib/docs/2013/july/tradoc_
151595. pdf, last visited on Jul. 21, 2013.

[62] Foreign Investment Promotion and Protection Agreement,
available at, http://www. international. gc. ca/trade-agreements-accords-
commerciaux/agr-acc/fipa-apie/index. aspx, last visited on Sep. 1, 2009.

[63] France votes for 'three strikes' filesharing law, available at
http://www. guardian. co. uk/music/2008/nov/04/french-filesharing-
legislation, last visited on Jan. 3, 2009.

[64] General Council Decision on Implementation-Related Issues,
2000, available at http://www. wto. org/spanish/news _ s/spmm _ s/_
derived/sourcecontrol_gcimpl_s. htm, last visited on Jan. 12, 2009.

[65] General Council approves 'permanent solution' to TRIPS and
Health,SUNS ♯5932,8 December 2005,邮箱版.

[66] Globalization, TRIPS and Access to Pharmaceuticals, WHO
Policy Perspectives on Medicines, WHO/EDM/2001, available at http://
www. globalizationandhealth. com/content/1/1/17, last visited on Jan.
12, 2009.

[67] GRAIN in collaboration with Dr Silvia Rodríguez Cervantes.
FTAs: Trading Away Traditional Knowledge, March 2006, available at
http://www. grain. org/briefings/? id＝196 ♯ _ftnref7, last visited on
Jan. 12, 2009.

〔68〕 Highlights of the ASEAN Comprehensive Investment Agreement (ACIA), available at http://www. aseansec. org/6462. htm, last visited on Oct. 13, 2008.

〔69〕 Human Rights and Intellectual Property: An Overview, available at http://www. wipo. int/tk/en/hr/, last visited on Jan. 12, 2009.

〔70〕IIA Monitor No. 1 (2007), Intellectual Property Provisions in International Investment Arrangements, available at http://www. unctad. org/Templates/StartPage. asp? intItemID＝2310&lang＝1, last visited on Nov. 25, 2008.

〔71〕IIA Monitor No. 2(2008), Recent developments in international investment agreements (2007 - June 2008), available at http://www. unctad. org/Templates/StartPage. asp? intItemID＝2310&lang＝1, last visited on Nov. 25, 2008.

〔72〕 Impact assessment of the Scientific and Technological Cooperation Agreement, available at http://rp7. ffg. at/upload/ medialibrary/impactassessmentindia _ en. pdf, last visited on Nov. 17, 2008.

〔73〕Implementation of Paragraph 6 of the Doha Declaration on the TRIPS Agreement and Public Health, WT/L/540 (Sept. 1, 2003), available at http://www. wto. org/English/tratop _ e/trips _ e/implem _ para6_e. htm. , last visited on Jan. 11, 2009.

〔74〕Indian Model Text of BIPA, available at, http://finmin. nic. in/ the_ministry/dept_eco_affairs/investment_div/invest_index. htm＃List％ 20of％20countries, last visited on Oct. 7, 2008.

〔75〕 India-Thailand FTA (2003), available at http://www. bilaterals. org/article. php3? id _ article ＝ 2161, last visited on Nov. 23, 2008.

〔76〕India's Current Engagement of FTAs and PTAs, available at http://www. vuatkerala. org/static/eng/wta/impact _ rta/rta _ 15. htm, last visited on Oct. 5, 2008.

〔77〕 Intellectual Property Basic Act, available at http://www. ipr. go. jp/e_materials. html, last visited on Dec. 6, 2008.

〔78〕 Intellectual Property Provisions in International Investment Arrangements, 2007, available at http://www. unctad. org/Templates/webflyer. asp? docid＝10162＆intItemID＝2310＆lang＝1, last visited on Dec. 7, 2008.

〔79〕 Intellectual Property Strategic Program 2007, available at http://www. ipr. go. jp/e_materials. html, last visited on Dec. 6, 2008.

〔80〕 Intellectual Property and Human Rights, Sub-Commission on Human Rights resolution 2001/21, available at http://www. unhchr. ch/Huridocda/Huridoca. nsf/(Symbol)/E. CN. 4. SUB. 2. RES. 2001. 21. En? Opendocument, last visited on Jan. 12, 2009.

〔81〕 International Trade Unions demands on an Investment Chapter in the TPPA, 4th February 2011, available at http://aftinet. org. au/cms/sites/default/files/Final％ 20TPP％ 20Investment％ 20Letter. pdf, last visited on Jul. 17, 2013.

〔82〕 IP Quarterly Report: Implications of Investment Agreements on Regulations and Enforcement of Intellectual Property Rights, 2006, available at http://ictsd. net/i/ip/18068/, last visited on Nov. 28, 2008.

〔83〕 IP Rights under Investment Agreements: The TRIPS-Plus Implications for Enforcement and Protection of Public Interest, 2006, available at http://www. southcentre. org/index. php? option ＝ com_content＆task＝view＆id＝86, last visited on Nov. 29, 2008.

〔84〕 Japan's FTA Strategy (Summary), available at http://www. mofa. go. jp/policy/economy/fta/strategy0210. html, last visited on Oct. 5, 2008.

〔85〕 Japan's Current Status and Future Prospect of Economic Partnership Agreement, available at http://www. mofa. go. jp/policy/economy/fta/index. html, last visited on Oct. 5, 2008.

〔86〕 John, Mugabe. Intellectual Property Protection and Traditional Knowledge-An Exploration in International Policy Discourse, available at http://www. wipo. int/tk/en/hr/paneldiscussion/papers/index. html，last visited on Jan. 11，2009.

［87］Joint Press Statement of the Anti-Counterfeiting Trade Agreement Negotiating Parties，available at http://www. ustr. gov/about-us/press-office/press-releases/2011/october/joint-press-statement-anti-counterfeiting-trade-ag，last visited on Jul. 11，2013.

［88］Kyle D. Dickson-Smith. Philip Morris Asia Ltd. v Australia and the Benefits of the Investor-state Arbitration System，available at http://papers. ssrn. com/sol3/papers. cfm? abstract_id＝1966204，last visited on Mar. 11，2013.

［89］Leak of TPP text on copyright Limitations and Exceptions，available at http://keionline. org/node/1516，last visited on Aug. 5，2012.

［90］Mathew Ingram，Do we need copyright cops? May 27，2008，available at http://www. theglobeandmail. com/servlet/story/RTGAM. 20080527. WBmingram20080527120809/WBStory/WBmingram，last visited on Jan. 3，2009.

［91］Michael Geist . Government Should Lift Veil on ACTA Secrecy，available at http://www. michaelgeist. ca/content/view/3013/135/，last visited on Dec. 30，2008.

［92］Ministerial declaration，Adopted on 14 November 2001，available at https://www. wto. org/english/thewto_e/minist_e/min01_e/mindecl_e. htm，last visited on Feb. 26，2015.

［93］National Trade Estimate Report on Foreign Trade Barriers，available at http://www. ustr. gov/Document _ Library/Reports-Publications/Section_Index. html，last visited on Sep. 30，2008.

［94］North American Free Trade Agreement，U. S.-Canada-Mexico，December 8,1992,32 I. L. M.

［95］OECD (1997)，Report to the Negotiating Group on Intellectual Property，Negotiating Group on the Multilateral Agreement on Investment（MAI），DAFFE/MAI/DG3（97）4，available at http://

www1. oecd. org/daf/mai/htm/1-4. htm，last visited onJan. 3，2009.

[96] OECD. Definition of Investor and Investment in International Investment Agreements，International Investment Law：Understanding Concepts and Tracking Innovations，available at http：//www. oecd. org/document/36/0，3343，en_2649_33783766_40069796_1_1_1_1，00. html，last visited onJan. 4，2009.

[97] On the impact of counterfeiting on international trade，available at http：//www. europarl. europa. eu/sides/getDoc. do? type ＝ REPORT&reference ＝ A6-2008-0447&language ＝ EN&mode ＝ XML ♯ title2，last visited on Dec. 30，2008.

[98] Opening to the world：international cooperation in S&T，available at http：//ec. europa. eu/research/era/progress-on-debate/expert-groups-analyses_en. html，last visited on Nov. 17，2008.

[99] Osaka Action Agenda，available at http：//www. mofa. go. jp/policy/economy/apec/1995/agenda. html，last visited on Oct. 11，2008.

[100] Overview of Bilateral Negotiations Involving Trade Agreements，available at http：//ec. europa. eu/trade/issues/bilateral/regions/index_en. htm，last visited on Oct. 5，2008.

[101] Overview：Establishment of Disciplines on Formation of Economic Partnerships，available at http：//www. mofa. go. jp/policy/economy/fta/index. html，last visited on Oct. 5，2008.

[102] Overview：the TRIPS Agreement，available at http：//www. wto. org/english/tratop_e/trips_e/intel2_e. htm，last visited on Jan. 10，2009.

[103] Paul Marks. Copyright Crimes and Misdemeanours，The New Scientist，Volume 199，Issue 2663，2 July 2008，available at http：//www. sciencedirect. com/science? _ob ＝ ArticleURL&_udi ＝ B83WY-4SX3S81-1K&_user＝10&_rdoc＝1&_fmt＝&_orig＝search&_sort＝d&view＝c&_acct＝C000050221&_version＝1&_urlVersion＝0&_userid＝10&md5 ＝ e48974b7783670e8cb4cb3ea1c0c3aef，last visited on Jan. 3，2009.

[104] Policy Brief on Intellectual Property, Development and Human Rights: How Human Rights Can Support Proposals for a World Intellectual Property Organization, available at http://www. 3dthree. org/en/page. php? IDpage=27, last visited on Jan. 12, 2009.

[105] Re: Anti-Counterfeiting Trade Agreement (ACTA): Request, available at http://www. ustr. gov/assets/Document_Library/Fact_Sheets/2008/asset_upload_file989_15121. pdf, last visited on Jan. 3, 2009.

[106] Readout on Day 4 of Trans-Pacific Partnership Negotiations in San Francisco, CA, available at http://www. ustr. gov/tpp-san-francisco, last visited on Aug. 4, 2012.

[107] Report by the Chairman, Ambassador Darlington Mwape (Zambia) to the Trade Negotiations Committee, 2011, para. 13, http://www. wto. org/english/tratop_e/trips_e/gi_background_e. htm # wines_spirits, 2015-01-21.

[108] Report of WIPO Intergovernmental Committee on Intellectual Property and Genetic Resources, Traditional Knowledge, and Folklore, WIPO/GRTKF/IC/1/13 (May 23, 2001), paras. 20, 49, available at http://www. wipo. int/search/query. html? qt=+WIPO%2FGRTKF%2FIC%2F1%2F13&la=en, last visited on Jan. 12, 2009.

[109] Results of Bilateral Negotiations on Russia's Accession to the World Trade Organization (WTO), Action on Critical IPR Issues, 2006, available at http://www. ustr. gov/assets/Document _ Library/Fact _ Sheets/2006/asset _ upload _ file151 _ 9980. pdf, last visited on Nov. 15, 2008.

[110] Revised version of Traditional knowledge: policy and legal options, available at http://www. wipo. int/documents/en/meetings/2004/igc/index_6. html, last visited on Nov. 21, 2008.

[111] RIAA's ACTA wishlist includes gutted DMCA, mandatory filters, available at http://arstechnica. com/news. ars/post/20080630-inside-the-riaas-acta-wishlist. html, last visited on Dec. 30, 2008.

[112] Salient Features of Indian Economy Promotion of Foreign Investment and Business, available at http://www. embassyofindiajakarta. org/content. php? sid＝173, last visited on Oct. 5, 2008.

[113] SCP/10/4, Draft Substantive Patent Law Treaty, 2004, available at http://www. wipo. int/meetings/en/details. jsp? meeting_id ＝5084, last visited on Jan. 12, 2009.

[114] Signing Ceremony of the EU for the Anti-Counterfeiting Trade Agreement (ACTA), available at http://www. mofa. go. jp/policy/ economy/i_property/acta1201. html, last visited on Jul. 11, 2013.

[115] Signing by Mexico on the Anti-Counterfeiting Trade Agreement (ACTA), available at http://www. mofa. go. jp/policy/ economy/i_property/acta1207. html, last visited on Jul. 11, 2013.

[116] Speak out against ACTA, available at http://www. fsf. org/ campaigns/acta/, last visited on Dec. 30, 2008.

[117] South Centre . Intellectual Property In Investment Agreements: The TRIPS-plus Implications For Developing Countries, available at http://www. southcentre. org/index. php? option ＝ com _ content&task＝view&id＝81, last visited on Dec. 12, 2008.

[118] Statement of the Chair, available at http://www. apec. org/ apec/ministerial _ statements/sectoral _ ministerial/trade/2005 _ trade. html, last visited on Oct. 12, 2008.

[119] Statement by METI Minister Akira Amari, available at http://www. meti. go. jp/press/20071023001/004_danwa＝eng. pdf, last visited on Dec. 23, 2008.

[120] Statement from USTR Spokesman Scott Elmore on Anti-Counterfeiting Trade Agreement (ACTA), available at, http://www. ustr. gov/Document _ Library/Press _ Releases/2008/August/Section _ Index. html, last visited on Dec. 24, 2008.

[121] STEVE, LOHR. The Intellectual Property Debate Takes A Page from 19th-century America, The New York Times, Oct 14, 2002,

available at http://query. nytimes. com/gst/fullpage. html? res =
9C07E4D8103AF937A25753C1A9649C8B63&sec   =   &spon   =
&pagewanted=3, last visited on Jan. 11, 2009.

[122] Sunlight for ACTA, available at http://www. eff. org/action/
sunlight-acta, last visited on Dec. 30, 2008.

[123] Supporting International Science and Technology Cooperation
with Major Regions of the World, available at http://ec. europa. eu/
research/iscp/index. cfm? pg = allpublications, last visited on Sep.
23, 2008.

[124] The 7th EU Research Framework Programme, available at
http://ec. europa. eu/research/iscp/index. cfm? lg = en&pg = countries,
last visited on Sep. 23, 2008.

[125] The Anti-Counterfeiting Trade Agreement, Fact sheet,
Updated November 2008, available at http://trade. ec. europa. eu/doclib/
docs/2008/october/tradoc _ 140836. 11. 08. pdf, last visited on Jan.
3, 2009.

[126] The complete Feb 10, 2011 text of the US proposal for the
TPP IPR chapter, available at http://keionline. org/node/1091, last
visited on Aug. 5, 2012.

[127] The Energy Charter Treaty, available at http://www.
encharter. org/index. php? id=7/, last visited on Dec. 2, 2008.

[128] The President's Trade Policy Agenda, 2008, available at
http://www. ustr. gov/Document _ Library/Reports _ Publications/2008/
Section_Index. html, last visited on Oct. 5, 2008.

[129] The Report of The Joint Study Group on the Possible
Trilateral Investment Arrangements among China, Japan, and Korea,
available at http://www. mofa. go. jp/region/asia-paci/eas/report0711.
pdf, last visited on Dec. 3, 2008.

[130] The World Bank Group, Trade Note, Tightening TRIPS: The
Intellectual Property Provisions of Recent US Free Trade Agreements,
2005,   available   at   http://www.   cptech.   org/ip/health/trade/

worldbank02072005. pdf，last visited on Dec. 9，2008.

［131］Trade Agreements Work for America，available at http://www. ustr. gov/Benefits_of_Trade/Section_Index. html，last visited on Oct. 2，2008.

［132］Trade Delivers Growth，Jobs，Prosperity and Security at Home，available at http://www. ustr. gov/Benefits_of_Trade/Section_Index. html，last visited on Oct. 2，2008.

［133］Treaty establishing the European Community（consolidated text），available at http://eur-lex. europa. eu/en/treaties/index. htm，last visited on Jan. 2，2009.

［134］Trade Facts：Free Trade Agreement：U. S.-Malaysia，available at http://www. ustr. gov/Benefits_of_Trade/Section_Index. html，last visited on Oct. 2，2008.

［135］Transatlantic Trade and Investment Partnership（TTIP），available at http://www. ustr. gov/ttip，last visited on Jul. 21，2013.

［136］Trans Pacific Partnership Negotiations Began Today in Australia，available at http://www. ustr. gov/trade-agreements/free-trade-agreements/trans-pacific-partnership/round-1-melbourne，last visited on Aug. 4，2012.

［137］Understanding Regarding Biodiversity and Traditional Knowledge，available at http://www. ustr. gov/Trade_Agreements/Bilateral/Colombia_FTA/Final_Text/Section_Index. html，last visited on Nov. 23，2008.

［138］United States and Saudi Arabia Sign Memorandum of Understanding on Science and Technology Cooperation，available at http://www. state. gov/r/pa/prs/ps/2008/dec/112552. htm，last visited on Dec. 7，2008.

［139］United States Files WTO Cases Against China Over Deficiencies in China's Intellectual Property Rights Laws and Market Access Barriers to Copyright-Based Industries，04/09/2007，available at http://www. ustr. gov/Document_Library/Press_Releases/2007/April/

United_States_Files_WTO_Cases_Against_China_Over_Deficiencies_in_
Chinas_Intellectual_Property_Rights_Laws_Market_Access_Barr. html，
last visited on Jan. 11，2009.

［140］US and Bulgaria Sign Science and Technology Cooperation
Agreement，2008，available at http://www. amcham. bg/business _
resources/bulgaria_and_us_bilateral_agreements/science_and_technology
_cooperation_agreement. aspx，last visited on Dec. 7，2008.

［141］U. S. Bilateral Investment Treaty Program，available at
http://www. state. gov/e/eeb/rls/fs/2008/22422. htm，last visited on
Nov. 26，2008.

［142］U. S.，Participants Finalize Anti-Counterfeiting Trade
Agreement Text，available at http://www. ustr. gov/about-us/press-
office/press-releases/2010/november/us-participants-finalize-anti-
counterfeiting-trad，last visited on Jul. 11，2013.

［143］US says trade talks are ajar for China，available at http://
www. chinadaily. com. cn/kindle/2013-03/21/content _ 16329540. htm，
last visited on Apr. 12，2013.

［144］U. S.，Trading Partners Will Seek Anti-Counterfeiting Trade
Agreement，*Patent*，*Trademark*，*and Copyright Journal*，2007.

［145］What is ACTA?，available at http://www. eff. org/issues/
acta，last visited on Dec. 30，2008.

［146］WIPO. Traditional Knowledge-Operational Terms and Definitions，
WIPO/GRTKF/IC/3/9，May 20，2002，available at http://www. wipo. int/
search/query. html? col ＝ domain&col ＝ pctndocs&col ＝ pubdocs&col ＝
meetings&col ＝ notdocs&col ＝ formdocs&col ＝ madrdocs&col ＝ www&col ＝
upov&col ＝ prdocs&col ＝ hagdocs&qt ＝ WIPO％ 2FGRTKF％ 2FIC％ 2F3％
2F9&charset＝utf-8，last visited on Nov. 21，2008.

［147］Working Group on Trade and Transfer of Technology，
available at https://www. wto. org/english/tratop_e/devel_e/dev_wkgp_
trade_transfer_technology_e. htm，last visited on Feb. 26，2015.

［148］WT/DS114/R （Mar. 17，2000），available at http://

docsonline. wto. org/gen_search. asp? searchmode＝simple，last visited on Jan. 11，2009.

［149］WT/MIN(05)/DEC，available at

http：//www. wto. org/english/thewto_e/minist_e/min05_e/final_text_e. htm，last visited on Jan. 11，2009.

［150］WTO News：2003 Press Releases，Press/ 350/Rev. 1，30 August 2003，available at http：//www. wto. org/english/news_e/pres03_e/pr350_e. htm，last visited on Jan. 11，2009.

［151］WTO：2007 News Items，Patents and health：WTO receives first notification under 'paragraph 6' system，20 July 2007，available at

http：//www. wto. org/english/news_e/news07_e/public_health_july07_e. htm，last visited on Jan. 11，2009.

［152］Xuan Zengpei. Regional and Bilateral Trade Agreements and Investment Treaties and IPR，available at http：//www. unescap. org/tid/projects/iptrade_s5xuan. pdf，last visited on Dec. 12，2008.

四、网站

［1］http：//www. sipo. gov. cn/

［2］http：//www. bilaterals. org/

［3］http：//www. state. gov/

［4］http：//www. wipo. int/

［5］http：//www. ictsd. org/

［6］http：//www. wto. org/